Haneke par Haneke

AUTRES OUVRAGES DES AUTEURS

Michel Cieutat

Martin Scorsese, Rivages, 1986
Les Grands Thèmes du cinéma américain, tome 1 : « Le rêve et le cauchemar », Le Cerf, 1988 ; tome 2 : « Ambivalences et croyances », Le Cerf, 1991
Frank Capra, Rivages, 1988
Pierrot le fou de Jean-Luc Godard, L'interdisciplinaire, 1993
Oliver Stone (en collaboration avec Viviane Thill), Payot-Rivages, 1996
Le Grand Atelier de Peter Greenaway, (coordination avec Jean-Louis Flecniakoska), Université des Sciences Humaines de Strasbourg et Les Presses du réel, 1998
Pacino-De Niro, regards croisés (en collaboration avec Christian Viviani), Dreamland, 2000
Le Cinématographe selon Gérard Blain (en collaboration avec Anne-Claire Cieutat et Philippe Roger), Dreamland, 2002
Audrey Hepburn, la grâce et la compassion, (en collaboration avec Christian Viviani), éditions Scope, 2009

Philippe Rouyer

Initiation au cinéma, Edilig, 1990
Le Cinéma gore, une esthétique du sang, Le Cerf, 1997

En collaboration

Une encyclopédie du nu au cinéma, Yellow Now, 1993
Paris-Rome, cinquante ans de cinéma franco-italien, La Martinière, 1995
La Critique de cinéma en France, Ramsay, 1997
Le Cinéma X, La Musardine, 2002
Politique des zombies, Ellipses, 2007

Pour les anthologies de Positif

L'amour du cinéma : cinquante ans de la revue Positif, Folio Gallimard, 2002
Alain Resnais, Folio Gallimard, 2002
Wong Kar-Wai, Scope, 2008
David Cronenberg, Scope, 2009

Michel Cieutat et Philippe Rouyer

Haneke par Haneke

Stock

Couverture Atelier Didier Thimonier
Photo de couverture : © Nicolas Guérin/Contour by Getty Images

ISBN 978-2-234-06485-0

En mémoire de Jean-Marie Boehm
Michel Cieutat

Pour mon fils Melvil
Philippe Rouyer

Avant-propos

Onze longs métrages, avec des interprètes mondialement connus comme Juliette Binoche, Isabelle Huppert, Daniel Auteuil, Jean-Louis Trintignant, Ulrich Mühe ou Naomi Watts. Une nuée de prix et de récompenses internationales, dont deux Palmes d'or obtenues à Cannes, une en 2009 pour *Le Ruban blanc* et l'autre en 2012 pour *Amour*. Et pourtant, ce livre est le premier, en français, consacré à l'œuvre du réalisateur autrichien Michael Haneke.

Le cinéma de Haneke est trop radical pour faire l'unanimité. C'est justement son refus du pathos et son goût de l'abrupt qui nous ont séduits dès son premier long métrage, *Le Septième Continent*, découvert à Cannes en 1989. Pour relater cet inexorable voyage au bout de l'autodestruction d'une famille ordinaire, Haneke avait choisi de s'en tenir à trois journées espacées d'un an, et ce parti pris lui permettait d'établir les fondements de son cinéma : l'impossibilité pour les personnages d'exprimer leurs sentiments, l'insistance sur les objets du quotidien, la fascination des images fixes ou animées, les vertus de l'ellipse et du hors-champ, l'attention inhabituelle portée à la bande sonore. Autant de traits qui tendaient non pas à bannir l'émotion, mais à la contenir dans une forme élégante et détournée.

Le souci d'atteindre la vérité des êtres et des situations à travers l'artifice d'images et de sons recréés est au cœur du cinéma de Haneke. Le cinéaste s'y confronte dès l'écriture du scénario, qu'il rédige invariablement seul, avec l'idée d'inventer chaque fois la forme qui donnera corps à son histoire. *Benny's Video*, son deuxième long métrage, en 1992, met ainsi en abyme sa réflexion sur la représentation de la violence, tandis que *71 Fragments d'une chronologie du hasard*, en 1994, morcelle la reproduction du réel pour mieux en montrer les multiples facettes. On pourrait passer en revue toute sa filmographie, de *Code inconnu* (2000), qui entrelace les destins pour marquer les limites d'une fraternité utopique, à *Caché* (2005), qui revêt les oripeaux du thriller afin de mettre en question un sentiment de culpabilité, auquel nul ne peut échapper. Même lorsqu'il entreprend de refaire un de ses propres films, Haneke invente une forme inédite. *Funny Games US* (2008) reste l'unique exemple dans l'histoire du cinéma d'un remake qui reprend réellement l'original (*Funny Games*, 1997) plan par plan, avec des acteurs différents, mais des axes et mouvements de caméra reproduits à l'identique.

La manière singulière qu'a Haneke de fondre ses propres obsessions dans des univers aussi balisés que ceux du film policier, du film choral, voire de la tragédie, contribue à rendre son style reconnaissable entre tous. Sur le petit village allemand du *Ruban blanc* comme sur la Vienne contemporaine de *La Pianiste* ou sur l'Amérique fantasmée de *Funny Games US* se pose le même regard, celui de l'artiste inquiet qui voit dans l'art la seule manière de s'accommoder du réel.

La prise en compte fantasmatique de ses origines autrichiennes, couplée à une semi-vérité sur sa vocation contrariée de pasteur, à sa réputation de despote sur les plateaux et à l'apparente austérité de sa silhouette, a suffi à caricaturer le cinéaste en donneur de leçons. Or, plus qu'à la religion, c'est à la philosophie que s'est intéressé Haneke dans sa jeunesse, avec le désir naïf d'y trouver des réponses à ses questions existentielles, avant de comprendre que la littérature, le théâtre et le cinéma lui permettaient de mener cette quête sur un mode qui lui convenait bien mieux. Jusqu'à *Amour*, son dernier film à ce jour, qui pose la question de l'impossible conduite à tenir face à la souffrance de l'être aimé, le cinéma de Haneke explore et gratte là où la vie fait mal, déstabilise le spectateur et l'invite à remettre en cause ses certitudes.

Encore faut-il savoir décrypter ses films qui captent les nuances et les ambiguïtés du réel. Ni les parents de Benny, qui camouflent le meurtre perpétré par leur fils, ni l'animateur de télévision de *Caché*, qui se révèle incapable de surmonter un passé honteux, ne sont des salauds. Leurs actes témoignent de leur panique, de leur lâcheté parfois, mais ne sont jamais jugés par une mise en scène qui se garde bien de montrer quelle attitude il aurait fallu adopter. De là à se dire que, dans la situation des protagonistes, nous n'aurions pas fait mieux… Cette confrontation à des films miroirs n'a rien de reposant ni de rassurant. Jamais les films de Haneke ne nous laissent penser que tout finira bien. Ils martèlent que rien ne s'arrangera jamais, pour mieux nous aider à apprendre à vivre avec cette idée. Libre à chacun de préférer les rondeurs de l'univers de Disney qui ne pèsent pas lourd face aux réalités de ce monde, comme le suggèrent les dérisoires masques de Mickey balayés par les pulsions mortifères de Don Giovanni dans la mise en scène de l'opéra de Mozart qu'en a donnée Haneke, à Paris, en 2006.

Ces masques de Mickey arborés par des employés de ménage qui veulent faire la fête sur leur lieu de travail (une tour de la Défense) reflètent l'humour particulier de Haneke. Un humour très noir qu'on retrouve au cœur de tous ses films et qui souligne la distance qui séparera toujours le réel de sa représentation. On pense, bien sûr, aux plaisanteries ignobles des deux jeunes meurtriers de *Funny Games*. Provocation gratuite ? Au contraire, leurs blagues interpellent littéralement le spectateur et ajoutent à l'horreur des situations, en un décalage insoutenable. Haneke avait recommandé aux interprètes de la famille de victimes de jouer les situations comme une tragédie et à leurs assassins de les interpréter sur le mode de la comédie.

Des touches d'humour se nichent dans les bagarres mère-fille et les délires sadomasochistes de *La Pianiste*, comme dans certains rebondissements du *Ruban blanc*. Les films de télévision de Haneke cultivaient déjà ce paradoxe d'introduire de la drôlerie au sein du drame.

Les dix films de télévision de Haneke, projetés à de trop rares occasions en France et, pour des questions de droits, inédits en DVD (à l'exception du *Château*), sont, par la force des choses, peu connus chez nous. Tournés pour la plupart avant ses débuts dans le long métrage de cinéma, ils sont indispensables à la compréhension de son œuvre. De *Und was kommt danach*..., son coup d'essai en 1974, qui s'efforce de se démarquer de ses origines théâtrales, ou de *Lemminge*, ambitieuse fresque en deux parties qui, en 1979, est son premier scénario original, jusqu'au *Château*, son adaptation de Kafka, en 1996, qui est à la fois sa dernière réalisation pour la télévision et sa première occasion de diriger le couple Ulrich Mühe-Susanne Lothar, ils sont bien plus que de simples brouillons des chefs-d'œuvre futurs. Même si la moitié de ses téléfilms sont des adaptations littéraires, dont la vocation première est de rendre hommage au texte d'origine, ils multiplient recherches et expérimentations sur la dramaturgie. Dès ses débuts, Haneke a considéré chacune de ses productions comme un nouveau défi à relever. Intégrer ces téléfilms dans le présent ouvrage nous est apparu comme une évidence. Pour saisir le geste de l'artiste, il fallait ne rien négliger de son parcours : les années de formation, avec la naissance de sa passion pour la musique, l'expérience radiophonique, les années théâtre, puis les débuts à la télévision et l'épanouissement de son art au cinéma, avec encore un crochet par l'opéra.

Nous avions rencontré Michael Haneke à plusieurs reprises pour des entretiens destinés à la revue *Positif*. C'est à l'issue de retrouvailles particulièrement stimulantes à la sortie du *Ruban blanc* qu'a germé l'envie de donner la forme d'un livre d'entretiens à l'ouvrage que nous comptions lui consacrer. Toujours précis et passionnant dans ses propos, Haneke fait partie de ces réalisateurs dont les films ressemblent à leur façon de parler. Conforté dans notre entreprise par notre éditeur Jean-Marc Roberts, qui nous a laissé une totale liberté à condition de tout reprendre du début, sans utiliser nos entretiens déjà publiés, nous avons enregistré une cinquantaine d'heures de discussion, échelonnées sur presque deux ans, entre Paris et Vienne. Nous procédions par blocs de plusieurs jours, à raison de sessions de quatre à cinq heures, sans pause, l'après-midi. Avant de se retrouver le soir autour d'une bonne table, le plus souvent en compagnie de Susie, l'épouse du cinéaste qui est à la fois sa première lectrice, sa première spectatrice, sa figurante fétiche et une aide précieuse dans l'aménagement de ses décors. Michael Haneke, qui a fait preuve d'une exceptionnelle disponibilité pour mener à bien ce projet, a accepté de parler avec nous en français. Et il a tenu à relire l'intégralité de ces pages, corrigeant et amendant sans relâche notre texte, sans jamais le censurer, mais pour chaque fois préciser son propos. Plus encore que les entretiens eux-mêmes, c'est cette minutieuse entreprise de relecture qui nous a offert une illustration précise de Haneke au travail : son énergie, son impatience et sa détermination au service d'un perfectionnisme sans faille. Haneke n'a rien retranché à la convivialité de nos échanges et à la pétulance de sa pensée, ni à son humour. Le résultat, nous l'espérons, esquisse un portrait au plus près de l'homme et du créateur.

Philippe Rouyer, Michel Cieutat et Michael Haneke

Sur le modèle historique du fameux *Hitchcock/Truffaut*, nous avons suivi la chronologie de l'œuvre dans la conduite des entretiens, comme dans leur transcription, à l'exception des derniers films de télévision regroupés par commodité en un seul chapitre, ainsi que les deux *Funny Games*. Haneke ne s'est dérobé à aucune de nos questions, se refusant juste, avec la plus farouche détermination – mais comment aurait-il pu en être autrement ? –, à interpréter ses films. Ce n'est donc pas dans ce livre qu'on apprendra l'identité des auteurs des méfaits du *Ruban blanc*, ni ce que se disent les deux enfants dans le dernier plan de *Caché*. Qu'importe, puisque l'essentiel est ailleurs, dans le soin porté à la composition musicale des intrigues, dans la précision de la direction d'acteurs ou dans l'élaboration d'une mise en scène qui porte le regard de son auteur sur le monde. Si la lecture de ces pages contribuait à mieux comprendre et faire aimer le cinéma de Haneke, notre pari serait gagné.

MICHEL CIEUTAT ET PHILIPPE ROUYER
mai 2012

1

J'ai grandi à la campagne – Ma découverte de la musique – Premiers souvenirs de cinéma – Devenir pasteur – En colère contre tout – Étudiant en philosophie – Mes débuts à la radio et dans les journaux – Le plus jeune *Dramaturg* d'Allemagne – 1968 et le terrorisme – Bergman, Bresson et le cinéma d'auteur – Mes films préférés.

Vous avez souvent déclaré qu'une biographie n'éclaire pas une œuvre...

Oui, car on limite la portée des questions soulevées par un film en montrant qu'elles sont liées à la biographie du réalisateur. C'est la même chose avec les livres. Moi, je veux toujours me confronter directement à l'œuvre, sans aller chercher ailleurs des explications. C'est pourquoi je refuse de répondre à des questions d'ordre biographique. Rien ne m'agace autant que d'entendre : « Quel genre de type est ce Haneke pour faire des films aussi sombres ? » Je trouve ça bête et je ne veux pas entrer dans ce faux débat.

Nous allons quand même vous poser des questions sur votre jeunesse...

Tout le monde va être déçu, car je n'ai pas eu une enfance triste. Je suis une personne très normale. C'est peut-être difficilement croyable, mais c'est vrai.

Beatrix von Degenschild
et son fils Michael

Votre père était acteur et metteur en scène, votre mère actrice. Vous avez baigné dans un milieu artistique qui a dû vous influencer...

Pas vraiment, puisque je n'ai pas été élevé par mes parents. J'ai grandi chez la sœur de ma mère, à la campagne, dans un grand domaine. C'était à Wiener Neustadt, une petite ville à cinquante kilomètres au sud de Vienne, où j'ai situé l'action de mon film *Lemminge*.

Mais votre tante s'intéressait à la musique. N'avez-vous pas été marqué dans un premier temps par une ambiance musicale ?

Pas tellement. Mais j'aurais pu l'être, puisqu'il y avait un musicien dans la famille. À la fin de la guerre, mon père, qui était allemand, est rentré directement dans son pays et il n'est plus revenu en Autriche. Ma mère s'est alors remariée avec un compositeur juif, Alexander Steinbrecher, qui, après avoir fui le nazisme en Angleterre, était devenu le *Kapellmeister*, c'est-à-dire le directeur musical, du Burgtheater.

Vous êtes très mélomane...

Mais ce n'est pas grâce à ma famille. C'est plutôt la rencontre avec la musique elle-même qui m'a enflammé. Quand j'étais enfant, ma tante avait voulu, comme c'était la tradition à l'époque pour un fils de famille bourgeoise, que j'apprenne le piano. Au début, j'ai détesté cela. J'ai même voulu abandonner. Il faut dire que quand je jouais, ma tante était toujours à mes côtés en train de répéter : « Faux ! Faux ! Faux ! » Mais un jour, je m'en souviens précisément, c'était à la Toussaint, je devais avoir dans les dix ans, toute la famille s'était rendue au cimetière et je n'avais pas voulu les accompagner. J'ai entendu à la radio une musique que j'ai trouvée extraordinaire. À la fin, ils ont annoncé que c'était *Le Messie* de Haendel. Ce fut pour moi une révélation, car jusque-là, je ne m'étais intéressé qu'aux *Schlager*, aux chansons à succès. Je me suis mis dès lors à écouter de la musique classique et un peu plus tard – je devais avoir treize ans – il y a eu *Mozart*, un film très kitsch[1], mais avec Oskar Werner qui était génial dans le rôle-titre. Quand je suis rentré du cinéma, j'ai rassemblé mes économies et je suis allé m'acheter les partitions de toutes les sonates de Mozart. J'ai commencé à travailler comme un fou, sans arrêt. Ma passion pour la musique date de cette époque-là. J'ai, bien sûr, rêvé de devenir pianiste. Heureusement mon beau-père m'a beaucoup écouté. Il composait des sortes de *Singspiele*, des œuvres proches de l'opéra-comique, et aussi des lieder. Il a eu beaucoup de succès en Autriche avec plusieurs morceaux qui sont un peu oubliés aujourd'hui. C'était un homme très cultivé, qui avait été une sorte d'enfant prodige au piano. Et quand je me suis mis à écrire des petites compositions, très naïves – j'avais carrément entrepris de composer une messe – il m'a dit que tout cela était bien gentil, mais qu'il vaudrait mieux que j'arrête de penser devenir compositeur.

1. Réalisé par le Viennois Karl Hartl et sorti en Autriche le 20 décembre 1955.

Votre premier désir de créer a donc été lié à la musique ?

Oui. Puis, à la puberté, je me suis tourné vers la poésie, comme de nombreux adolescents de l'époque.

Vous souvenez-vous de vos sources d'inspiration ? Vous lisiez beaucoup ?

J'ai toujours beaucoup lu, car en ce temps-là il n'y avait pas de télévision.

Quel genre d'adolescent étiez-vous ? Étiez-vous content de vivre dans la nature ?

La propriété familiale était en pleine campagne, mais nous avions aussi une maison en ville, à Wiener Neustadt même, et c'est là que j'ai grandi parce que c'est là qu'étaient les écoles. À l'adolescence, je me sentais très frustré à la campagne où il n'y avait rien à faire. Mais, en même temps, je ne me suis jamais ennuyé. J'ai toujours lu, écouté de la musique. Comme tous ceux de ma génération, je n'avais ni ordinateur, ni télévision. Mais on faisait beaucoup de choses ensemble, comme du ping-pong et on jouait aux échecs.

Vous faisiez beaucoup de sport ?

Oui. Comme j'étais déjà un peu maigre, mes parents avaient demandé à notre médecin quoi faire pour m'aider à me développer. Il a recommandé l'escrime et ça m'a beaucoup plu. J'en ai fait jusqu'à seize, dix-sept ans ; je n'étais pas mauvais.

Vous avez fait de la compétition ?

Oui et j'ai aimé ça. Mais après, je n'ai plus eu le temps. L'autre sport que j'ai pratiqué très tôt, c'était le ski, chaque hiver, à Bad Gastein. On peut dire que c'était la norme pour la bourgeoisie autrichienne, mais j'étais bon. J'ai même une fois gagné une compétition municipale. Aujourd'hui encore, j'adore faire du ski. Nous allons régulièrement, ma femme et moi, en faire à Zürs dans l'Arlberg.

Vous aviez beaucoup d'amis à Wiener Neustadt, vous sortiez beaucoup ?

Je n'ai pas de souvenirs de quand j'étais petit. Mais dès que je suis passé à la grande école, vers dix, onze ans, j'ai fait partie d'une bande de garçons. À cette époque, les écoles n'étaient pas mixtes. C'est seulement avec les cours de danse, vers l'âge de dix-sept ans, que les garçons et les filles étaient invités à se côtoyer. Cela dit, ma famille possédait, à quelques kilomètres de Wiener Neustadt, une propriété qui donnait directement sur un lac, où j'ai passé tous mes étés. Et là, avec les enfants des voisins qui appartenaient tous à la bourgeoisie locale, nous formions une bonne équipe, garçons et filles mélangés.

Enfant, vous vous êtes également rendu au Danemark. C'était à quelle occasion ?

Ça a été un épisode très triste pour moi, que j'ai évoqué dans mon essai sur *Au hasard Balthazar* de Robert Bresson[2]. C'était immédiatement après la guerre. J'avais cinq ou six ans. Ma tante et ma mère pensaient, à cause de ma maigreur, que cela me ferait du bien de participer à un programme organisé par les pays vainqueurs pour aider les enfants des pays vaincus. Elles pensaient que le Danemark, avec sa grosse production de beurre, ferait du bien à leur petit garçon malingre. Mais elles n'avaient pas imaginé ce que pouvait représenter pour un enfant de cinq ans – qui n'avait jamais quitté son foyer – d'être envoyé dans une famille étrangère dont il ignorait tout. Ça a vraiment été un choc pour moi. À tel point que, quand je suis rentré au bout de trois mois, je n'ai parlé à personne pendant quelques semaines.

Et que faisiez-vous là-bas ?

Rien ! Les gens ont essayé de parler un peu allemand avec moi, de m'expliquer des choses, mais je me sentais complètement perdu. Je me souviens qu'il y avait une balançoire avec une barre métallique devant pour se tenir et que je m'étais cassé une dent en butant dessus. La seule chose qui me soit vraiment restée de ce séjour, c'est le souvenir d'un cinéma tout en longueur dont les portes donnaient directement sur la rue et où j'ai vu un film sur l'Afrique. Après la projection, je me suis retrouvé tout d'un coup dans la rue où il pleuvait, et je ne comprenais pas comment je pouvais rentrer si vite de l'Afrique au Danemark !

Quel a été votre rapport au cinéma dans votre jeunesse ?

Ma première fois a été terrifiante ! Ma grand-mère et moi étions allés voir *Hamlet* de et avec Laurence Olivier, et j'ai eu tellement peur que je me suis mis à pleurer très fort. Nous avons dû partir pour ne pas déranger les autres spectateurs. Mais, naturellement, je ne sais pas si je me souviens vraiment de cet épisode ou si c'est ma grand-mère qui me l'a raconté plus tard. Par la suite, j'ai vu beaucoup de films, mais pas des films d'auteur, car nous n'avions pas de salles art et essai. Je voyais les films allemands à succès.

Des *Krimis*, des polars ?

Plutôt des *Schlagerfilme*, qui étaient un genre de comédie musicale allemande, et aussi des mélodrames. Et quand il y avait un film pour enfants, c'était encore mieux. Plus tard, pour le premier film en CinémaScope, *La Tunique*, un nouveau cinéma a été construit à Wiener Neustadt et je me souviens de la sensation éprouvée devant ce grand écran. Tout le monde se battait pour avoir des places. On éprouvait alors

2. « Schrecken und Utopie der Form, Bresson's *Au hasard Balthazar* », *in* Verena Lueken, *Kinoerzählungen*, Hanser Verlag, Munich, 1995.

un vrai désir de voir des films. Pendant toute ma jeunesse, dès que j'avais un peu d'argent, j'allais au cinéma. Mais je n'étais pas le seul, tous mes copains en faisaient autant.

Il devait y avoir beaucoup de films américains...

Quand les films avec James Dean sont sortis, c'était comme une sorte de culte, de même que pour *Graine de violence* avec Glenn Ford, qui nous a permis d'entendre du rock pour la première fois, la chanson *Rock around the Clock*. Je me souviens que je n'étais pas assez vieux pour le voir à sa sortie. Il y avait des policiers en civil à côté de l'entrée qui demandaient leurs papiers à ceux qui ne semblaient pas avoir l'âge requis. On essayait de tricher, on guettait les moments où ils n'étaient pas là. Mais pour ce film je n'ai pas réussi à me faufiler ! Je ne l'ai vu que beaucoup plus tard. En fait, il n'y avait pas tellement de films américains, c'était surtout les films allemands qui étaient montrés.

De même, je n'ai découvert les films d'auteur qu'une fois à l'université. Sauf ceux d'Ingmar Bergman qui étaient très connus et que j'ai pu apprécier dès le lycée. Bergman n'était alors pas considéré comme un cinéaste élitiste. Son film *Le Silence* avait provoqué un tel scandale que tout le monde voulait le voir. Depuis, je n'ai jamais retrouvé à Vienne une file d'attente aussi longue devant un cinéma. Ce succès m'a permis de voir tous les films ultérieurs de Bergman, et d'autres comme *La Source*, qui ont été largement distribués en Autriche.

Vous alliez voir ses films parce qu'on en parlait ou parce que vous aviez lu des critiques qui les analysaient ?

Au début, certainement parce qu'on en parlait. On entendait dire que c'était intéressant, donc on y allait. Mais ce n'était pas pour des raisons cinématographiques. On y allait pour le contenu, les problèmes liés à la religion. L'approche esthétique, je ne l'ai connue qu'une fois étudiant, à travers des cours qui m'y ont initié.

Vous nous disiez, tout à l'heure, que vous lisiez beaucoup durant votre jeunesse. Vous souvenez-vous des titres ?

Je ne me souviens pas de ce que j'ai pu lire quand j'étais enfant. Mais je sais qu'à la puberté, j'ai beaucoup lu. Surtout des histoires d'amour. J'avais été très impressionné par *La Dame aux camélias*. À l'école, on a étudié certains écrivains français comme Francis Jammes, mais le livre que j'ai préféré c'était *Le Grand Meaulnes* d'Alain-Fournier. C'est resté longtemps mon livre de chevet. J'ai, bien sûr, lu aussi Heinrich Heine et tous les classiques que nous étions obligés d'étudier et qui m'ont plu. Puis j'ai continué : Eichendorff et d'autres romantiques. Des lectures qui correspondent à la sensibilité de cet âge-là et que malheureusement on ne lit plus après, alors que ce sont de très bons livres. À quinze ans, j'ai naturellement adoré Dostoïevski. Enfin quelqu'un qui me comprenait !

Vous souvenez-vous du premier roman de Dostoïevski que vous avez lu ?

Celui que j'ai toujours trouvé le meilleur, c'est *Les Possédés*. C'est un livre incroyable. Mais il n'y a aucun livre de Dostoïevski qui soit mauvais.

Vous deviez être l'un des plus cultivés, voire l'intello, de votre bande ?

Nous étions tous des bourgeois. Nous avions tous le même niveau culturel. Mais c'est vrai que dans notre bande, j'étais un peu l'« artiste ». Je voulais monter une troupe de théâtre. Ce que je n'ai jamais réussi à faire.

Les petits poèmes que vous écriviez, vous les montriez aux copains ?

Pas aux copains, aux copines !

Et elles les appréciaient ?

Elles étaient flattées. J'ai aussi écrit un petit recueil de poèmes pour ma mère qu'un ami, qui avait une très belle écriture, m'a calligraphié. Un poème par page, comme cadeau pour la fête des Mères.

La mère-actrice de Michael Haneke

Malgré ses activités d'actrice très prenantes, vous avez quand même pu vivre auprès de votre mère ?

Non, mais je lui ai très souvent rendu visite, à Vienne.

L'avez-vous vue sur scène à cette époque ?

Rarement. La première fois, j'étais tout petit. J'étais venu avec ma grand-mère la voir dans une pièce de Ferdinand Raimund, *Der Verschwender*, un classique autrichien dans lequel elle interprétait la Reine des fées. Quand elle est apparue à bord d'une nacelle volante, j'ai hurlé : « Oh regardez ! C'est maman ! » Toute la salle a éclaté de rire. Par la suite, je l'ai revue plusieurs fois sur scène, mais pas très souvent.

Vous évoquiez il y a un instant votre projet de monter une troupe avec vos copains…

C'était surtout pour me rendre intéressant.

Vous rendre intéressant, comme acteur, metteur en scène ?

Tout ! Interprète principal, directeur de la troupe, metteur en scène et même auteur de la pièce. Il y avait des ruines à cinq kilomètres de Wiener Neustadt, un endroit très beau où nous allions souvent à bicyclette et où j'ai écrit une nouvelle version d'*Électre* pour une jeune fille que je connaissais. Elle devait apprendre le texte. Ça a été un désastre ! Mais à l'époque, j'en étais très fier.

Avez-vous gardé une trace de vos poèmes, de cette pièce ?

Non. Il doit me rester quelques-uns de mes essais de jeunesse, mais on en a beaucoup perdu au fil de nos déménagements.

Avez-vous suivi des cours de théâtre ?

Non, car j'ai détesté toute forme d'école à partir de la puberté. J'étais un révolté...

Un révolté contre quoi ?

Contre tout. Je détestais tout. Je trouvais qu'il y avait une pression insupportable exercée contre moi. Je voulais être libre ! J'avais décidé de ne plus rester à Wiener Neustadt et de devenir acteur. Mes parents l'étaient, moi aussi je pouvais le devenir, car, j'en étais sûr, j'avais du talent. Un matin, j'ai donc quitté l'école et je suis parti en stop à Vienne pour passer des auditions, dont j'avais entendu parler, au Reinhardt Seminar, l'école d'art dramatique. Sans lui parler de cette école, j'avais déjà passé une audition devant ma mère, pour qu'elle me dise si j'avais ou pas du talent. Et naturellement, elle m'avait trouvé formidable. Alors j'étais sûr que j'allais réussir. J'ai écrit à l'école pour m'inscrire. On devait préparer trois textes et j'ai choisi un monologue de *Hamlet*, un extrait avec le diable dans le *Jedermann* de Hugo von Hofmannsthal, qui est plutôt comique, et le *Heiligenstädter Testament* de Beethoven, un testament que le compositeur avait rédigé et dont ma lecture avait beaucoup impressionné ma mère. Je me suis dit que, pour l'audition, je commencerais avec le diable, car c'était là où j'étais le moins bon. Dès que je me suis lancé, j'ai su que j'étais exécrable. Mais je pensais que, avec *Hamlet*, ça irait mieux. Mais ils ne m'ont pas laissé le temps de le jouer. Dès la fin de ma première prestation, ils m'ont lancé un « Oui, merci » qui, une fois sorti, m'a conforté dans l'idée que je n'avais pas été bon. Il a fallu attendre toute la journée pour avoir les résultats. Mais quand ils ont affiché la

Fritz Haneke, le père de Michael

feuille, sur laquelle mon nom ne figurait pas, je ne pouvais pas le croire ! Je suis rentré et je n'ai rien dit. Sauf à ma mère, à qui j'ai demandé pourquoi ils ne m'avaient pas pris. Elle s'est renseignée auprès de ses collègues qui lui ont dit que j'avais une voix mal posée. Moi, je pense que j'étais simplement très mauvais. Ce fut, en tout cas, la fin de ma carrière d'acteur. Après, parce que je ne supportais pas l'école, j'ai décidé d'arrêter les cours. J'avais déjà redoublé une classe parce que j'avais refusé de prendre des cahiers...

Ce que vous n'acceptiez pas, c'était l'autorité ou les matières enseignées ?

Tout ! J'étais contre tout.

Même l'enseignement littéraire ?

Non, là j'étais la star. Comme en musique. Dans ces deux matières, j'avais toujours mes cahiers et les meilleures notes. Mais dans toutes les autres matières, je n'avais que des zéros.

Combien de temps vous êtes-vous comporté de la sorte ?

Cela a duré pas mal de temps. Ça s'est même accentué tout au long de la puberté. À dix-huit ans, j'ai passé mon permis moto, car j'en avais acheté une vieille pour pas cher. C'était en mars et j'avais décidé d'aller en France. Je suis parti sous la neige. Il m'a fallu une semaine entière pour arriver à Paris ! Et là, je suis resté trois mois chez des gens très sympathiques : le père avait été prisonnier de guerre en Autriche et avait travaillé dans la propriété de mon oncle, qui l'avait bien traité. Alors, avec sa famille, il était de temps en temps revenu voir mon oncle pour le remercier et il lui avait proposé de m'accueillir à Paris quand je voulais. Et ce, malgré leurs moyens très modestes : ils avaient sept ou huit enfants dans une petite maison. Quand j'y suis arrivé, ils m'ont donné une chambre, laissant leurs enfants s'entasser dans une autre, en remerciement de ce que mon oncle avait fait pour ce monsieur. Après trois mois, je me suis retrouvé sans argent et je suis rentré.

La tante de Michael

Vous faisiez quoi de vos journées ?

Pas grand-chose. Je logeais en grande banlieue et, avec ma moto, j'allais me promener dans Paris. Quand je suis finalement rentré pour reprendre mes cours, je n'ai pas été accueilli au lycée avec beaucoup d'enthousiasme. Mais ma tante était très diplomate. Elle a parlé avec les professeurs, elle leur a dit qu'il fallait comprendre ce garçon qui était si sensible. J'ai alors compris que je devais me reprendre et me mettre à étudier pour avoir mon bac. Ce que j'ai fait.

C'est donc ce voyage à Paris qui vous a décidé à travailler ?

Oui, plus ou moins. Je me disais que j'étais allé très loin et que, finalement, ça ne changeait rien. Ça m'a permis de me rendre compte que tout dépendait de moi.

Votre famille, votre tante, votre mère étaient quand même assez « cool » avec vous pour l'époque, vous laissant découvrir les choses par vous-même...

Ce n'était pas si simple pour elles, mais avec un garçon aussi têtu, que pouvaient-elles faire d'autre ? C'était très intelligent de leur part de réagir ainsi.

Une fois l'équivalent du bac en poche, il vous a fallu envisager l'avenir, l'université...

Oui, et ce furent les plus belles vacances que j'ai jamais connues ! J'ai choisi d'étudier la philosophie.

Parce que vous vous posiez alors beaucoup de questions existentielles ?

Nous avions beaucoup de discussions autour de l'existentialisme français, c'était à la mode. Aujourd'hui les jeunes regardent vers l'Amérique. Pour nous, le pays idéal, c'était la France. Tous les jeunes qui s'intéressaient à la culture étaient fascinés par la France, Sartre, Camus, la Nouvelle Vague...

Pendant l'adolescence, vous étiez très attiré par la religion...

C'est arrivé avant que ma puberté ne devienne trop pressante. Pendant un certain temps, j'ai caressé l'idée de devenir pasteur. Ce n'était pas sérieux comme vocation. Mais on peut dire que les questions que je me posais alors étaient déjà existentielles.

Il y a quand même une différence entre vouloir être pasteur et être existentialiste...

Je n'ai jamais été existentialiste et mon évolution spirituelle a été celle de tous les adolescents. Au départ, on cherche une réponse à ses peurs et à ses désirs. Puis, on rencontre l'autre sexe et tout se retrouve canalisé dans une autre direction. Au début, c'était Dieu, puis ce fut les filles ! Présenté comme cela, ça peut paraître frivole, mais tous les jeunes passent plus ou moins par ces étapes.

Votre famille était-elle très religieuse ?

Pas du tout. Chez nous, personne n'allait à l'église. Mais nous ne disions pas non plus de mal de la religion. L'église n'était pas au centre de nos intérêts.

On ne vous a pas appris à prier ?

Si, à l'école. Chez les protestants, il y a la confirmation que l'on fait à quatorze ans. On nous prépare, on doit apprendre des choses, pas seulement prier. Cela m'a beaucoup intéressé. Je me souviens que j'ai ressenti un véritable tremblement intérieur la première fois que j'ai pris la communion, dans une église pleine à craquer. J'étais agenouillé et je frissonnais d'émotion. C'était extraordinaire. On vit rarement des moments aussi intenses que ceux-là. Mais cela a duré un temps et après c'était fini.

Votre brève vocation de pasteur découlait-elle de cette émotion intense ?

Non, je pense que ce n'était qu'une coquetterie liée à l'idée d'être élu. À cet âge on est sérieux, mais d'une manière assez simpliste.

Même si vous avez écarté la possibilité de devenir pasteur, vous n'en avez pas pour autant abandonné votre questionnement existentiel ?

Dès qu'on commence à se poser des questions essentielles, on ne les oublie pas du jour au lendemain. D'ailleurs, je n'ai pas abandonné l'idée de devenir pasteur le soir où j'ai rencontré une belle fille. Ça s'est fait progressivement.

Avec de telles préoccupations, vous avez dû être un bon étudiant en philosophie...

Même pas ! Pour être un bon étudiant en philosophie, comme dans toutes les autres disciplines universitaires, il faut avoir une mémoire gigantesque. Ce n'était pas mon cas. De toute façon, je ne me suis pas inscrit à l'université pour devenir professeur ou avoir un métier. Je me moquais du futur et de savoir comment j'allais gagner ma vie. Je voulais des réponses à mes questions existentielles du moment. Or, la seule réponse que j'ai finalement pu retirer de tout cela, c'est qu'il n'y a pas de réponse ! Ce qui est déjà un grand pas. Quand je suis entré à l'université, je m'imaginais que ces gens très savants allaient m'expliquer le monde.

Quels philosophes avez-vous étudiés à l'université ?

Je devais étudier Schopenhauer, Kant et Hegel, qui m'a causé de gros problèmes parce qu'il pratique une langue à peine déchiffrable. Mais j'ai adoré, même s'ils n'étaient pas au programme, Pascal et Montaigne. La pensée de Pascal est d'une clarté rafraîchissante. Alors que je ne suis pas croyant, je l'ai toujours lu avec grand plaisir. Il a mieux répondu à mes interrogations que Hegel, qui est trop abstrait et qui contraint à tout un travail pour essayer de comprendre ce qu'il dit. Après, je suis passé à Wittgenstein... En fait, tous les philosophes qui m'ont intéressé, je les ai lus en dehors du programme officiel.

Que vous a apporté Wittgenstein ?

Il m'a fait comprendre que je ne pourrais pas devenir philosophe. Je me souviens d'un séminaire qu'un autre professeur avait organisé et où un étudiant a fait un exposé pour mettre en doute de manière mathématique les thèses que Wittgenstein expose à partir de formules dans son *Tractatus*. Cet étudiant a été tellement brillant que je me suis dit que je n'arriverais jamais à ce niveau et ça m'a déprimé.

L'autre philosophe que vous avez apprécié à cette époque a été Theodor Adorno…

Encore un philosophe qui n'était pas étudié à l'université. Vers 1968, il est devenu très connu, mais avant, à l'université de Vienne, on n'en parlait pas. Je l'ai découvert quand mon professeur néo-hégélien a fait un cours pendant tout un semestre sur Nietzsche et *Le Docteur Faustus* de Thomas Mann. Adorno joue un rôle extraordinaire dans ce livre et ça m'a donné envie de lire certains de ses textes. Pas tous, parce que c'est très volumineux. Mais il est vite devenu mon guide intellectuel pour ce qui est de l'art et de la société. Quant au *Docteur Faustus*, il reste, aujourd'hui encore, mon livre préféré.

Pourquoi vous a-t-il tant marqué ?

Parce que, dans ce livre, Thomas Mann se penche sur ce qui reste des ressources offertes par la culture après l'horreur et la barbarie du fascisme. Adrian Leverkühn, son protagoniste, est un grand compositeur qui va tellement loin dans son art qu'il en fait la négation de la culture traditionnelle, qui a perdu sa crédibilité dans les événements qu'elle a accompagnés. C'est ainsi que, dans son ultime création, la musique se réduit à un cri, à un hurlement. L'une des clés du livre est le parallèle que Mann établit entre la décomposition de l'Allemagne et celle de son héros, qui, par désespérance, passe un pacte avec le diable. En même temps, le destin de Leverkühn renvoie à celui de Nietzsche, dont les écrits, à la suite de terribles malentendus, ont finalement préparé l'avènement du fascisme. On peut donc lire *Le Docteur Faustus* comme une biographie indirecte de Nietzsche, transposée dans le monde musical. Mais le propos de Thomas Mann est si complexe, il entremêle tant de références et de concepts qu'on ne saurait le résumer en quelques phrases.

Jusqu'où êtes-vous allé dans le cursus universitaire ?

Jusqu'à la quatrième année. Mais, la dernière année, j'avais déjà commencé à gagner ma vie. Il me fallait alors faire face à mes obligations, car je m'étais marié et nous attendions un enfant. J'ai commencé comme ouvrier dans une usine, puis comme chauffagiste, enfin à la poste en tant que caissier. Mais, en même temps, je travaillais aussi pour la radio et pour des journaux.

Michael Haneke à 18 ans

Comment avez-vous pu accéder à la radio et aux journaux, alors que vous n'aviez pas d'expérience dans ce domaine ?

J'avais déjà contacté différents journaux pour leur proposer des nouvelles que j'avais écrites. Pour la radio, j'avais une lettre de recommandation de quelqu'un que j'avais connu à Wiener Neustadt et qui était devenu professeur de littérature dans une université américaine. Pendant mes études, je lui avais montré ce que j'avais écrit et il m'avait soutenu et encouragé. Par son intermédiaire, j'ai pu contacter le responsable du service culturel de la radio autrichienne, qui m'a fait rédiger des critiques sur des livres, puis, le dimanche, des adaptations radiophoniques de romans sous forme de feuilletons d'une demi-heure par épisode. Parallèlement, je publiais des critiques de films dans des journaux. C'est comme ça que j'ai commencé à gagner ma vie. Très modestement, mais ça me plaisait beaucoup. Ensuite, par l'intermédiaire de mon père qui n'était plus acteur, mais directeur de casting des téléfilms de la chaîne de télévision allemande ZDF, j'ai obtenu un stage de trois mois au Südwestfunk à Baden-Baden. C'était en 1967 et je suis passé d'un monde totalement apolitique à un autre qui était en ébullition ! Ce qui m'a beaucoup intéressé, car je découvrais des points de vue tout à fait nouveaux pour moi. Ma chance, c'est d'avoir eu à remplacer pour ce stage une personne qui était partie à la retraite. Il était *Dramaturg*, un poste qui, me semble-t-il, n'existe pas à la télévision française et qui consiste à lire les différents scénarios proposés à la chaîne, à sélectionner les meilleurs, puis à accompagner la production de ces téléfilms jusqu'à leur terme. Depuis un an, on lui cherchait un remplaçant et, comme tous ceux qui s'étaient présentés n'étaient pas bons, ils m'ont gardé. C'est comme ça qu'à la fin de mon stage je suis devenu le *Dramaturg* TV le plus jeune d'Allemagne. À partir de ce moment-là, j'ai pu mener une vie normale. J'avais un vrai salaire et des horaires de bureau.

Comment avez-vous vécu cette période agitée des années 1967-1968 ?

Comme je vous le disais, tout était nouveau pour moi à Baden-Baden. Beaucoup plus tard, j'ai appris que ce mouvement contestataire avait aussi existé à Vienne dans certains cercles, mais comme je n'évoluais pas dans ces milieux-là et que leurs activités n'étaient pas vraiment publiques, j'en ignorais l'existence. À Baden-Baden, tous les gens de mon âge étaient engagés dans les débats. Nous avions comme directeur des programmes, un journaliste très célèbre, Günter Gaus, qui avait lancé une émission intitulée *Zur Person*, dans laquelle il recevait chaque fois une personnalité en vue. Il se comportait en véritable juge, très précis dans ses propos. Ses invités étaient toujours des gens à la personnalité complexe, comme Rudi Dutschke[3], qui s'est révélé très brillant. Tout le monde a adoré cette rencontre.

---

3. Représentant le plus connu du mouvement étudiant ouest-allemand en 1968, il a été ensuite un des membres fondateurs du parti allemand Les Verts.

Vous êtes-vous personnellement impliqué dans ces divers mouvements de contestation ?

Pas vraiment. J'ai sympathisé avec un certain nombre de ces idées, mais je n'ai jamais été quelqu'un qui descend se battre dans la rue. Je suis trop lâche pour cela. Je peux d'ailleurs vous raconter à ce sujet une histoire qui m'est arrivée bien plus tard en France, à Avignon. J'étais alors séparé de ma première femme et je vivais avec une actrice. Nous nous sommes retrouvés au milieu d'une manifestation de paysans qui jetaient des pommes sur la chaussée, quand tout d'un coup les policiers ont surgi avec leurs boucliers transparents et ont chargé la foule. Je me suis mis à courir à toute vitesse et au bout d'un moment, je me suis demandé : « Où est ma copine ? » Elle m'a drôlement engueulé après ! Non sans raison. J'ai eu vraiment honte !

Mais à la radio, vous n'avez pas incité vos auditeurs à passer à l'action ?

Non, car si je partageais ces idées, je n'étais pas quelqu'un qui s'intéresse de près à la politique. Il en va de même dans mon travail de cinéaste. Je parle de la société, mais pas d'un point de vue idéologique.

D'après nos informations, vous avez toutefois signé, en 2000, lors du festival de Berlin, un appel contre Jörg Haider, leader de l'extrême droite autrichienne...

Je ne m'en souviens pas du tout ! Ce qui est sûr, c'est que Haider était une honte pour notre pays. En général, je signe rarement des pétitions. Nombreux sont mes collègues qui signent tout, partout. Cela entraîne une véritable inflation et je n'aime pas ça. Mais Haider m'a tellement énervé que j'ai dû me manifester d'une manière ou d'une autre dans diverses interviews. Aujourd'hui encore, la scène politique, en Autriche, est une catastrophe. Je préfère ne pas en parler.

Pour en revenir à la fin des années 1960, ce mouvement de contestation vous a donc surtout permis de vous ouvrir l'esprit.

Comme ma rencontre avec Ulrike Meinhof, qui était une femme vraiment étonnante à laquelle la chaîne avait proposé d'écrire un scénario. Quand elle est arrivée, tous les chefs sont venus la rencontrer. Elle était brillantissime, très à l'aise avec ses opinions, tout en restant charmante, avec beaucoup d'humour et d'autodérision. Nous l'avons côtoyée toute la période durant laquelle elle préparait son scénario sur des filles en centre de redressement. Elle s'est beaucoup engagée pour soutenir ces filles. Elle a essayé de les aider, en a même recueilli certaines chez elle, tout en devenant de plus en plus radicale. Chaque fois, elle revenait au bureau un peu plus amère, assurant qu'on n'arriverait jamais à obtenir une bonne réforme à cause du système qui ne le permettait pas. Est alors arrivé le moment où elle a participé à une première action violente au sein du groupe Fraction armée rouge. Nous ne pensions pas qu'elle franchirait le pas, parce qu'elle avait des enfants, qu'elle était très cultivée et qu'elle était une vraie star dans le journalisme. Mais nous aurions dû le prévoir : sa rigueur morale et son intransigeance ne pouvaient que la conduire à des méthodes radicales.

Comment expliquez-vous cette contradiction dans le comportement d'Ulrike Meinhof, qui, partant d'idées humanistes, est devenue terroriste, au sein de la bande à Baader ?

C'est l'éternel problème que pose toute idéologie. Quand une idée est transformée en idéologie, cela crée des antagonismes et les rapports personnels deviennent vite inhumains. C'est le thème du *Ruban blanc*.

C'est une théorie qui a été régulièrement prouvée : Jésus avait de bonnes idées...

Exactement !

... mais l'Église en a fait le christianisme.

C'est exactement le même problème que vous retrouvez aujourd'hui avec les musulmans et l'islamisme.

Et, d'une certaine manière, ce fut le cas avec le nazisme. Quel impact a eu sur vous cet héritage de culpabilité nationale, éprouvée fortement par la génération de culture germanique née pendant ou juste après la guerre ?

Inconsciemment, j'ai dû être marqué. Mais pas consciemment. Naturellement j'ai beaucoup réfléchi à ce problème, mais je ne me suis jamais senti coupable par rapport au nazisme. Je me sens coupable de mille choses dans la vie quotidienne. Je crois que de toute façon on ne peut pas vivre sans être coupable, mais c'est une autre question qui me touche beaucoup et que l'on retrouve dans tous mes films. Et même si je ne me sens pas coupable, la mauvaise conscience germanique à l'égard de la Seconde Guerre mondiale me paraît tout à fait justifiée. Hier j'ai vu un petit reportage sur un festival du film allemand où l'acteur vedette Moritz Bleibtreu disait : « Les héros du cinéma allemand sont tous des antihéros, des *losers*. » Effectivement, un scénariste allemand ne peut toujours pas faire du protagoniste un vainqueur comme le font les Américains, à cause de ce sentiment de culpabilité collective. Et je trouve que c'est très bien.

Quel était votre sentiment vis-à-vis de la bande à Baader à l'époque ?

D'un côté, j'étais étonné, de l'autre, je comprenais très bien pourquoi Ulrike Meinhof était passée au terrorisme. Je ne pensais pas qu'elle avait pris une décision juste. Mais elle était devenue tellement radicale dans ses opinions, beaucoup plus que toutes les personnes que je connaissais alors, qu'elle n'était plus capable du moindre compromis. Ce qui est le problème de tous les radicaux, mais qui étonnait chez quelqu'un qui avait un tel sens de l'humour et de l'ironie. Une fois, elle m'a raconté, avec un sourire de gamine, qu'elle avait demandé à ses filles, qui arrivaient souvent en retard à l'école, de répondre à leur maîtresse, lorsqu'elle leur demandait des explications : « C'est à cause du capitalisme ! » Cela la faisait beaucoup rire.

Pendant ces années de télévision en Allemagne, continuiez-vous à faire de la radio ?

J'ai fait une émission de critique dramatique sur le théâtre régional dans le sud-ouest de l'Allemagne. Je devais chercher des acteurs régionaux pour des petits rôles parmi les troupes de théâtre, et donc me tenir au courant des productions locales. Ça m'a donné l'idée de cette émission de radio qui m'a permis d'assister à toutes les premières des nouvelles pièces montées dans la région.

Avez-vous développé des relations privilégiées avec certaines personnes du milieu théâtral à l'époque ?

Pas tellement, sauf à Baden-Baden quand je travaillais pour la télévision. J'avais développé une étroite collaboration avec le théâtre de la ville et une autre plus personnelle avec une actrice. C'est aussi là que j'ai commencé à faire mes premières mises en scène théâtrales.

Pensiez-vous alors trouver dans le théâtre une forme d'expression nouvelle qui vous conduirait à abandonner la télévision ?

Non, pendant vingt ans j'ai travaillé aussi bien pour le théâtre que pour la télévision. Je n'ai réalisé mon premier film de cinéma qu'à l'âge de quarante-six ans. Chaque année, je montais une pièce et j'écrivais un scénario pour un téléfilm. Avec tout de même un peu d'alternance parfois, des années avec plus de théâtre et d'autres plus axées autour de mon travail à la télévision.

Avant d'aborder votre travail pendant ces deux décennies, une question sur votre cinéphilie de jeunesse. Comment avez-vous découvert le cinéma d'auteur ?

À l'université, j'ai suivi le cours d'un professeur danois, spécialiste de théâtre, mais qui avait organisé un séminaire sur le cinéma soutenu par l'Institut culturel français qui possédait un grand stock de films. C'était très agréable, car ce séminaire nous offrait la possibilité de regarder un film et après d'en discuter. Quand on parlait bien, qu'on avait une grande gueule comme moi, ça suffisait pour avoir de très bonnes notes ! J'ai assisté à ce séminaire pendant plusieurs années et c'est grâce à lui que j'ai pu découvrir Bresson. Nous y avons vu aussi des films de la Nouvelle Vague, *Jules et Jim*, *Le Bonheur* d'Agnès Varda, des films cultes pour nous. Et, bien sûr, chaque nouveau Godard nous intéressait.

De tous les cinéastes de la Nouvelle Vague, quels sont ceux qui vous ont le plus marqué et peut-être inspiré ?

Quand j'ai vu mon premier film de Bresson, *Au hasard Balthazar*, j'ai été très impressionné. C'était un cinéma nouveau, différent de tout ce que j'avais l'habitude de voir et je me disais que ce pouvait être un chemin à explorer. Mais il y avait également *Bande à part* et les autres films de Godard qui n'étaient pas aussi compliqués que ceux qu'il tourne aujourd'hui. Tous les jeunes allaient les voir, ça faisait chic. Nous aimions aussi les films italiens. Tous les films d'Antonioni faisaient courir les étudiants.

Devant tous ces films d'auteur des années 1960, pensiez-vous à une possible carrière de cinéaste ?

Avant de partir en Allemagne, je pensais plutôt devenir écrivain. J'avais déjà publié plusieurs nouvelles, alors que les possibilités d'entrer dans le monde du cinéma me paraissaient très minces, puisque je ne connaissais personne. Même plus tard, quand j'étais à la télévision, j'ai écrit un scénario qui s'intitulait *Wochenende* (*Week-end*) et qui amorçait la future histoire de *Funny Games*. Mais sans jouer sur la distanciation et avec un criminel qui n'avait rien d'un tortionnaire. Mon scénario devait être pas si mal puisque j'ai reçu l'avance sur recettes allemande : 300 000 DM, une belle somme, mais insuffisante pour produire le film.

Les mondes du cinéma et de la télévision étaient-ils très séparés alors ?

Pas tant que ça. Par exemple, la chaîne WDR a fait beaucoup de coproductions avec le cinéma, comme celles de Jean-Marie Straub et Danièle Huillet. Et la ZDF aussi. Mais moi, je ne connaissais pas du tout les gens du cinéma. Je ne savais donc pas à qui m'adresser et j'ai été obligé de rendre l'argent. C'était dommage, mais ça m'a conforté dans l'idée que je voulais un jour faire un film. Je savais que si je restais *Dramaturg* à la télé, personne n'aurait l'idée de me demander autre chose. J'ai donc commencé à faire mes propres mises en scène au théâtre de Baden-Baden, où j'ai pu inviter mes supérieurs à voir mon travail. C'est comme ça que j'ai obtenu la possibilité de réaliser mon premier film de télévision.

En 2002 la revue *Sight & Sound* vous avait demandé – ainsi qu'à un grand nombre de vos confrères – quels étaient vos dix films préférés. Vous aviez alors répondu en les classant : 1. *Au hasard Balthazar* ; 2. *Lancelot du lac*, tous deux de Bresson ; 3. *Le Miroir* de Tarkovski ; 4. *Salò, ou les 120 Journées de Sodome* de Pasolini ; 5. *L'Ange exterminateur* de Buñuel ; 6. *La Ruée vers l'or* de Chaplin ; 7. *Psychose* de Hitchcock ; 8. *Une femme sous influence* de Cassavetes ; 9. *Allemagne année zéro* de Rossellini ; 10. *L'Éclipse* d'Antonioni. Êtes-vous toujours d'accord avec cette liste, car plus tard vous avez dit que vous auriez volontiers ajouté *Il était une fois dans l'Ouest* de Sergio Leone ?

C'est un film tellement bien fait qu'il mériterait de figurer dans une telle liste. C'est vraiment un chef-d'œuvre, parfait sur tous les plans. Mais je ne le reverrais pas dix fois. Ce n'est pas le genre de film qui a ma préférence.

Vous n'aimez sans doute pas les films de genre...

Non, pas tellement.

Vous avez toujours préféré les films d'auteur. Mais quand vous étiez critique, vous deviez quand même voir tout ce qui sortait en salles ?

Non, seulement les films qui m'intéressaient. En réalité, dans ce journal, j'ai beaucoup plus écrit sur des livres que sur des films. Bien sûr, on m'imposait certains livres. Je les ai lus, même si cela me déplaisait. Mais dès que j'ai occupé une certaine place dans l'équipe, je leur ai fait comprendre qu'il valait mieux que je n'écrive que sur des livres qui m'intéressaient. Je trouve que ce n'est pas bien de lire ou de regarder n'importe quoi, même pour en rendre compte. C'est selon moi le gros problème de la critique que de ne pas devenir cynique et de ne pas haïr son métier, à force de perdre son temps avec des films et des livres qu'on trouve idiots. La critique est vraiment un travail difficile. Heureusement, ce n'était pas ma profession principale, et je pouvais me permettre de faire des choix. Mais il m'arrivait de temps à autre de prendre plaisir à démolir un film que j'avais détesté. Car, comme chacun sait, c'est toujours plus facile de critiquer un film que d'en faire son éloge.

En dehors de la liste parue dans *Sight & Sound*, les films que vous citez le plus dans vos interviews sont *Au hasard Balthazar*, *Le Miroir* et *Salò*. Ces films sont-ils toujours vos préférés ?

Aujourd'hui ces films sont toujours très importants pour moi. Mais s'il fallait dresser une nouvelle liste, je mettrais en premier *Le Miroir*. Je ne sais pas combien de fois je l'ai vu, beaucoup plus souvent qu'*Au hasard Balthazar*, et, chaque fois, je suis surpris par une nouvelle nuance que je n'avais pas encore remarquée. Et chaque fois, je suis en larmes, rempli d'émotions devant tant de beauté. Ce qui m'arrive très rarement avec un film. À l'université de Vienne où j'enseigne le cinéma, c'est le premier film que je montre à chaque nouvelle promotion d'étudiants. Ils n'y comprennent rien, parce qu'ils ne sont pas habitués à ce type de film. C'est honteux, mais 90 % des étudiants de cinéma aujourd'hui n'ont jamais vu un film comme celui-là. Et ils sont incapables de le déchiffrer. Ils ne sont donc pas seulement surpris, mais aussi très mécontents. Avec le temps et à force de le revoir pour en écrire une analyse très détaillée, comme sur tous les films que je leur projette, ils finissent toutefois par mieux le comprendre et en retirer du plaisir. Ça ne veut pas dire qu'ils voudront plus tard faire des films comme celui-là, mais ça leur ouvre l'esprit sur un cinéma qui existe aussi.

Pour revenir à vos trois films préférés...

C'est purement émotionnel. Ce sont ceux qui m'ont marqué le plus. Avec une place à part pour *Salò*, parce qu'il est terrifiant. Je l'ai vu une seule fois et plus jamais depuis.

Vous n'avez pas le DVD dans votre importante collection ?

Si, mais je n'ose pas le regarder. Ce film m'avait complètement anéanti à l'époque, mais je continue de penser que c'est un film extrêmement important.

Vous ne le montrez donc pas à vos étudiants...

Non, parce qu'il y a des personnes, des filles surtout, qui sont très sensibles et je ne veux pas trop les choquer. En revanche, je signale son importance et j'en recommande le visionnage pour ceux qui en ont la force. À chacun de prendre sa décision, je ne veux obliger personne.

Cela a dû vous amuser quand beaucoup de gens ont comparé *Funny Games* à *Salò* ?

Oui ! Les deux films ont le même objectif, mais s'efforcent de l'atteindre de manière différente. *Salò* est le seul film, à ma connaissance du moins, qui montre la violence telle qu'elle existe dans la réalité. En général, dans les films violents, notamment américains, la violence est montrée pour être consommée par le truchement d'un spectacle. On se sent bien protégé dans son fauteuil. Quand on en sort, c'est comme si rien ne s'était passé. Dans *Salò*, c'est autre chose : on se rend vraiment compte de ce qu'est la réalité de la violence et c'est insupportable. J'avais espéré approcher la même intensité dans *Funny Games*. Mais je ne peux pas vraiment comparer les deux films, car l'un a été fait par Pasolini et l'autre par moi.

2

J'ai débuté au théâtre grâce à ma petite amie – La direction d'acteurs – L'expérience et le talent – Comment j'ai arrêté le théâtre – Un grand souvenir et un désastre – Deux westerns sur scène – Je suis un homme de l'oreille – Mélancolie et culture autrichienne – Trois touristes dans un couvent grec – Tchekhov, Shakespeare et Bach.

Venons-en à vos années théâtre. Avez-vous pu, dès vos débuts, mettre en scène les pièces de votre choix ?

Non, pas du tout. En fait, j'ai monté ma première pièce grâce à ma petite amie de l'époque. Elle était comédienne dans la troupe du théâtre de Baden-Baden et elle se plaignait beaucoup des indications que lui donnaient ses metteurs en scène. Quand j'ai proposé de l'aider à préparer ses textes, elle a d'abord refusé sous prétexte que je n'étais qu'un amateur. Mais à force d'insister, elle a fini par m'écouter. Et elle a trouvé mes suggestions suffisamment bonnes pour en parler à ses collègues du théâtre. Elle leur a proposé que je travaille avec eux. Elle était la jeune star de la troupe ; ils lui ont fait confiance. C'est ainsi que je suis allé voir le directeur du théâtre pour lui faire part de mes envies de mise en scène. Au début, il a été surpris. Puis, il m'a expliqué qu'il n'avait pas d'argent. Je lui ai répondu que ça m'était égal, que ce qui m'intéressait, c'était de pouvoir monter une pièce. Quand il a ajouté qu'il n'avait pas non plus d'argent pour les décors, je lui ai proposé de reprendre *Des journées entières dans les arbres* de Marguerite Duras, dont on venait de tourner une adaptation pour la télévision, avec Heinz Bennent et Roma Bahn, et dont je pouvais récupérer les décors. De guerre lasse, il m'a laissé faire. Ça a été un succès qui m'a permis de continuer.

Avec cette fois la possibilité de choisir votre pièce ?

Oui, à partir de là, c'est toujours moi qui ai choisi. J'ai commencé avec des petites pièces, puis j'ai monté les grands classiques comme *Le Prince de Hombourg*.

Toujours avec la troupe du théâtre de Baden-Baden ?

Oui, ce qui me posait problème. Comme nous étions en province, il était très difficile de faire venir quelqu'un d'un grand théâtre pour lui montrer ce que nous faisions. Ces gens-là partent du principe que, dans une petite ville comme Baden-Baden, on ne découvre jamais un artiste talentueux. J'ai donc écrit des tas de lettres auxquelles personne ne répondait. C'est finalement une actrice, avec qui je venais de travailler au théâtre, qui a convaincu le *Dramaturg* du théâtre réputé de Darmstadt – dont elle était proche – de venir assister à l'une de nos représentations. Il a apprécié et il m'a fait une proposition. Mais, entre ma première pièce et sa venue, près de trois ans s'étaient écoulés. J'ai beaucoup appris sur les acteurs durant cette période. Quand on est obligé de travailler avec le même groupe de comédiens, dont la moitié au moins sont mauvais, on découvre petit à petit comment les aider à jouer plus juste.

Et donc comment procédiez-vous pour aider un interprète à améliorer son jeu ?

C'est une question que mes étudiants en cinéma me posent constamment. Ils redoutent beaucoup cet aspect du travail, alors que les questions techniques ne leur font pas peur. Et c'est vrai que souvent les premiers films sont techniquement bien faits, mais laissent à désirer quant au jeu des acteurs. Comment y remédier ? Il n'y a pas de réponse toute faite. Chaque acteur est différent et seule l'expérience permet de déterminer l'attitude à adopter avec chacun. Il y a ceux avec qui il faut de la douceur et ceux qu'il faut au contraire bousculer. Il y en a qui ont besoin d'explications, voire qu'on leur montre très concrètement ce qu'ils doivent faire et il y a ceux qu'il faut laisser se débrouiller seuls. La direction d'acteur se fait au cas par cas.

Dans ces conditions, pensez-vous que de bonnes connaissances en psychologie du comportement soient nécessaires à tout apprenti cinéaste ?

Non, je ne pense pas. On ne réalise pas un film avec des théories. C'est la pratique qui compte. Même si affirmer qu'« on ne peut apprendre à faire un film qu'en en faisant un » relève du cliché, c'est aussi une vérité. Et il en va de même pour toutes les professions artistiques ou artisanales. On n'apprend pas à peindre un tableau en appliquant des théories. Si c'était le cas, tous les universitaires seraient de grands artistes ! Il y a, par ailleurs, dans la fabrication d'un film, une dimension artisanale à laquelle je crois beaucoup. Comme un artisan, je dois être précis et savoir exactement ce que je fais. Ensuite, déterminer si ce que je fais relève de l'art, ce n'est pas à moi d'en décider. Car entre alors en jeu le talent qui, lui, ne s'apprend pas. C'est comme la musique. Prenez quelqu'un qui n'a pas de talent. Il pourra bosser comme un fou pour interpréter une sonate toute simple, il n'arrivera qu'à un résultat moyen. Un autre pourra n'y consacrer qu'une heure et épater tout le monde. Le talent est une chose injuste et diriger des comédiens relève du talent.

Kabale und Liebe de Friedrich Schiller à Baden-Baden

Le théâtre vous a donc permis d'apprendre à diriger les acteurs. Vous a-t-il aussi appris des choses dans d'autres domaines, comme celui de l'éclairage ?

Oui, car même si on n'éclaire pas de la même façon au théâtre qu'au cinéma, un metteur en scène de théâtre, comme un réalisateur de film, doit savoir ce qu'il doit éclairer et de quelle façon. Cela non plus ne relève pas de connaissances scientifiques ni de la simple pratique. Après vingt ans de métier, certains metteurs en scène auront toujours tout faux. Et même si vous leur expliquez en quoi leur lumière ne fonctionne pas, ils ne comprendront pas. C'est une question de talent et de sensibilité.

Étiez-vous très interventionniste lors de vos mises en scène, lorsque tel ou tel aspect (décors, éclairages...) ne vous plaisait pas ?

Oui, je me mêlais de tout ! C'est peut-être pourquoi je ne me suis jamais senti vraiment bien au théâtre, contrairement au cinéma. Moi, j'arrivais sur la scène le premier jour avec une conception très claire de ce que je voulais. Et dès lors, je n'avais de cesse de l'obtenir. Or, si c'est très bien de pouvoir fournir en amont toutes les indications aux techniciens, avec les acteurs c'est plus compliqué. Il y en avait toujours qui faisaient ce que je leur demandais parce qu'ils se sentaient obligés ou parce que mes arguments étaient convaincants. Mais ils étaient frustrés que cela ne vienne pas d'eux et ils le faisaient bien sentir. Plusieurs de mes mises en scène n'ont pas fonctionné à cause des acteurs. Le metteur en scène allemand Peter Zadek, qui est mort en 2009, avait mis au point une excellente méthode. Il entamait les répétitions en laissant ses acteurs lui montrer tout ce qu'ils voulaient faire. Une fois qu'ils avaient épuisé leurs propositions, Zadek leur demandait de revoir telle ou telle chose et il commençait à les diriger en leur laissant croire que tout venait d'eux. Ce qui les motivait pour la suite. Moi, j'étais trop impatient pour agir de la sorte, même si au théâtre on a du temps, contrairement au cinéma et à l'opéra, où la durée des répétitions est limitée à cause de leur coût. J'ai réussi quelques mises en scène au théâtre, mais il y en a aussi beaucoup où je ne suis pas arrivé à obtenir ce que je voulais, faute d'avoir su laisser de l'espace aux acteurs. Quand j'ai compris cela – et j'y ai mis le temps – j'ai arrêté de travailler pour la scène. Comme je le dis toujours : « On ne doit pas demander à un cordonnier de faire des chapeaux ! » Or c'était un peu mon cas.

Votre dernière mise en scène de théâtre remonte à quand ?

Au tournage de mon premier film pour le cinéma, *Le Septième Continent*.

Vous avez monté des pièces d'auteurs très différents : Strindberg, Goethe, Bruckner, Kleist, Hebbel, Duras... Quels sont les meilleurs souvenirs que vous gardez de ces mises en scène ?

Je pense que mes meilleures mises en scène ont été *Der zerbrochene Krug* (*La Cruche cassée*) de Heinrich von Kleist et *Maria Magdalena* de Friedrich Hebbel. *Maria Magdalena* est un huis clos qui fonctionne comme une machine infernale. Dans son journal intime, Hebbel a écrit qu'il était content parce qu'il avait réussi à boucher tous les trous de souris par lesquels les personnages auraient pu s'échapper ! C'est une pièce terrible, extrêmement pessimiste, déprimante, mais très forte. La pièce de Kleist, elle, est une comédie amère écrite dans une langue formidable.

Mais ma plus belle expérience au théâtre reste sans doute *Kabale und Liebe* (*Cabale et Amour*) de Friedrich Schiller, parce que j'adore cette pièce. C'était l'une de mes premières créations à Baden-Baden. Et même si j'ai été un peu dépassé par la difficulté, j'ai éprouvé beaucoup de plaisir à mettre en scène cette tragédie bourgeoise. C'est éminemment triste, mais très beau, grâce à la langue qui est fantastique. Je me souviens que j'étais très nerveux pendant la première – je me suis même écorché en me grattant la main – et qu'au lieu de regarder les acteurs, j'avais les yeux rivés sur les spectateurs. Quand, à la fin du dernier acte, qui est vraiment déchirant, j'ai vu les gens en larmes, j'ai été soulagé ! Cela m'a procuré un grand bonheur et c'est devenu un beau souvenir.

Est-il vrai que vous avez mis en scène un seul vaudeville, qui n'a pas été une réussite ?

Ah, ça a été une catastrophe ! C'était une pièce d'Eugène Labiche, *Le Plus Heureux des trois* (dans sa traduction allemande, *Das Glück zu dritt*) que la direction du théâtre m'avait proposée pour la Saint-Sylvestre. Je n'étais pas convaincu d'être l'homme de la situation, mais j'ai voulu essayer. Dès le premier jour des répétitions, j'ai su que je n'y arriverais pas. Et au bout de deux, trois jours, les choses ont empiré. Je voyais bien que c'était une pièce qui ne fonctionnait que sur le rythme du dialogue, mais je n'étais pas sensible à ce comique et je n'avais aucune idée de la façon dont je pouvais le traduire dans la mise en scène. J'ai voulu arrêter, mais on m'a dit que c'était impossible, car il n'y avait pas de solution de remplacement pour la Saint-Sylvestre. Il a donc fallu continuer. Ça a été un désastre ! Ma mise en scène était tellement fade qu'on ne pouvait jamais rire. Tout était lourd. Les spectateurs étaient venus pour s'amuser ; à chaque lever de rideau, ils applaudissaient chaleureusement, car les décors étaient très beaux. Mais leur enthousiasme retombait vite. À la fin de la représentation, les acteurs sont sortis de scène sous des applaudissements polis. Et, lors de la réception qui a suivi, personne ne semblait plus me connaître !

Mais, durant les répétitions, les comédiens ne pouvaient-ils pas prendre le relais, faire des propositions ?

Non, tout le monde était affligé. C'est la seule fois où ça m'est arrivé. En revanche, j'ai pris beaucoup de plaisir à monter des pièces comiques de Carl Sternheim. Mais c'était autre chose. Elles avaient un humour acide et surtout elles étaient réalistes. Ce qui n'est pas non plus un critère. D'autre part, je me suis bien amusé à mettre en scène deux westerns en première mondiale, dont l'un écrit par un critique de cinéma de Munich assez connu. On nous avait proposé cette pièce parce qu'aucun théâtre de prestige ne voulait monter de western. Tout le monde y a pris un plaisir énorme. Même les acteurs qui ne jouaient pas dans la pièce venaient assister aux répétitions !

Y avait-il des chevaux sur la scène ?

Non, c'était plutôt dans le style western-spaghetti. On avait utilisé la musique d'Ennio Morricone et c'était très référentiel, un peu ironique. Une sorte de jeu avec les clichés.

Avez-vous monté du Shakespeare ?

Jamais. Pas plus que des classiques grecs, dont l'esthétique ne me semblait pas coller avec mon style de mise en scène. Je n'ai pas non plus monté de Tchekhov, mais pour d'autres raisons. D'abord, j'avais trop d'admiration pour ce dieu du théâtre pour m'imaginer produire une mise en scène à la hauteur de son génie. Et puis je ne voyais pas comment réunir la distribution idéale, avec un grand acteur pour chaque rôle. C'est pour cette raison qu'il est si rare de voir une mise en scène convaincante de Tchekhov. Récemment, j'en ai vu une magnifique d'*Oncle Vania*, avec Jens Harzer dans le rôle d'Astrov, un acteur tellement génial qu'il permettait de supporter les autres qui étaient un peu inégaux. Là, j'étais comme un enfant au pied d'un sapin de Noël. Ce fut un grand et rare moment de plaisir. Aujourd'hui, je vais peu au théâtre, car je suis souvent déçu.

Avez-vous repris dans vos films de télévision ou de cinéma des acteurs que vous aviez dirigés sur scène ?

Dans mes films de télévision surtout, car en parallèle je continuais à mettre en scène au théâtre. Mais il faudrait citer aussi l'exceptionnelle collaboration avec Josef Bierbichler, un acteur que j'adore, qui a tenu l'un de ses premiers rôles à l'écran dans mon plus mauvais téléfilm (*Sperrmüll*) et que j'ai retrouvé avec plaisir pour le rôle du régisseur dans *Le Ruban blanc*.

Avant votre premier téléfilm, aviez-vous réalisé des films amateurs en Super 8 ?

Non, mais j'avais joué dans deux courts métrages. Quand j'étais encore à Wiener Neustadt, il y avait un chef d'entreprise qui était fou de Super 8. Ses films étaient idiots, mais il avait une Jaguar blanche qui nous fascinait. Comme il savait que j'étais « l'artiste » du groupe et que j'étais fils d'acteurs, il m'a demandé de jouer dans deux de ses films. Ils n'avaient aucun intérêt, mais ça a été une expérience amusante.

L'expérience que vous avez acquise à la radio en adaptant des romans vous a-t-elle aidé pour vos mises en scène théâtrales ?

Non, parce que, à la radio, mon travail se limitait à rédiger des adaptations de romans et des critiques littéraires que je lisais à l'antenne.

Vous n'avez disposé que de trois semaines de tournage : vous deviez être très limité sur le nombre de prises ?

Non, parce que nous tournions en vidéo et que ça ne coûtait rien de multiplier les prises. Mais nous n'en avons pas fait tellement, parce que les acteurs étaient plutôt bons. Surtout Hildegard Schmahl.

Aviez-vous beaucoup répété avant ?

Nous n'avons pas fait de répétition, mais nous avons longuement discuté des modifications apportées à la pièce. Les acteurs ont d'ailleurs largement contribué à ces changements. Tout était possible avec des dialogues qui pouvaient être placés n'importe où dans le décor. Par exemple, c'est l'actrice qui a imaginé situer une saynète à Noël.

Cette préparation avec les acteurs était presque comme une lecture au théâtre ?

Oui, on peut dire ça. D'ailleurs, ma mise en scène était un peu théâtrale. Les recours spécifiques à l'écriture cinématographique, comme les champs-contrechamps, sont rares.

Et ils viennent tardivement. Il semblerait que votre mise en scène se déploie petit à petit. La première saynète est un plan-séquence fixe, puis arrive ce travelling latéral que nous avons déjà mentionné. On assiste, en quelque sorte, à la genèse du futur style cinématographique de Michael Haneke ! D'ailleurs, quand on entend la réplique mentionnant le ping-pong, on pense à une scène clé de *71 Fragments d'une chronologie du hasard*.

Pourquoi pas ?

On a été frappé par votre choix, dans la première scène, de cadrer le couple au lit après l'amour, en plongée verticale presque totale. Il y aura d'autres plans cadrés de cette façon dans vos films de cinéma, notamment ceux des mains sur le clavier dans *La Pianiste*. Mais ça reste un angle rarement utilisé. Vous souvenez-vous pourquoi vous avez décidé d'introduire vos protagonistes de la sorte ?

Commencer le film sous cet angle était un moyen d'introduire l'idée générale qui va sous-tendre le film. Celle d'un regard de haut, presque scientifique, sur la communication, à partir d'une série d'exemples modèles.

Le premier plan tourné par Michael Haneke

Un autre plan impressionnant est le dernier. Il montre le couple au fond du décor, en plan large, la caméra s'approchant très lentement en un long travelling de quatorze minutes.

C'est un travelling qui a été rendu possible par ces très grosses caméras vidéo que l'on déplaçait très lentement à cause de leur poids. Avec une caméra de cinéma et de la pellicule, je n'aurais pas pu faire durer le plan aussi longtemps, parce que j'aurais été limité par la nécessité de changer de bobine.

Mais pourquoi avoir décidé de vous approcher aussi lentement du couple pour cette saynète finale ?

Cette idée n'a rien de théorique. C'était selon moi le meilleur moyen de servir cette scène d'adieu. Au début du plan, je devais cadrer assez large pour montrer combien ils sont seuls et perdus dans l'espace. Et ensuite, me rapprocher lentement de leurs visages pour y capter une certaine beauté liée à la tristesse de la situation. Quant à la durée du plan, elle est liée à la longueur de l'histoire que l'homme raconte à la femme dans cette scène. Pour mieux retrouver la sensation qu'on a à la lecture d'un récit qui n'en finit pas, il ne fallait pas l'interrompre visuellement par des changements de plans.

Dès votre premier téléfilm, vous pratiquez le plan-séquence auquel vous aurez recours souvent par la suite sur le grand écran...

Il y a deux raisons pour faire des plans-séquences. Premièrement, ça aide les acteurs dans leur jeu, en leur donnant le temps de développer une émotion, un sentiment. Pour moi, le jeu de l'acteur est primordial. Quand je tourne en champ-contrechamp, je laisse l'acteur reprendre la scène à son début, quitte à faire démarrer la caméra plus tard. Dès l'instant qu'il s'agit d'une scène avec un minimum d'émotion, je trouve idiot de ne faire jouer à l'acteur qu'une seule phrase. La deuxième raison pour laquelle on peut préférer le plan-séquence est liée à la question de la manipulation. Le plan-séquence manipule moins, dans la mesure où il ne triche pas avec le temps. Ce qui permet de faire monter la tension ; le plan-séquence joue sur l'impatience du spectateur pour le tenir en haleine.

Pourquoi avez-vous eu trois chefs opérateurs pour ce film ?

Ce sont les trois opérateurs de mes caméras électroniques. À cette époque, c'était l'habitude dans les productions télévisées de mentionner au générique tous les cameramen, sans distinction d'importance. Même si un seul était vraiment chef opérateur.

Vos décors sont à la fois très réalistes et stylisés...

Oui, ils sont un peu théâtraux. Mais c'est la pièce d'origine qui veut ça. Les personnages, comme les situations, sont des modèles qui peuvent néanmoins avoir des aspects réalistes. Il fallait donc jouer sur les deux tableaux : aller vers la stylisation, tout en évitant d'être trop abstrait pour ne pas perdre l'impression de la réalité. C'était un équilibre délicat à trouver.

Le décor de *Und was kommt danach...*

En découvrant aujourd'hui ce premier film de télévision, nous avons été séduits par sa maîtrise formelle. Mais vous, à l'époque, pensiez-vous que ce coup d'essai allait vous ouvrir assez vite les portes du cinéma ?

Bien sûr, j'espérais que cette première expérience pourrait m'emmener un peu plus loin. Mais je ne pensais pas déjà à mettre en scène pour le cinéma. Jusqu'à ce que j'écrive *Le Septième Continent*, j'ai toujours eu le sentiment de ne pas avoir encore trouvé mon propre langage. Je cherchais et j'apprenais quelles pouvaient être mes forces et mes faiblesses.

En 1975 vous tournez votre deuxième film pour la télévision, *Sperrmüll*, que vous avez déjà qualifié de nul et que nous n'avons pas vu...

... et que je vous interdis de voir ! Heureusement, il n'y a plus de copie.

En attendant de transgresser l'interdit, nous voudrions savoir pourquoi il est si nul et comment vous avez été amené à le tourner.

Après le succès de mon premier film tourné par la SWF, j'ai été contacté par la deuxième grande chaîne allemande, la ZDF. On me proposait l'adaptation d'une pièce à deux personnages d'un auteur sud-américain destinée à passer en troisième partie de programme. Et cette fois, on m'accordait quatre semaines de tournage. Mais, alors que la distribution des rôles était déjà bouclée, la chaîne m'a annoncé qu'on me supprimait une semaine de tournage. Je leur ai répondu qu'avec seulement trois semaines, je ne pourrais jamais y arriver. Ils m'ont alors demandé de bien réfléchir, car cette adaptation était pour moi l'occasion d'entrer à la ZDF. J'ai bien réfléchi et j'ai maintenu mon refus. Je pensais alors que je n'aurais plus jamais de nouvelles de cette chaîne. Et pourtant, un an plus tard, un directeur de production de la ZDF m'a contacté pour me dire qu'il ferait bien un film avec moi. Mais, malheureusement, il fallait avant que je tourne un autre scénario pour lequel il avait déjà signé un contrat de production avec l'auteur. En lisant ce scénario, je me suis vite rendu compte que ce n'était pas terrible. C'était l'histoire d'un ancien professeur de lycée que ses enfants veulent placer dans une maison de retraite. Il refuse parce qu'il ne veut pas vivre dans deux pièces, alors qu'il en a toujours occupé cinq. Il est cependant contraint d'accepter. Têtu, il exige de partir avec tous ses meubles, dont la plupart devront rester dans la rue. C'était un mélodrame… chiant ! Mais je me suis dit que si je refusais encore, je ne reverrais plus jamais personne de la ZDF, alors que je pouvais toujours essayer d'améliorer le projet. C'est effectivement devenu un peu mieux, mais ça restait mauvais. En plus, contrairement à la SWF où je connaissais tout le monde et où j'avais pu m'entourer des meilleurs cameramen et régisseurs, à Munich, je ne connaissais personne et on ne m'a refilé que de mauvais techniciens. Comme, en plus, la chaîne ne pouvait pas payer les acteurs que je voulais… Malgré tout, le film a bien marché lors de sa diffusion et il a même reçu un prix ! Quant à ce monsieur, qui m'avait promis de produire ensuite un film à moi, il est décédé, sans me laisser l'occasion de retravailler avec la chaîne. Je me suis alors dit que tout le monde avait droit à une erreur, mais pas à deux. Et depuis, je suis devenu très difficile avec la télévision. J'ai toujours insisté pour obtenir tout ce que je voulais. Car si quelque chose ne marche pas, ça vous retombe immanquablement sur le dos.

Que signifie le titre du film : *Sperrmüll* ?

Il s'agit de l'enlèvement des objets encombrants, organisé par les municipalités. Le titre est métaphorique. À la fin du film, les encombrants ne sont pas seulement les meubles mais carrément le protagoniste.

TROIS CHEMINS VERS LE LAC

Elisabeth Matrei vient passer des vacances chez son père veuf à Klagenfurt, chef-lieu du Land de Carinthie (Autriche du Sud). Elle a pour projet de se reposer et d'aller se baigner dans le lac voisin. Mais elle découvre bientôt que les trois sentiers de randonnée qui l'y menaient autrefois sont devenus des culs-de-sac. Son séjour est propice à l'introspection. Elle raconte à son père le mariage à Londres de son frère Robert, auquel il n'a pas voulu assister. Robert a épousé une femme plus jeune que lui, mais la différence d'âge est moins importante qu'entre Elisabeth et Philippe, son compagnon actuel. Elle gagne sa vie comme photographe de presse, une passion qui a toujours étonné Trotta, le grand amour de sa vie : à quoi bon photographier la guerre et la misère ? À force de disputes et d'incompréhension, ils avaient fini par se quitter à la fin de la guerre d'Algérie. Elisabeth a eu bien d'autres amants, mais, aujourd'hui, elle sait que seul Trotta a vraiment compté. Plus que Hugh, son mari américain, dont elle a trop vite accepté de divorcer. Plus que Manes, avec qui elle a entretenu une relation passionnée, après le suicide de Trotta. Son père donne à Elisabeth des nouvelles de Klagenfurt, les voisins, les commerces qui ferment ou sont rachetés. Après sa rencontre fortuite avec une ancienne camarade de classe un peu amère sur sa vie, Elisabeth ne veut plus rester. Elle se fait envoyer par Philippe un télégramme lui ordonnant de rentrer à Paris pour raisons professionnelles. En correspondance à Vienne, elle retrouve un cousin de Trotta, récemment marié, qui lui avoue (par un billet glissé dans sa poche) qu'il l'aime et l'a toujours aimée. Elle lit ce billet à Orly, juste avant de retrouver Philippe, venu la chercher. Il lui explique qu'il a promis d'épouser une jeune fille enceinte de lui. Elle se saisit de ce prétexte pour rompre. Elle sait que le lendemain, elle acceptera la mission dangereuse à Saïgon que lui propose son patron.

En 1976, vous avez adapté *Drei Wege zum See* (*Trois Chemins vers le lac*), d'une nouvelle d'Ingeborg Bachmann, publiée en 1972, dans le recueil *Simultan*. Comment avez-vous été amené à réaliser ce téléfilm coproduit par la SWF et la chaîne autrichienne ORF ?

J'ai toujours adoré l'œuvre d'Ingeborg Bachmann, qui est aujourd'hui considérée comme le poète autrichien par excellence, parmi les auteurs apparus après la guerre. J'avais lu toutes ses nouvelles, mais je tenais à adapter celle-là en particulier, parce qu'elle présente une structure très cinématographique.

En quoi est-elle particulièrement cinématographique ?

Parce qu'elle est articulée autour d'allers et retours temporels, qui relient des histoires correspondant à des moments différents de la vie de l'héroïne. La plupart des autres nouvelles de Bachmann sont tellement intériorisées qu'elles se prêtent mal à la construction d'un récit cinématographique. Parmi ses autres textes qui ont été filmés, le plus connu reste son roman *Malina*, adapté par Werner Schroeter avec Isabelle Huppert. C'est beau, mais c'est plus proche de Schroeter ou de Jelinek, qui en a écrit le scénario, que de Bachmann.

Un des choix marquants de votre film est d'avoir confié le commentaire off, qui correspond à la voix intérieure de l'héroïne, à Axel Corti...

Je n'ai jamais pensé à une voix féminine. Pourquoi ? Je n'en sais rien. J'ai écarté d'emblée la voix d'Ingeborg Bachmann, qui est très identifiable grâce aux nombreuses lectures qu'elle a faites, en public ou sur CD. Sa voix est spéciale, très touchante. Je me souviens d'une de ses lectures dans l'Auditorium Maximum de l'université de Vienne où elle avait tenu en haleine mille deux cents personnes, avec sa voix si fragile qu'on craignait à chaque instant qu'elle n'éclate en sanglots. Mais ça n'aurait pas convenu pour mon film. Axel Corti était une voix très connue en Autriche. Il avait une émission radiophonique d'un quart d'heure, chaque samedi, intitulée *Der Schalldämpfer* en référence au « silencieux », l'embout que l'on met à une trompette pour en faire une trompette bouchée. Il y parlait de tout, sur un ton ironique et dans une très belle langue, qui m'ont fait penser que c'était le meilleur choix possible pour mon commentaire off.

Pourquoi avoir gardé un commentaire off ?

Dans tous mes téléfilms adaptés d'un ouvrage littéraire, j'ai essayé de conserver le plus possible du texte d'origine. Il y a une grande différence quand on adapte un livre pour la télévision ou pour le cinéma. Pour moi, le cinéma est une forme artistique, et l'œuvre littéraire adaptée doit y être soumise. À la télévision, au contraire, l'œuvre d'art, c'est le livre ; le but, c'est de donner aux téléspectateurs envie de le lire. Et pour cela, je dois mettre en valeur les beautés de la langue.

La télévision autrichienne, dans les années 1970, était-elle soucieuse de produire des programmes de grande qualité artistique ?

Oui, à l'époque, la télévision autrichienne était vraiment différente de ce qui se fait aujourd'hui. On pouvait y oser des choses parce que, faute d'argent, il n'existait pas de cinéma autrichien. La Fédération du cinéma, qui allait donner naissance à un embryon de production nationale, n'avait pas encore été créée et il y avait juste, de temps à autre, un petit malin qui réussissait à décrocher un financement pour faire un film. Ceux qui voulaient réaliser des films sérieux passaient par la télévision. On ne pouvait pas espérer y faire de l'expérimental, mais les producteurs souhaitaient qu'on adapte les grandes œuvres de la littérature allemande et autrichienne. Cela a duré un certain temps. Je crois que tous les romans de Joseph Roth ont été adaptés et on m'a même proposé de m'attaquer à *L'Homme sans qualités* de Robert Musil – ce que j'ai refusé parce que je ne suis pas suicidaire. En tout cas, si la majorité de mes téléfilms sont des adaptations, c'est parce que c'était plus facile à produire. Au fil des années, j'ai néanmoins senti combien il devenait de plus en plus difficile de faire financer à la télévision des projets qui ne soient pas de purs divertissements. Au point que, lorsque j'ai proposé *Le Château* d'après Franz Kafka, le directeur de la chaîne m'a demandé si c'était « bien nécessaire ».

Pour revenir à *Trois Chemins vers le lac*, j'étais encore à Baden-Baden, mais je ne travaillais plus à la SWF, quand j'en ai eu l'idée. Je me suis rendu à Vienne pour y trouver un coproducteur et c'est là que j'ai rencontré un *Dramaturg* qui m'a soutenu d'emblée. Ce fut le début d'une longue collaboration avec l'ORF (Österreichischer Rundfunk), la télévision autrichienne.

Après la voix off, l'autre particularité de votre film est son écriture. Vous avez réussi à rendre cinématographique le discours intériorisé de la nouvelle, par des effets de « montage mental » proches de ceux qu'inventait Resnais au cours des années 1960 dans *La guerre est finie* ou *Je t'aime, je t'aime*. Un bon exemple se trouve au début de votre film : la jeune femme, Elisabeth, arrive à la gare de Klagenfurt, où l'attend son père qui l'emmène en taxi chez lui. Ils passent devant une grande sculpture représentant un *Lindwurm*, un dragon – l'emblème de la ville – et soudain on voit un plan-flash sur un homme noir, nu, penché au-dessus d'un lavabo ; la jeune femme ouvre la porte et il lui hurle de sortir. Comme à ce moment-là du film, nous, spectateurs, ignorons qu'il s'agit d'un *flash-forward*, nous ne pouvons pas comprendre de qui ni de quoi il s'agit. Cette association entre le dragon et cet homme qui l'effraie ne se trouve pas dans la nouvelle, mais elle respecte l'esprit de son récit construit autour des pensées, souvenirs et sensations de la protagoniste...

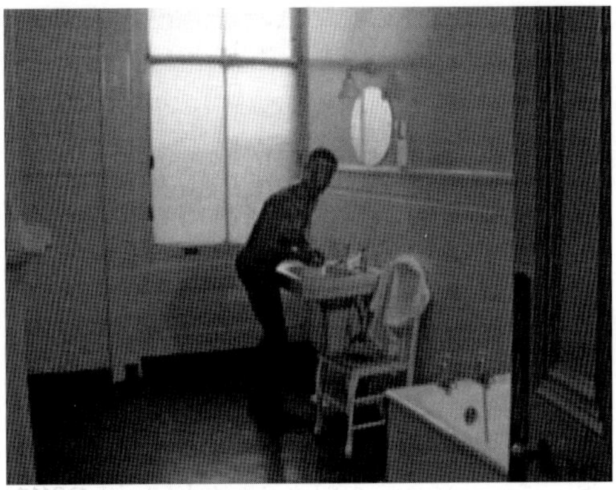

C'est un bon exemple de ce que j'ai toujours essayé de faire dans mes adaptations littéraires. On m'a souvent demandé s'il était plus facile d'écrire un scénario original ou de faire une adaptation. Je dirais que, quand on commence le travail, faire une adaptation est plus long. Car, dans ce cas, l'histoire existe en amont et ce n'est pas évident de se l'approprier. Ça prend, de toute façon, plus de temps que lorsqu'il s'agit d'une histoire que vous avez inventée. Pour une adaptation, je lis d'abord plusieurs fois le texte en soulignant certains passages avec des couleurs différentes. Chaque personnage important a la sienne. Puis, lentement, je restructure le matériau d'origine de manière cinématographique. Je ne veux pas reprendre à 100 % la structure du texte, parce que c'est un autre média. Dans *Trois Chemins vers le lac*, j'ai eu l'idée de ces *flash-forward* pour créer une tension et accrocher le spectateur à un récit intériorisé.

Encore plus audacieux, quand, plus tard dans le film, Elisabeth, en route vers le lac, doit s'arrêter brusquement, car le chemin débouche sur le vide (à cause de travaux en contrebas), vous raccordez cut avec son souvenir du suicide de Trotta.

Vous tenez là un discours cinématographique plus abrupt que le discours littéraire, plus fluide, de Bachmann.

C'est normal, parce que, dans une seule phrase, vous pouvez réunir plein de personnages et télescoper plusieurs temps, alors que, dans une scène de film, vous ne pouvez avoir recours qu'à des oppositions ou des juxtapositions. L'effet devient alors beaucoup plus abrupt qu'en littérature. Mais ça peut être aussi un avantage pour tenir le spectateur en éveil.

C'est aussi très proche du processus associatif propre au cerveau humain, qui est instantané, donc lui aussi abrupt. Pensiez-vous, en procédant ainsi, que l'émotion pourrait naître de cette manière de raconter l'histoire ?

J'admire tellement cette nouvelle que j'ai éprouvé le désir de procéder ainsi. C'était pour moi la manière la plus appropriée de respecter l'intériorité du texte. Je ne savais pas si cela allait réellement fonctionner au tournage, mais, après avoir pondu cette nullité qu'était *Sperrmüll*, je ne pouvais pas me retrouver en situation d'échec. Je m'étais donc imposé des sécurités formelles à travers ce montage mental.

Ce traitement mental vous intéressait-il en soi, au-delà de son application à la nouvelle d'Ingeborg Bachmann ?

Cela m'intéressait, car c'est quelque chose qui est propre au langage cinématographique. C'est venu très naturellement et non pas parce que je cherchais à tout prix une structure originale. Je me disais juste que je devais trouver une forme qui pourrait raconter cette histoire assez complexe. Et quand je l'ai trouvée, de nombreuses possibilités se sont offertes à moi.

Dans votre scénario, aviez-vous tracé des lignes temporelles bien définies ?

Pendant l'écriture, je fais toujours des graphiques. J'ai une ligne consacrée à chaque personnage. Quand j'ai cinq lignes devant moi, je peux voir si le temps prévu pour telle ou telle scène est trop long ou trop court. Au début, je travaille toujours avec plusieurs structures. Pour chaque scène, j'ai des petites cartes que je déplace sur un grand tableau. Puis je transfère le tout dans l'ordinateur. Sur le moment, on ne voit pas bien comment cela peut fonctionner, mais en changeant de structure, même s'il ne s'agit que de graphiques, vous apprenez toujours quelque chose. C'est ce que j'essaie de faire comprendre à mes étudiants, qui vont trop vite parce qu'ils sont impatients. Personnellement, je fais plusieurs essais avant que tout fonctionne. Bien sûr, il peut arriver qu'une structure s'impose d'emblée. Mais ce genre de cadeaux est rare ! Il y a cette blague juive que j'aime bien : Moshé arrive chez le rabbin et se plaint de ne jamais gagner à la loterie, alors que ses amis, eux, gagnent tout le temps. Alors le rabbin lui répond : « Mais tu dois donner une chance à Dieu ! Il faut que tu joues pour gagner. » C'est un peu ce que je dis toujours aux étudiants. On doit toujours laisser une chance à l'inspiration. Mais la chance ne peut advenir que si l'on travaille beaucoup son sujet. À force de le regarder sous tous les angles, on finit toujours par trouver quelque chose. Si on ne fait qu'attendre l'inspiration, on risque d'attendre longtemps !

Vous préparez beaucoup, mais vous arrive-t-il souvent, au moment du tournage, de devoir changer ce que vous aviez prévu ?

Cela m'arrive rarement. Mais quand cela m'arrive, je suis complètement déprimé. Car, en général, quand on est forcé de changer quelque chose au dernier moment, on n'a pas tout le film dans la tête et c'est là qu'on commet des erreurs. Sauf si le changement vient d'une proposition d'un acteur. Là, ça peut enrichir le film et je m'impose d'en tenir compte. Mais ça n'arrive que deux ou trois fois sur l'ensemble d'un tournage. La plupart du temps, je ne change pratiquement rien. Je pense que si l'on fait des films dans lesquels la forme est conditionnée par le contenu, il est difficile d'improviser.

Vous avez tourné *Trois Chemins...* dans des lieux différents, une petite ville, à la campagne, à Paris. Vos raccords étaient-ils tous prévus ?

Oui, bien sûr. Même si je faisais un film dans une chambre, je m'efforcerais de tout prévoir. Cela me donne une sécurité et c'est beaucoup plus facile ainsi de décider si la proposition d'un acteur, par exemple, est bonne ou non. Après, tout dépend aussi du style du film. Si je devais tourner un documentaire, il me faudrait réagir aux situations et aux personnes filmées. Mais ce n'est pas mon point fort et, pour cette raison, je n'ai jamais réalisé de documentaire.

Le troisième aspect qui nous a marqués dans ce film, c'est l'excellence de l'interprétation d'Ursula Schult. Était-elle connue ?

Ursula Schult

C'était une vedette du théâtre de Josefstadt à Vienne que j'ai choisie parce que, physiquement, elle correspondait parfaitement au personnage d'Elisabeth. Mon père qui, des années avant, avait joué avec elle, m'avait prévenu qu'elle était très compliquée. Et elle a été très compliquée ! Elle n'avait pas l'habitude de jouer devant une caméra et nous ne nous sommes pas bien entendus. Durant le montage, j'étais encore très critique à son égard, à cause des difficultés rencontrées sur le plateau, mais avec le recul, je reconnais qu'elle était bien. Même si je continue à trouver plus touchant Guido Wieland, qui joue le père. Il est aujourd'hui décédé, mais c'était un acteur extraordinaire, qui avait lui aussi travaillé au théâtre de Josefstadt. J'ai également été très content de travailler avec Yves Beneyton, que j'ai connu grâce à mon collègue Peter Patzak. Il lui avait donné le rôle principal d'un polar qu'il venait de tourner pour la télévision – *Zerschossene Träume* – et il me l'a recommandé. J'en ai vu un extrait et j'ai trouvé Yves excellent. Je l'ai ensuite beaucoup aimé dans *La Dentellière*. Je ne l'ai pas revu depuis, ce qui est curieux, car il était beau garçon et très intéressant comme acteur.

Bernhard Wicki

Dans la scène de l'aéroport où elle rencontre le cousin de Trotta, joué par Bernhard Wicki, Elisabeth a ce très beau geste, une fois son interlocuteur parti : elle ramasse les cendres d'une cigarette qu'elle dépose dans le cendrier. Est-ce la comédienne Ursula Schult qui a eu l'idée de ce petit geste ?

Non, des choses comme ça sont toujours mises en scène.

C'est une belle idée qui signifie très justement son état d'âme à ce moment...

De temps en temps, j'ai de bonnes idées ! On doit toujours chercher des signes extérieurs pour exprimer des sentiments intériorisés.

Pourquoi Bernhard Wicki pour ce rôle du cousin ?

Il était moins connu comme acteur que comme réalisateur. Comme cinéaste, il avait une réputation terrible ; on le disait même sadique. Quand il est arrivé à l'aéroport de Vienne, le producteur, qui était aussi le chef du département de la production des films pour la SWF, Rolf von Sydow, est venu en personne l'accueillir. Il avait peur que Wicki, me voyant si jeune, soit tenté de m'écraser. Mais tout s'est très bien passé ! De même, pour *Lemminge* où j'avais encore fait appel à lui, tout le monde est venu l'accueillir à Vienne. Mais c'est la suite qui est drôle. Son premier travail consistait à se prêter au moulage de son visage pour le masque mortuaire dont nous avions besoin dans la deuxième partie. Moi, de mon côté, j'étais occupé à tourner quand j'ai vu débarquer sur le plateau mon chef de production complètement paniqué. Il m'a alors expliqué que, pour la fabrication de ce fameux masque, ils avaient fait appel à un spécialiste qui avait travaillé avec de grandes personnalités décédées. Mais le liquide spécial qu'il avait mis au point a tellement bien collé à la barbe de Wicki que, une fois solidifié, on ne pouvait plus lui retirer son masque. Wicki commençait à étouffer et il a fallu l'installer dans une baignoire pour lui arracher le masque morceau par morceau, à l'aide d'une poire. Wicki était fou de rage, mais vers 10 heures du soir, il est ressorti de sa chambre d'hôtel, le visage encore un peu bouffi, et il nous a tous invités à dîner. Ensuite, il n'y a plus eu aucun problème. Comme réalisateur, il était peut-être difficile, mais en tant qu'acteur, il a été adorable.

Pour répondre à votre question, Wicki n'est pas un grand acteur. Mais il a une forte présence qui fait sentir, en très peu de temps, que son personnage est important. Je dis toujours que pour le plus petit rôle, vous devez avoir le meilleur acteur. Ce qui n'est pas toujours facile à obtenir.

Le rôle de Trotta, par exemple.

Walter Schmidinger, qui l'interprète, était un grand acteur de théâtre – à l'époque, mon préféré parmi les comédiens de langue allemande. Dès que j'ai décidé de faire ce film, je l'ai voulu pour Trotta.

Et celui qui joue Manes, Udo Vioff ?

C'était un acteur assez beau, très connu en Allemagne, qui a tourné surtout pour la télévision. Son rôle était vraiment ingrat, mais travailler avec lui a été un plaisir.

À cette époque, choisissiez-vous vous-même les figurants, comme l'homme noir dans la salle de bains que nous évoquions tout à l'heure ?

Oui, je me souviens, le casting s'est fait à Londres. Ils savaient là-bas que nous avions besoin d'un figurant noir qui serait nu à l'écran. Nous avons retenu l'un des candidats. Je ne sais plus s'il y a eu des répétitions, mais c'était un rôle pas compliqué. J'avais déjà repéré cette salle de bains très blanche dans un hôtel et c'est cette blancheur qui m'a donné l'idée d'un homme noir pour l'effet de contraste.

Pour la musique, vous avez utilisé Mozart et Schönberg de façon très opposée...

Oui, Mozart c'est pour les moments de plénitude dans la relation entre le père et la fille, comme dans la scène du lac, tandis que Schönberg, avec *Verklärte Nacht* (*La Nuit transfigurée*), renvoie à la vie intérieure de l'héroïne qui est plus douloureuse. On entend aussi un morceau de Purcell dans la scène qui précède celle avec le Noir dans la salle de bains. C'est un extrait de *Hark ! The Echoing Air* chanté par Kathleen Ferrier, que j'ai choisi à cause des paroles, mais aussi parce que c'était un air anglais connu qui correspondait bien à un voyage en Grande-Bretagne.

Nous trouvons que c'est dans ce film que vous exprimez le plus le côté mélancolique autrichien...

Peut-être, mais ce n'était pas intentionnel. Tout ce qu'il y a d'autrichien dans le film vient de la nouvelle. Il y a cette mélancolie qu'Ingeborg Bachmann exprime avec une élégance et une beauté rares dans la langue allemande de cette époque, mais aussi ses multiples références à la littérature autrichienne qu'elle glisse dans tous ses livres. Par exemple, le personnage de Trotta renvoie au von Trotta de Joseph Roth dans *Die Kapuzinergruft* (*La Crypte des Capucins*). De mon côté, il n'y avait pas de volonté de parler de l'Autriche, mais simplement d'adapter ce texte à partir de ce que je ressentais. Et si, comme Bachmann, je fais des références à la culture autrichienne, ce n'est pas pour délivrer un message, mais tout simplement parce que j'ai grandi dans ce pays et que, depuis toujours, j'en suis imprégné. Par exemple, le personnage du père m'apparaît comme le représentant de l'ancien régime autrichien.

Quand il affirme que tout était fini en 1914 et que les nazis n'en ont été que la conséquence, il préfigure *Le Ruban blanc*.

Oui, tout à fait. C'était déjà dans la nouvelle, mais je partage ce point de vue. Que je l'aie repris dans *Le Ruban blanc* n'a rien d'étonnant. Comme j'aime le répéter : c'est toujours la même tête qui fait les films !

Plusieurs autres idées se retrouvent dans vos films ultérieurs, comme le bonheur impossible.

Formulé comme ça, cela me semble exagéré. Mais c'est lié à la mélancolie : je ne crois pas tellement au bonheur. Ce qui ne veut pas dire qu'il n'y a pas de moments de bonheur. Pour moi, le bonheur renvoie à un moment. Par exemple, si je tombe amoureux de quelqu'un, je serai au septième ciel un certain temps. Mais cela ne va pas durer. Ce n'est pas un véritable état, plutôt un moment que l'on vit. Cette idée se retrouve dans plusieurs autres de mes films. On y voit une série de moments de félicité, mais rien de comparable à cette forme d'optimisme bête que proposent 90 % des films. Ils nous font croire que tout va s'arranger et cela n'a rien à voir avec la réalité. La réalité est complexe, contradictoire et pas nécessairement agréable. Si par là vous voulez savoir si je suis pessimiste, je vous réponds : je suis réaliste !

Le film n'est pas pessimiste, la nouvelle non plus...

Ils sont tristes...

... mais ils nous invitent à réfléchir à la possibilité d'être moins malheureux en s'ouvrant plus à autrui. Trotta dit à Elisabeth : « Je n'ai jamais su ce que la vie voulait dire. Je ne suis pas du tout vivant. La vie, c'est ce que je recherche en toi. »

C'est le texte d'Ingeborg Bachmann ; c'est très très beau !

Beaucoup d'intellectuels autrichiens peuvent s'identifier à Trotta et à sa morbidité. Joseph Roth a incarné cette attitude tout au long de sa vie très malheureuse. C'est une mentalité à la fois tchèque et slave, la grosse fatigue du grand empire.

La seule lueur d'espoir du film provient d'une idée suggérée dans le commentaire off : « On pourrait quand même être gentil envers les autres, au moins un instant »...

Je ne me souviens pas précisément de cette citation, mais elle pourrait être de moi. Dans plusieurs films j'ai parlé de cela. C'est à la fois vrai et beau.

Vous avanciez, il y a un instant, que le bonheur n'est pas possible, mais, à entendre Ingeborg Bachmann, la gentillesse pourrait être une solution pour améliorer les relations humaines, car c'est plus simple...

Ce n'est pas si simple, mais tout le monde pourrait y avoir accès ; c'est une question de volonté. Si nous étions tous gentils les uns avec les autres, le monde serait bien différent. Or, c'est toujours moi qui décide d'être bon ou mauvais avec quelqu'un. Si l'autre est un idiot, cela ne m'oblige pas à en être un moi-même.

Dans le film, la communication est un problème extrêmement difficile pour Elisabeth. Quand elle se baigne dans le lac, tout d'un coup elle dit à son père : « Papa, je t'aime ! » Le père ne l'entend pas. Elle a l'occasion de le répéter, mais elle n'en profite pas. Une situation que vous reprenez dans *Lemminge*. Chaque fois, il y a un blocage : on a peur d'être gentil.

Tout à fait. Moi, par exemple, j'ai adoré ma tante auprès de laquelle j'ai grandi, mais je ne suis jamais parvenu à lui dire « Je t'aime ». C'est très difficile avec ses parents. Avec une femme, c'est autre chose, même si c'est difficile aussi. Mais, avec les parents,

Guido Wieland et Ursula Schult

on vit tellement de choses banales au quotidien... Même des gens qui vivent des relations très fortes ne peuvent qu'esquisser certains gestes pour montrer leur affection. Au théâtre et au cinéma, cette retenue est un atout, car elle incite à être inventif pour exprimer ses sentiments indirectement.

Dans *Trois Chemins vers le lac,* Trotta reproche à Elisabeth de photographier la souffrance, ce qui sera aussi reproché au reporter-photographe dans *Code inconnu.* Comme cela figurait dans la nouvelle, on se demandait si c'était la lecture de Bachmann qui vous avait inspiré cette attitude critique.

Je ne sais pas. Toutes les choses qu'on invente, qui vous obsèdent, on ne sait jamais d'où elles viennent.

Pourquoi l'action se passe-t-elle à Klagenfurt ?

C'est dans la Carinthie où est née Ingeborg Bachmann. Je voulais tourner dans les vrais lieux et paysages décrits par l'auteur pour être au plus proche de la réalité. Mais nous n'avons pas pu tourner dans sa maison. Elle était déjà décédée quand nous avons commencé le tournage et sa sœur, à qui nous avions présenté le scénario, l'a trouvé pornographique ! Elle ne nous a donc pas laissés tourner chez elle et nous avons dû nous rabattre sur une autre maison du quartier. Cette sœur s'est comportée comme celle de Nietzsche et comme certaines veuves d'écrivains. Mais quand elle a vu le film, elle l'a trouvé formidable et m'a écrit une lettre pour me dire qu'elle regrettait son refus.

Comment le film a-t-il été perçu lors de sa diffusion ?

Les critiques étaient plutôt bonnes, mais il est toujours difficile de savoir comment un film a été perçu par les téléspectateurs.

4

Lemminge : mon premier film personnel – L'Arcadie, ma jeunesse et Julien Duvivier – Un amalgame de personnages que j'ai bien connus – Des petits rongeurs suicidaires – J'aime utiliser les techniques du polar – L'indifférence et la glaciation – Un défaut de jeunesse – Une mauvaise publicité pour l'Église – Souvenirs de mon institutrice blonde.

LEMMINGE

Première partie : *Arkadien (Arcadie)*
La chronique de quelques jeunes dans la petite ville de Wiener Neustadt, en Autriche, à l'automne 1959, débute par d'anonymes actes de vandalisme sur des voitures garées dans la rue. La jeune Eva Wasner sort avec Christian Beranek, rencontré à son cours de danse. Fritz Naprawnik, lui, a une liaison avec Gisela Schäfer, la femme de son professeur particulier de latin. Quand l'affaire s'ébruite, un scandale éclate dans l'école, éclaboussant les familles concernées. D'autant que Gisela avoue à son mari qu'elle est enceinte de son jeune amant. À force de violence contre son ventre, elle tue l'enfant en elle. Eva aussi tombe enceinte. Et c'est une catastrophe, car, à cette époque, la condition de fille-mère est très mal vue et l'avortement interdit. Elle doit quitter le collège. On apprend finalement que les coupables des actes de vandalisme sont Sigurd Leuwen et sa sœur Sigrid, enfants de riches infirmes (blessés pendant la guerre en voulant protéger leur progéniture). Démasqué, Sigurd se jette dans le vide, devant sa sœur, et meurt. Face à son père qui les traite de lemmings, Sigrid n'a d'autre explication à donner que le plaisir éprouvé à vandaliser les voitures. Fritz quitte Gisela pour Bettina, une fille de son âge. Eva tente de se suicider. Christian la laisse faire. Elle se rate. Il décide de l'épouser. Ils s'efforceront de passer leurs examens en travaillant par eux-mêmes. Christian raconte cela à Sigrid dans le

train qui doit la conduire à Vienne. Elle quitte la ville. Il est tenté de la suivre, mais retourne à Wiener Neustadt pour affronter son destin.

Seconde partie : *Verletzungen* (*Blessures*)
Une voiture s'écrase contre un arbre. Une ambulance arrive, mais on ne distingue pas les passagers. Chez elle, Eva se réveille. Son mari – Christian devenu officier – a mal à l'estomac. Son fils a encore fait un cauchemar. Elle est femme au foyer et pratique l'équitation comme distraction. Elle a aussi un amant qui lui parle de son prochain départ pour la Norvège. Sigrid est revenue en ville à la mort de son père. Elle refuse de voir le corps à l'hôpital où travaille Fritz. Le prêtre présent casse accidentellement le masque mortuaire de son père. Elle pleure.
Sigrid a invité à dîner dans sa grande maison de famille les deux couples d'anciens amis : Fritz-Bettina et Christian-Eva. La soirée tourne au règlement de comptes avec une Bettina déchaînée. Eva sombre dans la dépression quand son amant la quitte. Une visite à l'hôpital lui donne l'envie de proposer à Fritz d'entamer une liaison. Il accepte. Quand Christian découvre que sa femme a un amant, il lui fait une scène. Sigrid, elle, est enceinte. Mais voyant dans la rue tant de haine et de colère, elle se demande comment élever un enfant dans un tel environnement. Le curé chez qui elle se rend pour parler de son désarroi, n'a pas d'autres réponses que les amoncellements de bouteilles de vin qui encombrent son petit appartement. Christian révèle à Eva qu'il est atteint d'un mal incurable et exerce sur elle un chantage pour qu'elle l'accompagne deux semaines en vacances sans les enfants « pour se retrouver ». De son côté, Fritz ne semble guère attaché à leur relation. Elle accepte donc de partir avec Christian qui lance leur voiture contre un arbre (le plan du début). Eva meurt. Lui est blessé. Sigrid hurle de douleur sur son lit au moment d'accoucher. En convalescence, le bras en écharpe, en compagnie de ses enfants, Christian croise des jeunes recrues de l'armée dont le comportement l'irrite. Il les remet au pas en les insultant et en se demandant ce qui compte encore aujourd'hui.

Avec *Lemminge*, vous avez délaissé les adaptations pour écrire une histoire originale. Avez-vous rencontré des difficultés pour faire produire ce film par la télévision ?

C'est effectivement mon premier film personnel. Après le succès de *Trois Chemins vers le lac*, ses producteurs m'ont fait savoir qu'ils désiraient retravailler avec moi. Fort de la règle, que je donne toujours à mes étudiants, qui consiste, quand on est jeune, à préférer des histoires que l'on a vécues personnellement, j'ai proposé de brosser le portrait de ma génération. Au début, je ne pensais faire qu'un seul long métrage, celui qui est maintenant numéroté « 1 » et qui a pour sous-titre *Arkadien* (*Arcadie*). Mais j'ai été convoqué par le directeur de la chaîne ORF, qui avait beaucoup aimé mon adaptation de Bachmann et qui m'a dit que, si je voulais brosser le portrait de ma génération, je

Michael Haneke en tournage (*Lemminge*)

devais faire plus long. Selon lui, il fallait prévoir trois parties. Je lui ai répondu : « Avec plaisir ! » Mais quand je suis sorti de son bureau, où je pensais juste me rendre pour faire connaissance, j'étais en charge de deux longs métrages supplémentaires, dans lesquels je ne savais pas quoi mettre ! Pendant l'entretien, j'avais eu l'idée de consacrer une première partie à la jeunesse des personnages et une deuxième à ce qu'ils sont devenus aujourd'hui. J'ai alors pensé situer le troisième volet dans le futur, mais ça restait très vague. J'ai donc commencé par écrire les deux premières parties avant de m'atteler à la troisième. Après y avoir longuement réfléchi, j'ai renoncé faute d'idée convaincante.

La première partie, *Arkadien*, c'est le temps des grands espoirs avant celui des graves désillusions…

C'est naturellement un titre très ironique, dont je peux vous raconter l'origine. Plus jeune, j'avais été très touché par le film romantique de Julien Duvivier, *Marianne de ma jeunesse*. Désireux d'en connaître la source, je m'étais rendu à la bibliothèque de Vienne où j'ai trouvé le livre de Peter de Mendelssohn, qui est aussi l'auteur d'une biographie très célèbre sur Thomas Mann. C'était un auteur juif allemand qui a émigré en Angleterre en 1936, qui a écrit aussi bien en allemand qu'en anglais. Le livre – que j'ai d'ailleurs volé ! – comprenait à la fois sa nouvelle *Schmerzliches Arkadien* (*Douloureuse Arcadie*), qui a inspiré le film, et un texte sur le tournage du film de Duvivier. C'est là que j'ai appris que le cinéaste tenait à adapter *Le Grand Meaulnes* d'Alain-Fournier – livre que j'avais adoré dans mon enfance, comme je vous l'ai déjà dit – mais la sœur de l'écrivain, Isabelle Carrière, avait refusé de lui en céder les droits. Duvivier a alors cherché un sujet qui lui permettrait de raconter *Le Grand Meaulnes* sans passer par le roman d'Alain-Fournier. Et c'est ainsi qu'il a déniché cette nouvelle que Peter de Mendelssohn avait écrite quand il était très jeune. J'avais encore son titre en tête quand j'ai entrepris *Lemminge* et c'est ainsi que j'ai intitulé la première partie en référence à une nouvelle que personne ne connaît. J'ai revu depuis à la télévision *Marianne de ma jeunesse* et j'ai été terriblement déçu. Duvivier a fait de très beaux films, mais celui-là est vraiment kitsch !

Walter Schmidinger, Elisabeth Orth et Christian Spatzek

Comment avez-vous articulé votre scénario autour de cinq jeunes gens qui devaient représenter un microcosme de votre génération ?

J'ai fait le portrait de personnes que je connaissais, naturellement un peu modifié. Par exemple, l'histoire du lycéen qui a une liaison avec la femme de son professeur, je l'ai vécue moi-même. Je pense que c'est le seul de mes films qui soit autant autobiographique. Même si une partie de *Variation* m'est très proche !

L'histoire de Sigurd et Sigrid, le frère et la sœur dotés de parents diminués physiquement, qui sont très attirés l'un par l'autre et qui deviennent des vandales, est-elle authentique elle aussi ?

C'est un amalgame ; tout n'a pas existé au sein d'une seule et même famille. Par exemple, la mère condamnée à rester couchée, c'était un peu la mienne qui, après deux évanouissements sur scène, ne pouvait plus jouer et a dû prendre sa retraite à un peu plus de quarante ans. Elle était toujours au lit, dans l'obscurité, perdue dans la fumée de ses cigarettes. Le père autoritaire interprété par Bernhard Wicki n'est en revanche pas le mien. Comme vous le savez, j'ai grandi sans présence paternelle, mon oncle ne s'étant pas mêlé de mon éducation. Mais vous imaginez bien que je n'ai pas eu à chercher très loin pour trouver un tel père. L'histoire entre le frère et la sœur, elle, est un des rares éléments entièrement inventés.

Pourquoi les avoir baptisés Sigurd et Sigrid, deux prénoms assez semblables qui leur valent le même surnom de « Siggi » ?

Ces deux prénoms étaient très à la mode au temps des nazis, parce qu'ils renvoyaient à la mythologie germanique, comme Siegfried…

Et la relation avec leurs parents, qui sont devenus infirmes en se jetant sur eux pour les protéger d'un bombardement ?

Cette histoire d'infirmité m'a été rapportée. Quant à leurs relations filiales, elles sont typiques des enfants de cette génération qui ont dû composer avec des parents revenus de la guerre, coupables ou non.

C'est un aspect que l'on retrouvera dans plusieurs de vos films, comme dans *Caché*, où les enfants se sentent coupables des actes de leurs parents.

Ils ne sont pas coupables, mais ils sont néanmoins les héritiers de leurs actes. Il y a une formule qui exprime bien cette situation : les péchés des parents sont les névroses des enfants !

Cette première partie retrouve un peu le ton de votre film précédent. Le couple d'adolescents romantiques Eva et Christian est particulièrement touchant. Elle veut perdre sa virginité, mais elle n'ose pas. Puis, une fois la chose faite, elle veut se suicider et n'y parvient pas. Tout cela est à la fois beau, simple et bête…

… mais nous étions comme ça ! Pour ce film, il n'y avait pas grand-chose à inventer. Ceux qui ont vécu ces années-là ont tous plus ou moins connu ces histoires. Il n'y a rien dans le scénario qui soit extraordinaire. Si le film présente un intérêt, c'est dans la composition de cet ensemble de personnages qui donne une idée du malaise propre à l'époque. D'autant que, cette fois, tout était voulu par moi, alors que dans l'adaptation de Bachmann, je n'avais fait que suivre le cours de son récit.

La très grande originalité et l'audace de *Lemminge* résident dans l'idée de reprendre l'ensemble des personnages, vingt ans plus tard, en changeant d'interprètes, ce qui est déroutant pour le spectateur.

Au début on est un peu perdu, comme dans tous ces films où l'on est soudain projeté vingt ans plus tard. Sauf si l'on trouve des acteurs ayant des enfants capables de jouer et qui leur ressemblent. Ici, nous nous sommes efforcés de prendre des comédiens dont le physique se rapprochait le plus possible de celui des interprètes de la première partie. Mais cela prend quand même un certain temps à la projection pour les identifier.

Avez-vous tourné les deux parties consécutivement ?

Oui.

Et la diffusion à la télévision l'était-elle également ?

Sur deux jours. Mais avant le début de la seconde partie, il y avait un petit résumé de la première pour aider les téléspectateurs.

L'image générale qui se dégage de *Lemminge* est celle d'une génération qui veut vivre différemment et, par conséquent, se rebelle. Mais elle le fait de manière trop timorée, ce qui la conduit à l'échec vingt ans plus tard. D'où le titre de la seconde partie, *Verletzungen* (*Blessures*).

Déjà, dans la première partie, Sigurd se suicide et Eva essaie, même si elle échoue. Le titre du film renvoie aux lemmings, ces petits rongeurs qui se suicident collectivement et, par métaphore, aux jeunes Autrichiens pour lesquels les statistiques de l'époque témoignaient d'un taux de suicide particulièrement élevé. Mais mon titre a perdu de sa signification depuis que plusieurs autres films ont fait référence aux lemmings sans allusion à l'idée de suicide collectif.

Ces statistiques sur le suicide des jeunes, vous les avez placées dans la bouche du prêtre à la fin de la seconde partie. Il s'agit d'un homme d'Église peu orthodoxe, puisqu'il est alcoolique...

Pour ce personnage, je me suis inspiré d'un moine, professeur de religion que j'ai connu. Il était très gentil, donnant gratuitement des cours de latin à tous, même aux protestants comme moi. On pouvait venir chez lui et, comme dans le film, il y avait une pièce avec des bouteilles pleines et une autre remplie de bouteilles vides ! Il était par ailleurs très drôle, parlant de lui à la troisième personne. Et, après chaque leçon, il allait « goûter » une nouvelle bouteille... qu'il finissait par boire entièrement ! Nous l'aimions tous beaucoup. Il m'a tellement impressionné que je l'ai intégré dans le film, en transformant bien sûr un peu son personnage.

Un autre moment fort du film, c'est Sigrid, à la fin, sur le point d'accoucher de l'enfant qu'elle a désiré, alors qu'elle ne peut imaginer vivre dans un monde où règne la haine. Vous la montrez alors seule dans la salle de travail où elle souffre considérablement. Pourquoi cette fin assez dure ?

De fait, cette naissance n'offre pas une fin positive. Je pensais alors qu'on vivait dans un monde dans lequel on ne pouvait pas faire naître des enfants.

Mais cette scène ne clôt pas le film. Vous finissez sur Christian, celui qui, à la fin de la première partie, assumait ses responsabilités et sa paternité. Vingt ans plus tard, militaire et père de famille trompé, il s'est vengé en précipitant sa voiture contre un arbre, tuant son épouse dans le choc. On le retrouve alors, le bras en écharpe, hurlant de colère devant des soldats qui ne l'ont pas reconnu et se demandant s'il reste encore quelque chose qui compte aujourd'hui.

D'abord, je voudrais vous raconter une anecdote amusante : pour cette dernière scène, nous voulions tourner dans une base militaire. Le ministère de la Défense autrichien a demandé à lire le scénario et a refusé son autorisation, car, nous a-t-on dit, un officier autrichien ne peut pas être trompé par sa femme et il ne réagirait jamais comme notre personnage. Selon eux, le film était une dénonciation de l'armée autrichienne ! Cela dit, ma fin est trop appuyée. On avait déjà compris avant. Aujourd'hui, je ne la filmerais pas comme ça ; j'évite d'être explicite. En revanche, je me sens toujours en phase avec la première partie, où les choses sont montrées de manière plus indirecte. J'y raconte des histoires dont chacun peut tirer ce qu'il veut. La seconde partie souffre de ma trop grande volonté d'exprimer ce que je voulais dire à l'époque. C'est un défaut de jeunesse : on est tellement sûr de ce qu'on affirme qu'on en perd toute mesure. Ce constat sur la déroute d'une génération et la perte des valeurs a, en tout cas, été entendu. La première diffusion de *Lemminge* en 1979 a provoqué la colère de certains critiques, qui m'ont reproché d'avoir occulté 1968. Or, j'avais volontairement laissé le mouvement contestataire, parce que, dix ans après, en Autriche, on en cherchait encore les impacts !

Dans cette dernière scène, Christian nous apparaît comme quelqu'un qui est devenu l'image même de ses parents. Ce qui renvoie à la citation de Warhol, dans votre premier téléfilm *Und was kommt danach...*, qui disait que les générations et les problèmes se répètent, seuls les vêtements changent.

Mais c'est un peu ça, non ?

Sur le plan visuel, il y a plusieurs choses qui devaient paraître osées pour l'époque : la représentation de l'acte sexuel, la nudité frontale...

Et aussi la scène de l'avortement, sujet tabou à la télévision. C'était très difficile à jouer pour l'actrice, Elisabeth Orth, qui avait une grande réputation au Burgtheater et qui était la fille de la grande comédienne Paula Wessely. Avec Attila Hörbiger, Paula Wessely formait LE couple d'acteurs par excellence à Vienne. Elle avait joué dans des films nazis, mais s'en était excusée par la suite. C'est une histoire assez compliquée. Bref, à la suite de notre film, Elisabeth Orth a reçu un tas de lettres, où des gens lui reprochaient, à elle, la fille de Paula Wessely, d'avoir joué cette scène et de se montrer totalement nue. Ça a été un vrai scandale.

La production n'a pas réagi à la lecture du scénario ?

Non, il n'y a eu aucune censure. Je dois dire qu'on ne m'a jamais embêté à la télévision. Pour ce film, il y a une seule chose qui m'a été imposée. C'est à la fin, quand Christian déplore la disparition des valeurs et qu'il ajoute : « L'Autriche est morte ! » On m'a expliqué que l'on ne pouvait pas dire cela à la télévision autrichienne. J'ai donc dû ajouter le son d'un avion qui passe à ce moment-là pour rendre la phrase inaudible ! Un peu comme l'a fait Buñuel dans *Le Charme discret de la bourgeoisie*.

C'est amusant ! Ignorant cette anecdote, nous pensions que ce bruit d'avion était voulu et qu'il apportait une densité à cette fin, un son très désagréable qui ajoutait une touche de désespoir...

Mais vous n'aviez pas tort ! J'avais bien prévu, dès le départ, de finir sur ce bruit d'avion. Simplement, j'ai dû le déplacer pour couvrir la voix de l'acteur. La production me demandait de faire dire n'importe quoi à l'acteur au doublage en remplacement du texte original. J'ai préféré garder la phrase et l'écraser avec le son de l'avion.

Dès cette époque, vos films présentent une grande cohérence thématique. Le motif de la nostalgie, très présent dans *Trois Chemins vers le lac*, est repris ici avec force. Il est directement verbalisé par Fritz quand il affirme : « La seule chose que l'on peut vraiment ressentir, c'est la tristesse ou peut-être aussi la nostalgie. »

Oui, on dit *Sehnsucht* en allemand. *Sehnsucht* comme *Heimat* sont des mots typiquement allemands, dont le sens exact ne peut se retrouver ni en français ni en anglais.

Vos personnages de *Lemminge* sont sans cesse amenés à se contredire. Par exemple, Eva l'adolescente romantique dans la première partie doit se marier parce qu'elle est tombée enceinte. Et, dans la seconde, déçue par son mari, elle prend un amant, puis un autre...

Je connais beaucoup de gens comme ça. Au moins, Eva est un personnage positif qui essaie constamment d'entrer dans une vraie relation et qui insiste après chaque échec. Ce sont plutôt les hommes dans la seconde partie qui sont négatifs. Le mari, Christian, souffre certes, mais sa douleur le pousse à détruire les autres. C'est comme le médecin dans *Le Ruban blanc*. Quand il dit des horreurs à la sage-femme, elle lui répond qu'il doit souffrir beaucoup pour être si méchant ! Je pense que c'est toujours comme ça : on devient méchant quand on a trop mal. Et rien ne peut mettre fin à ce processus.

Les deux parties de *Lemminge* sont structurées sur le même principe. Elles s'ouvrent sur une scène choc (des voitures qui sont vandalisées et une autre qui s'écrase contre un arbre), dont on n'aura l'explication qu'à la fin du film.

C'est un moyen pour créer une tension. Comme dans *71 Fragments d'une chronologie du hasard* qui s'ouvre avec un texte sur une tuerie dont on ne comprendra la raison qu'après avoir regardé tout le film.

Mais à la différence du scénario de *71 Fragments*, qui laisse vite deviner l'identité du futur criminel, celui de *Lemminge* entretient le suspense. C'est une sorte de « *whodunit*[4] »...

J'aime utiliser les techniques du polar pour scotcher le spectateur à son siège. Pour garder son attention en éveil, il n'y a pas mieux.

Quand vous avez rédigé les deux parties du scénario, vous êtes-vous imposé d'établir des parallèles entre elles dans la structure ?

Pas vraiment, car la structure de la seconde partie est beaucoup plus simple que celle de la première. Il y a moins de personnages et on comprend très vite comment ils vont évoluer. Cela dit, commencer les deux parties par une scène de destruction de voitures était bien un choix délibéré.

D'une partie à l'autre, des personnages gardent certaines caractéristiques. Par exemple, Eva, avant de faire l'amour pour la première fois, demande un cognac ; plus tard, dans la seconde partie, lorsqu'elle se rend chez son second amant, elle en redemande un.

Oui, c'est toujours amusant de faire ce genre de clins d'œil. Cela permet aussi de mieux suivre l'évolution du personnage d'une partie à l'autre.

Faites-vous des fiches sur les personnages avant de passer à l'écriture ?

Oui. Dès que j'ai mes personnages, je crée une fiche pour chacun d'eux et j'y rassemble tout ce qui peut être utilisé pour leur futur comportement. Par exemple, dans la première partie de *Lemminge*, j'avais Fritz, ce garçon prolétaire que l'on retrouve, dans la seconde partie, sous les traits d'un médecin à qui Eva va demander de devenir son amant. Il m'a été inspiré par un ami qui était exactement le personnage. J'ai donc établi une fiche très précise sur son évolution. Mais ce n'est pas toujours aussi simple.

4. Appellation anglaise populaire de tout texte ou film présentant une intrigue criminelle à résoudre. « *Whodunit* » pour « *Who has done it ?* », c'est-à-dire « Qui l'a fait/Qui a commis ce crime ? »

Il n'est pas rare qu'au départ j'ignore combien de personnages je vais devoir créer. Et il arrive très souvent qu'une idée ou une situation puisse correspondre à trois ou quatre personnages. Il faut alors décider qui va faire ceci, qui va faire cela. Ce sont les plaisirs et les difficultés de l'écriture.

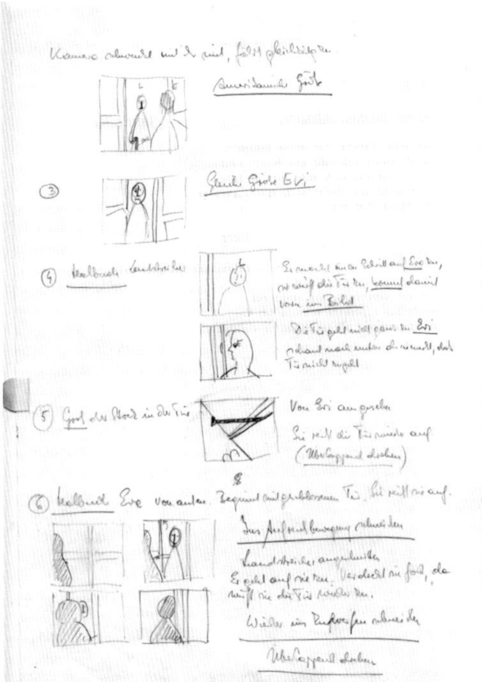

Storyboard de *Lemminge*

Pour les personnages de *Lemminge*, vous n'avez eu à mener aucune recherche ?

Non, je n'avais qu'à faire le tri dans mes souvenirs. La seule chose que j'ai faite, ça a été d'aller voir mes anciens camarades d'école pour leur demander s'ils avaient gardé une partie des vêtements que nous portions à l'époque : un jean, une chemise blanche et un pull noir qui était toujours jeté sur l'épaule et noué autour du cou. Il était important que je récupère quelques-uns de ces pulls, car on n'en fabriquait plus de cette sorte quand nous avons fait le film. Par ailleurs, nous avons eu la chance de pouvoir tourner sur les lieux mêmes de l'action.

En général, est-ce que vos personnages préexistent à la construction dramatique ?

Non, ce sont deux chantiers à mener de front. Comme je dis toujours à mes étudiants : le plus difficile, c'est la construction, parce que c'est là que vous décidez qui représente quoi. Si vous avez pris les bonnes décisions à ce stade, l'écriture après devient facile, parce que c'est le personnage qui parle et qui agit. Et vous, vous le connaissez, ce personnage. Mais si vous n'avez pas bien préparé, vous ne le connaissez pas assez et quand vous commencez à écrire, cela peut vite devenir pénible. Cela dit, ce n'est pas toujours facile d'être sûr d'avoir bien construit le récit avant de se lancer dans l'écriture proprement dite.

Quand écrivez-vous vos dialogues ? Au fur et à mesure de l'écriture des scènes ou bien une fois que vous avez élaboré l'ensemble de la structure ?

Je ne commence à rédiger les dialogues qu'une fois arrêtée la structure générale. Naturellement, de temps en temps, ça bloque et il me faut changer quelque chose dans la scène, ce qui peut avoir des conséquences sur les scènes suivantes. J'effectue alors toutes les modifications, avant de me replonger dans les dialogues. Tout cela est normal. Je pense qu'on ne peut pas écrire un scénario ou une pièce de théâtre en procédant comme pour un roman, parce qu'il faut empêcher que le spectateur s'ennuie. Dans un livre, on peut se permettre quelques longueurs. Dans un film, on perd aussitôt le spectateur et c'est ensuite très difficile de le récupérer.

Prenons l'exemple de Sigurd et Sigrid. Vous souvenez-vous comment vous avez imaginé ces deux personnages, eux en premier, leurs parents en second ?

Ces deux personnages sont, en fait, une référence à une nouvelle de Thomas Mann, *Wälsungenblut* (*Sang réservé*), l'histoire d'un frère et d'une sœur incestueux, Siegmund et Sieglinde, qui font eux-mêmes référence à *La Walkyrie* de Wagner. Je suis donc parti de ces personnages pour construire les deux Siggi de mon film, leurs rapports ambigus, leur famille noble avec un nom allemand en Autriche, leur belle demeure où règne néanmoins une grande tristesse, puisque la mère est paralysée ; et l'on ignore la raison de sa maladie. Les enfants sont livrés à eux-mêmes, ce qui les amène à se rapprocher de plus en plus l'un de l'autre. Vivent-ils une relation incestueuse ? Même si leur proximité sentimentale est plus grande que d'ordinaire chez un frère et une sœur, la question reste ouverte. C'est avec ces deux personnages que j'ai tourné l'une de mes scènes préférées du film : quand Sigurd revient et que Sigrid s'arrête de jouer au piano un morceau de Schubert, il y a quelque chose de fort qui se passe entre eux. D'ailleurs, à la fin de la prise, personne n'a bougé, tout le monde était ému.

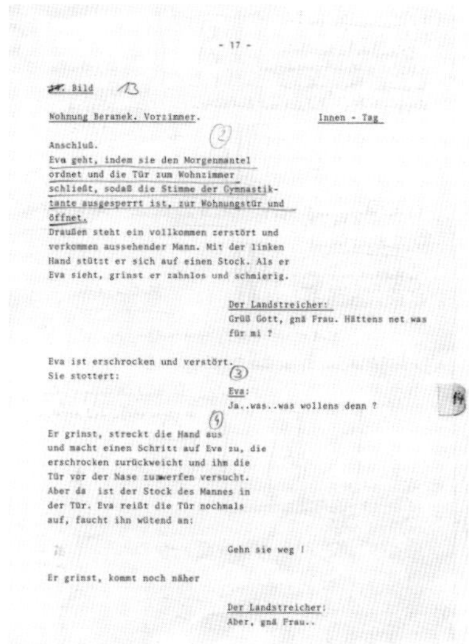

- 17 -

~~14~~. Bild 13

Wohnung Beranek. Vorzimmer. Innen - Tag

Anschluß.
Eva geht, indem sie den Morgenmantel ordnet und die Tür zum Wohnzimmer schließt, sodaß die Stimme der Gymnastiktante ausgesperrt ist, zur Wohnungstür und öffnet.
Draußen steht ein vollkommen zerstört und verkommen aussehender Mann. Mit der linken Hand stützt er sich auf einen Stock. Als er Eva sieht, grinst er zahnlos und schmierig.

Der Landstreicher:
Grüß Gott, gnä Frau. Hättens net was für mi ?

Eva ist erschrocken und verstört. Sie stottert:

Eva:
Ja..was..was wollens denn ?

Er grinst, streckt die Hand aus und macht einen Schritt auf Eva zu, die erschrocken zurückweicht und ihm die Tür vor der Nase zuzuwerfen versucht. Aber da ist der Stock des Mannes in der Tür. Eva reißt die Tür nochmals auf, faucht ihn wütend an:

Gehn sie weg !

Er grinst, kommt noch näher

Der Landstreicher:
Aber, gnä Frau..

Page du scénario de *Lemminge*

Eva Linder et Paulus Manker

Eva Linder, qui joue Sigrid, savait-elle jouer du piano ?

Non, elle a dû apprendre. De même, Paulus Manker qui incarne son frère, a dû apprendre pendant trois mois ce morceau de violoncelle avec un musicien de l'orchestre philharmonique de Vienne. C'est encore plus difficile de faire semblant de jouer de cet instrument que du piano. Ils ont énormément bossé tous les deux, car s'ils voulaient avoir le rôle, il fallait qu'ils sachent jouer !

Vous prenez un risque en choisissant des interprètes qui ne savent pas jouer d'un instrument...

Oui, c'est pourquoi j'insiste dès le début : « Tu dois apprendre ! » Je sais être très convaincant...

Dans la seconde partie, il y a une séquence très étonnante avec un clochard qui semble vouloir entrer chez Eva, alors qu'elle est seule. Il avance son pied pour empêcher la fermeture de la porte, elle parvient à le chasser.

Il représente la pauvreté, le tiers-monde, tout ce qui nous fait peur et dont on ne peut se débarrasser qu'en détruisant l'autre. On préfère lui briser le pied ou la main plutôt que le laisser entrer.

Il y a aussi cette scène où Eva voit deux enfants qui se bagarrent près d'une église, puis un chat mort sur un trottoir que personne ne regarde avant qu'un seau ne tombe du haut d'un immeuble en travaux.

Oui, mais c'est trop. Je voulais créer un sentiment de *Entfremdung*, un sentiment de peur, lié au fait que nous ne sommes que de petites choses, comme dans cette scène du *Diable probablement* de Bresson, où l'on voit le garçon monter dans le bus dont les portes ne fonctionnent pas. Personne ne sait quoi faire et c'est alors qu'on entend quelqu'un dire : « C'est le diable probablement ! » Une scène de loin bien meilleure que la mienne. Si j'avais vu ce film avant de faire le mien, jamais je n'aurais tourné ça comme ça. Mais il me fallait créer une atmosphère qui explique pourquoi cette femme est tellement détruite à la fin. C'est aussi une question de perception. Il y a des moments dans la vie où l'on n'est conscient de rien. Et d'autres où l'on remarque de telles choses. Ça vous tombe sur la tête et ça peut devenir littéralement invivable.

D'ailleurs, la seconde partie s'ouvre sur cette attitude d'indifférence, Sigrid ne ressent rien devant son père mort, mais fond en larmes devant son masque mortuaire brisé incidemment par l'homme d'Église. Nous nous demandons alors si le monde n'a pas perdu son humanité.

Mais le monde a-t-il jamais été humain ?

Avec le progrès et l'évolution du monde moderne, on pourrait espérer mieux vivre, mais vous montrez le contraire !

En outre, tous les personnages des deux parties de *Lemminge* sont des gens gâtés, qui n'ont pas de problème d'argent.

Des êtres privilégiés qui sont victimes de ce que vous allez bientôt appeler « la glaciation émotionnelle ».

Je regrette beaucoup aujourd'hui d'avoir forgé cette expression qui maintenant me poursuit partout.

Vous avez tort, car cette expression résume parfaitement cette attitude que l'on ne peut que constater encore de nos jours.

On m'a tellement interrogé sur ce sujet, à l'époque de la trilogie (*Le Septième Continent*, *Benny's Video* et *71 Fragments d'une chronologie du hasard*), que j'avais besoin d'une expression pour tout résumer, comme un mot-clé. Mais c'est dangereux : un mot-clé réduit toujours la complexité de l'idée exprimée. C'est comme mettre une étiquette, cela a toujours une connotation simpliste. Dès que l'on donne un nom à une chose, elle perd de sa complexité. C'est ce qui me rend malheureux. Chaque fois qu'on m'oblige à m'exprimer sur mes films, tout ce que je peux dire en limite la portée. Alors *Lemminge* est bien un film sur la glaciation émotionnelle, mais pas seulement. Si on le réduit à cette interprétation, on crée une fausse hiérarchie, la glaciation devenant le thème principal, au détriment de tous les autres. Il en va de même avec la violence. Contrairement à ce qu'on prétend trop souvent, je ne traite pas de la violence en soi, mais uniquement de sa représentation et de l'exploitation qu'en font les médias. Mais là, c'est moins grave, parce qu'il s'agit d'un programme, et non de l'évocation de sentiments qu'on ne saurait résumer en un seul mot.

Cela dit, pour nous qui nous penchons sur votre œuvre rétrospectivement, il est indéniable que *Lemminge* présente de manière flagrante la genèse de vos futurs grands films de cinéma...

Oui, je le crois aussi.

Donc, peu importe que vous aimiez ou non l'expression « glaciation émotionnelle ». L'indifférence, premier pas vers cette glaciation, est au cœur de *Lemminge*. De même, dès vos premiers téléfilms, vous faites naître la violence à travers un recours régulier aux gifles. Jusqu'à *Amour*, on en a recensé vingt.

Ah bon ! Vous êtes comme ma femme qui m'a fait remarquer un jour que plusieurs de mes personnages se faisaient pipi dessus et qu'il fallait que j'arrête. Sinon la multiplication des gifles, ça ne m'étonne pas. La gifle est un moyen très simple de donner l'impression d'une humiliation. Plus que la violence physique, ce qui compte, c'est la signification du geste. Je me souviens que, dans *Lemminge*, Georg, le prof de latin, gifle sa femme Gisela quand il apprend qu'elle est enceinte de son élève Fritz. Et Fritz sera aussi giflé par sa mère quand elle apprend la situation.

La violence commence donc de manière très naturelle au sein de la famille, avec une gifle, avant de prendre de l'ampleur sur le plan social et international...

Une fois on m'a demandé un mot pour qualifier l'ensemble de mon travail, ce qui était idiot, mais j'ai joué le jeu et j'ai répondu : « la guerre civile » ! Parce que c'est bien de ça qu'il s'agit. Pas dans le sens politique, bien sûr, mais au quotidien, la guerre que nous nous faisons tous les jours.

Michael Pitt, Tim Roth (de dos) et Brady Corbet dans *Funny Games US*

Il nous a semblé qu'avec *Lemminge*, philosophiquement, vous dénonciez déjà l'échec du christianisme, comme vous continuerez de le faire par la suite toujours symboliquement.

Honnêtement, je n'ai pas pensé à cela.

Pas d'un point de vue religieux, mais strictement sur le plan humain, car le christianisme à l'origine était un bel appel lancé aux hommes pour qu'ils fassent preuve de plus de tolérance...

Dans ce cas on peut dire aussi que c'est l'échec de la culture humaine et cela ne se limite pas au christianisme. Je pense à la... froideur – pour ne plus dire glaciation –, c'est un signe que toutes ces valeurs, dont on parle tout le temps, ne fonctionnent

Michael Haneke dirige les interprètes d'une pièce dans le style western-spaghetti

Mon meilleur apprentissage a consisté à lire des mauvais scénarios en tant que *Dramaturg* à la télévision. Chaque matin, je trouvais sur mon bureau une pile de scénarios à lire et j'ai ainsi appris à repérer très vite ce qui ne fonctionnait pas dans un texte. Aujourd'hui, ma façon de construire un scénario doit beaucoup à cette expérience-là.

La peinture a-t-elle joué un rôle dans vos années d'apprentissage ?

Pas tellement. Je suis un homme de l'oreille. Au théâtre, pendant les répétitions, j'étais souvent assis, les yeux baissés et j'écoutais les acteurs. Souvent, ces derniers protestaient, car je ne les regardais pas. Je leur répondais : « Je vous vois mieux quand je ne vous regarde pas ! » Parce que je peux immédiatement entendre si un son est faux, si le sentiment exprimé n'est pas juste. C'est plus difficile à détecter quand je regarde les acteurs. De même, dans mon travail d'écriture, je ne pars jamais d'une image, mais d'une situation que je cherche ensuite à exprimer avec la plus grande intensité. Et chez moi, cette recherche passe rarement par la référence picturale.

Quand vous étiez étudiant, alliez-vous souvent au musée ?

Non, pas souvent. Je n'ai découvert l'importance de la peinture que ces dernières années. Avant, il y avait, bien sûr, des tableaux qui m'émerveillaient, mais ça n'allait pas plus loin. Si, quand j'étais à Baden-Baden, j'ai découvert la peinture de la Renaissance. À l'époque, nous fumions beaucoup de hachisch et un soir où j'étais *stone*, j'ai regardé un livre sur cette peinture. Naturellement, je la connaissais déjà, et je la trouvais belle. Mais là, pour la première fois, me sont apparues des relations entre les images. Cela me racontait une histoire. Et, par la suite, j'ai retrouvé ces sensations, quand, dans un état normal, j'ai revu ces tableaux. C'en est resté là jusqu'à ces dernières années où, je ne sais pas pourquoi, j'ai développé un certain plaisir à regarder des tableaux des XVe, XVIe, XVIIe, voire XVIIIe siècles. Le XIXe, l'impressionnisme, c'est beau, mais ça ne me touche pas. Pour moi, le retable de Gand avec *L'Adoration de l'Agneau mystique* de Van Eyck est extraordinaire. Comme les tableaux de Vélasquez que j'ai revus il y a quelques mois au Prado.

Quand on regarde les tableaux d'Egon Schiele, on peut y voir une approche de la mélancolie que l'on retrouve dans certains de vos films.

Peut-être. Mais c'est à vous de le dire. Moi, je ne peux pas regarder mes films sous cet angle. Il existe effectivement une mélancolie autrichienne, aussi bien en littérature qu'en peinture, sur laquelle on a beaucoup écrit. Mais je ne sais pas d'où ça vient et je ne veux même pas y réfléchir. Cela ne serait pas bon pour moi d'essayer d'analyser ça. Au même titre que je ne crois pas qu'une psychanalyse puisse aider un artiste.

Votre cinéma, selon vous, est-il très apparenté à la culture autrichienne ?

Il existe une certaine mélancolie dans la culture autrichienne, en particulier chez plusieurs écrivains que j'estime beaucoup. Par exemple, Joseph Roth, dont j'ai adapté le roman *La Rébellion*, est l'écrivain autrichien typique, avec son goût de la mélancolie et sa grande maîtrise formelle, qui passe par l'élégance de la langue. Mais si vous me demandiez de définir cette âme autrichienne, je ne trouverais pas d'autres mots que ceux que je viens de citer : mélancolie et élégance. Et encore, en littérature, ça se limite à la fin du XIXe et au début du XXe siècle. Il n'y a pas de grande tradition littéraire chez nous. À l'époque classique, il n'y a rien eu d'extraordinaire. Contrairement à aujourd'hui, où la part de la littérature autrichienne dans la littérature germanophone est très importante, alors que nous ne sommes qu'un peu plus de huit millions d'habitants pour plus de quatre-vingts millions en Allemagne.

Pour en revenir à votre parcours théâtral, en dehors de Baden-Baden, où avez-vous monté des pièces ?

Au début, je suis allé à Hildesheim, puis à Darmstadt, Düsseldorf, Hambourg, Berlin, Vienne, Francfort, Stuttgart…

Travaillant en même temps à la télévision, vous deviez rencontrer des difficultés pour gérer tout cela ?

On était forcé d'établir un planning. De temps en temps, ça ne fonctionnait pas. Il m'est arrivé de devoir renoncer à une chose à laquelle je tenais. Mais j'ai été privilégié, car, à l'exception des toutes premières années, où j'avais abandonné mon poste fixe à la télévision pour me consacrer exclusivement à la mise en scène et où je n'arrivais pas à faire connaître mon travail en dehors de Baden-Baden, j'ai pu enchaîner pièce sur pièce. C'est la raison pour laquelle j'ai commencé si tard à faire des films pour le cinéma. Je n'avais pas le temps. Entre le théâtre et la télévision, j'avais beaucoup de propositions et je pouvais faire plus ou moins ce que je voulais. Quand un projet n'aboutissait pas, je partais en vacances. Aujourd'hui, je n'en prends plus le temps, mais à l'époque, c'était très chouette d'aller passer trois mois sur une île grecque.

À propos de Grèce, vous avez publié une nouvelle intitulée *Perséphone*. Quel en était le sujet ?

C'était une sorte de fable sur trois touristes confrontés à un tas de problèmes, dans un couvent, sur une île grecque. La femme finissait par tuer l'un des deux hommes avec une flèche et le survivant se demandait si c'était sa faute. Dans une langue que je voulais très sophistiquée, ce texte annonçait la problématique de mes futurs films : que s'est-il vraiment passé ? Mon point de vue correspond-il à la réalité ?

Avez-vous publié d'autres nouvelles ?

Juste une autre dont j'ai oublié le titre. C'était une histoire assez proche de celle de *Perséphone*, dont je ne me souviens que de la fin, qui m'avait déprimé. Un personnage dit à l'autre : « Mais ça, c'est mon histoire ! Que peux-tu en faire ? » et l'autre répond : « Rien. En effet ! »

Où peut-on trouver aujourd'hui ces nouvelles ?

Nulle part. Elles ont été publiées dans des recueils qui concouraient pour un prix de littérature autrichienne et qui sont aujourd'hui introuvables. *Perséphone* ne devait pas être si mauvaise que ça, parce que, après sa publication, j'ai reçu plusieurs invitations à écrire des nouvelles. C'était autour de 1967, à une époque où j'aurais été très content d'avoir un emploi salarié chez un éditeur. Mais ils n'attendaient de moi qu'un recueil de nouvelles à publier. Moi, je n'avais que deux ou trois histoires en tête et cela m'aurait pris au moins deux ans pour en fournir une dizaine.

Avant d'aborder vos films de télévision, pouvez-vous nous parler du rôle de la musique dans votre vie, une fois que vous avez renoncé à devenir concertiste ou compositeur ?

Dès que je suis arrivé à Vienne, je me suis retrouvé sans piano. Je ne pouvais en jouer que lorsque je revenais à Wiener Neustadt. Forcément, c'était de moins en moins bien, et ça m'a tellement frustré que j'ai préféré totalement arrêter. Je suis devenu un simple consommateur de musique, achetant beaucoup de disques.

Allez-vous souvent au concert ?

Non, pas souvent. Quant à l'opéra, je déteste y aller, parce que les mises en scène sont rarement bonnes. Je ne vais pas davantage au théâtre. Je n'aime pas sentir trop de monde autour de moi, quand je suis face à une œuvre d'art. Et puis, aujourd'hui, si je vais au théâtre, tout le monde me connaît et, si j'assiste à une première, il faut que je donne mon avis à la sortie. Ce que je déteste. Si je veux voir une pièce, j'y vais plus tard, afin de pouvoir la regarder tranquillement, sans avoir à en faire de commentaire. En plus, à Vienne, je connais tous les acteurs et la plupart des metteurs en scène et c'est gênant de leur dire ce que je pense de leur travail. Pour en revenir à la musique, je me déplace souvent pour les *Passions* de Bach, parce que les grands chœurs ne s'écoutent pas à la maison. Même si j'ai de belles installations acoustiques chez moi, à la campagne et dans mon bureau. J'écoute de la musique tout le temps.

Pendant votre jeunesse, vous êtes-vous limité à la musique classique ou bien vous êtes-vous aussi intéressé à d'autres rythmes comme le rock ?

Le rock m'a intéressé à l'époque de la puberté. Pour aller danser, on adorait Little Richard, Elvis Presley, Bill Haley et tous les autres. Puis, quand je me suis installé à Baden-Baden, à l'époque du hachisch, la musique populaire que j'écoutais beaucoup, c'était les Pink Floyd. J'en suis resté là ! Je sais, bien sûr, qui est Michael Jackson, mais je ne connais rien à sa musique.

Vous souvenez-vous comment vous avez découvert vos musiciens préférés ?

Je me souviens de l'émotion ressentie à l'écoute du *Messie* de Haendel ou, comme je vous l'ai déjà dit, des sonates de Mozart en *do* mineur entendues dans le film avec Oskar Werner. Bach m'a plu très tôt, mais je ne peux pas dire comment ni pourquoi. C'est une musique qui est hors de tout. On entre dans un autre univers qui relève du divin.

Vous mettez Bach au-dessus de Schubert ?

Bach, Mozart et Schubert sont indéniablement mes trois compositeurs préférés. Mais il m'est difficile d'en mettre un devant les deux autres.

3

Und was kommt danach... : mon premier film de télévision – Godard, McLuhan et les Beatles, sur une chanson des Stones – Vertus du plan-séquence – *Sperrmüll* est nul – L'écriture cinématographique de *Trois Chemins vers le lac* – Adapter pour la télévision – Dieu, la chance et l'inspiration – Mon film le plus autrichien ? – Je ne crois pas au bonheur.

UND WAS KOMMT DANACH...

Un couple, au lit, après l'amour. La femme reconnaît qu'elle a éprouvé peu de plaisir pendant l'acte. Suivent d'autres saynètes impliquant cet homme et cette femme, d'une trentaine d'années, dans leur appartement, face à leur quotidien, matériel et sentimental, de plus en plus frustrant. Elles sont entrecoupées de citations diverses, qui viennent commenter l'action et forcent le spectateur à la réflexion. Parmi les auteurs cités se retrouvent, entre autres, Marshall McLuhan et les Beatles (« *The word is love* »), Wittgenstein et Hunter Davis, Andy Warhol et Thomas Wolfe, Siegfried Lenz (« Tous les conflits des hommes obéissent à la loi de la guerre ») et Norman Mailer (« Ni le savoir, ni l'imagination ne sont innés. Ils sont étroitement liés aux souffrances d'un passé que nous avons oublié »). Ces citations, qui tendent à donner – comme les multiples conflits qui opposent les protagonistes – « une vision du monde caractéristique d'une génération » (pour reprendre la formule de Jean-Luc Godard), s'inscrivent, la plupart du temps, sur une image des Beatles en concert, alors que l'on entend, sur la bande-son, le leitmotiv emblématique des Rolling Stones, « *(I can't get no) Satisfaction* ». Le couple se rend compte petit à petit que, dans son besoin de contact, il ne peut parvenir qu'à se parler, sans jamais atteindre la connaissance mutuelle. L'ennui s'empare de la femme. L'homme s'éloigne d'elle, le couple confirmant alors la citation de Theodor Adorno : « L'amour, c'est la faculté de percevoir des ressemblances là où il n'y en a pas. »

En 1974, pour votre premier film de télévision *Und was kommt danach...* (*Et après...*), vous avez adapté la pièce radiophonique de James Saunders *After Liverpool*. Dans quelles circonstances êtes-vous passé à la mise en scène pour le petit écran ?

Dans la hiérarchie des activités artistiques de Baden-Baden, la télévision était à cette époque perçue comme supérieure au théâtre. J'ai donc demandé aux gens de la télévision de venir voir ce que je faisais au théâtre, afin de leur donner envie de me laisser mettre en scène quelque chose pour eux. Ce qu'ils ont vu les a convaincus de me donner une chance dans le programme régional. Mais, bien sûr, ils n'avaient pas d'argent. Ils ne pouvaient mettre à ma disposition que de gigantesques caméras vidéo Apex, un studio, le décorateur de la chaîne, et cette pièce radiophonique de Saunders, dont ils détenaient les droits. J'ai accepté d'autant plus volontiers que je trouvais le dialogue amusant.

Avez-vous pu choisir les acteurs ?

Oui. J'ai été très satisfait du travail de l'actrice, moins de celui de l'acteur, qui était le compagnon d'une comédienne avec qui j'avais travaillé au théâtre. Dans son texte, Saunders laisse explicitement la possibilité de changer les comédiens pour chaque saynète. Mais la question ne se posait pas pour moi. Je devais pour des raisons budgétaires m'en tenir à deux interprètes.

Vous n'avez retenu que vingt-deux des vingt-six saynètes de la pièce d'origine. Comment avez-vous fait ce choix ?

Ce choix a découlé de la décision de ne prendre que deux acteurs. J'ai ensuite profité de la liberté qu'offrait l'auteur de remodeler son texte pour faire des coupes et déplacer des saynètes de manière à raconter une histoire. Ce qui n'était pas le cas dans la pièce où les relations hommes-femmes étaient traitées de manière abstraite.

Vous avez aussi ajouté des intertitres...

C'est le titre de la pièce qui m'en a donné l'idée. J'ai pensé que Saunders avait intitulé sa pièce *After Liverpool* parce qu'il y brossait le portrait d'une génération sous influence de la révolution culturelle, née à Liverpool, avec la musique pop et les Beatles. D'où mon choix d'introduire chaque séquence avec une citation à la mode dans les années 1960 et d'accompagner ces intertitres d'extraits de *Satisfaction*, la chanson des Rolling Stones.

Vous citez les Beatles dans vos intertitres, mais pourquoi vos personnages n'y font jamais référence ?

Parce que cette référence à Liverpool, c'est plus une question de climat et d'ambiance que de goût musical. Avec ce film, j'avais un peu l'ambition naïve de faire un portrait de ma génération, celle des trentenaires. J'ai donc choisi des acteurs qui avaient le même âge que moi. Or, nous n'avons pas été marqués par la musique des Beatles, parce que nous étions déjà trop vieux quand ils sont apparus.

Mais alors, pourquoi ce recours permanent à la chanson des Stones, décalée par rapport à l'âge des personnages ? Est-ce parce que jusque dans son titre complet *(I can't get no) Satisfaction*, elle renvoie à un grand thème du film et de votre cinéma en général, la...

... frustration existentielle. Oui, bien sûr. Mais ça renvoie aussi à la citation que je fais d'Andy Warhol qui dit que, d'une génération à l'autre, seuls les vêtements changent. Les problèmes fondamentaux demeurent.

Aviez-vous envisagé d'utiliser cette chanson des Stones dès l'écriture du scénario ?

Oui, j'y ai pensé d'emblée. Mais tout dépendait de l'obtention ou non des droits. Sachant que c'était beaucoup plus facile de les obtenir pour la télévision que pour le cinéma. Par exemple dans *Wer war Edgar Allan ?*, un autre de mes films de télévision, j'ai repris la musique qu'Ennio Morricone avait composée pour *1900* de Bernardo Bertolucci. Mais quand, plus tard, un distributeur s'est proposé de sortir ce téléfilm en salles, les ayants droit de Bertolucci ont exigé une telle somme qu'il a dû y renoncer.

L'autre grande référence culturelle de *Und was kommt danach...*, c'est Jean-Luc Godard. Vous ouvrez le film sur une citation de lui...

À cette époque, j'en étais un grand fan. Avec le recul, je dirais même que je vois ce premier téléfilm – que, par ailleurs, je ne trouve pas terrible – comme une tentative, elle aussi naïve, de « faire du Godard ».

Qu'est-ce qui vous plaisait particulièrement chez lui ?

Son raffinement intellectuel. On peut dire qu'il a institutionnalisé ce que j'appellerais l'autoréflexion à l'écran, le cinéma qui se penche sur lui-même. Personne ne l'avait fait à ce point avant lui. Cela a eu sur moi le même effet que la découverte de Bresson. C'était un cinéma que, jusqu'alors, je ne pouvais même pas imaginer.

Dans ce film, vous faites au moins deux autres références à Godard. Vous montrez l'affiche de *Masculin, féminin* et, au début de la troisième séquence, vous filmez vos personnages en travelling latéral droite-gauche, puis inversement, comme l'avait

fait Godard avec Anna Karina et Sady Rebbot, de dos, au comptoir d'un café, dans *Vivre sa vie*.

Oui, c'était un clin d'œil.

Hildegard Schmahl et Dieter Kirchlechner

Les citations reprises dans vos intertitres sont très variées, d'Adorno à Henry Miller, en passant par Norman Mailer, les Beatles, Andy Warhol. Celle de Marshall McLuhan (« L'image télévisée exige à chaque instant que l'on resserre les mailles de son filet avec une participation active de nos sens ») semble préfigurer vos futurs films de cinéma.

Cette question de la manipulation par la télévision m'a intéressé très tôt. Et j'avais, bien sûr, lu McLuhan, qui était très connu en Autriche.

Sur le langage et la difficulté de communiquer, vous ne manquez pas de citer Wittgenstein : « Les accords tacites liés à la compréhension de la langue parlée sont énormément compliqués. » C'est une autre idée que vous reprendrez plus tard.

Toutes ces citations ne sont pas là par hasard. Dès l'enfance, j'ai eu cette sensation que la communication était difficile entre les êtres. Quand on s'exprime au quotidien, on n'essaie pas d'être précis. Chacun parle, sans toujours écouter ce que disent les autres, ou alors d'une oreille peu attentive. C'est la principale source de problèmes dans nos tentatives de communiquer. Mais même si on essaie d'être précis, mon rouge et mon bleu ne seront pas le rouge et le bleu des autres.

Vos intertitres fonctionnent sur un double principe : soit ils annoncent la saynète qui suit, soit ils concluent celle qui précède.

C'était pour éviter le côté systématique de la juxtaposition. J'ai essayé de jouer avec le dispositif. Il y a une bonne part d'ironie dans tout ça. Dans ce premier film, j'aborde des sujets qui m'intéressaient comme la difficulté de communiquer. Mais il y avait aussi la volonté de ne pas débuter avec quelque chose de trop compliqué. Deux personnages, un décor, trois semaines de tournage, je pensais pouvoir maîtriser ce dispositif. Je n'avais pas l'impression de faire un film important, et ça me permettait de rester dans les limites de mon budget. Le film a eu du succès. Initialement prévu pour une diffusion régionale, il a finalement été montré à l'échelon national. Puis il a fait l'objet de plusieurs rediffusions.

plus. Elles ont encore leur place de temps en temps, mais elles marchent de moins en moins dans notre société. C'est du moins mon impression. La fin de la seconde partie, la scène avec le prêtre alcoolique, qui est pour moi une scène clé sur le plan philosophique, est très éclairante à ce sujet. Il dit que le Moyen Âge est révolu, mais que personne ne nous a pardonné notre culpabilité : il nous faudra dorénavant vivre avec, ce qui sera difficile. En outre, c'est dit par un prêtre, ce qui donne plus de poids à cette affirmation. Une bien mauvaise publicité pour l'Église ! Si on lit les écrits de tous les existentialistes catholiques français, on est plus ou moins dans le même registre. La religion aujourd'hui s'est réduite à une dimension mystique, mais ne fonctionne plus en tant que système social.

D'où la présence du tableau de Francis Bacon, *Étude d'après le portrait du pape Innocent X par Vélasquez*, chez Fritz, l'ancien amant de Gisela, maintenant médecin très esseulé et à qui Eva, tout aussi désemparée, rend visite…

Oui, mais ça aussi, c'est exagéré : comment un simple médecin pourrait-il s'offrir un tel tableau ?

Nous avons pensé que c'était une reproduction…

Peut-être. Mais aujourd'hui j'éviterais de faire cela.

Monica Bleibtreu et Wolfgang Hübsch

Mais pourquoi ce tableau qui représente un ecclésiastique qui hurle ?

Pour moi, ce tableau de Bacon est l'incarnation même de la situation. C'est un être qui crie, mais on ne l'entend pas. À vrai dire, cette symbolique s'applique pratiquement à tous les personnages, mais, entre nous, je le redis, le montrer dans le film, c'est artistiquement faux, parce que c'est trop explicite.

En fait, les deux parties nous paraissent très différentes : la première présente une série d'événements, alors que la seconde est plus symbolique, sans grands événements, à l'exception du crash de la voiture de Christian.

La première partie est plus élégante, mieux réussie. Pour la seconde, j'ai été un peu dépassé par la difficulté de représenter artistiquement ce haut niveau de discussion entre les personnages.

Vous nous disiez tout à l'heure que, dans le second volet, les personnages masculins ne sont pas terribles, mais on voit bien, notamment dans les scènes de repas, comment vous cadrez les femmes seules et comment leur solitude est bien mise en relief par le découpage. Et là, c'est la mise en scène qui le dit.

Cela se fait instinctivement. Je sais que ma manière de filmer va guider le spectateur vers la sympathie ou l'antipathie que dégage un personnage. Chaque plan comporte un jugement dans son découpage. Mais ce n'est pas toujours rationnel, car, je l'avoue, les femmes m'intéressent plus que les hommes. On m'a d'ailleurs souvent dit que j'étais un metteur en scène de femmes ! Elles m'intéressent, parce qu'elles sont plus complexes que les hommes. Et aussi parce que ce sont souvent des victimes. Or, pour moi, les victimes sont toujours plus intéressantes que les bourreaux. Tout le contraire des conventions du cinéma américain dans lequel le héros se doit d'être fort.

Vous avez aussi fait un grand nombre de gros plans frontaux, ce qui n'était pas fréquent à la télévision en ces années-là.

Si, si, c'était assez habituel à l'époque. En fait, ces gros plans dépendent de la confiance qu'a le metteur en scène en ses interprètes. Si vous regardez, par exemple, *Scènes de la vie conjugale* de Bergman, c'est beaucoup filmé en gros plans, parce que Liv Ullmann et Erland Josephson sont extraordinaires, et Bergman le savait. Dans ce cas, le visage dit tout. Certes, il y a des situations où c'est le corps qui est important. Mais pour l'expression des sentiments, de tout ce qui provient de l'intérieur, c'est le gros plan qui prévaut. C'est ce que j'ai toujours essayé de faire.

Même si vous dites que la peinture ne vous a pas influencé, vous brossez avec ces gros plans de véritables portraits de vos personnages, vus de face. Ce qui individualise leur personnalité à un moment donné et souligne bien la difficulté de la communication quand l'interlocuteur est à son tour isolé dans le cadre.

Classiquement, il y a deux façons de procéder : quand je veux montrer que la communication entre deux personnages fonctionne, je les cadre en champs-contrechamps à l'épaule, avec chaque fois la tête de l'interlocuteur en amorce. Si, au contraire, je veux montrer leur difficulté à communiquer, je les isole dans le champ-contrechamp.

Avant de finir avec *Lemminge*, on voulait évoquer une scène qui nous a étonnés, car elle sera reprise dans *Le Ruban blanc*. C'est, dans la seconde partie, quand Fritz raconte à Eva comment, alors qu'il était enfant, il a tué l'oiseau de son père et a laissé le cadavre dans la cage pour faire croire que le volatile était mort naturellement.

Ah oui ! J'avais complètement oublié que cette scène figurait déjà dans *Lemminge*. Mais j'ai une bonne explication à cela : j'ai raconté cette situation dans la toute première nouvelle que j'ai écrite. C'était l'histoire d'un garçon d'une dizaine d'années qui, à l'école, adorait sa maîtresse. Un jour, il se trouvait devant la porte quand il l'a vue arriver du fond du couloir. Comme ses camarades faisaient du chahut dans la classe, il leur a ordonné de se calmer. Puis, n'obtenant aucun résultat, il s'est mis à hurler pour les faire taire, et c'est à ce moment précis que la maîtresse est entrée, le réprimandant parce qu'il faisait du bruit. Encore sous le choc en rentrant chez lui, il a été pris d'une forte fièvre et il est tombé malade. Sur le point d'être guéri, il s'est rendu dans la chambre de son père et a tué son oiseau. J'ai moi-même vécu cette situation à l'école, où j'ai été accusé à tort par ma maîtresse, une belle blonde que j'adorais. Je n'ai alors pas tué d'oiseau, mais ça m'a causé un tel chagrin que, lorsque j'ai commencé à écrire, c'est cette histoire que j'ai voulu raconter. C'est ma façon de créer, j'utilise des choses que j'ai vécues et qui me reviennent à l'esprit.

Pourquoi, dans la scène finale de la seconde partie, avoir dirigé votre fils David, dans le rôle du fils aîné de Christian ?

Je cherchais un garçon de son âge et je me suis dit que ce serait plus facile de prendre quelqu'un que je connaissais bien et qui avait belle allure. Et puis, je trouvais ça amusant.

Rüdiger Hacker (au centre)
et David Haneke (à l'arrière-plan)

5

Variation sur un ménage à trois – Toujours les mêmes prénoms – L'art et la fin des idéologies – Je ne suis pas un moraliste – La nudité comme expression du désespoir – Les morts à Venise de *Wer war Edgar Allan ?* – Des chevaux dans le labyrinthe – Je n'éprouve aucune haine contre les pères – La musique cache les défauts – Le regard ironique de *Fraulein* – *Münchhausen* et l'histoire de l'Allemagne – Un film anti-Fassbinder – Effets de montage et passage à la couleur.

VARIATION

Georg vient de voir *Stella*, la pièce de Goethe, avec sa femme Eva. En rentrant chez eux, ils parlent du spectacle à Sigrid, la sœur de Georg qui vit avec eux et étudie le violoncelle. Initialement, Goethe avait prévu une fin optimiste avec un utopique ménage à trois, composé par le comte, la jeune fille qu'il a ramenée de sa croisade et sa femme fidèle. Mais trente ans après, Goethe a écrit une seconde fin où, désemparés, les trois se suicident.

Georg devient bientôt l'amant d'Anna, une journaliste. Il ne le dit pas à Eva, qui se doute de quelque chose. Anna, de son côté, vit en couple avec Kitty, une actrice alcoolique qui prend cette liaison très mal. Elle multiplie les scènes. Une nuit, Anna appelle Georg au secours. En allant la retrouver, il réveille Sigrid et Eva. Cette dernière l'avertit que, s'il part, ce sera définitif. Et de fait, Anna et Georg s'installent ensemble. Au bout de plusieurs mois, ils acceptent une rencontre avec Kitty et Eva pour évoquer ensemble ce qu'ils vivent. L'ambiance est déjà très tendue, quand Eva raconte que Sigrid a tenté de se suicider en s'ouvrant les veines et qu'elle est encore à l'hôpital. Georg s'énerve. Anna ne peut le supporter et s'enfuit, laissant à Georg un mot où elle explique qu'elle ne comprend pas ce qui se passe, mais qu'elle est sûre de l'aimer. Les cinq personnages se retrouvent face à eux-mêmes.

Le scénario de *Variation* (1982) est très librement inspiré de la pièce *Stella* de Goethe, que vous aviez déjà montée.

Sauf que je ne sais plus si j'ai monté la pièce avant ou après le film. Sans doute après, car c'était à Vienne... Enfin, peu importe.

Comment est né ce projet ?

Pendant le tournage de *Lemminge*, je m'étais senti très à l'aise avec les comédiens et j'ai eu envie de refaire un film avec eux. Mais je n'avais qu'une vague idée de départ : un couple soudain confronté à un problème grave... C'est la seule fois où, au stade de l'écriture, j'ai demandé à des comédiens de nourrir l'intrigue, en m'envoyant des idées, des documents, des souvenirs. Ils ont accepté avec enthousiasme et, jusque dans l'ajout de petits détails, j'ai utilisé tout ce qu'ils m'avaient proposé. Initialement, j'avais choisi pour le rôle principal l'acteur qui interprétait Trotta dans *Trois Chemins vers le lac*, Walter Schmidinger. Mais quand son personnage a été mieux défini, il s'est désisté parce que, homosexuel, il prétendait ne pas pouvoir jouer un homme amoureux de deux femmes. Je lui ai dit combien je trouvais son raisonnement idiot, mais j'ai dû le remplacer par Hilmar Thate, un excellent ami, acteur de théâtre très connu en Allemagne de l'Est. Il était marié à Angelica Domröse, ma future interprète de *Fraulein*, avec qui il a formé un couple star là-bas. Ils ont été autorisés à se rendre en Allemagne de l'Ouest où tous deux sont devenus des vedettes de la scène et de l'écran. Elfriede Irrall, Suzanne Geyer et Eva Linder, qui avaient joué dans *Lemminge*, étaient, elles, mes premiers choix.

En quoi le texte de Goethe a-t-il influencé le scénario final ?

Stella est la pièce germanophone par excellence sur le mariage à trois, sur l'utopie d'un homme vivant avec deux femmes. Car, malheureusement, ça ne fonctionne pas !

Chez Goethe il y a deux fins, l'une effectivement utopique avec le ménage à trois, et l'autre, tragique, aboutissant au suicide des protagonistes.

J'ai opté pour la fin tragique lorsque j'ai monté la pièce. Quand Goethe a écrit sa pièce, il n'avait envisagé que la fin utopique. Mais le public l'a rejetée et, trente ans plus tard, il a écrit une autre fin, tragique celle-là. Dans *Variation*, on prétend que les personnages vivent un peu la première fin, mais le film s'achève en précisant que cette utopie ne fonctionne pas.

Pourquoi ce titre ?

C'est de l'ironie. Cette histoire est tellement banale, on l'a si souvent racontée que ce que nous regardons n'est qu'une variation sur ce thème.

Ce n'est que votre deuxième scénario original et déjà vous êtes fidèle aux mêmes prénoms : Georg, Anna, Eva, Sigrid...

Oui, je reprends toujours les mêmes, parce que cela m'ennuie d'en chercher de nouveaux.

C'est toujours ce que vous dites...

C'est un procédé courant en littérature. Par exemple, Thomas Mann utilise des prénoms qui caractérisent déjà les personnages. Avec un média réaliste comme le cinéma, ce n'est pas possible. Monsieur Legrand peut être petit. J'ai donc cherché des noms simples, usuels et courts.

Dans *Variation*, on retrouve une Sigrid...

C'est une autoréférence à *Lemminge*. D'ailleurs, son nom de famille est le même, Leuwen.

Ces prénoms de deux syllabes ne présentent-ils pas une connotation musicale ?

On peut interpréter cela comme ça, mais ce qui prédomine, c'est vraiment ma paresse de chercher autre chose. Bergman aussi reprenait toujours les mêmes noms. Comme il avait toujours les mêmes préoccupations, pourquoi laisser penser qu'il avait changé de sujet en choisissant d'autres prénoms ? Autant garder les mêmes !

Donc, vous admettez que ce n'est pas de la paresse ! C'est une continuité parfaite, une vraie cohérence !

Vous êtes gentils...

Parlons maintenant d'un décor qui joue un rôle important dans vos films : la cuisine. C'est dans la cuisine que le couple de *Variation* Georg-Eva parle de *Stella*, la pièce qu'il vient de voir, et c'est là que Sigrid, la sœur de Georg les rejoint. Pourquoi cette affection pour ce décor domestique ?

C'est comme dans la vie : la cuisine est un lieu de rencontres très fréquenté où l'on parle un peu de tout. C'est donc normal que

Eva Linder

j'y situe de nombreuses séquences. Trop souvent dans les films, on a l'impression que tout se joue dans la chambre ou dans la salle à manger, alors que la vie se passe aussi ailleurs : dans la salle de bains... et dans la cuisine.

Comme dans *Lemminge*, le générique arrive tard, après un long prologue...

Je commence par exposer la source du scénario, à savoir *Stella*, la pièce de Goethe que Georg et sa femme viennent de voir au théâtre, puis commence le jeu autour des différentes variations sur le thème du ménage à trois. C'est pourquoi j'ai mis le titre entre les deux. D'abord la thèse, puis son application.

Alors que jusqu'ici, les adultes et les adolescents occupaient le devant de la scène dans vos films, vous ouvrez *Variation* sur le monde de l'enfance et son rapport quasi apocalyptique à l'environnement, à travers une exposition de dessins. Pourquoi ?

En 1982, il devait y avoir dans l'air une sorte de sentiment apocalyptique. En regardant des dessins d'enfants, je me suis rendu compte qu'ils en étaient imprégnés. Nous avons alors demandé à des écoliers de faire des dessins sur leur sentiment de peur. C'est une sélection de leurs travaux qui est exposée au début du film.

Dans *Caché* aussi, il y a des dessins d'enfants pour exprimer la peur ou la vengeance. Ce qui est étonnant chez vous, c'est que dès qu'il y a des enfants, on les trouve associés à ce sentiment de peur...

L'enfant naît avec un sentiment de sécurité très faible, qui est fortement éprouvé dès que les parents s'absentent. L'enfant se sent alors démuni, tout lui semble dangereux. J'étais très peureux quand j'étais petit et j'ai tendance à penser que tous les enfants sont comme ça. L'enfant n'a aucun moyen de se défendre. Il est une victime potentielle.

Ce qui est beau dans *Variation*, c'est que certaines sensations de malaise se voient offrir des solutions d'une grande simplicité. Par exemple, Sigrid, se sentant délaissée par son frère Georg, lui laisse ce mot : « Ces larmes de fureur que verse Icare en voyant un avion à réaction. Tu sais à quel point je t'aime. Ta sœur, Sigrid. »

C'est effectivement une belle idée, mais je dois avouer que ce n'est pas la mienne. Le mérite en revient à l'actrice, Eva Linder, qui a bien joué le jeu de faire des propositions pour enrichir son rôle. Son idée m'a plu et je l'ai gardée.

Dans un échange entre Anna et Georg, son mari, vous évoquez la crise de créativité en Occident. Qu'entendiez-vous par là en 1982 ?

Je ne me souviens plus précisément. Mais il suffit de regarder le cinéma : les films les plus vivants aujourd'hui nous viennent d'Asie et d'Afrique. Ce n'est pas si récent que ça, mais cette tendance n'a fait que s'accentuer avec les années.

Aux États-Unis, en France et pire encore en Italie, mis à part quelques cinéastes, il n'y a plus rien. Alors que dans les années 1960 et 1970, il y avait une richesse formidable.

Comment expliquez-vous ce déclin ?

Ce serait présomptueux de ma part de risquer une interprétation, quand des gens plus malins que moi ont buté sur la question. Je pense que les médias ont une bonne part de responsabilité dans ce processus, surtout le cinéma et la télévision, car l'éducation passe par eux et les jeunes aujourd'hui n'ont plus de culture. Ils ne savent pas lire des choses un peu complexes. Ils ne veulent même pas essayer. Certes, c'est facile d'accuser les médias, mais ils entretiennent une sorte de découragement. Les gens se disent que ça ne vaut plus la peine de chercher à comprendre le monde. On se replie sur soi-même. Avant, c'était différent. Toutes les théories n'avaient pas encore été désavouées. Aujourd'hui, on ne croit plus en aucune d'elles. Et tout ce côté post-moderne est tellement pauvre. Si l'on aspire tant à se distraire, c'est que le niveau de frustration est énorme.

Ces propos sur le déclin de la culture, vous les aviez déjà amorcés dans le dialogue de Christian à la fin de la seconde partie de *Lemminge* : il affirmait que le monde moderne n'offre plus de nouvelles idées en remplacement de celles que défendaient les idéologies propres au XXe siècle…

Si je voulais être un peu optimiste, je dirais que la seule chose qui reste, c'est l'art. Mais pour qui ? Pour bien regarder une image, pour bien écouter une musique, on a besoin d'une certaine éducation. Si vous ne l'avez pas, vous êtes dépassé.

Vous êtes perçu comme l'un des derniers grands cinéastes qui invitent le public à se poser des questions sur notre manière de vivre dans un monde à la dérive. Mais certains vous reprochent d'être un moraliste…

Oui, je sais et cela m'ennuie beaucoup, parce qu'il y a une grande confusion autour de ce qu'on entend par moraliste. Si un moraliste, c'est quelqu'un qui donne des leçons, je n'en suis vraiment pas un. J'ai bien une morale, mais je ne l'impose à personne. Dans mes films, je parle de choses désagréables sans offrir de réponses aux questions que je soulève. Les gens qui me qualifient de moraliste sont souvent ceux qui ne veulent pas se confronter à ce genre de questionnement. Tant pis. Il y a beaucoup de jeunes qui, eux, aiment mon travail.

Pour nous, vous seriez plutôt un humaniste. Un humaniste n'est pas un moraliste. C'est un observateur lucide. Cette définition nous semble bien correspondre à votre cinéma, qui associe constat et réflexion. Ce qui renvoie à ce commentaire de Georg

dans *Variation* : « Je sais que les utopies existent. Ce qui m'intéresse, c'est comment les gens s'en accommodent. »

Oui, *Les utopies existent, je le sais bien* (*Dass es Utopien gibt, weiß ich selber*) est d'ailleurs le sous-titre que j'ai donné à *Variation*. C'est comme l'« impératif catégorique » de Kant, c'est un bon système, mais qui ne résout rien. Georg a raison, mais ça n'explique rien. Toute relation avec un être humain – ou même avec un animal – relève toujours d'une décision que l'on prend seul et qui définit une personnalité. L'un agit bien, l'autre pas. À cause de quoi, pour quelle raison ? Parce que, enfant, il a été trop aimé ou maltraité ? C'est une façon simpliste d'expliquer les choses. Nous avons tous la responsabilité de nos actions. Mais évidemment, c'est le contraire de ce qui est répété par les médias, à savoir que la seule chose qui compte, c'est d'avoir de l'argent, du succès et du plaisir. Et de ne pas se soucier du reste. D'où le succès des *Spenden*, ces appels lancés au peuple pour financer des causes humanitaires, qui réunissent des sommes gigantesques. Comme à l'époque des indulgences contre lesquelles s'était dressé Luther, c'est de l'argent donné pour avoir ses péchés pardonnés. Je ne dis pas que c'est mauvais ; au contraire, c'est bien de donner son argent pour de bonnes causes. Mais la vraie motivation n'est pas d'aider les autres, mais de faire taire sa mauvaise conscience !

Dans la longue séquence du restaurant à la fin, vous vous offrez encore de belles audaces d'écriture cinématographique. L'alternance des plans sur les convives à table et sur Sigrid, qui entreprend de s'ouvrir les veines dans la baignoire, entretient le doute sur la nature exacte de cette tentative de suicide. S'agit-il d'images mentales ou d'une véritable tentative de suicide qui se déroule pendant les retrouvailles au restaurant ?

Suzanne Geyer, Monica Bleibtreu, Elfiede Irrall et Hilmar Thate

En outre, le dialogue de cette scène au restaurant est très ironique. Les personnages sont conscients de leurs situations, toutes aussi déprimantes les unes que les autres, et ils s'en amusent indirectement. C'est une forme d'humour très autrichienne. Toute la scène est un peu sarcastique. Quant au montage des images de Sigrid, c'est bien une manipulation de ma part ; le récit est truqué. Au début, on pense que c'est peut-être une évocation de la mauvaise conscience d'Eva, puis, au fur et à mesure que la scène se poursuit, on se rend compte que le montage parallèle de la tentative de suicide est une anticipation de l'information verbale qu'Eva finira par donner à ses amis. Cela dit, quand je revois cette scène, je la trouve trop lente et son dialogue un peu trop appuyé. Aujourd'hui, j'en ferais un montage plus rapide. En vieillissant, je deviens de plus en plus impatient.

Cette scène de la tentative de suicide de Sigrid offre une nouvelle illustration d'un motif visuel qui semble vous tenir à cœur : la représentation du sexe nu de la femme dans des moments terribles de désespoir.

C'est tout simplement parce que la vulnérabilité est plus grande quand on est nu.

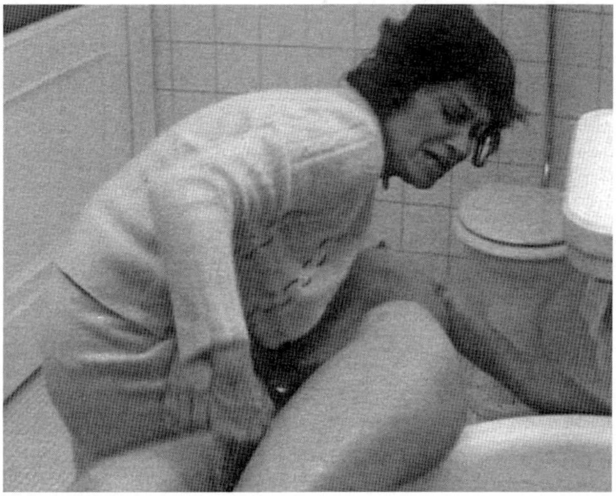

Monica Bleibtreu et Eva Linder

Certes, mais dans vos films la représentation de la nudité n'est jamais érotique. Par exemple, quand Eva et Christian font l'amour, dans la première partie de *Lemminge*, ils sont nus et l'on ne voit pas leurs sexes. Mais dès qu'Eva regrette ce premier rapport sexuel, vous cadrez sa nudité intégrale.

Oui, parce que c'est très difficile de montrer les organes génitaux dans une scène érotique ; cela devient vite gênant ou obscène. De même, je ne montre jamais les rapports sexuels ou les actes de violence dans mes films, parce que le spectateur sait que ce n'est pas réel, que c'est joué. Ce n'est pas chez moi une question de puritanisme, mais plutôt le souci de ne pas trahir l'illusion du cinéma.

WER WAR EDGAR ALLAN ?

À Venise, une comtesse a été retrouvée morte après avoir chuté d'une fenêtre. Crime ou accident ? Malgré lui, un étudiant, dont le père vient de mourir, se retrouve mêlé à cette histoire. Alors qu'il lit un article sur cette mort au Caffè Florian, un drôle d'Américain, Edgar Allan, s'assied à ses côtés et lui parle du fait divers. Au fil des jours, l'affaire rebondit. Une marquise, amie de la comtesse, a été retrouvée morte, elle aussi. Tous sont liés à un trafic de drogue et à un chantage. Edgar Allan aussi ? À moins que ce dernier n'existe que dans la tête de l'étudiant. Accompagnant Edgar Allan dans un établissement de paris hippiques, l'étudiant découvre, après coup, que les chevaux ne correspondent à aucune course et que Carlo, le guichetier qui a pris leurs paris, ne les reconnaît ni l'un ni l'autre. Ce dernier raconte une drôle d'histoire, qui a fait passer une de ses amies pour une femme adultère aux yeux de son époux, alors qu'elle lui était restée fidèle. Elle a fini dans les bras d'Edgar Allan, qui la convoitait, mais qui assure ne pas avoir participé à la machination. Le lendemain, Edgar Allan a disparu. La police affiche un portrait-robot d'un homme qui lui ressemble. L'étudiant serait-il encore en train de rêver ?

En 1984, toujours pour l'ORF, et en coproduction avec la chaîne allemande ZDF, vous avez réalisé *Wer war Edgar Allan ? (Qui était Edgar Allan ?)*. Cette adaptation du roman de Peter Rosei était-elle un projet personnel ou une commande ?

C'est le *Dramaturg* de *Lemminge* qui me l'a proposée. Nous avions eu un bon contact et il m'a suggéré de lire le roman pour voir s'il m'intéressait. Ce qui a été le cas. Mais il y avait déjà une adaptation écrite par Peter Rosei lui-même. Je l'ai lue et elle ne m'a pas du tout plu. Ce n'est pas qu'elle était mauvaise, mais c'était un autre film. J'ai d'ailleurs très bien compris pourquoi : l'auteur ne voulait pas refaire la même chose ; il voulait filmer une autre histoire. La situation était alors compliquée : il y avait un contrat signé avec Rosei et son éditeur et, moi, je n'acceptais de faire ce film qu'à condition d'écrire mon propre scénario. Le *Dramaturg* m'a soutenu malgré l'éditeur du roman et le directeur de l'ORF qui ont essayé de faire obstruction et j'ai pu tourner le film tel que je le désirais. Rosei a vu le film terminé et il l'a trouvé très bon, tout en regrettant que ce ne soit pas celui qu'il aurait fait. J'ai revécu cette situation pour *Fraulein*, mon film suivant, ce qui m'a décidé à ne plus jamais accepter de coécrire mes scénarios avec un tiers.

Le générique précise que vous avez cosigné le scénario avec un certain Hans Broczyner. Serait-ce un pseudonyme de Peter Rosei ?

Effectivement. J'avais dit que cela m'était égal d'être crédité avec un coscénariste, même si j'avais écrit seul. De son côté, Peter Rosei, qui a été payé pour sa version, ne voulait pas qu'on ne mentionne que mon nom à ce poste. Il a donc choisi ce pseudonyme pour figurer au générique, tout en marquant son désaccord avec mon adaptation, qu'il n'avait d'ailleurs sans doute pas lue.

Avez-vous été fidèle au texte original ?

Oui. Mais j'ai aussi beaucoup inventé après avoir effectué des repérages à Venise. J'y suis allé avec Peter Rosei, qui connaissait bien la ville pour y avoir vécu. Pendant huit, dix jours, il m'a servi de guide, avant que je rentre en Autriche pour écrire. J'ai alors imaginé des choses qui ne figuraient pas dans le roman comme, par exemple, tout ce qui tourne autour des dessins du héros étudiant, la tête sculptée sur le mur et la référence aux écrits de Morelli.

Pourquoi avoir cité Giovanni Morelli ?

C'était une idée de Paulus Manker qui joue l'étudiant. C'est lui qui l'a découvert et m'a proposé de l'utiliser.

Ce n'est pas neutre comme référence, car Morelli était un critique et historien d'art très particulier, qui a inventé « l'attributionnisme »...

Oui, Morelli a inventé cette méthode qui consiste à analyser des petits détails – une sélection d'objets récurrents ou de parties du corps comme les ongles et les oreilles – pour identifier les œuvres et écarter les faux. Ce qui faisait écho à notre sujet. Dans *Wer war Edgar Allan ?*, la forme et le contenu fonctionnent si bien ensemble que c'est sans doute le plus abouti de mes téléfilms du point de vue esthétique. Je ne l'ai pas revu depuis longtemps, mais j'en garde le souvenir d'un travail réussi.

Le film a été tourné à Venise. Disposiez-vous d'un budget important ?

Je n'ai pas le souvenir que c'était un budget plus conséquent que pour mes films précédents. C'était, bien sûr, plus coûteux de tourner à Venise qu'à Vienne, mais il n'y avait que deux personnages et nous n'avons filmé qu'en décors naturels. Les dépenses portaient surtout sur notre temps de présence là-bas.

Vous disposiez de combien de temps pour le tournage ?

Assez peu. Pour mes premiers films de télévision, je n'ai jamais eu beaucoup de temps. Entre cinq et six semaines de tournage.

Quels ont été vos partis pris pour filmer Venise ?

C'est difficile de filmer Venise. On a si souvent montré cette ville au cinéma qu'on ne peut pas espérer en dévoiler des aspects inédits à l'écran. Donc, par exemple, mon problème était de trouver une nouvelle manière de filmer la place Saint-Marc. J'ai opté pour une vue générale en plongée à partir du campanile, puis à travers un rideau que l'on soulève. Quand on va à Venise, on retrouve, bien sûr, tous les décors de carte postale, mais pas uniquement. On est frappé par tous ces labyrinthes de rues, dans lesquels on se perd dès qu'on quitte les artères principales. Et c'est ce que j'ai essayé de représenter.

Rolf Hoppe

Il y a une séquence justement où la caméra suit longtemps le protagoniste le long de ces rues étroites et sur de petits ponts. Avez-vous utilisé une Steadicam pour ces plans ?

Oui, et c'était la première fois. Je l'ai utilisée parce qu'on ne pouvait pas faire autrement. Mais il faut se souvenir qu'à l'époque, ça restait exceptionnel, car cela coûtait fort cher. Nous avions d'ailleurs dû faire venir un cameraman spécialement d'Allemagne.

Il y a aussi ce plan en travelling circulaire autour de l'embarcation qui emporte les quatre statues de chevaux sur le Grand Canal, un plan étrange, car on croit qu'il est subjectif, avant d'arriver sur le personnage. Quelle était votre intention quand vous avez imaginé ce plan ?

Je voulais renforcer l'idée d'un film où on ne sait jamais où l'on est. Est-ce la réalité ou les délires du personnage ? C'est comme le petit cheval en fil de fer accroché au mur chez l'étudiant, un élément de décoration assez kitsch, mais très populaire en Autriche dans les années 1950. Je montre l'animal tout d'abord au repos et, plus tard, au galop. S'agit-il de ce que voit réellement l'étudiant ou d'une image, cet animal étant un symbole classique de la représentation de la folie ? Pour en revenir au plan que vous citez, avec les quatre chevaux de Saint-Marc sur le canal, nous avons eu beaucoup de chance. Les originaux étaient en restauration et, pour les remplacer, ils avaient fait des copies que nous avons pu filmer. Cela s'intégrait parfaitement à toutes les variations que j'avais imaginées autour du motif du cheval. Dans le roman, n'existait que le passage sur les courses hippiques.

Dans le film, il y a une évolution dans la représentation du cheval : de l'animal à l'arrêt accroché au mur jusqu'au petit film sur les montures en pleine course dans l'officine de paris hippiques. Avec, entre les deux, diverses figures de cheval (glissant sur le canal, au galop sur le mur) qui marquent le passage de l'image fixe vers l'image animée. Certains commentateurs y ont vu une réflexion sur le cinéma. Qu'en pensez-vous ?

Pourquoi pas ! Mais ce n'était pas mon idée de départ. Ou alors instinctivement. Car il est vrai que toutes ces figures du cheval renvoient à la question fondamentale que pose le cinéma : qu'est-ce que la réalité ?

Ce thème de l'illusion de la réalité sous-tend tout le récit. Était-ce déjà ainsi dans le roman ?

Oui, naturellement. Comme le film, le roman reste ouvert : dans le fameux passage sur les paris hippiques, on ignore si Edgar Allan donne des tuyaux sur les courses pour déstabiliser le jeune homme et même si Edgar Allan existe vraiment !

D'où le long travelling dans les ruelles où l'étudiant perd sa trace. De même que sa présence sur la place Saint-Marc quand le rideau s'ouvre sur celle-ci. Il semble apparaître comme par magie...

Et s'il existe, pourquoi fréquente-t-il aussi assidûment le Caffè Florian ?

Le jeu sur les miroirs dans l'appartement d'Edgar Allan, qui contribue à cet effet de distorsion du réel, était-il dans le roman ?

Je ne sais plus. À la réflexion, je pense qu'il n'y était pas. Il y a beaucoup d'éléments que nous avons transformés. Comme dans l'appartement d'Edgar Allan, cette photo d'un gros bébé qui ressemble à la tête de l'angelot dans la ruelle. Pour moi, cela faisait partie intégrante du jeu de déstabilisation exercé sur le jeune homme.

On voit l'étudiant devant la tête de l'angelot sur le mur de la ruelle quatre fois. Au-delà de sa récurrence quasi musicale, ce leitmotiv a-t-il un rapport avec les quatre saisons ?

Non, ce sont plutôt quatre états différents de son esprit. La neige, la pluie ou le soleil, c'est pour suggérer que cette histoire se déroule sur un temps assez long. Sans qu'on sache sur quelle durée exactement.

C'est presque onirique quand il pleut et qu'il s'obstine à dessiner sans s'abriter, avec les gouttes d'eau qui effacent son dessin au fur et à mesure...

C'était pour montrer qu'il est obsédé, que ce qu'il fait est totalement fou.

Et tous ces rideaux aux fenêtres qui s'ouvrent et se ferment sur l'action, c'est une référence au rideau de théâtre ?

Non, l'idée était plutôt de détourner un élément de décor pour simuler un fondu au noir ou une ouverture en fondu, lors du passage d'une séquence à une autre.

Parce qu'on se demandait, à voir tous ces rideaux, si vous ne vouliez pas citer Shakespeare et son fameux principe que « la vie est une scène » ?

On pourrait aussi se référer à Racine, qui disait que Dieu regarde un spectacle et que nous sommes ce spectacle. Je n'ai rien contre. Mais ce n'était pas mon intention première.

Mais quand vous rétrécissez brusquement le cadre sur la dernière scène, c'est bien pour créer une distance...

Oui, c'est pour montrer l'artificialité du film et rappeler que nous n'avons pas vu la réalité, seulement un spectacle.

À propos de l'illusion de la perception de la réalité, la dernière scène renvoie à ce que dit un personnage au début du film : « Quand on trouve par terre un portefeuille avec de l'argent, on peut se dire qu'on rêve ! »

Si je me souviens bien, c'était déjà la fin du roman. Roman qui contenait aussi la référence à la nouvelle d'Edgar Allan Poe, *Hop-Frog*. Dans mon adaptation, la difficulté était de trouver un moyen d'introduire cette histoire fantastique de vengeance et de faux-semblants, dans un film aux allures réalistes. J'ai ainsi eu l'idée de cette scène en dehors de toute réalité, où l'étudiant raconte l'histoire de Hop-Frog face à la caméra, qui effectue un zoom arrière pour découvrir un décor étrange et la lumière du gyrophare de l'ambulance qui va l'emmener. Nous avons tourné cette scène sur l'île de la Giudecca, dans le vieux studio de cinéma de Venise, qui était désaffecté depuis longtemps. J'en ignorais l'existence, mais en le visitant lors des repérages, j'ai tout de suite su que c'était le décor idéal pour tourner cette scène. L'endroit était dans un état lamentable. Dangereux même, parce qu'il y avait des trous dans le sol et que nous devions porter des masques pour nous protéger de l'amiante. L'idée était de rassembler à cet endroit plusieurs des objets qui jouaient un rôle important dans le film, comme la cabine téléphonique et une gondole, afin d'en faire un point de convergence du récit.

Paulus Manker et Michael Haneke

Avec l'histoire de la femme fidèle, quittée par son mari parce qu'il est convaincu qu'elle le trompe, vous montrez comment la difficulté à percevoir la réalité peut faire perdre tout ce en quoi on croit : l'amour, l'art, Dieu…

Tout cela est dans le roman.

Oui, mais ce thème vous intéresse beaucoup. Au point de le placer au cœur de *Benny's Video*…

En effet, c'est l'un de mes thèmes préférés.

C'est aussi la première et unique fois que vous explicitez cette confusion entre la réalité et la virtualité à travers la drogue.

Je pense que, dans son roman, Peter Rosei a imaginé cet artifice pour mieux faire accepter au lecteur la perte des repères du protagoniste. Mais je reste convaincu que l'étudiant n'avait pas besoin d'être drogué pour que ça fonctionne. Dans le film, je n'ai pas voulu faire autrement que dans le roman, mais j'ai traité cette histoire de drogue de la manière la plus discrète possible ; on ne voit l'étudiant sniffer qu'une seule fois. Dans mes scénarios originaux, j'essaie toujours de créer des situations qui n'ont pas besoin d'être justifiées par la prise de drogue ou d'autres artifices. Dans *Funny Games*, mais aussi dans *Caché*, on ne sait pas si ce que l'on voit est la réalité ou une vidéo. Et je n'ai pas besoin de justification pour cela.

Il y a une scène très curieuse dans le film, quand le jeune homme voit un rayon de soleil sur le sol de sa chambre et s'allonge dessus. Quelle signification vous donnez à ce comportement ?

C'est une sorte de représentation symbolique de la mort : comme le rayon va bouger avec le soleil, la lumière va le quitter et le laisser dans l'obscurité. Mais s'allonger ainsi est également un moyen de sentir la chaleur du soleil.

Ce geste renvoie aussi à l'idée de la quête…

Oui, avec la visite du régisseur de l'entreprise familiale, au début du film, on comprend que l'étudiant s'est installé à Venise pour fuir l'univers paternel. Il a refusé d'avoir une vie prédestinée, et maintenant il est en train de se perdre en se cherchant. C'est une histoire d'initiation. Qu'à la fin du film, il trouve un porte-monnaie vide est, bien sûr, une métaphore. Mais je ne me pose pas la question de savoir si cette fin ouverte est porteuse d'espoir ou pas.

Comme dans *Lemminge*, le rapport au père est très conflictuel. C'est un thème récurrent dans votre œuvre…

Peut-être… Je ne m'en étais jamais rendu compte. Déjà, en sortant de *Lemminge*, mon père m'avait demandé d'où venait cette haine contre les pères. Or, moi, je n'éprouve aucune haine. Ni contre mon géniteur qui ne s'est pas mêlé de mon éducation, ni contre les pères de mes fictions. Simplement, quand j'écris un film, j'ai toujours plus de sympathie pour les personnages féminins que pour les masculins. C'est ainsi que, en juin 2010, à Graz où j'étais venu recevoir un prix pour *Le Ruban blanc*, j'ai eu la surprise d'en entendre un éloge par une militante féministe. Elle a expliqué que c'était le film le plus féministe et antimachiste qu'elle avait jamais vu et que c'était inimaginable qu'un homme ait pu le réaliser. J'ai beaucoup ri, parce que je déteste les féministes !

C'est leur côté militant que vous n'aimez pas ?

Surtout leur idéologie qui les amène à s'inventer des ennemis. Et ça, c'est bête. Aussi bête que le machisme.

Avec vous, tout ce qui se termine en « -isme » est à proscrire ?

Oui, ce n'est pas mon genre.

Sinon, vous aimez bien Hitchcock ?

Ah, bien sûr ! Mais « aimer » n'est pas le mot. À mon avis, c'est le plus grand des maîtres. Et « maître » est bien le qualificatif qui lui convient ; je ne connais aucun créateur qui ait aussi bien maîtrisé son art. Chacun de ses plans est au service de son projet. Pour chaque problème, il a une solution cinématographique convaincante. Ce qui lui a fait inventer beaucoup de choses.

Nous vous posons cette question, parce que dans *Wer war Edgar Allan ?*, on trouve ce que Hitchcock appelait un « *Mac Guffin*[5] »...

C'est un procédé que j'utilise très souvent dans mes films...

Nous pensons à l'évocation de la mort de la comtesse au début, suicide ou meurtre...

Ça aussi, c'est dans le livre.

Oui, mais chez vous, la manipulation du spectateur passe aussi par des éléments aux apparences faussement importantes dans l'intrigue, ce qui est le propre du *Mac Guffin* selon Hitchcock...

Oui, bien sûr, le *Mac Guffin* est un moyen d'arriver à créer cette tension que je cherche pour chaque film. Mais ce n'est pas aussi facile que ça de trouver un bon

5. Lors d'une conférence à l'université Columbia en 1939, Alfred Hitchcock a défini ainsi le *Mac Guffin* : « C'est l'élément moteur qui apparaît dans n'importe quel scénario. Dans les histoires de voleurs, c'est presque toujours le collier, et dans les histoires d'espionnage, c'est fatalement le document. » Le *Mac Guffin* entraîne donc le protagoniste dans une multitude de péripéties, qui, petit à petit, prennent le pas sur lui, le spectateur lui accordant de moins en moins d'importance (*cf.* l'uranium dans les bouteilles de vin dans *Les Enchaînés*).

Mac Guffin. Si le spectateur se sent trompé, une fois qu'on lui a révélé qu'il a suivi une fausse piste, ça ne fonctionne plus. Il faut que le *Mac Guffin* ait une dimension réaliste suffisante pour qu'il reste crédible rétrospectivement. De même, si l'on veut inviter le spectateur à réfléchir par le biais d'une fin ouverte, il faut auparavant avoir construit une intrigue avec plusieurs dénouements possibles. Mais c'est inutile d'offrir cinq fins possibles si quatre d'entre elles ne sont pas bonnes.

L'ouverture du film est belle et mystérieuse. C'est la nuit. On voit un policier sur un balcon au-dessus du canal, puis une jeune femme apparaît, un homme la rejoint et l'entraîne vers l'intérieur. L'écharpe de la jeune femme tombant à ce moment-là, la caméra la suit dans sa chute jusqu'à la surface de l'eau, où l'on découvre des sauveteurs sur des barques en train de fouiller le canal. Tout cela en un seul plan. On a la certitude que quelque chose de grave vient de se passer. Puis l'on apprend la mort de la comtesse. On comprend alors que l'écharpe, même si ce n'était pas la sienne, représentait sa disparition.

Effectivement, on voit ces deux personnes qui regardent vers le bas, mais il n'est jamais fait mention de la comtesse. Ce n'est qu'après, en y repensant, qu'on reconstitue ce qui s'est passé : la comtesse a disparu lors de cette soirée, mais on ignore comment. En passant, je vous signale que les deux personnes qui regardent les sauveteurs étaient le décorateur et la costumière et que c'était un plan très difficile à faire. Nous l'avons tourné au moins vingt-cinq fois, car l'écharpe ne tombait jamais à l'endroit prévu. Heureusement, j'avais anticipé et demandé un grand nombre d'écharpes !

Le second plan, celui de l'écharpe qui coule, est tout aussi merveilleux…

Il nous a coûté encore quelques écharpes !

La beauté mystérieuse de la scène est rehaussée par la musique, extraite de la bande originale du film de Bernardo Bertolucci *1900*. Mais pourquoi avez-vous repris cette musique d'Ennio Morricone ?

J'ai longtemps cherché une musique qui aurait un caractère mystérieux. Je me souviens que je désespérais de n'avoir rien trouvé dans le domaine de la musique classique, quand quelqu'un de l'ORF m'a conseillé d'écouter les disques de Morricone. Lorsque je suis tombé sur ce morceau, j'ai tout de suite su que c'était exactement ce que je recherchais. Même si dans *1900*, il n'était pas du tout utilisé dans ce registre mystérieux.

Certains cinéastes montent leurs films avec des musiques-témoins, en attendant que le compositeur leur propose une partition originale. Vous est-il arrivé de procéder ainsi ?

Je n'ai jamais fait composer de musique originale. Dans mes films pour le grand écran, il n'y a pas de musique, à l'exception de celle que l'on voit interprétée à l'image. Pour mes téléfilms, c'était toujours des musiques que j'avais en tête comme

Schönberg et Mozart pour *Trois Chemins vers le lac* ou, dans *Lemminge*, les chansons de ma jeunesse que j'ai eu plaisir à réentendre. Une seule fois, j'ai utilisé en leitmotiv la musique d'un autre film : c'est ce morceau de Morricone pour *1900*.

Pourquoi n'avez-vous pas fait appel à un compositeur ?

Parce que je ne pouvais pas être sûr d'aimer ce qu'il me proposerait. Je me serais alors retrouvé piégé. J'ai donc préféré chercher moi-même dans ce qui existait déjà. Et cela a été un grand plaisir d'écouter pendant des heures de belles musiques.

Comment expliquez-vous l'absence de musique dans vos films de cinéma ?

La musique sert à cacher les défauts de la mise en scène. On l'utilise, par exemple, quand la tension retombe. C'est donc une question d'honnêteté de ne pas recourir à ce procédé. À la télévision, on a une autre façon de regarder les films qu'au cinéma, où les spectateurs se sont déplacés et ont payé leur place pour vivre un événement. Devant leur téléviseur, les gens bougent, ils vont aux toilettes, téléphonent et engueulent leurs enfants ; ils ne regardent pas vraiment. On doit donc trouver des moyens pour les forcer à fixer l'écran, quand y sont montrées des choses qui requièrent leur attention. Je dis toujours que le cinéma peut représenter une forme d'art, mais pas la télévision, qui fait appel aux moyens les plus grossiers. Comme utiliser la musique pour capter l'attention. Mais, bien sûr, ce raisonnement ne vaut pas pour des films de genre comme ceux de Hitchcock ou de Sergio Leone qui, eux, ne fonctionneraient pas sans musique. Moi, j'utilise les moyens du cinéma de genre pour faire des films plus ou moins réalistes. Et cela ne requiert pas l'utilisation de musique.

Après vos débuts au cinéma, vous êtes revenu à la télévision pour deux adaptations, *La Rébellion* d'après Roth et *Le Château* d'après Kafka, d'où vous avez pratiquement exclu la musique.

Cela dépend aussi du sujet. On ne peut pas adapter Kafka en y mettant de la musique !

Orson Welles a plaqué l'*Adagio* d'Albinoni sur son adaptation du *Procès* !

C'est un grand film que j'aime bien, mais il n'a rien à voir avec Kafka.

On remarque dans votre descriptif de la chambre du jeune homme une série de plans aux cadrages serrés sur différents objets, à la manière de Bresson ou du Godard des années 1960. Vous allez reprendre le procédé dans *Fraulein* et le systématiser tout au long du *Septième Continent*. Comment expliquez-vous ce choix esthétique, au-delà de ces prestigieuses influences ?

Cela vient surtout de l'expérience quotidienne. On ne voit jamais la totalité des choses. La concentration, c'est une fragmentation permanente. Dès que je me concentre sur vous en vous regardant, tout est là, mais je ne le vois pas. J'ai cherché à traduire ce constat en termes cinématographiques.

C'est assez proche des tableaux impressionnistes ou d'un morceau de musique : des petites touches qui se succèdent et qui créent une impression...

Oui, mais en peinture et au cinéma on ne peut montrer les choses que les unes après les autres. Au théâtre, comme dans les plans larges au cinéma, on peut juxtaposer plusieurs choses en même temps. La *Gleichzeitigkeit*, la concomitance d'actions différentes, est une chose très difficile à montrer à l'écran, parce que l'on est prisonnier d'une durée dont on ne peut s'extraire. Bien sûr, on peut le faire dans le cinéma expérimental, en multipliant les écrans, par exemple. Mais, en général, dans un film, on est forcé de montrer des actions différentes une par une. C'est seulement avec le montage que l'on peut vraiment reproduire l'idée de concomitance.

Vous avez confié le rôle principal à Paulus Manker, qui avait déjà joué dans la première partie de *Lemminge*, que l'on reverra dans *Fraulein*, *Le Château* et à qui vous confierez la mise en scène de votre scénario *La Tête du Maure*.

À l'époque de *Lemminge*, il étudiait encore au Max-Reinhardt Seminar, l'école de théâtre de Vienne. Il vient d'une famille très connue ici : sa mère était actrice, son père directeur de théâtre et metteur en scène réputé. Nous nous sommes tout de suite bien entendus. Pour moi, dès le début, c'était évident qu'il devait jouer le personnage de l'étudiant, avec lequel il partageait une certaine morbidité. C'est, par ailleurs, un garçon très intelligent, doté d'une grande sensibilité. Il était encore très jeune, mais c'était un acteur extraordinaire pour son âge.

Paulus Manker

FRAULEIN[6]

1955. Dans son petit village allemand, Johanna, qui tient le cinéma, a élevé seule son fils Mike et sa fille Brigitte, en l'absence de son mari Hans, porté disparu sur le front russe. Karl, le frère de Hans, voudrait le déclarer décédé. Ce serait plus simple pour ses affaires et pour Johanna qui s'est mise en ménage avec André, un ancien prisonnier français, qui gagne sa vie comme catcheur sous le pseudonyme de « The Black Mask ». Mais après les accords d'Adenauer avec Moscou, Hans revient d'un camp russe. Il est fatigué, malade et incapable de travailler. Johanna et André qui, au retour de Hans, s'étaient juré de ne plus se revoir, craquent et poursuivent une relation adultère en cachette. Jusqu'à ce qu'André disparaisse. Mike, devenu un voyou impliqué dans de nombreux trafics, meurt dans l'explosion d'un immeuble où la police l'avait cerné avec sa bande. Brigitte suit un GI qu'elle épouse en Amérique. Johanna décide de mettre fin à la vie de son mari sur son lit de souffrance (en stoppant ses perfusions), avant de partir en France dans le petit village breton d'où André a envoyé une carte à son ancien club de catch. Elle découvre alors qu'il a une femme et deux grands garçons. Ils se voient secrètement à l'hôtel. Mais Johanna doit repartir ; la femme d'André a tout deviné de leurs relations. Sur le chemin du retour, elle s'arrête dans un restaurant et sa vie (à l'instar du film qui était jusque-là en noir et blanc) prend subitement des couleurs : alors que Hans Albers, l'acteur vedette du film *Les Aventures fantastiques du baron Münchhausen*, semble lui faire un clin d'œil depuis le téléviseur du restaurant, André surgit soudain en souriant et lui explique qu'il a fait comme elle : il a tué sa femme. Johanna part d'un grand éclat de rire hystérique. Mais un plan en noir et blanc, qui l'avait montrée dans le commissariat de sa ville s'accusant du meurtre de son mari, entretient le doute sur le dénouement.

Vous avez tourné *Fraulein-Ein deutsches Melodram*, pour le Saarländischer Rundfunk (SR), en 1985. C'est l'époque où Edgar Reitz tournait *Heimat*. Ressentiez-vous vous aussi la nécessité de revisiter l'histoire de l'Allemagne ?

Non, c'est beaucoup plus banal. À l'origine de ce film, il y a une histoire plus ou moins vraie que l'on a rapportée à Bernd Schroeder qui, ensuite, me l'a racontée. Je l'ai trouvée intéressante et j'ai eu envie de la filmer.

6. Et non « *Fräulein* » : l'absence de tréma correspond à la prononciation de ce mot par beaucoup d'étrangers, en particulier les Américains, dans la période de l'après-guerre (prononciation entendue dès la première scène du film).

Peter Franke

Qui est Bernd Schroeder ?

Un scénariste de télévision, qui avait proposé le scénario d'un premier film (*8051 Grinning*) à la chaîne Südwestfunk, quand j'y étais *Dramaturg*, au début des années 1970. Ça correspondait à un moment où l'on cherchait de nouveaux auteurs et, comme son texte était plutôt bon, mon chef l'a engagé. Schroeder était originaire de Bavière, mais il venait de rencontrer une nouvelle femme, avec qui il s'était installé à Baden-Baden. C'est à ce moment-là que nous avons commencé à sympathiser et c'est comme ça que, des années plus tard, il m'a raconté l'histoire de *Fraulein*.

Comment s'est passée votre collaboration pour écrire le scénario ?

Nous voulions faire un film anti-Fassbinder ! Je venais de voir *Le Mariage de Maria Braun*, que je n'avais pas du tout aimé. J'avais trouvé trop sentimentale et insupportable l'histoire de cette femme allemande, qui souffre beaucoup, mais qui va néanmoins nous conduire vers un futur meilleur. Donc l'idée était d'en prendre le contrepied. J'ai rejoint Bernd Schroeder en Italie, où il avait une maison, et nous avons discuté pendant plusieurs jours pour construire notre intrigue. Puis il est resté seul pour l'écrire. Nos entretiens avaient été très fructueux et je pensais que cela allait donner un film génial ! Mais deux mois plus tard, quand il m'a présenté son scénario, ça ne correspondait pas du tout à ce que j'attendais. Nous avons retravaillé ensemble et à nouveau j'étais très satisfait. Je m'étais déjà lancé dans la préparation du film, quand j'ai reçu sa seconde mouture, aussi mauvaise que la première. Il restait alors deux solutions : soit on laissait tomber, soit j'écrivais ma propre version, parce que je n'avais plus le temps d'attendre quatre ou cinq versions supplémentaires. Le *Dramaturg* de la chaîne m'a donné le feu vert. J'ai donc écrit ma version, qui correspond au film que vous connaissez. Pour Bernd Schroeder, ça a été une grande frustration, car c'était quand même son histoire. Mais il avait beau être mon ami, je ne pouvais pas tourner son texte. C'est, comme je vous l'ai dit, à ce moment-là que j'ai décidé de ne plus jamais écrire avec quelqu'un d'autre. Je n'en suis pas capable. Le scénario doit devenir ma propre chose. Sinon, je ne peux rien en faire.

Sur quoi portait votre désaccord ?

Il avait, malgré tout, écrit une histoire à la Fassbinder ! Il est vrai que, dans cette intrigue, il y a des éléments proches de l'univers de Fassbinder. Mais moi, je voulais porter dessus un regard ironique. Toute la fin, par exemple, est telle que je l'ai voulue. Le personnage de Johanna est plutôt négatif. C'est une victime, mais elle est également cynique, à l'image de l'ensemble du film. C'était ma façon de dénoncer la fausse sentimentalité du cinéma de Fassbinder. Donc, plus que les rebondissements de l'intrigue, c'est une question de sensibilité, dans la tonalité d'une scène ou des dialogues, qui nous a divisés, Schroeder et moi. Par exemple, quand au milieu du film, Johanna rentre, tard dans la nuit, et trouve son mari en train de construire cette église en allumettes, il la traite de putain dans un dialogue très dur, qui est de moi. Le scénario de Schroeder était, lui, linéaire et un peu sentimental…

Comment s'achevait le scénario de Bernd Schroeder ?

Comme une tragédie. L'héroïne était emprisonnée pour le meurtre de son mari.

La fin de votre film est plus mystérieuse…

Pas mystérieuse, mais ironique. Tout s'envole au sens littéral…

… avec le baron Münchhausen ! Mais on peut imaginer que la vraie fin, ce sont les images en noir et blanc où elle est dans le commissariat…

On peut imaginer ça, elle peut imaginer ça. C'est peut-être ce qui va lui arriver. À moins que le très populaire film allemand *Les Aventures fantastiques du baron Münchhausen* ne nous entraîne tous vers une fin heureuse ?

C'est à ce moment précis que *Fraulein* bascule vers la couleur. Quel sens donnez-vous à cet effet ?

Il y a une allusion au passage du temps et à l'arrivée de la couleur dans le cinéma de cette époque. Mais on ne saurait s'en tenir à cette interprétation réaliste. Le basculement vers la couleur à ce moment précis est très ironique, puisqu'il correspond à l'intrusion de *Münchhausen* dans l'intrigue. Autrement dit, à la destruction du mélodrame par une sorte de conte de fées.

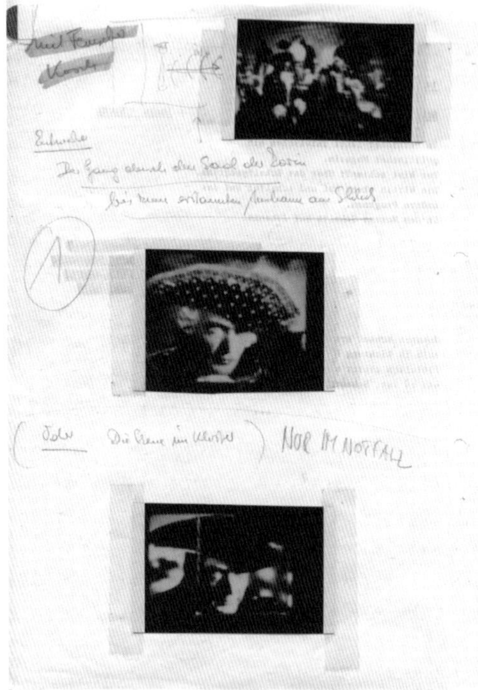

Storyboard-collage de *Fraulein*

Hans Albers, qui joue Münchhausen, était-il un acteur important en Allemagne ?

Plus que ça ! Il était comme un dieu pour les spectateurs. Certes, il avait joué sous le régime nazi, mais il avait su garder ses distances avec le Reich et n'était apparu dans aucun film de propagande directe. Dans l'immédiat après-guerre, il avait enchaîné les grands rôles, et il est resté une grande vedette en Allemagne jusque dans les années 1960. En plus des extraits de *Münchhausen*, j'ai d'ailleurs tenu à montrer un extrait de *...Und über uns der Himmel*, un film tourné dans les ruines de Berlin, vers 1947, qu'il avait voulu faire pour remonter le moral des Allemands. Hans Albers est indissociable de *Fraulein*, puisque l'histoire que m'a racontée Bernd Schroeder au tout début était celle de la propriétaire d'un cinéma qui était fan de ce comédien. D'où le grand poster de lui qu'elle a affiché dans son hall.

Pour la lumière, vous avez retrouvé Walter Kindler, qui avait déjà été votre chef opérateur pour *Lemminge* et *Variation*...

Oui, enfin pour *Lemminge*, il n'avait éclairé que quelques scènes, en remplacement de Jerzy Lipman, le chef opérateur du *Couteau dans l'eau* de Polanski et de *Cendres et Diamant* de Wajda. Lipman était juif et il avait émigré, après avoir vécu des moments terribles en camp de concentration. C'était un homme brisé, qui m'a dit que je le terrorisais quand je lui reprochais de ne pas travailler assez vite. Pour ses tournages à l'Est, il disposait de beaucoup de temps. Il m'a raconté que pour la scène du banquet de *Cendres et Diamant*, on lui avait laissé presque une semaine pour faire sa lumière ! Chez nous, ce n'était évidemment pas possible. Enfin, s'il a dû se faire remplacer par Walter Kindler pour une partie de *Lemminge 1*, ce n'est pas pour cela. C'est parce que son emploi du temps ne collait pas avec celui de la comédienne Elisabeth Orth qui devait enchaîner avec un autre tournage.

Nous vous parlions de Walter Kindler pour en venir à la fidélité dont vous faites preuve avec vos collaborateurs. Par la suite, vous travaillerez régulièrement avec Christian Berger et Jürgen Jürges et, pour les décors, avec Christoph Kanter. Contrairement à vos trois premiers films, où vous avez changé de techniciens.

Pour mes trois premiers films, j'ai dû collaborer avec des équipes étrangères. C'est seulement quand j'ai commencé à travailler comme réalisateur en Autriche que j'ai eu l'occasion de retrouver, d'un film à l'autre, tel ou tel avec qui je m'étais bien entendu. Très souvent, ce n'est pas possible à cause d'autres engagements. Mais, en général, j'aime retravailler avec les mêmes acteurs et techniciens. Comme chacun connaît déjà les forces et faiblesses de l'autre, c'est plus facile. On communique plus facilement.

Comment avez-vous choisi votre actrice, Angelica Domröse ?

C'était une grande star de l'Allemagne de l'Est. Je ne sais plus comment je l'ai rencontrée. Mais je me souviens qu'après le film, je l'ai dirigée dans deux pièces de théâtre : une fois seule, dans *Krankheit der Jugend* (*Maladie de la jeunesse*) de Ferdinand Bruckner, que j'ai montée à Berlin, et une fois avec son mari Hilmar Thate, dans

Angelica Domröse

Qui a peur de Virginia Woolf ? Pour moi, elle était exactement le personnage de Johanna. Et nous nous sommes très bien entendus.

Pourquoi être allé chercher Lou Castel pour un film anti-Fassbinder ? C'est un paradoxe !

Le premier acteur que j'ai souhaité avoir, c'était Gérard Depardieu. Mais son agent, qui était ravi, m'a signalé qu'il ne serait pas libre avant trois ans. Il aurait été idéal pour le rôle. Après, on a cherché quelqu'un qui soit physiquement crédible en catcheur et qui puisse aussi jouer un amant. Lou Castel s'est présenté au casting comme un acteur français, mais au tournage on s'est aperçu que sa maîtrise de la langue française n'était pas terrible. Il est en fait d'origine scandinave. Sur le plateau, il ne s'est pas très bien entendu avec Angelica Domröse, mais tout s'est quand même bien passé.

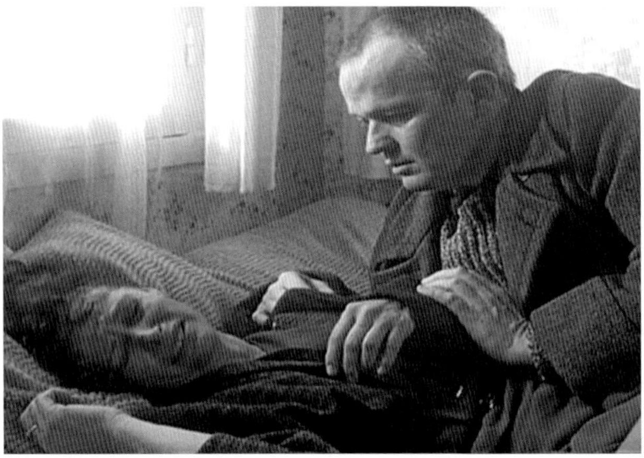

Angelica Domröse et Lou Castel

Avez-vous trouvé facilement le village allemand où vous avez tourné ?

En fait, nous avons tourné dans un village français, près de Sarrebruck. Si vous êtes attentifs, vous remarquerez que les poteaux télégraphiques ne sont pas ceux que l'on voyait en Allemagne à l'époque. Mais comme le numérique n'existait pas encore, on n'a pas pu les modifier. Pendant les repérages, on avait sillonné toute la Sarre, sans rien trouver de convaincant. Tous les villages allemands s'ornaient de constructions nouvelles et nous n'avions pas assez d'argent pour procéder à de grosses modifications des décors naturels. Il nous a donc fallu nous rabattre sur la France.

Vous n'en racontez pas moins l'histoire de l'Allemagne à travers les extraits et les affiches des films de l'époque...

C'était notre projet de départ, l'une des raisons pour lesquelles je voulais faire ce film. Cela permettait, en outre, de réfléchir sur le cinéma allemand et sur le goût des spectateurs en ce temps-là. Et, bien sûr, cela contribuait à la dimension ironique de l'ensemble.

Parmi les références amusantes, il y a l'affiche du film *Law and Order* avec Ronald Reagan...

... qui était président des États-Unis au moment où nous tournions le film !

Vous citez un grand nombre de films à succès de l'époque comme *À l'est d'Éden*, *Johnny Guitare*, mais aussi un film allemand dont nous ignorons tout, *Die Lüge*...

Die Lüge est un film des années 1930, qui raconte une histoire de mensonge... Tous les films cités renvoient à des situations de *Fraulein*. J'ai eu la chance de dénicher un homme dont le métier avait été autrefois de peindre des affiches de cinéma sur les murs. Celles qu'il avait gardées ne correspondaient pas aux films que je voulais, mais il a repeint sans problème toutes les affiches que je désirais montrer.

A-t-il été compliqué d'obtenir les droits des extraits de films ?

Pour la diffusion à la télévision, tout a été réglé facilement, comme l'obtention des droits des morceaux musicaux, par un bureau en charge de ces questions. En revanche, lors de la présentation au festival de Munich, il a fallu couper, pour des questions de droits, l'extrait du dessin animé de Walt Disney *Blanche-Neige et les Sept Nains*, que nous avons remplacé par des images noires. On savait depuis le début que la présence de tous ces extraits rendait quasiment impossible la distribution de *Fraulein* en salles et même en vidéo. Depuis, je me suis fâché avec la chaîne de télévision qui l'a produit, parce qu'elle s'est mal comportée avec moi pour le projet suivant. Si bien qu'aujourd'hui, c'est toujours compliqué de projeter le film dans des rétrospectives.

Pourquoi avoir passé en noir et blanc les extraits de *Johnny Guitare* et de *Blanche-Neige*, qui sont des films en couleurs ?

C'est d'abord pour souligner le côté artificiel du film et forcer le spectateur à prendre de la distance avec ce qui reste un spectacle. Et puis, cela aurait cassé l'effet de la fin, où c'est mon film lui-même qui passe soudain à la couleur.

Mais pour créer d'emblée la distance entre le film et ses spectateurs, j'avais prévu un plan d'ouverture que je regrette toujours de ne pas avoir pu tourner. Il s'agissait d'une plongée verticale à la grue, au cours de laquelle la caméra devait monter puis redescendre. Or, le jour du tournage de ce plan, je n'avais pas de grue : on m'avait installé quelque chose pour pouvoir filmer de haut, mais sans le mouvement. J'ai donc dû changer complètement mon découpage. Ce qui a eu des conséquences sur la perception par le spectateur des deux autres plans en plongée verticale – celui qui montre Hans et Johanna au lit et celui du meurtre – que j'avais déjà filmés. Quand le premier de ces plans intervient, une vingtaine de minutes après le début du film, on se demande pourquoi avoir choisi cet angle qui n'est pas réaliste, contrairement à tout ce qui avait précédé.

Peter Francke et Angelica Domröse

La scène de nudité intégrale a-t-elle posé un problème, à une époque où le grand écran s'était beaucoup émancipé dans le domaine érotique ?

Non, pas de problème. Sauf pour le mari d'Angelica Domröse, qui était très fâché quand il a vu le film !

Il y avait de quoi, car, en plus, il y a la scène dans l'hôtel de passe où Lou Castel la pénètre, puis plus tard, celle en Bretagne où, allongée sur le lit, elle écarte les jambes devant son amant. Votre but était-il d'être réaliste dans la représentation du sexe ou bien de provoquer ?

Je ne voulais pas provoquer. Je voulais montrer que c'est une passion à la fois triste et forte. Si l'on décide de montrer la sexualité, on doit donner l'impression qu'il se passe réellement quelque chose. Sinon on risque de tomber dans les clichés.

Avec ces audaces, pensiez-vous ouvrir la voie à d'autres réalisateurs ?

Non, je ne pense jamais à ce genre de chose. Je me concentre sur la manière la plus efficace de raconter mon histoire, sans me soucier de savoir si je vais permettre au cinéma de se renouveler d'une manière ou d'une autre.

Dans *Fraulein*, vous reprenez une situation de *Trois Chemins vers le lac* quand Elisabeth, qui nage, lance à son père un « Je t'aime » touchant, que le père n'entend pas...

Ah ! Je me répète !

Plutôt qu'une répétition, nous y voyons une constante dans la difficulté d'exprimer de la gentillesse à ceux que l'on aime bien. Quand vous écrivez une telle scène, vous savez que vous l'avez déjà tournée dans un film précédent ?

Oui, mais mon idée n'est pas alors de refaire une scène déjà tournée. Ça vient tout seul et après, je trouve que ça colle bien. De toute façon, je n'écris pas mes films en pensant à ceux que j'ai tournés précédemment. En général, j'oublie mes films. Quand j'en ai fini un, il ne m'intéresse plus ; je me concentre sur le suivant. C'est pourquoi ça ne m'intéresse pas de revoir mes films. Sauf si c'est avec quelqu'un dont je veux voir les réactions.

Quand vous avez achevé un film, le testez-vous sur un premier spectateur ?

Oui, sur ma femme, Susie, qui est toujours la première à voir le film achevé.

Et il vous arrive de changer le montage en fonction de ses réactions ?

Oui, mais je le montre aussi à d'autres personnes, comme Alexander Horwath, le conservateur du Filmmuseum, la cinémathèque de Vienne, qui a l'esprit très clair et qui sait tout sur le cinéma. Son jugement m'aide beaucoup. Il émet souvent des critiques dont je suis déjà conscient, mais qui me confortent dans la nécessité de repenser le montage. Quand je finis le montage d'un film, je sais souvent où sont ses faiblesses.

Vous avez donc un bon recul par rapport au film fini, contrairement à beaucoup de cinéastes, qui ne voient les faiblesses de leur montage que bien plus tard ?

Pour moi, c'est plus facile, parce que le montage est déjà pensé au stade du scénario. Le problème se pose quand une scène ne fonctionne pas. Je ne tourne que ce qui est écrit dans mon scénario, contrairement aux Américains qui multiplient les plans pour se couvrir. Chez eux, c'est le monteur qui fait le film. Je ne veux pas de ça, donc je ne tourne que ce que j'ai prévu. Mais quand je m'aperçois qu'une chose ne fonctionne pas, je suis dans le pétrin ! Il me faut alors trouver une solution pour éviter que les spectateurs ne remarquent ce défaut. Au pire, je supprime la scène. Comme dans *Le Temps du loup*, où j'ai coupé presque vingt minutes qui ne marchaient pas, parce que je m'étais trompé sur le casting.

Avec votre manière de procéder, il n'y a donc pas d'autre solution que de couper quand une scène n'est pas satisfaisante ?

Mais on ne peut pas toujours couper, parce que, pour raconter une histoire, on a besoin de certains repères et ces repères peuvent figurer dans l'une de ces scènes qui ne fonctionnent pas. De temps en temps, ça peut donner des idées. Il m'est même arrivé de trouver quelque chose de meilleur que ce que j'avais initialement imaginé. Mais, très souvent, les scènes ratées ne sont pas nécessaires. Quand une scène est vraiment forte et que les acteurs sont de grands professionnels, il y a peu de risques qu'elle ne fonctionne pas. Si on sent que quelque chose dans cette scène marche moins bien, on essaie de contourner la difficulté et on finit par trouver une solution. Encore faut-il avoir compris que la scène est mal écrite. Plus j'avance en âge et plus je suis rigoureux : j'élimine dès l'écriture ce qui ne me paraît pas satisfaisant. Quand on est jeune, on considère chaque ligne écrite comme un chef-d'œuvre. Je le remarque encore aujourd'hui chez mes étudiants et moi, j'étais comme ça à leur âge. Avec le temps, la poubelle se remplit plus facilement.

Vous montrez le film fini à Susie, votre épouse, puis à d'autres. Faites-vous de même avec le scénario achevé avant le tournage ?

Oui, je le fais lire à Susie. Autrefois, ma première lectrice était ma tante, une femme assez simple, qui n'avait rien à voir avec l'art et le cinéma, mais qui était très intelligente. J'aurais pu lui montrer n'importe quoi, elle aurait aimé, parce qu'elle m'adorait. Mais elle posait des questions du genre : « Ça, je n'ai pas compris. Pourquoi il fait ça ? » Et elle avait toujours raison, parce que les gens simples ont souvent un regard plus pertinent que les professionnels qui sont aveuglés par les théories du cinéma. Les gens simples se demandent juste s'ils comprennent et si ça les intéresse. Mais c'est très difficile de trouver des gens comme ça, en qui on a une totale confiance. Ma femme aussi est très vigoureuse dans ses réactions. Je ne tiens pas compte de ses remarques vis-à-vis des scènes de violence qu'elle ne supporte pas. Mais, en général, elle comprend immédiatement ce que je veux dire et, quand elle critique mon travail, elle a raison à 70 %. Cela m'aide beaucoup. D'autant qu'elle est la seule personne à qui je donne à lire le scénario. Lorsque je le considère achevé, il correspond au film que je vais faire.

Le producteur a quelle place dans votre création ?

Aucune ! Il doit juste trouver l'argent. J'exagère un peu. Cela dépend du producteur. Par exemple, Margaret Menegoz, aux Films du Losange, est très intelligente. J'ai une entière confiance en elle et je lui donne le scénario dès qu'il est prêt. Elle aussi me fait des remarques du genre : « Ne penses-tu pas que ceci est un peu trop long ? » ou « Je n'ai pas compris… ». Comme elle connaît très bien son métier, je tiens toujours compte de son opinion. Mais je fais ce que je veux. Elle n'a jamais essayé d'intervenir. Si je ne suis pas d'accord avec sa remarque, elle accepte mes raisons. Et ici en Autriche, c'est pareil. Même à la télévision, on m'a toujours laissé faire comme je voulais. Ce qui n'est plus le cas pour mes jeunes confrères. Les chaînes de télévision ont aujourd'hui un tel pouvoir qu'on ne peut rien contre elles. Quand on dit aux jeunes cinéastes que leur scénario est trop compliqué, ils sont obligés de céder, sinon ils ne pourront pas faire le film. Si l'on veut débuter aujourd'hui à un certain niveau de qualité, c'est devenu très très difficile, du moins en Autriche. Et comme la télévision participe de plus en plus au financement des films en salles, son influence sur le cinéma ne cesse de croître, à l'échelon mondial. Et ça, c'est la pire des choses.

Dans son style, *Fraulein*, tranche avec vos films précédents : il est doté d'un rythme plus rapide, plus soutenu…

Parce que ce film est un mélodrame, comme le précise son sous-titre, « *Un mélodrame allemand* »…

Les mélodrames sont généralement un peu lents...

Oui, mais le mien est une parodie de mélodrame, avec beaucoup de scènes en montage alterné qui figuraient déjà dans le scénario. Ce qui accélère le récit.

Outre son rythme nerveux, *Fraulein* présente des effets de montage audacieux pour un film de télévision. Par exemple dans la séquence au cinéma où est projetée la version en relief de *L'Étrange Créature du lac noir*, on voit la fille de Johanna portant les lunettes pour la 3D de l'époque. Puis, il y a cette scène en extérieur, où elle informe sa mère de son intention d'épouser Bill, avant qu'on revienne sur elle qui pleure avec ses lunettes 3D. Ses larmes ne sont évidemment pas provoquées par le film de Jack Arnold...

Effectivement, c'est la visualisation de sa pensée à ce moment-là, car pour elle c'est tragique. Elle aime son père et va devoir quitter sa famille.

Ce type de montage contribue beaucoup à donner un rythme soutenu au film.

À d'autres moments, c'est aussi l'occasion d'utiliser un *Schlager*, une chanson populaire qui ajoute un commentaire ironique sur l'action.

Pour en revenir à la fin, vous avez complètement remonté l'extrait de *Münchhausen*. Quand Lou Castel annonce à Johanna qu'il a tué sa femme et qu'il est donc maintenant libre de vivre avec elle, le célèbre baron nous fait un clin d'œil...

Cela m'a beaucoup amusé ! Mais je ne pouvais me permettre ce genre de remontage d'un film cité qu'à la fin, quand on ne distingue plus la réalité de ce qui n'existe que dans l'imagination de l'héroïne.

6

Nachruf für einen Mörder, mon unique incursion dans l'expérimental – Un fait divers qui a fait sensation – La violence en débat télévisé – Élégance et épaisseur de *La Rébellion* – La couleur et le noir et blanc – L'âne de Bresson dans les toilettes de Murnau – *Tatort* et les dangers du nucléaire – *Le Château* ou la nécessité de l'inachevé – Adapter Kafka – Ma première rencontre avec Susanne Lothar.

Avant de passer à vos débuts au cinéma, nous vous proposons de bousculer la chronologie pour évoquer vos trois autres films produits pour le petit écran entre 1990 et 1997. Quelle est l'origine de *Nachruf für einen Mörder* (*Nécrologie pour un meurtrier*), que vous avez tourné entre *Le Septième Continent* et *Benny's Video* ?

Il y avait un programme à l'ORF, intitulé *Kunststücke* (*Œuvres d'art*), qui était entièrement constitué de petites productions expérimentales. L'idéal pour les étudiants qui pouvaient espérer tourner ainsi leurs premiers films avec un budget dérisoire. Le responsable de ce programme, qui était le *Dramaturg* avec qui j'avais fait mes films précédents, me relançait régulièrement pour que j'y participe. Je lui répondais toujours que je n'avais pas le temps, que c'était mal payé et surtout que je ne tournais que des fictions et jamais de films expérimentaux. Mais, le 8 septembre 1990, il y a eu à Vienne un fait divers qui a fait sensation. Un jeune homme ivre avait été expulsé d'une soirée. De retour chez lui, il a pris un pistolet et abattu ses parents dans leur chambre, avant de revenir à la soirée, où il a tué quatre personnes et en a blessé plusieurs autres. Il a ensuite tiré sur des policiers, qui tentaient de l'arrêter, et il a réussi à s'enfuir avant de se suicider. Les journaux avaient beaucoup commenté l'événement et, une ou deux semaines plus tard, le sujet a été traité à la télévision dans une émission de débat très populaire, *Club 2*. Ce programme était diffusé en fin de soirée, juste avant le dernier journal qui résumait les informations du jour et annonçait la fin des émissions. Pour ce débat – intitulé « Mais pourquoi cela a-t-il eu lieu ? » – étaient, entre autres, invités un psychiatre et la sœur de l'une des victimes. On la sentait prête à craquer à chaque instant, mais le présentateur a su faire preuve avec elle d'une grande délicatesse. Grâce notamment à cette jeune fille extrêmement touchante, l'émission, qui n'a évidemment pu apporter aucune réponse à la question posée, m'a vraiment ému. J'ai alors rappelé le *Dramaturg* pour lui annoncer que j'étais prêt à faire un *Kunststück* sur ce sujet, selon le principe suivant : reprendre cette émission dans son intégralité, n'en garder de l'image que la première minute, puis continuer jusqu'à la fin avec seulement le son. On ne retrouverait les images d'origine qu'au moment du journal télévisé et de la fin du programme, qui montre le drapeau autrichien. Entre les deux, mon idée était de monter un condensé de l'ensemble des programmes des deux chaînes ORF diffusés le jour du fait divers. Toutes les émissions, jusqu'au moindre spot publicitaire, devaient être représentées en proportion de leur durée exacte. Avec mon assistant, nous avons donc visionné l'ensemble de ces programmes en VHS et nous avons fait des calculs très précis pour déterminer que, par exemple, pour un film de deux heures, nous en retenions une minute et demie et, pour une publicité, trois images. À l'intérieur de ces programmes, nous ne faisions pas de montage, mais nous retenions systématiquement les moments les plus violents. J'ai gardé certains sons, mais pas les dialogues reportés en sous-titres. Cela a donné un film très violent, accentué par un montage rapide (tous les extraits étaient très courts) et un titre provocateur. Habituellement, on ne fait pas de « nécrologie pour un meurtrier », mais pour des gens honnêtes et méritants. Lors de la diffusion, cela a fait scandale. L'ORF a reçu un nombre considérable de plaintes. Beaucoup de téléspectateurs n'ont même pas compris de quoi il s'agissait, alors que nous avions clairement expliqué notre démarche au début du film. Le responsable culture de la chaîne, qui avait donné son autorisation pour ce projet, était un homme intelligent. Quand nous lui avons projeté le film, il est resté figé, puis il a dit : « En principe, je devrais quitter mon poste après un tel film. Mais, je vous le promets, nous allons le diffuser et je suis prêt à mettre ma démission en jeu pour le défendre ! » J'étais très impressionné, mais il a ajouté : « Je le fais souvent ! »

D'où venait exactement le scandale : du fait que le public ne comprenait pas la démarche ou bien de la violence étalée sur une chaîne publique ?

Je pense que c'était les deux. J'ai toutefois reçu un grand nombre de témoignages de gens qui trouvaient cela génial et vraiment inhabituel. Pour moi aussi, c'était exceptionnel. Mon unique incursion dans l'expérimental. Je ne referai jamais rien de pareil ! Ce film était ma réaction à cette émission que j'avais vue par hasard : elle m'avait touché, mais je trouvais illusoire de s'interroger ainsi sur la raison du massacre. Ce n'est pas en brassant sociologie et psychologie sur un plateau de télévision qu'on obtient des réponses définitives. Mon film, lui, avait le mérite de servir de miroir à toute cette violence qui émane en permanence des médias et nous rend indifférents. C'est un thème sur lequel je reviendrai juste après, dans *Benny's Video*. Mais dans un registre autre. Avec *Nachruf für einen Mörder*, il s'agissait de réagir, dans l'instant, à un massacre et au débat qu'il a suscité. Si j'avais attendu, tout le monde aurait oublié le choc et l'émotion suscités par toute cette affaire.

Chez ce jeune tueur, on a l'impression que le meurtre remplace la parole. Aliéné par la société, il n'a plus que la violence comme unique forme d'expression.

Je pense que cela a toujours été comme ça. La violence est la conséquence d'une absence de communication. C'est un phénomène propre à l'humanité depuis qu'elle existe. Mais si l'on cherche vraiment à communiquer, on peut toujours trouver une autre solution que la violence.

Nous aurons l'occasion d'en reparler. En attendant, passons à votre avant-dernier film pour la télévision, votre adaptation du roman de Joseph Roth, *Die Rebellion* (*La Rébellion*), tournée en 1992. Pourquoi avoir choisi ce roman ?

C'était une proposition de la chaîne et j'ai immédiatement dit oui, parce que j'adore Joseph Roth et puis aussi parce que c'est une histoire qui se prête bien à une adaptation télévisuelle. Les histoires de Roth ont de l'épaisseur et du contenu au-delà de leurs qualités d'écriture.

LA RÉBELLION

Andreas Plum rentre de la Première Guerre mondiale avec une jambe amputée. Fier d'avoir servi l'empereur sur le champ de bataille et du prix qu'il a dû payer, il est persuadé qu'il pourra dorénavant mener une vie décente. Il est d'ailleurs très vite récompensé : la Ville de Vienne lui octroie une licence pour jouer de l'orgue de Barbarie dans les rues. La chance continue de lui sourire, puisque, peu après, il se lie d'amitié avec Willi, un brocanteur, qui lui offre le gîte et le couvert. Ce à quoi s'ajoute, au hasard de ses prestations musicales, une autre rencontre, encore plus déterminante, celle d'une veuve, Frau Katharina, qui s'intéresse beaucoup à ses revenus. Leur mariage est rapidement célébré. Mais le destin d'Andreas bascule tout aussi vite. Dans le tram, il s'en prend à un bourgeois hostile à une manifestation d'invalides réclamant leurs pensions à la municipalité. Un policier arrête Andreas et lui confisque sa licence. Sa femme n'a de cesse dès lors de le mépriser et le remplace par un voisin qui, depuis quelque temps, lui faisait la cour. Sommé de se présenter devant la justice, Andreas ne peut s'y rendre, ayant à nouveau des démêlés avec un policier à l'esprit obtus. Il s'indigne et se retrouve sous les verrous. Là, il se sent proche des oiseaux qui se posent sur le rebord de sa fenêtre, mais n'obtient pas l'autorisation de les nourrir. Libéré, il renoue avec le brocanteur, maintenant à la tête d'une entreprise de toilettes publiques. Willi lui procure un emploi dans l'un de ces lieux d'aisance. De plus en plus seul, Andreas s'en prend à Dieu, lui reprochant de permettre tant de souffrance et d'injustice, puis il s'écroule. Son corps est confié à la science. Willi vient lui rendre un dernier hommage et repart en sifflotant, comme toujours.

Saviez-vous qu'une première adaptation du roman avait été faite en 1962 pour la télévision, filmée par Wolfgang Staudte ?

Non, je l'ignorais. Ce que je sais, c'est que *Le Dernier des hommes*, le film de Murnau, a inspiré Joseph Roth pour sa dernière partie dans les toilettes. Du moins, je l'ai lu quelque part. Roth était journaliste à l'époque. Il a beaucoup écrit pour la presse, en marge de ses romans. *La Rébellion* n'est d'ailleurs pas le plus connu.

On retrouve cette culture journalistique dans le côté très documenté du roman...

Sans doute, mais c'est aussi très poétique. Tous les romans de Joseph Roth sont très bien écrits. Peu d'écrivains allemands possèdent son élégance.

Vous avez une nouvelle fois eu recours à la voix off que vous avez confiée à Udo Samel, que vous aviez déjà dirigé dans *Variation*.

Je le lui ai demandé parce que c'est l'une des meilleures voix que je connaisse.

Vous avez opté pour une image sépia. Comment avez-vous procédé ?

Nous avons tourné en couleurs, puis nous avons retiré la couleur pour obtenir ce noir et blanc teinté auquel je tenais. Il y avait des images d'époque dans le film et je voulais que la texture du film corresponde à celle de ces documents.

L'effet est très réussi. Si l'on différencie bien les images d'archives au début, on se fait piéger avec les images du défilé des infirmes, où l'on reconnaît, stupéfait, le protagoniste. Par ailleurs, pourquoi avoir présenté des scènes en couleurs ?

Je voulais la couleur pour la brève période de bonheur du personnage : du

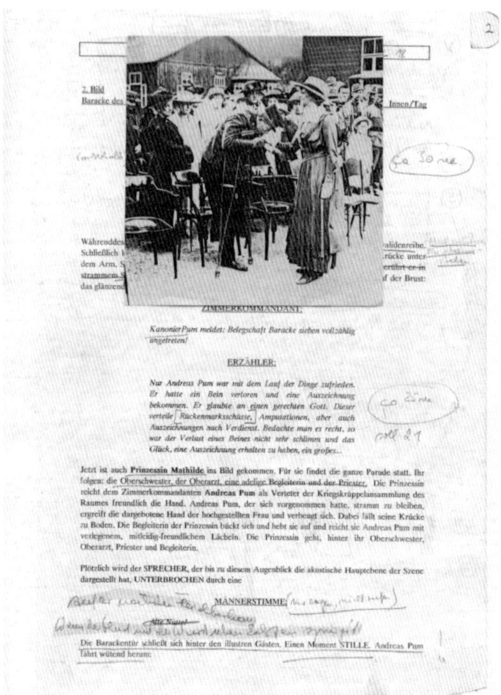

2. Bild

Innen/Tag

ZIMMERKOMMANDANT:

KanonierPum meldet: Belegschaft Baracke sieben vollzählig angetreten!

ERZÄHLER:

Nur Andreas Pum war mit dem Lauf der Dinge zufrieden. Er hatte ein Bein verloren und eine Auszeichnung bekommen. Er glaubte an einen gerechten Gott. Dieser verteile Rückenmarksschüsse, Amputationen, aber auch Auszeichnungen nach Verdienst. Bedachte man es recht, so war der Verlust eines Beines nicht sehr schlimm und das Glück, eine Auszeichnung erhalten zu haben, ein großes...

Jetzt ist auch **Prinzessin Mathilde** ins Bild gekommen. Für sie findet die ganze Parade statt. Ihr folgen: die Oberschwester, der Oberarzt, eine adelige Begleiterin und der Priester. Die Prinzessin reicht dem Zimmerkommandanten **Andreas Pum** als Verteter der Kriegskrüppelansammlung des Raumes freundlich die Hand. Andreas Pum, der sich vorgenommen hatte, stramm zu bleiben, ergreift die dargebotene Hand der hochgestellten Frau und verbeugt sich. Dabei fällt seine Krücke zu Boden. Die Begleiterin der Prinzessin bückt sich und hebt sie auf und reicht sie Andreas Pum mit verlegenem, mitleidig-freundlichem Lächeln. Die Prinzessin geht, hinter ihr Oberschwester, Oberarzt, Priester und Begleiterin.

Plötzlich wird der **SPRECHER**, der bis zu diesem Augenblick die akustische Hauptebene der Szene dargestellt hat, **UNTERBROCHEN** durch eine

MÄNNERSTIMME:

Die Barackentür schließt sich hinter den illustren Gästen. Einen Moment STILLE. Andreas Pum fährt wütend herum:

Une photo d'époque illustre le scénario

moment où il commence à fréquenter celle qu'il va épouser, jusqu'à leur mariage. Et puis, il y a les moments où il lui arrive de rêver à une vie meilleure ou de se souvenir des bons moments passés, quand tout va mal pour lui. En fait, j'ai voulu alterner le noir et blanc et la couleur en fonction de ses états d'âme.

Vous avez été très fidèle au roman. Mais vous l'avez aussi enrichi d'apports personnels, comme dans la séquence où Andreas est dans les toilettes et que vous montrez son âne portant son orgue, l'être et l'objet qui lui ont apporté le plus de bonheur...

La fin du roman était difficile à adapter, car tout passait par la langue, comme ce discours aux oiseaux qu'il tient dans sa cellule, puis, plus tard, sa révolte contre Dieu qui ne pouvait être traitée qu'en voix off. Il me fallait trouver des images qui correspondent à ces passages. C'était la première fois de ma carrière où il me fallait travailler dans un registre métaphorique et c'était difficile pour moi. Je trouve que c'est pas mal réussi. C'est un de mes films de télévision que je préfère, parce que j'ai réussi à rester fidèle à l'auteur, tout en étant personnel. Je suis aussi très content du jeu des acteurs.

Michael Haneke dirige Branko Samarovski

Il s'en dégage une certaine tendresse. Branko Samarovski, qui joue Andreas Plum, est absolument génial.

Comment l'avez-vous trouvé ?

C'est un très grand acteur du Burgtheater de Vienne. Chaque fois que j'ai un rôle pour lui, je le prends. Il a un visage extraordinaire. C'est lui qui joue le paysan dans *Le Ruban blanc*. *La Rébellion* est sans doute son meilleur rôle, tellement il y est touchant.

Nous avons aussi beaucoup aimé l'acteur luxembourgeois Thierry Van Werveke...

Malheureusement, il est décédé en 2009. Je l'adorais. C'était un type très chaleureux, très sympathique, un peu fou. On ne pouvait jamais être sûr qu'il avait bien appris son texte, mais avec moi, cela n'a jamais posé problème. Il était aussi chanteur de rock. Pour la fête de fin du tournage – ou pour celle du *Temps du loup*, je ne me souviens plus – il était venu jouer avec son groupe.

Et votre interprète féminine, Judith Pogány ?

J'ai très longtemps cherché quelqu'un en vain. Judith Pogány est une actrice hongroise, qui ne parlait pas un mot d'allemand. Elle est connue dans son pays comme actrice de cinéma. Elle m'a envoyé une scène du film qu'elle avait travaillée avec son coach et enregistrée sur une vidéo. Là, j'ai tout de suite vu que c'était l'actrice que je cherchais ; elle était la seule qui ait défendu son rôle avec conviction. Dans le roman, c'est un personnage antipathique et toutes les actrices que j'ai auditionnées n'ont joué que ce côté antipathique. Judith n'était pas idéale, parce qu'elle était très préoccupée par la prononciation de son texte, mais elle est néanmoins très juste de bout en bout.

C'est vrai que votre film donne une image ambiguë de cette femme. Dans le roman, elle épousait un infirme pour l'avoir à sa botte.

C'est le même genre d'aménagement que j'ai fait avec le personnage de Walter dans *La Pianiste*. Dans le roman d'Elfriede Jelinek, c'était un con. J'ai essayé de le rendre plus complexe, parce que les cons ne m'intéressent pas. Y compris au théâtre ou au cinéma.

Le travail de Christoph Kanter, le décorateur que vous aviez découvert durant le tournage de *Benny's Video*, est ici très particulier. En marge de la reconstitution historique, on a l'impression d'une stylisation...

Nous avions quand même le souci de faire vrai. L'histoire n'était pas si ancienne ; elle se déroule à la fin de la Première Guerre mondiale. Nous n'avons ainsi pas eu à construire de nouveaux bâtiments, nous avons tout au plus adapté les intérieurs. Par exemple, la cour de l'immeuble était bien comme vous la voyez. J'y ai juste ajouté la baraque pour l'âne. Nous n'avons pas essayé de styliser. À l'exception, bien sûr, de la fin que nous évoquions il y a un instant. Les toilettes dans lesquelles évolue Andreas ont été construites en studio.

La dominante générale est celle d'une grande blancheur.

Oui, c'était pour contrebalancer les effets de la couleur. En général, avec la couleur, on voit moins bien l'essentiel. La blancheur nous permettait d'isoler des sujets importants comme l'âne ou de faire ressortir tel ou tel détail.

Cela souligne aussi l'atmosphère kafkaïenne du film.

Je ne trouve pas que cette histoire soit kafkaïenne ; elle est trop tendre. Kafka n'est jamais tendre. Quand il fait moins vingt degrés et qu'une barre de fer vous tombe sur la main, ça c'est kafkaïen ! Chez Kafka, il y a un désespoir total et un humour très agressif. Chez Joseph Roth, il y a une grande tristesse, mais ce n'est jamais déprimant.

L'âne d'Andreas fait irrésistiblement penser à celui de Bresson dans *Au hasard Balthazar*. Vous y avez pensé ?

Bien sûr !

On a le sentiment que votre Balthazar véhicule toute la tendresse à laquelle aspire Andreas, même si c'est sans espoir…

Oui, comme dans le film de Bresson, qui est loin d'être optimiste ! Mais il y a aussi une tendresse dans la mort. Le plan qui montre Balthazar mort, avec les moutons autour et la musique de Schubert, est déchirant.

On remarque d'ailleurs à plusieurs reprises dans votre film des cadrages qui sont du pur Bresson, comme si vous aviez voulu lui rendre hommage…

C'est flagrant pour le plan de la fenêtre dans la cellule qui figure une croix comme dans *Un condamné à mort s'est échappé* et à la fin du *Journal d'un curé de campagne*, au moment où l'on entend le texte sur les oiseaux que j'évoquais il y a un instant. Mais si vous regardez attentivement, il y a au moins deux autres plans qui sont de véritables citations : celui qui montre les prisonniers en rang dans le couloir, puis celui où ils vident leurs seaux dans la cour. Le premier est quasiment identique à celui de Bresson.

Comme Bresson, vous utilisez un morceau de Schubert.

Oui, il s'agit du *Quintette en* ut *majeur pour cordes*. Si je l'ai utilisé, c'est parce que sa tristesse collait bien à la situation. Aucun autre compositeur mieux que Schubert n'a incarné cette mélancolie autrichienne dont nous avons parlé. On retrouve chez

Schubert l'atmosphère qui imprègne les romans de Joseph Roth. L'utiliser pour ce film était donc obligatoire.

Entre Bresson et Schubert

Outre la mélancolie, on ressent également dans le film un grand sentiment d'impuissance individuelle devant le monstre qu'est devenue la société. Un thème qui revient dans plusieurs de vos films, de *Lemminge* à *Caché*, en passant par votre adaptation du *Château*. Avant de vous consacrer à cette dernière, vous avez participé à la très populaire série policière télévisée, *Tatort*. L'épisode auquel votre nom est associé comme scénariste, en 1993, s'intitule *Kesseltreiben* (*La chasse aux sorcières*). Pouvez-vous nous en parler un peu, car nous ne l'avons pas vu ?

Vous pouvez l'oublier, car ce film n'a rien à voir avec le scénario que j'ai écrit ! C'était produit, comme *Fraulein*, par le Saarländischer Rundfunk, mais avec un nouveau *Dramaturg*, qui m'avait proposé d'écrire un scénario. J'ai accepté, mais l'origine de ce scénario est antérieure. C'était initialement une commande d'une autre télévision, le Westdeutscher Rundfunk (WDR). Pour bien comprendre, il faut rappeler que *Tatort* n'est pas une série traditionnelle avec un héros récurrent, mais correspond plutôt à une collection de téléfilms policiers. Neuf télévisions régionales en produisent, avec chaque fois l'obligation de mettre l'accent sur le côté local. Il y a donc autant de policiers différents que de Länder, qui animent cette série. Et moi, j'avais écrit un scénario pour le WDR, situé dans l'État fédéral de Rhénanie du Nord-Westphalie, dans lequel j'avais introduit la question du nucléaire. À l'époque, j'avais eu la chance de rencontrer un physicien chercheur qui travaillait à l'université sur les dangers propres à ce domaine. Et il m'avait donné des informations très inquiétantes sur d'anciennes centrales qui pourraient devenir dangereuses. Il m'avait aussi fait visiter une centrale moderne très sécurisée. J'avais ainsi mené des recherches approfondies, dont je m'étais servi ensuite pour écrire un scénario de polar. Seulement, après avoir lu mon texte, le WDR a refusé de le produire.

Pour des raisons politiques ?

Ils ne l'ont jamais reconnu, mais c'était évident. C'est alors que le *Dramaturg* du Saarländischer Rundfunk est intervenu. Moyennant quelques modifications du personnage principal, pour en faire un policier sarrois, il était intéressé par mon projet. Mais, alors que nous allions commencer la préparation, il m'a annoncé que les sept semaines de tournage prévues étaient soudain réduites à quatre. Ce qui, pour moi, était impossible. Le *Dramaturg* m'a alors laissé le choix : soit on abandonnait tout, soit je leur vendais mon scénario pour que quelqu'un d'autre le réalise. Je me suis dit qu'il valait mieux que je sois payé pour mon travail et j'ai opté pour la seconde solution. Mais quand j'ai vu le film terminé, j'ai constaté que c'était une véritable catastrophe, qui n'avait plus rien à voir avec mon scénario. Ils avaient éliminé toutes les révélations inquiétantes sur le nucléaire et y avaient substitué des clichés. C'est ainsi que les employés de la centrale, qui, dans mon texte, étaient honnêtes, étaient tous devenus des méchants. Ce qui enlevait toute complexité et tout sérieux au propos. J'ai donc retiré mon nom du générique et je l'ai fait remplacer par Richard Binder, un pseudonyme de mon invention. Ce qui n'empêche pas certaines chaînes de rediffuser le film en annonçant « un scénario de Haneke ».

LE CHÂTEAU

L'arpenteur K., nouvellement nommé, arrive, de nuit, sur les lieux de son futur emploi. Il prend pension dans une auberge de la bourgade, en attendant d'être convoqué pour entrer dans ses fonctions. La région semble relever d'une administration localisée dans un lieu redouté, surnommé « Le Château », dont les membres sont pratiquement inapprochables. Peu après, K. se voit flanqué de deux assistants, fort indisciplinés, moqueurs et surtout d'aucune aide dans ses tentatives d'entrer en contact avec ses supérieurs. Il fait ensuite la connaissance de Barnabas, messager du Château, qui le renseigne peu, et de Frieda, qui travaille dans une autre auberge et se dit la maîtresse d'un certain Klamm, celui-là même que K. est censé rencontrer pour s'introduire au Château. L'arpenteur devient vite l'amant de Frieda, espérant que cette dernière lui permettra d'arriver sous peu à ses fins. Mais, de rencontre en rencontre, de porte close en porte vainement ouverte, K. ne peut qu'errer, impuissant devant l'invisibilité du pouvoir, sans jamais savoir précisément ce que l'on attend de lui.

Avant de parler de la genèse de votre adaptation du *Château* de Franz Kafka, que vous avez réalisé en 1996, après *71 Fragments d'une chronologie du hasard*, nous aimerions savoir pourquoi vous êtes revenu travailler à la télévision, alors que vous aviez commencé à tourner pour le cinéma ?

Tout simplement parce qu'on me l'a proposé. À un moment où il était encore difficile pour moi d'enchaîner les films de cinéma, c'était très agréable qu'on vienne me chercher pour me demander ce que je voulais faire. C'est ainsi que j'ai imposé *Le Château*, malgré le peu d'enthousiasme de la chaîne. Je me disais que, quitte à revenir à la télévision, autant s'atteler à un projet d'ampleur. Et cette adaptation me semblait un summum. Ce qui m'attirait chez Kafka, c'était sa manière de dépeindre une réalité qui n'est pas la réalité et dont il me fallait trouver un équivalent cinématographique. En même temps, jamais je ne me serais lancé dans un tel projet pour le cinéma où, comme je vous l'ai déjà dit, l'œuvre, c'est le film. J'avais vu l'adaptation qu'en avait tirée Rudolf Noelte, avec Maximilian Schell en 1968, et je l'avais trouvée très mauvaise. Noelte, qui était un grand metteur en scène de théâtre, ne connaissait rien au cinéma. Et, dans cette adaptation, il a multiplié les erreurs, comme montrer le château. Rien ne marche dans son film et je me disais que je pouvais essayer de faire mieux.

Est-ce une coïncidence si vous avez adapté ce texte inachevé et fragmenté juste après avoir réalisé vos *71 Fragments* à vous ?

En fait, c'est comme si le texte de Kafka m'avait autorisé à parler, à mon tour, de fragments. J'ai toujours pensé que ce n'est pas un hasard si ce roman est fragmenté. D'après moi, même si Kafka avait vécu plus longtemps, *Le Château* serait resté inachevé. C'est comme *L'Homme sans qualités* que Robert Musil a mis des dizaines d'années à écrire et qu'il n'a pas terminé, parce que pareil roman ne se laisse pas finir. Je pense que, à un moment, dans l'histoire de la littérature et de la culture, on ne peut plus prétendre rassembler le monde dans un livre. Cela veut dire que ce type d'approche ne peut plus être que fragmentaire. *Le Château* est sans doute le roman le plus connu pour ça. Et, dans mon travail, cette adaptation correspondait à une nécessité, comme un programme à suivre.

Quels problèmes vous a posés l'adaptation de ce livre ?

On rencontre toujours les mêmes problèmes quand on adapte un roman. Sa lecture prend plusieurs jours et vous devez en faire un film de deux heures. Si vous parvenez à transposer 20 % de sa richesse, vous êtes déjà très fort ! Le gros problème réside donc dans les choix : que faut-il conserver à tout prix, que peut-on éliminer ? On doit réduire l'histoire à l'essentiel. Mais, chez Kafka, où tout est essentiel, c'est encore plus compliqué. Mon travail sur le scénario a été un véritable combat. Dès que j'éliminais quelque chose, j'avais l'impression de commettre un crime. J'ai fait de mon mieux. Mais j'y ai passé beaucoup de temps.

Comme dans *Le Septième Continent* et dans *71 Fragments*, vous avez monté des plans noirs entre les séquences...

Oui, pour renforcer l'idée de fragmentation.

On pense aussi à une sorte de respiration, comme un soupir en musique.

Oui, bien sûr. Ce qui me plaît, c'est que c'est à la fois un moyen de structurer la narration et une question purement musicale. Dans *Le Septième Continent*, par exemple, tous les plans noirs duraient exactement deux secondes. Dans *71 Fragments*, leur durée dépendait de la longueur et du poids de la scène qui précédait. Pour *Le Château*, en revanche, je n'avais pas de règle.

Comme dans vos autres téléfilms, vous avez recours à la voix off. Mais dans *Le Château*, elle crée un effet de distanciation par rapport au récit...

Vous avez raison, la voix off n'est pas utilisée ici comme dans *Trois Chemins vers le lac* et dans *La Rébellion*, où vous avez des passages avec le narrateur et des scènes parlées. Dans *Le Château*, c'est le narrateur qui impose le rythme et organise les dialogues : il décrit la situation, puis donne la parole aux protagonistes. Et ça, c'est très difficile à rendre dans un film. Concrètement, on n'a pas enregistré la voix off avant le tournage, mais je m'étais enregistré disant le texte, afin de pouvoir le chronométrer et savoir à quelle seconde exactement les acteurs devaient commencer à parler. Ce n'était pas très agréable pour eux, mais c'était le moyen qui m'a semblé le mieux approprié pour rester le plus fidèle possible à Kafka. Dans *Trois Chemins vers le lac*, je me souviens que dans la scène où la photographe énumère en voix off toutes les personnalités qu'elle avait côtoyées, j'avais mis un point d'honneur à ne pas faire correspondre les photos montrées à l'écran et les noms mentionnés. Ça me semblait une élégance, alors qu'aujourd'hui je trouve ça faux. Je préfère cette simplicité qui consiste à pouvoir vérifier la vérité de l'image par rapport au texte dit en off. Cela a compliqué le tournage du *Château*, mais j'ai éprouvé beaucoup de plaisir à me livrer à cette expérimentation sur la voix off.

La durée des séquences est très variable, ce qui interdit au spectateur toute identification avec le protagoniste et le pousse à la réflexion.

Oui, le rythme plus ou moins syncopé vous renvoie à vous-même.

Cet effet de distanciation est également brillamment entretenu par le jeu très froid d'Ulrich Mühe, qui est l'incarnation parfaite de K.

K., c'est vous et moi. Ulrich Mühe en a été effectivement l'incarnation idéale, parce que c'était quelqu'un que vous ne remarquiez pas quand vous le croisiez dans la rue. Quelle que soit la situation dans laquelle vous le plongiez, il était toujours crédible, parce qu'il n'était pas un personnage, mais plutôt un écran sur lequel vous deviez vous projeter. Tout le contraire de Branko Samarovski, l'Andreas Plum de *La Rébellion*, qui, avec son visage expressif, incarne d'emblée un personnage. Or, l'histoire du *Château* n'est pas celle d'un personnage, mais de nous tous. Ulrich Mühe était donc idéal pour ce rôle. En général d'ailleurs, il était mon acteur idéal, car mes personnages sont toujours plus que des personnages. Ils ont une dimension universelle qui s'adresse directement à nous-mêmes.

Ulrich Mühe et Norbert Schwientek

Vous avez respecté l'élément bouffon du roman en accordant une certaine importance aux deux assistants de K. Mais, comme Ulrich Mühe, Frank Giering et Felix Eitner jouent leurs rôles avec une certaine retenue…

Toute la difficulté a été de trouver des acteurs qui sachent jouer la comédie sans accentuer leurs effets. J'ai été très satisfait de leur travail. En outre, ils se ressemblaient un peu, ce qui mettait en valeur leur étrangeté. Ce à quoi n'était pas parvenu Noelte, dans son adaptation, en engageant des jumeaux, qui n'étaient même pas comédiens. L'essentiel, dans les scènes avec ces deux assistants, est de vous amener à ne plus savoir qui est qui. De même que dans la vie, vous ne savez plus à qui vous avez affaire.

Et, cerise sur le gâteau, Susanne Lothar est vraiment extraordinaire ! C'était votre première collaboration avec elle ?

Oui, et nous nous sommes d'emblée très bien entendus. Elle est très courageuse. Elle aime prendre des risques et aller le plus loin possible dans les extrêmes. Comme Isabelle Huppert.

Comment l'avez-vous rencontrée ? C'est vous qui êtes allé la chercher ?

Je savais que Susanne était une actrice connue au théâtre, mais c'est en approchant Ulrich Mühe, avec qui elle était mariée, que je l'ai rencontrée. De la même façon, j'ai rencontré Benoît Magimel quand j'ai pris contact avec Juliette Binoche, puisqu'ils étaient ensemble. Le hasard tient toujours une place dans ce genre de rencontres.

Jouer ensemble représentait-il un problème pour le couple Mühe-Lothar ?

Les couples d'acteurs disent souvent que jouer ensemble est un avantage, parce qu'ils peuvent continuer à travailler tous les deux, une fois rentrés à la maison. Moi, j'avais déjà dirigé à deux reprises un couple d'acteurs et je m'étais juré de ne jamais recommencer. J'avais trouvé que cela avait tout compliqué. Avec Ulrich Mühe et Susanne Lothar, cela a été très différent. Ils m'ont dit qu'ils ne parlaient jamais de leur travail, une fois rentrés à leur domicile. Même s'ils avaient des scènes en commun, ils se préparaient séparément, parce qu'ils avaient des approches complètement différentes. Ulrich Mühe était un acteur totalement intellectuel, qui réfléchissait au moindre détail et qui savait exprimer ce qu'il avait préparé. Susanne Lothar, elle, apprend son texte et se jette aussitôt dans la scène. Je mentionnais Isabelle Huppert il y a un instant :

Michael Haneke, Susanne Lothar et Ulrich Mühe

elle est comme Ulrich Mühe. Elle sait exactement ce qu'elle va faire. Je peux lui demander de verser une larme sur un mot particulier à un moment donné, elle y arrivera sans problème. Susanne, elle, est dans l'émotion. Ce qui fait qu'elle peut être très mauvaise quand elle ne sent pas son personnage ; elle ne trouve pas alors les moyens de mentir. Quand nous avons tourné les scènes sensibles de *Funny Games*, Ulrich et Susanne étaient tous les deux excellents. Mais nous avons dû refaire plusieurs fois les scènes du début, car Susanne n'était pas dedans ; elle n'était pas imprégnée de ce fond émotionnel qui lui permet d'être brillante. Tout cela est très délicat. Chaque comédien est différent et il faut savoir s'adapter. C'est d'ailleurs un des plaisirs de ce métier.

En découvrant le film, nous avons été frappés par le grand nombre de travellings latéraux. Vous suivez constamment K. de cette façon.

Oui, car il est toujours en marche. Il arpente un chemin qui n'en finit jamais. Le film s'achève, comme le roman, au milieu d'une phrase, à un moment où il est encore en train de s'approcher. Comme nous tous. Même si nous ne savons pas très bien de quoi nous nous approchons, nous sommes toujours en route.

Ulrich Mühe, Michael Haneke et Birgit Linauer

L'autre élément stylistique prédominant tient aux éclairages. Sans pour autant jouer avec les ombres, vous éclairez de manière à ce qu'on devine plus qu'on ne voie ce qui est derrière les personnages. Comme au début, lorsque K. entre dans l'auberge.

Ce n'était pas voulu en tant qu'effet. Je désirais juste reproduire la vision normale de l'homme : quand je vous regarde, je ne vois que votre visage et tout le reste est flou. J'ai souvent procédé ainsi. Mais, aujourd'hui, avec le numérique, on voit tout dans le moindre détail.

Cette absence de netteté dans la profondeur de champ renforce la sensation d'étouffement ; la caméra reste constamment sur K. Et si des personnes viennent à s'agiter dans le fond du cadre, on a du mal à les distinguer...

Nous devons rester avec lui, puisqu'il nous représente. En poussant le raisonnement jusqu'au bout, on aurait pu tourner en caméra subjective, mais cela n'aurait pas eu de sens.

L'idée de terminer abruptement le film, comme le roman, en plein milieu de l'histoire est vraiment déroutante !

Mais les producteurs n'étaient pas contents ! C'est une fin simplement respectueuse du texte. Inversement, je me souviens d'avoir vu, à Hambourg, lors d'une rétrospective des adaptations de Kafka à l'écran, une version russe du *Château*, qui reprenait la trame du livre dans son premier tiers avant de lui inventer une suite. Il y avait de belles images, de grands décors et beaucoup de neige. Mais c'était tellement nul que je me demandais comment on avait pu concevoir une idée pareille.

Dans votre version, on ressent une impression d'intemporalité...

C'est l'effet que je recherchais. Dès le début, on se demande où et quand cette histoire se passe. Mais, si on la localise très précisément, cela diminue la complexité du roman. C'est pour cela qu'on a essayé de choisir des objets de la vie quotidienne dans un village, qui pourraient être encore en usage pendant au moins cinquante ans. La seule chose qui, inévitablement, ancre l'histoire dans le temps, ce sont les moyens de transport. Nous nous sommes demandé si nous allions prendre une voiture, mais j'y étais opposé. Nous avons donc gardé les chevaux et les traîneaux, mais de manière discrète. Je n'étais pas très emballé, mais il y avait plusieurs scènes importantes qui nécessitaient un moyen de transport et ces traîneaux, on les trouve encore aujourd'hui dans certains endroits. Donc ça pouvait passer malgré tout.

L'autre grande caractéristique, c'est l'absence de musique. Ne reste que le silence, qui est peut-être celui de Dieu. Ou de son absence.

Je vous l'ai déjà dit : Kafka avec de la musique, c'est inimaginable pour moi !

Michael Haneke dirige Birgit Linauer dans *Le Château*

7

Mes débuts au cinéma – La fausse plage australienne du *Septième Continent* – Je ne suis pas un bourreau d'enfants ! – Les chorals de Bach dans une casse de voitures – *Benny's Video* et le poids des médias – La jeune fille, les trois cochons et la fausse neige – Ma rencontre avec Ulrich Mühe – *71 Fragments d'une chronologie du hasard* pour un film choral – L'épineuse question de l'émigration – La croix et le mikado – Violence du ping-pong.

Venons-en maintenant à vos débuts sur le grand écran, avec votre trilogie, *Le Septième Continent* (1989), *Benny's Video* (1992) et *71 Fragments d'une chronologie du hasard* (1994). Avez-vous rédigé les trois scénarios d'une traite ou bien seulement celui du *Septième Continent* ?

J'ai d'abord écrit le scénario du *Septième Continent*... pour la télévision. Radio Bremen, une station allemande, m'avait demandé de faire quelque chose avec eux et je leur avais proposé cette histoire, inspirée d'un article publié dans le *Stern* dix ans plus tôt. J'avais été particulièrement touché par un papier qui racontait comment une famille qui avait décidé de se suicider, avait auparavant détruit tous ses biens. L'article avançait des explications d'ordre social et psychologique. Mais moi, ce qui m'intéressait, c'était l'idée que l'on détruise cet univers matériel qui vous a anéanti, avant de se détruire soi-même. Les gens de Radio Bremen n'étaient vraiment pas emballés par ce projet, mais quand je leur ai répondu que je n'avais pas d'autres idées, ils m'ont versé une avance pour que j'écrive le scénario. Après l'avoir lu, ils ont toutefois dû renoncer à le produire. L'opinion publique était encore sous le choc d'un drame abondamment commenté dans les médias : le suicide d'un homme dépressif, qui s'était tué après avoir vu une émission à la télévision. Comme c'était l'époque où je commençais à recevoir des propositions pour le cinéma, je me suis dit que mon scénario se prêterait bien à expérimenter ce qui était pour moi un langage nouveau. Après un faux départ avec un premier producteur, qui était tellement nul que j'ai arrêté tout de suite, j'ai contacté Veit Heiduschka chez Wega-Film, qui a été très intéressé et a trouvé plus ou moins facilement un financement.

Un financement strictement cinématographique ou bien en partenariat avec la télévision ?

En tant que production purement autrichienne, *Le Septième Continent* a bénéficié de trois sources de financement : l'État, la Ville de Vienne et la télévision publique autrichienne, sur un fonds réservé aux films produits pour le grand écran.

Michael Haneke et Veit Heiduschka à Cannes en 1989

Pourquoi avez-vous choisi de vous adresser à Veit Heiduschka ?

Parce qu'il était connu. Il n'y avait pas tellement de producteurs de cinéma à l'époque en Autriche. S'ils voulaient l'aide de l'État, ils ne pouvaient pas présenter plus d'un projet à la fois, et donc ils produisaient rarement plus d'un film par an. Pour s'en sortir, la plupart coproduisaient avec la télévision. Mais pas Veit Heiduschka. Il avait commencé par produire des petits films. Et il avait connu un grand succès avec *Müllers Büro*, une comédie musicale policière[7].

Vous lui êtes resté très fidèle, puisque l'on retrouve son nom associé à tous vos films ultérieurs, à l'exception de *Code inconnu* et de *Funny Games US*.

C'est moins pour Heiduschka que pour son directeur de production, Michael Katz, qui est absolument génial. Sans lui, je n'aurais sans doute pas fait *Le Ruban blanc*, car c'était très compliqué et il n'y avait qu'avec lui que j'étais sûr que tout fonctionnerait. C'est un fou de cinéma et un grand professionnel, qui comprend toujours exactement ce que je veux. Au début, on s'est beaucoup opposés, parce qu'il a des goûts très différents des miens. Il adore les films d'action, les comédies et pas du tout mon genre de films. Mais il en a vite compris l'intérêt et il s'est défoncé à chaque fois. Récemment, il a produit le premier long métrage d'un de mes étudiants et il était là en permanence pour l'aider.

7. 1985. Un film de Niki List et Hans Selikovsky, avec Christian Schmidt, Andreas Vitàsek, diffusé sur Arte France sous le titre *Un homme à succès.*

LE SEPTIÈME CONTINENT

Linz. 1987. Un couple, Georg et Anna, et leur fillette, Eva. Une réussite socio-professionnelle manifeste. Un univers familial très high-tech. La routine du quotidien fait cependant ressortir un mal-être encore indéfini. L'image d'une plage australienne revient de manière récurrente, appel vers un ailleurs lui aussi indéterminé.
1988. Une mécanique existentielle de plus en plus plaquée sur du soi-disant vivant. La vue d'un accident d'automobile mortel n'entraîne plus de réaction émotionnelle, seulement l'éclosion d'une idée.
1989. Georg propose à Anna d'arrêter leur abonnement à un journal. Lui démissionne de son emploi. Elle lègue son magasin à son frère. Le couple retire son argent de la banque. Georg achète une hache, un marteau, une perceuse électrique. Eva ne doit plus fréquenter son école. Georg vend la voiture familiale. Il arrache la ligne téléphonique. Anna déchire leurs vêtements. Eva détruit ses livres. Georg scie les meubles, brise l'aquarium, jette les billets de banque dans les toilettes. Eva absorbe une boisson préparée par ses parents, Anna avale des comprimés, Georg remplit une seringue. Le téléviseur reste allumé, mais il n'y a plus de programme diffusé.
Les corps sont découverts le 17 octobre 1990. Les parents de Georg n'ont jamais cru au suicide et ont déposé une plainte pour meurtre. L'affaire est classée sans suite.

Avez-vous trouvé d'emblée la structure de votre récit ?

Non, au départ, je voulais raconter l'histoire en flash-back : partir du suicide, puis remonter le temps. J'ai beaucoup travaillé en ce sens sur l'île grecque où je m'étais installé pour écrire, mais je ne parvenais pas à trouver de flash-back qui ne contenaient pas une explication de la conduite de cette famille. Pendant trois semaines je suis resté bloqué. Puis, j'ai eu comme une illumination : le film ne devait pas fonctionner avec des retours en arrière. Je devais écrire une chronique, en prenant une journée dans la vie de ces gens, puis une autre, un an plus tard, et ainsi de suite, en juxtaposant le tout. Je laissais ainsi au spectateur le soin de faire le lien entre toutes ces scènes. C'était, en outre, une forme de narration à laquelle je n'avais jamais eu recours auparavant.

La grande innovation dans *Le Septième Continent* c'est, tant sur le plan narratif que sur celui de l'esthétique, la fragmentation. Fragmentation dans le temps du récit, dans les cadrages très serrés... Ce qui crée une grande tension.

Oui, c'est très étouffant. Je voulais montrer ce qu'on appelle en allemand *Die Verdinglichung des Lebens*, et qu'on pourrait traduire par « la réification de la vie ».

Autrement dit, comment nous vivons au quotidien d'une manière routinière, en étant littéralement collés aux objets. D'où le montage très rythmé et mes cadrages serrés sur des objets qui ont perdu leur sens réel pour en arriver à déterminer nos vies.

C'est une manière de dénoncer l'aliénation de l'homme par les objets ?

Oui, et c'est pourquoi les gens de cette famille doivent détruire tous les objets en leur possession à la fin. Mais ce qui est tragique, c'est qu'ils le font sans vraiment réussir à se libérer. Ils détruisent leurs objets comme ils ont vécu jusque-là, de manière mécanique. Pour moi, c'est le plus triste du film. Ils auraient pu entreprendre une grande révolution et se libérer de toute cette merde qui les pollue dans une sorte de suicide orgasmique. Mais ça, ils ne peuvent même pas l'imaginer. L'homme, à la fin, n'existe pas, car il est la somme de toutes ses habitudes. Et même s'il a tout détruit, rien n'a changé. Son univers matériel s'est emparé de son monde intérieur. C'est pourquoi il ne lui reste plus qu'à se suicider. Même si ça ne sert à rien !

Et ce geste sera incompris, puisque ses parents sont persuadés que ce sont des meurtres.

À vrai dire, ils ne veulent pas comprendre. Ils ne veulent pas accepter l'idée que leur fils s'est suicidé. C'est une réaction tout à fait normale pour éviter de se sentir coupables. Et puis, s'ils peuvent comprendre ce geste intellectuellement, ils ne peuvent pas l'accepter émotionnellement, car cela voudrait dire qu'ils se trouvent dans la même situation que leur fils.

Dans le même ordre d'idées, il y a un moment étrange, peu après le début du film, quand Eva, la petite fille du couple, prétend, à l'école, être aveugle. C'est une métaphore...

On peut prendre cela comme une métaphore, mais aussi comme un comportement un peu névrotique, causé par la situation oppressante qu'elle vit au sein de sa famille. Les enfants peuvent, dans pareille situation, inventer des histoires où ils sont persécutés par quelqu'un, afin d'appeler au secours. Mais je ne veux surtout pas donner ma propre interprétation. Je dis qu'on peut voir ce comportement sous cet angle, mais il y a plusieurs significations possibles.

La petite fille que vous avez choisie pour le rôle, Leni Tanzer, est très expressive avec son beau visage doté de paupières lourdes.

C'est très difficile de jouer quelqu'un qui fait semblant d'être aveugle et elle l'a très bien rendu.

Leni Tanzer

Comment l'avez-vous choisie ?

Comme d'habitude, en auditionnant des dizaines et des dizaines d'enfants. Elle s'est présentée et j'ai tout de suite su que c'était elle. Cela a été pareil avec le garçon de *Benny's Video*.

Concrètement, vous envoyez un assistant sillonner le pays afin de dénicher l'enfant idéal pour le rôle ?

Oui, pour la première sélection, c'est le directeur de casting qui fait les photos et les entretiens. Je regarde tout cela et je choisis ceux ou celles que je veux rencontrer. Je parle un peu avec eux pour évaluer leur timidité. Et après, si le physique et la personnalité me paraissent correspondre, je leur fais faire un essai, toujours avec les scènes les plus difficiles. En procédant ainsi, je vois immédiatement si l'enfant est juste. C'est d'ailleurs la même chose avec un acteur adulte. Je dis toujours à mes étudiants que le casting représente la moitié du film et l'autre moitié, c'est la préparation. Le casting, ce n'est pas seulement le choix d'un bon acteur, mais le choix d'un bon acteur pour un rôle déterminé. Il m'est arrivé d'avoir un acteur extraordinaire qui, pour une raison ou une autre, n'était pas bon dans le rôle que je lui avais donné. C'était ma faute naturellement. Avec les enfants, c'est la même chose.

Eva inaugure une longue série d'enfants victimes du monde dans lequel les adultes aliénés évoluent...

Je ne suis pas un bourreau d'enfants ! Mais c'est ce qui se passe dans la réalité et, bien sûr, c'est un moyen dramatique qui a un impact puissant sur le spectateur. Il en va de même avec les animaux, qui souffrent beaucoup dans mes films. Comme les enfants, ils ne peuvent pas se défendre et ils permettent de ressentir les méfaits de la violence. On pourrait presque en dire autant des femmes, à qui je donne des rôles toujours plus gratifiants qu'aux hommes. Être victime, c'est plus gratifiant pour un acteur. Jouer un héros, ça revient à faire du Charlton Heston, c'est nul !

Nous parlions précédemment de toutes ces gifles qui émaillent vos films. La force de votre cinéma tient aussi à votre art de doser la violence...

Je cherche à éviter ce qui est extrême, car ça sonne immédiatement faux. Dans la vie quotidienne, les désaccords restent la plupart du temps modérés et le moindre geste un peu violent nous touche énormément. Quand j'ai mis en scène *Qui a peur de Virginia Woolf ?* au théâtre, à Berlin, les acteurs voulaient, dès le premier acte, se donner une gifle ou se jeter un verre de whisky au visage. Je leur ai expliqué que cela représentait déjà un éclat extraordinaire et que s'ils commençaient ainsi, il ne leur resterait plus qu'à s'entretuer au troisième acte !

Vous êtes-vous dit que, travaillant pour le cinéma, vous pourriez aller plus loin dans la complexité ?

Le passage au cinéma représentait pour moi une autre façon d'écrire mes scénarios. Plus que de mettre en scène, car la mise en scène dépend chez moi du scénario. Mes téléfilms étaient presque tous des adaptations d'œuvres littéraires et, comme je vous l'ai déjà dit, mon but était d'amener le spectateur à lire le livre après en avoir vu l'adaptation à la télévision. Il y a un mot pour ça en allemand : *Bildungsauftrag*, une mission pour former, éduquer les gens ; je trouve que cela convient bien à la télévision. Au cinéma, aucune obligation de ce genre. Un roman que l'on adapte n'est rien de plus qu'un matériau à la disposition de l'auteur, à savoir le cinéaste. C'est pourquoi, au cinéma, les adaptations littéraires sont rarement bonnes. Soit elles illustrent platement le livre, soit elles le détruisent pour donner un bon film.

Quand vous écrivez vos scénarios, prévoyez-vous déjà le découpage plan par plan définitif du film ?

Tout est écrit et découpé. Je ne peux pas imaginer travailler différemment. Par exemple, pour *Code inconnu*, il aurait été impossible de le tourner en plans-séquences si tout n'avait pas été écrit dans le scénario. Il faut imaginer la disposition des lieux pour pouvoir accompagner un personnage avec la caméra.

Vous n'envisagez pas la possibilité d'apporter des retouches à ce que vous avez prévu ?

Tout dépend du style des films. Dans *Le Septième Continent* et *Code inconnu*, tout était écrit et a été filmé comme je l'avais prévu. À l'inverse, dans *Le Ruban blanc*, certaines scènes ont été tournées différemment. Le premier scénario avait été écrit dix ans plus tôt et, à l'époque, je n'aurais pas osé tourner ce film en plans-séquences. Par exemple, la scène de la punition de Martin, qui se passe hors-champ et en plan-séquence, était montrée directement. En me relisant, j'ai trouvé ça faible. J'ai longtemps réfléchi et j'ai conçu, dans le studio, ce décor qui permettait de traiter le châtiment uniquement en off.

Dans *Le Septième Continent*, qui était votre premier film pour le cinéma, n'était-ce pas un moyen de se rassurer que de se donner des contraintes : un dispositif en trois parties bien situées dans le temps, avec des actions précises ?

Ce que vous décrivez là n'est pas propre à un premier film. C'est ce que l'on essaie toujours d'obtenir quand on construit la structure d'un film. On s'efforce de trouver une forme appropriée à ce que l'on veut dire, une esthétique juste, tant pour l'image que pour l'écriture. Il faut être très rigoureux. Je vous donne un exemple : l'autre jour, un étudiant m'a présenté son scénario ; au milieu de celui-ci, il y avait un petit montage pour indiquer le passage du temps, le seul dans tout le scénario. Je lui ai dit que cela n'allait pas, car, jusque-là, il avait raconté son histoire de manière linéaire et, tout d'un coup, le temps devait passer plus vite ; ce ne serait acceptable que s'il procédait ainsi tout au long du récit, car, là, il aurait une véritable structure, alors que dans son scénario, ça apparaissait trop comme un artifice pour le sortir d'une impasse. Pour tout scénario, il faut trouver une structure réfléchie esthétiquement, qu'on pourrait qualifier de musicale. De toutes les formes d'art, la plus proche du cinéma est sans nul doute la musique.

Cette structure musicale passe, dans *Le Septième Continent,* par la reprise d'une série de plans-leitmotive, comme la porte du garage qui se ferme ou la publicité sur l'Australie. Mais aussi par l'utilisation des chorals de Bach qui reviennent comme un refrain.

Ces chorals de Bach, que j'ai réutilisés dans *71 Fragments*, les spectateurs les reconnaissent ou pas. Par exemple dans *71 Fragments*, à côté de la banque devant laquelle le héros attend à la fin, il y a une agence de voyages d'où retentit, quand la porte s'ouvre, une version populaire d'un des chorals de Bach. C'est le genre de détails en forme de clin d'œil qui me réjouit. Si le spectateur le remarque, c'est bien. Sinon, ce n'est pas grave. La première récompense que j'ai reçue pour un film, c'était au festival de Gand, pour mon utilisation du *Concerto pour violon* d'Alban Berg dans la scène de la casse de voitures du *Septième Continent*. On y trouve, dans le deuxième mouvement, une citation d'un choral de Bach, *Es ist genug*. Si l'on peut l'identifier, c'est un plaisir supplémentaire. Ce n'est pas déterminant pour l'intrigue, mais ça lui ajoute de la densité, en enrichissant ce qu'il y a autour.

Comment avez-vous tourné cette séquence ?

Dans le scénario, il était écrit que le père et la fille se trouvaient dans un cimetière de voitures et qu'un bateau passait. Mais lors du tournage, nous avons triché, parce que le cimetière de voitures et le passage du bateau ont été tournés dans des lieux différents. Nous avons apporté deux vieilles voitures sur un ponton au bord du Danube, à côté d'une barrière, pour faire raccord.

Pourquoi avoir ressenti le besoin de faire passer ce bateau blanc à proximité d'un cimetière de voitures ?

Pour moi, c'est réaliste. C'est ce que voit à cet instant la petite fille. Mon problème était de la montrer s'occupant à quelque chose dans ce lieu étrange pour elle, pendant que son père se débarrasse de sa voiture.

Pour nous, spectateurs, le passage du bateau renvoie à l'affiche publicitaire pour l'Australie...

Oui, c'est le dernier rayon d'espoir qui se manifeste à ce moment-là. Mais on ne sait pas si c'est vraiment la réalité ou si cela relève de l'imagination d'Eva.

Et le choix de la musique d'Alban Berg ?

L'unique raison, c'était la citation du choral de Bach dont je parlais, « *Es ist genug, Herr, wenn es dir gefällt, so spanne mich doch aus.* » (« Cela suffit, Seigneur, si cela te plaît, retire-moi de ce monde. »)

Sur ce principe de la juxtaposition paradoxale du bateau et du cimetière de voitures, vous mettez en parallèle le luxueux dîner que commande la femme chez le traiteur et les outils, dont la hache, qu'achète l'homme.

Cette juxtaposition est là pour faire monter la tension et inquiéter le spectateur, jusqu'à ce qu'il comprenne ce qui va se passer. Mais ce n'est pas une opposition. Pour moi le champagne et la hache vont servir à la même chose.

Pourquoi le choix de l'Australie pour l'affiche qui revient cinq fois ?

D'abord parce que c'est loin et aussi parce qu'il y a une allitération entre « Australia » et « Austria ». Mais surtout parce que, dans les années 1970 et 1980, beaucoup d'Allemands et d'Autrichiens ont émigré en Australie. Mon beau-frère, le frère de Susie, par exemple, s'est installé là-bas comme cuisinier. Comme naguère l'Amérique, l'Australie était devenue un pays de désir, la destination rêvée pour un nouveau départ.

Avez-vous hésité sur le moment à partir duquel cette affiche devrait commencer à s'animer ?

Non. Au stade de l'écriture, je ne savais pas trop comment serait l'affiche définitive, mais j'avais décidé qu'on y verrait la mer qui s'animerait dès sa deuxième apparition. En fait, nous n'avons pas trouvé le paysage que nous recherchions pour ce poster, et nous avons dû faire un trucage pour associer la mer et la terre environnante, qui ont été filmées dans des endroits distincts. Cela donne un petit côté irréaliste à l'image, qui contribue à l'atmosphère oppressante. En voyant cette affiche, on ne comprend pas tout de suite et on se demande ce qu'elle représente.

Et comment avez-vous eu idée d'intituler votre film *Le Septième Continent* ?

Le titre n'est pas de moi. C'est la femme de l'acteur principal, Dieter Berner, qui me l'a proposé, parce que je n'avais pas d'idée. J'ai tout de suite pensé que ce n'était pas mal. Si l'on admet qu'il y a six continents en comptant l'Antarctique, cela peut en suggérer un autre. Ce pays du désir, qui est sans doute empreint de *Sehnsucht*, d'une nostalgie ardente.

Affiche publicitaire pour l'Australie

Pourquoi avoir choisi un spectacle de variétés comme ultime programme que regarde la famille à la télévision avant de mourir ?

Parce que c'était neutre. Quand on utilise la radio ou la télévision dans une scène, il faut éviter que l'émission n'ait une signification trop forte, qui pourrait apporter un commentaire à la scène. C'est pourquoi dans mes films on entend surtout des bulletins d'informations sur la météo ou sur l'état de la circulation routière ; cela n'oriente pas le sens de la scène. Dans *71 Fragments*, les extraits des journaux télévisés devaient servir de contexte à l'action sans l'orienter dans un sens ou un autre. Pour éviter tout risque d'erreur ou de manipulation, nous nous en sommes tenus aux authentiques informations télévisées des journées citées dans le scénario. Même si, d'un jour à l'autre, ce sont toujours les mêmes types d'informations. Pour la dernière soirée du *Septième Continent*, je voulais un programme de pur divertissement. Un spectacle de variétés s'y prêtait bien.

Il est amusant de noter que *Le Septième Continent* s'achève sur un plan d'écran de téléviseur vide de tout programme, regardé par un homme qui meurt, alors que dans votre film suivant, *Nécrologie pour un meurtrier*, tourné pour la télévision et dont nous avons déjà parlé, vous évoquez un massacre perpétré par un jeune homme, en examinant tout ce qui a été diffusé à la télévision autrichienne ce jour-là.

C'est un pur hasard ! Mais il est vrai que c'était une époque où je commençais à beaucoup m'intéresser aux médias. Et si l'on est alors plongé dans un thème ou un sujet donné, on a tendance à y rester. C'est comme quand votre épouse est enceinte : dès que vous traversez une rue, vous ne voyez que des femmes enceintes, alors qu'auparavant vous n'en remarquiez aucune. C'est ce que fait dire John Cassavetes à son personnage dans *Une femme sous influence*.

On a souvent parlé de l'importance des écrans de télévision dans vos films, mais on est frappé aussi par le nombre de vitres derrière lesquelles ou près desquelles vous cadrez vos personnages. Pourquoi ?

C'est souvent à cause d'une obligation matérielle. Comme dans la scène de la banque, où la caméra est à l'intérieur du guichet avec l'employé, qui est donc devant la vitre, pendant que le couple est derrière la surface vitrée du guichet. Mais s'il y a autant de fenêtres dans mes films, c'est aussi à cause d'un comportement naturel, qu'il m'a souvent été donné d'observer dans la vie : lors d'une dispute, on a tendance à regarder au loin, à travers la fenêtre la plus proche, pour éviter d'affronter visuellement son interlocuteur. Cela fait partie d'une sorte de constellation topographique. Et c'est très efficace.

Ces récurrences d'objets et de situations sont intéressantes, parce que, contrairement à certains cinéastes qui ont le souci de toujours se renouveler, vous, vous préférez reprendre une même thématique et une même esthétique, afin de les approfondir.

C'est tout simplement parce que je ne peux raconter que des choses que je pense connaître, même si je me trompe. Par exemple, je ne pourrais pas réaliser une comédie.

Je ne saurais pas comment faire. Non que je n'apprécie pas le genre ; j'ai beaucoup de plaisir à regarder des comédies quand elles sont bien faites, mais c'est hors de ma portée. Je ne serais même pas d'une grande aide pour les acteurs. J'aime les diriger dans les scènes dramatiques ou de dispute. Mais dans le registre comique, ça me serait impossible. Souvenez-vous de ce que je vous ai raconté sur ma catastrophique expérience au théâtre avec le vaudeville de Labiche.

Dans *Le Septième Continent*, les plans noirs entre les séquences ont une durée différente. Sur quels critères vous êtes-vous appuyé pour en déterminer la durée ?

C'était une question de musicalité. Si c'était une scène qui présentait une information très simple, le plan noir était naturellement court. Si la scène impliquait pour le spectateur un effort de compréhension, il durait plus longtemps. J'ai toutefois abandonné ce procédé après *71 Fragments*, parce que les projectionnistes avaient tendance à couper mes plans noirs s'ils se trouvaient en début ou en fin de bobine.

Après la scène où le père arrache le fil du téléphone, vous avez mis treize secondes d'images noires. Pourquoi avoir fait aussi long ?

Pour bien marquer que tout est fini.

Le film est divisé en trois parties de durée très inégale. On comprend mieux pourquoi la troisième est si pesante quand on découvre qu'elle dure plus longtemps que les deux premières réunies.

La troisième partie est la plus longue, parce que c'est la somme de tout ce que je n'ai pas montré dans les deux premières. Elle marque un changement radical. L'inverse de la deuxième partie, qui est la plus courte, car elle ne montre que les petits changements opérés sur les habitudes dépeintes dans la première.

Pourquoi, dans la première partie, la mère porte-t-elle un peignoir jaune, alors que dans la deuxième, elle en a un blanc et que dans la troisième, elle n'est vêtue qu'en noir ou en kaki ?

Cette progressive disparition des couleurs est d'ordre émotionnel. Elle accompagne l'évolution des sentiments éprouvés par le personnage.

Dans le même ordre d'idées, on remarque, dans la scène du repas avec le beau-frère joué par Udo Samel, que dans les plans qui montrent le couple, l'arrière-plan est gris, alors que dans le contrechamp sur le beau-frère dépressif, l'arrière-plan est plus sombre...

Oui, mais là, ce n'est pas intentionnel. C'est dû à la topographie de la pièce que nous avions construite en studio. Alors qu'il faisait nuit, le beau-frère avait le dos tourné à la fenêtre et le couple, lui, était devant l'aquarium. J'ai été obligé de tourner comme ça, avec un éclairage réaliste, en studio, à cause de la scène où le père, plus tard, détruit l'aquarium et qui fut, d'ailleurs, la scène la plus délicate à filmer, car après, le décor s'est mis à sentir mauvais. Tout était imprégné d'eau, alors qu'il nous restait encore plusieurs jours de prises de vues.

Dans cette séquence de la destruction des biens domestiques, il y a un plan provocateur : celui des billets de banque jetés dans les toilettes...

Je savais que cela allait choquer les gens ; j'avais prévenu mon producteur. Lui pensait que ce seraient les plans sur l'agonie des poissons qui allaient le plus déranger – je précise que nous les avons tous sauvés, sauf un. Mais la première projection cannoise, à la Quinzaine des réalisateurs, m'a donné raison : trente à quarante personnes ont quitté la salle au moment de la destruction des billets. C'était prévisible, car ça reste un des derniers grands tabous, plus que l'agonie des poissons et la mort de l'enfant. On peut tout montrer, sauf ça. C'est aussi inadmissible que, au Moyen Âge, de cracher sur un crucifix.

C'est Pierre-Henri Deleau qui a sélectionné le film pour la Quinzaine des réalisateurs au festival de Cannes. Vous souvenez-vous comment il a eu connaissance du film ?

Cherchant des films partout dans le monde, il s'est rendu à la Commission du film autrichien – l'équivalent de votre Unifrance –, où on lui a projeté plusieurs films, dont le mien, qui lui a plu et qu'il a sélectionné. Tout naturellement, il a après tenu à voir mes films suivants, *Benny's Video* et *71 Fragments d'une chronologie du hasard* qu'il a également projetés à la Quinzaine. Je sais ce que je lui dois. Pour *Le Septième Continent*, j'étais d'autant plus content que c'était la première fois qu'un film autrichien était sélectionné à la Quinzaine. Pour être exact, Deleau avait cette année-là sélectionné un autre long métrage autrichien, *Caracas* de Michael Schottenberg. En outre, un autre film autrichien, *Die Toten Fische* (*Les Poissons morts*) de Michael Synek, était projeté à la Semaine de la critique. Synek est très talentueux, mais il n'a pas fait d'autres longs métrages, car il a mis vingt ans à rembourser les dettes contractées pour réaliser ce film.

Nous allons maintenant aborder *Benny's Video* et vous avez remarqué que nous n'avons pas encore mentionné l'expression « glaciation émotionnelle », qui vous énerve un peu, mais colle si bien à votre style, implacable…

J'essaie de trouver une forme qui épouse parfaitement le contenu. Dès que l'on traite un sujet grave, on a une obligation vis-à-vis de la forme, qui se doit d'être convaincante et sérieuse. Je déconseille à mes étudiants, pour leur premier film, de traiter de l'Holocauste, car, au-delà des moyens financiers, ils n'ont pas la maturité pour trouver la forme adéquate. Il vaut mieux qu'ils fassent un film sur leur grand-mère. Comme je le dis souvent, il n'y a qu'Alain Resnais qui a su traiter ce sujet, avec *Nuit et Brouillard*. Et bien sûr Claude Lanzmann, dans *Shoah*. Mais ce sont des documentaires. Spielberg, avec *La Liste de Schindler*, a produit une catastrophe. Mais c'est un autre sujet…

La rigueur esthétique permet d'approcher une forme de sublimation, de transcendance. On peut ressentir une certaine froideur dans la forme de votre trilogie, mais sa beauté écarte vite cette première impression.

Je l'espère ! C'est la même chose que l'on a reprochée à Bresson. On a qualifié son cinéma de « froid », alors que moi, il me touche beaucoup. C'est tout simplement que, comparé à un film de télévision ou à une production *mainstream*, ce cinéma est plus sérieux, moins *cheap*.

Votre trilogie a une esthétique très différente de celle de vos autres films tournés pour le cinéma. Une esthétique dans laquelle le concept de « média » est important. Dans ces trois films, l'individu est écrasé par les médias, la télévision, la vidéo…

Dans *Caché* et, d'une autre manière, dans *Code inconnu*, les médias reviennent aussi de manière récurrente. En fait, j'ai essayé de donner une dimension autoréflexive à tous mes films. Ce qui fait le lien avec la littérature allemande depuis la fin de la Seconde Guerre mondiale. Après que les nazis se sont montrés si experts dans l'art d'exploiter les médias – ils ont fait mieux qu'Eisenstein en matière de propagande –, les intellectuels ont compris combien on pouvait manipuler à travers la littérature ou le cinéma. C'est, à mon sens, ce qui a amené les grands écrivains germanophones à produire une littérature autoréflexive. Une littérature qui, comme l'a mis en relief Adorno, reflétait ses propres moyens d'expression, les mettait en miroir, et ainsi offrait au lecteur la liberté de se rendre compte qu'il était devant une œuvre d'art et non face à la réalité. Mes films appartiennent naturellement à cette école. Je ne peux pas faire autrement. Quand j'écris un scénario, je me sens obligé de créer une certaine distance, sinon je me sens mal à l'aise. Même dans *Le Ruban blanc*, où l'action est linéaire, elle passe quand même par le filtre d'un narrateur, qui exprime son doute sur la réalité de ce qui est montré.

Cela est-il lié à ce que vous affirmez souvent, à savoir que l'on n'est plus au XIXe siècle, où l'on pouvait encore créer l'illusion de la réalité ?

Oui, c'est ça. Au XIXe siècle, la littérature s'efforçait de confirmer la bourgeoisie dans sa place sociale, même quand elle émettait des critiques. Ce n'est plus possible. Aujourd'hui, nous sommes forcés d'être dans l'opposition, de dénoncer constamment tout ce qui ne va pas, tant dans le fond que dans la forme.

***Benny's Video*, présenté à Cannes en 1992, est un film très emblématique, puisqu'il dénonce l'aliénation d'un adolescent par la vidéo et, à travers lui, de tous ceux qui ne peuvent plus percevoir la réalité que par le truchement d'un écran. Comment vous est venue l'idée de raconter cette histoire ?**

Je suis tombé dans les journaux sur plusieurs cas de jeunes gens qui avaient commis des meurtres et qui, après, quand on leur demandait des explications, se contentaient de répondre : « Je voulais savoir ce qu'on ressent ! » Cela m'a beaucoup choqué et j'ai commencé à réfléchir sur le sujet.

BENNY'S VIDEO

Benny est un adolescent passionné par la vidéo et la violence. La première lui permet d'enregistrer la seconde et de la visionner indéfiniment. L'abattage d'un cochon dans une ferme a particulièrement retenu son attention. Dans un magasin de location de cassettes, il remarque une fille de son âge. Peu après, il l'invite chez lui et lui montre son installation audiovisuelle, ainsi que le film sur le cochon. Sa caméra est, comme toujours, branchée et filme la scène. Benny exhibe ensuite à l'adolescente le pistolet d'abattage qu'il a subtilisé. Comme elle refuse d'appuyer sur la gâchette et qu'elle le défie, il passe à l'acte et la blesse mortellement, avant de l'achever. Quelque temps plus tard, Benny montre son enregistrement du meurtre accidentel à ses parents qui viennent de rentrer. Sidérés par ce qu'ils voient et, afin de protéger leur enfant, ils décident de se débarrasser du cadavre. Pendant que le père découpe le corps en morceaux, la mère voyage en Égypte avec son fils. À leur retour, tout est en ordre. Benny reprend ses activités à l'école et au sein de sa chorale. On retrouve peu après Benny au commissariat de police : il y montre son enregistrement de la conversation tenue par ses parents, déterminés à faire disparaître toute trace de l'« accident ». Le père et la mère sont arrêtés. Benny les regarde. « Excusez-moi », leur dit-il poliment.

Selon Marshall McLuhan, la télévision est un média froid et, quand on observe les visages de vos trois personnages principaux, on remarque qu'ils affichent tous un regard glacial...

Effectivement, pareil comportement ne peut pas naître d'un environnement familial chaleureux. Des tas d'articles de psychologie ont analysé le phénomène. Il existe des gens qui ne sont pas des pervers, mais à qui il manque le sens de la compassion. Comme Benny, ils peuvent tuer sans ressentir le moindre remords. Si l'on se penche sur leur passé, on découvrira presque toujours qu'ils ont grandi dans un milieu très froid. C'est le manque de compassion qu'on a témoigné à leur égard qui les empêche à leur tour d'éprouver de la pitié.

Le monde de la vidéo – le « village global » cher à McLuhan – crée un filtre entre l'individu et le monde qui l'entoure. Et de ce fait empêche une perception correcte de la réalité et des êtres, transformés alors en objets...

Et cela entraîne des comportements d'extrême violence, fréquemment dépeints dans les médias. Je dis souvent que si je n'avais d'informations sur le monde qu'à travers la télévision, je me serais déjà suicidé ! Le journal télévisé ne relate que des catastrophes, de la violence, des souffrances. Et les films de fiction en rajoutent dans le spectaculaire, pour faire perdre le sens de la réalité. Si l'on n'a pas eu une expérience personnelle de la violence physique – et c'est fort heureusement le cas de la plupart des gens en Europe – et si l'on est un enfant, on peut prendre cette transformation de la violence en spectacle pour la réalité. Car, même si on lui a dit qu'il ne faut pas frapper autrui, l'enfant a du mal à le croire, parce qu'il le voit tout le temps à la télé et que, en plus, c'est agréable à regarder. Le regard est ainsi déformé. Si l'on vit dans des circonstances normales, on peut s'en accommoder et finir par comprendre. Mais si l'on est pris dans une pression émotionnelle et sociale, on peut avoir du mal à repérer la frontière entre la fiction et la réalité. Cela se remarque dans les cours de récréation. De mon temps, quand on se battait à l'école, on s'interdisait de frapper au

Arno Frisch et Ingrid Stassner

visage. Aujourd'hui, il n'est pas rare de donner des coups de pied dans la figure. D'où vient ce changement ? On dit souvent que c'est la faute de la société, qui serait devenue plus violente. Mais ce n'est que la moitié de la vérité. Les atrocités de la Seconde Guerre mondiale n'ont pas entraîné plus de violence dans l'immédiat après-guerre. Je ne dis pas non plus que la seule responsabilité en incombe aux médias. Ce serait ridicule. Mais il me paraît indéniable que les médias ont leur part de responsabilité dans cette évolution de la violence au quotidien.

Les médias ont apporté une « déréalisation du monde ». Celui-ci n'est plus perçu directement, mais uniquement à travers sa représentation.

Il faudrait aussi parler du phénomène de répétition dans cette représentation de la violence. Au quotidien, on voit beaucoup de gens qui klaxonnent dans la rue et qui sont agressifs dans le métro. Mais on voit très rarement des individus en frapper d'autres. À la télévision, ça n'arrête pas !

Il y a un moment terrible dans votre film, quand Benny a tué la jeune fille, vous le montrez tout de suite après se diriger vers le frigo et prendre tranquillement un yaourt.

Je ne trouve pas que ce comportement soit terrible. C'est plutôt que, lorsqu'on se trouve en état de choc, on peut faire des trucs totalement imprévus. En allemand, on appelle cela *Übersprungshandlung*, littéralement une manière de sauter par-dessus la situation, qui conduit à un acte de substitution. Il aurait pu allumer la télé, s'asseoir, puis se lever. Dans ces moments-là, on fait des choses dont on ne se rend pas compte. Le cerveau ne fonctionne pas de façon rationnelle, pour mieux se défendre contre un grand choc.

Vous nous épargnez la vue du meurtre de la jeune fille et vous vous limitez à l'audition du son émis par le pistolet d'abattage qu'utilise Benny. Est-ce pour vous un moyen d'être plus efficace ?

Oui, bien sûr ! Tous les bons thrillers et films d'horreur sont faits de la sorte. C'est toujours mieux de faire travailler l'imagination du spectateur que de lui imposer des images, car l'image est toujours plus banale. De temps en temps, la banalité peut être aussi très efficace. Dans le cas présent, si vous montrez Benny qui achève la jeune fille, cela devient plat et vous n'arrivez à rien du point de vue technique. Déjà, vous avez deux adolescents qui ne pourront pas jouer la mort de manière persuasive. Car j'ai rarement vu un acteur convaincant dans cette situation. Le seul qui m'a vraiment fait croire qu'il mourait pour de bon, c'était Oskar Werner dans *La Nef des fous*. Je ne sais pas comment il a fait, mais, au moment où il a son attaque, son corps se met tout d'un coup à ne plus fonctionner, c'est incroyable. Il a été l'un des plus grands acteurs du XXe siècle. Je pense que, en général, on ne doit pas montrer les personnages en train de mourir, parce que ça sonne toujours faux. Voilà pour la raison technique. La raison purement cinématographique, c'est que l'imagination apporte plus que l'image.

On voit toutefois la scène sur le moniteur vidéo de Benny.

Cela fait réfléchir, j'espère. On regarde un média, la vidéo, porté par un autre média, le cinéma. C'est un peu comme chez Magritte avec l'homme qui se voit dans un miroir.

On a même l'impression que, dans ce cadre dans le cadre, Benny pousse la jeune fille dans le hors-champ. Après le premier coup, elle tombe. Il lui dit qu'il va l'aider, puis il revient sur ses pas pour recharger le pistolet et la pousse dans le hors-champ à chaque fois qu'il tire.

Parce qu'il ne veut pas qu'elle sorte de la chambre. Et comme la caméra est fixe, il est impossible de panoramiquer.

En d'autres termes, vous vous arrangez pour que les motivations du personnage coïncident avec les intérêts de votre mise en scène !

C'est bien pour cette raison que nous avons choisi cet angle en particulier pour la caméra. Sans la porte dans l'image, nous n'aurions pas eu cet effet.

Vous nous imposez de revivre ce moment, quand Benny montre ce morceau de film à ses parents. Il y a alors un degré supplémentaire dans l'horreur parce que, cette fois, nous voyons la réaction du père et de la mère.

J'ai remarqué que les spectateurs étaient plus choqués par la seconde vision que par la première. La première fois, on est tellement surpris qu'on ne se rend pas totalement compte. Mais la seconde fois, on s'identifie aux parents, et c'est plus touchant émotionnellement.

En outre, lors de la seconde vision, on se souvient que la scène dure longtemps et l'on souffre à l'idée de la revoir dans son intégralité.

Oui, ça fonctionne bien.

Inversement, la mère regarde les informations télévisées avec indifférence, alors qu'on y traite d'un acte de xénophobie et de la guerre en Yougoslavie...

Mais elle est comme nous ! Je me souviens combien nous étions choqués, les premiers temps, devant les massacres en Yougoslavie. Mais après deux ans de cette guerre, dont les images ouvraient presque toujours le journal télévisé, nous sommes devenus, comme on dit en allemand, *abgestumpft*, c'est-à-dire émoussés, blasés et nous avons cessé d'y prêter attention. Pour moi, le plus inquiétant, c'est quand la fille regarde la vidéo de l'abattage du cochon et s'exclame : « Mais il neige ! » Ça, c'est vraiment pervers !

C'est le premier film dans lequel vous traitez de manière aussi appuyée de l'occultation des fautes graves, un thème que vous porterez à son point culminant dans *Caché*. Ici donc, les parents, face à l'acte criminel de leur enfant, mettent tout en œuvre pour en éliminer les preuves. Cette façon de fuir ses responsabilités et sa propre culpabilité est une conséquence de l'état d'indifférence morale et émotionnelle dans lequel est tombée aujourd'hui la société occidentale ?

Absolument. C'est exactement ça. On peut également faire une interprétation politique de ce film, parce que le comportement des parents, qui se soucient de leur propre avenir en prétextant ne se soucier que de celui de leur enfant, est identique à celui de l'Autriche confrontée à son propre passé récent.

Et vous généraliserez cela dans *Caché*...

Oui, mais nous aurions aussi pu choisir un autre pays que la France, car ce type d'attitude existe partout. Toutes les nations sont responsables d'événements honteux, qui ont été enfouis sous les tapis de l'Histoire !

Mais ici la critique est plutôt matérielle. Vous dénoncez principalement l'égocentrisme matérialiste.

La vraie honte ne provient pas des gens qui pratiquent le mal, mais de ceux qui ferment les yeux pour ne pas le voir. Ceux qui osent faire le mal sont peu nombreux. Ils sont d'ailleurs courageux, car ils savent qu'un jour ou l'autre, ils devront payer pour leurs actes. Le plus grand nombre préfère se considérer non coupable en fermant les yeux. Moi aussi, j'agis ainsi. Tout au plus, je peux prétendre sortir un peu de cette indifférence générale, en tant qu'artiste qui traite frontalement de la question. Mais si nous fermons les yeux, c'est aussi par impuissance. Prenez le cas de notre situation vis-à-vis du tiers-monde. Nous sommes tous coupables ! Mais où se trouve la solution ? Alors on donne un peu d'argent pour les victimes d'un tremblement de terre ou pour une autre bonne cause, et puis on s'en lave les mains.

Mais, dans *Benny's Video*, vous évoquez l'ambiguïté du mal. Benny n'avait pas attiré la jeune fille chez lui pour la tuer, c'est un concours de circonstances qui en fait un assassin.

J'ai veillé à mettre en scène cette situation d'une manière telle que l'on ne sache pas si c'est un accident ou un geste intentionnel. Le garçon paraît irrité quand elle tombe. Je voulais que cela reste ambigu.

C'est pourquoi il y a ce jeu entre eux : ils se traitent mutuellement de peureux, se défient. En revanche, la réaction des parents est vécue de sang-froid, puisqu'ils

mettent au point une organisation pour se débarrasser du corps, dans les moindres détails.

Ce n'est pas si simple. Imaginez que vous ayez un garçon de cet âge, qui a commis un crime, prémédité ou pas, et que vous comprenez qu'il sera difficile de prouver que c'est un accident – que faites-vous ? Vous allez à la police ? Je n'excuse pas les comportements, mais je veux montrer la difficulté de la situation, sa complexité pour les parents. C'est ça qui m'intéresse, pas de les juger.

En tant que spectateurs, nous avons irrésistiblement pensé, en voyant Benny nettoyer le sang sur le sol de son bureau, à Norman Bates dans la douche de *Psychose*. Et vous, en tant qu'auteur, y avez-vous pensé ?

Non, parce que la situation est très différente. Le but était, bien sûr, comme chez Hitchcock, de montrer que ce n'est pas aussi simple que cela de faire disparaître tout ce sang. Mais l'essentiel de la scène, c'est qu'il n'arrive pas à empêcher le corps de laisser des traces, quand il le tire. Le plus important pour moi, c'est qu'il remette en place la jupe sur les jambes du cadavre.

Situation qu'il a besoin de filmer pour s'apercevoir que la position de la jupe n'est pas correcte...

Oui, parce que son regard est alors plus concentré. Dans le viseur d'une caméra, on regarde toujours avec plus de concentration. Dans la vie, vous voyez tout, mais vous ne regardez pas. Si je fais un cadrage, je fais attention à tout ce que je veux y inscrire. C'est une autre façon de regarder. Si vous voulez une référence cinématographique – qui n'est pas dans le film –, c'est *Le Voyeur* de Michael Powell, qui associe le besoin de voir à celui de filmer.

Arno Frisch et Ingrid Stassner

Il est aussi intéressant de remarquer que les deux fois où Benny voit la jeune

fille dans le vidéo-club, c'est derrière la vitre, comme dans un cadre qui évoque l'écran de son téléviseur.

Tout à fait !

La scène du meurtre de la fille est aussi chargée sexuellement. D'abord, il y a le moment où la caméra de Benny, posée sur son trépied, isole le bassin des deux jeunes dans le cadre, comme la promesse d'un coït. Et puis, après le meurtre, il y a cet acte quasi masturbatoire de Benny, qui enduit une partie de son corps nu du sang de sa victime. Est-ce pour traduire son impuissance sexuelle ?

Je reste ouvert à toutes les interprétations, mais je n'ai pas filmé cela comme une marque d'impuissance. Par rapport à l'époque (1992) et leur âge (quinze ans), Benny et la fille sont trop jeunes pour avoir un rapport sexuel ; pour moi, il est clair qu'ils sont encore vierges l'un et l'autre. En revanche, qu'il y ait entre eux une sorte d'attirance physique à ce moment-là me semble évident. On pourrait même avancer que la maltraiter physiquement est, pour Benny, une manière maladroite de se rapprocher de sa partenaire. Par ailleurs, je suis d'accord avec vous sur la dimension masturbatoire de son geste avec le sang. Et je vous confirme que le cadrage de leurs bassins est bien un « hasard voulu ».

Ce qui est très fort et en même temps inquiétant, c'est que Benny ne communique avec ses parents qu'à travers les images qu'il a filmées. Il fait de même avec la police : il apporte ses cassettes au commissariat pour faire condamner ses parents. Et la toute fin de votre film est encore un film : il croise ses parents au commissariat par le truchement de l'écran de contrôle.

Le spectateur se retrouve ainsi dans la même position que lorsqu'il regardait le meurtre sur le moniteur de Benny au début.

Par rapport au spectateur du film, vous nous offrez un grand moment de manipulation. Quand les parents réfléchissent à la manière de procéder pour camoufler le crime, la caméra est fixée dans la chambre de Benny dans l'axe de la porte entrouverte et l'on entend à peine les parents parler. Puis on retrouve cette même scène, avec le son plus audible, présentée par Benny aux policiers. C'est alors que l'on se rend compte que Benny avait enregistré – de sa chambre, avec sa caméra – le stratagème de ses parents pour le disculper.

En fait, lors des projections en salles, on entend clairement des mots-clés prononcés par les parents qu'enregistre Benny. Mais sur le DVD, ces mots sont devenus inaudibles. Ce qui va à l'encontre de mon souci de réalisme quand je procède à une manipulation du spectateur. D'ailleurs, l'image aussi est mauvaise sur les DVD de mes trois premiers films de cinéma. Je ne peux pas les regarder ! On essaie d'en refaire de nouveaux, mais ça coûte cher.

Benny's Video doit aussi beaucoup à la qualité de ses trois interprètes. Pouvez-vous nous dire comment vous les avez choisis ?

Susie connaissait Arno Frisch, dont le frère allait à l'école avec mon beau-fils. Et elle me répétait de faire des essais avec lui, car il avait très envie de tourner. Mais moi, je ne voulais pas m'embarrasser avec les enfants des voisins. Je suis donc allé partout dans les pays germanophones mais je n'ai trouvé personne. Susie a alors insisté : « Reçois Arno, ça ne coûte rien ! » Et j'ai cédé. Il est venu et, d'emblée, ça a été clair qu'il devait jouer Benny. Il collait parfaitement au personnage. Dans la vie, il est comme vous le voyez à l'écran. Il a ce côté arrogant qui fera merveille dans *Funny Games*.

Le casting d'Ulrich Mühe pour le rôle du père a dû être plus classique...

Détrompez-vous ! C'était notre première collaboration, et j'ai commis une grave erreur. J'avais pensé à lui au départ, mais je ne sais pas trop pourquoi, j'ai choisi un autre acteur – dont je préfère taire le nom – et nous avons commencé à tourner la scène dans la ferme au début, quand le cochon doit être abattu. Il avait juste à dire à son fils : « *Lass das !* » (« Arrête-toi ! »), car il ne veut pas être filmé. Et il était très mauvais. C'était pourtant une grande vedette du théâtre. Je me suis dit que l'on pourrait refaire le son plus tard, que c'était son premier jour de tournage. Mais après quarante prises, il était toujours aussi nul. La semaine suivante, je tournais sans lui, puis il est revenu pour la scène où le père entre, un peu fâché, dans la pièce où les jeunes font la fête. Il avait juste à dire : « Bonjour tout le monde ! » et il était à nouveau très mauvais. Après encore quelques jours de tournage sans lui, je l'ai retrouvé pour la scène où il

Ulrich Mühe

entre dans la chambre de Benny et où il lui demande d'ouvrir la fenêtre. Il n'est pas parvenu à ouvrir la porte convenablement ! J'ai filmé quand même, me disant que ça devait être ma faute, que je me montrais trop hostile à son égard et qu'on se ferait une idée plus juste de son jeu avec les rushes. Tous les membres de la production devaient les voir. Or, il se trouve que nous avons dû les visionner ailleurs que dans notre salle habituelle et que la projection était mauvaise, les images tremblaient beaucoup. Nous avons donc dû changer de salle. Cette fois, les images ne tremblaient plus et tout le monde était soulagé. Sauf moi, qui étais catastrophé par le jeu de mon acteur. Je me suis donc levé pour dire que soit on prenait un autre comédien pour jouer le père, soit on arrêtait la production. Tout le monde était choqué, car cette vedette de la scène coûtait très cher. Mais j'ai insisté et obtenu gain de cause. J'ai alors repris contact avec l'agent d'Ulrich Mühe, Erna Baumbauer, une vieille dame que je connaissais bien, qui était la meilleure dans sa profession ; elle avait tous les grands acteurs germanophones sous contrat. Elle m'a un peu engueulé, mais très gentiment comme toujours, avant de me rappeler qu'elle m'avait prévenu, dès le début, que je n'avais pas pris le bon acteur. Je lui ai demandé si je pouvais faire appel à Ulrich Mühe et, avec son fort accent bavarois, elle m'a répondu que je n'avais qu'à lui téléphoner. Ce que j'ai fait. Je lui ai expliqué la situation et il a immédiatement dit oui. Il nous a rejoints sur le plateau quelques jours plus tard. Il a quand même fallu payer intégralement le salaire du premier acteur et retourner la scène avec le cochon. Avec un autre animal, bien sûr. En fait, on a même dû abattre un troisième cochon, car le vent soufflait tellement fort ce jour-là que la fausse neige, à laquelle je tenais tant, n'était pas tombée dans le cadre la première fois !

Pour jouer la mère, vous avez choisi Angela Winkler pour la qualité de son interprétation dans *L'Honneur perdu de Katharina Blum* de Volker Schlöndorff ?

Non, pour aucun de ses films, où elle m'a plutôt agacé. Je l'ai engagée pour ses excellentes prestations théâtrales. Elle était formidable dans les mises en scène de Peter Zadek. Je pense que c'est la plus grande actrice allemande de sa génération. Mais dans le cinéma des années 1970, elle est devenue une sorte d'icône de la femme allemande toujours déprimée.

C'est à l'occasion de ce film que vous avez travaillé pour la première fois avec le chef décorateur Christoph Kanter, que vous retrouverez pour huit de vos dix films suivants.

Notre rencontre est presque due à un hasard. Je n'étais pas très satisfait du travail du décorateur pour *Le Septième Continent* et l'on m'a proposé, pour *Benny's Video*, de prendre Kanter, avec qui tout s'est bien passé. Depuis, nous avons toujours travaillé ensemble dans la mesure du possible, car nous nous entendons très bien. Même si nous ne nous voyons guère en dehors du travail. Ce n'est pas une position de principe, mais il se trouve que mes amis, s'ils viennent majoritairement de mon milieu professionnel, sont rarement mes collaborateurs directs. Pour en revenir à Christoph Kanter, c'est quelqu'un qui, comme moi, est un grand fan du travail de préparation. Il déteste improviser sur le plateau. Nous commençons très tôt à communiquer sur un film et le résultat correspond exactement à ce que je voulais. Il est très intelligent, maîtrise parfaitement les ordinateurs et c'est un grand constructeur de décors.

Aviez-vous vu ses décors dans d'autres films ?

Je pense que oui, mais je ne m'en souviens plus. Il est plus jeune que moi. Il est allemand et a débuté au théâtre. Je ne sais plus comment il est venu en Autriche. Il est devenu le meilleur chef décorateur du pays. De toute évidence, nous allons continuer à travailler ensemble.

Ce film vous offre également l'occasion de travailler pour la première fois avec Christian Berger, qui deviendra l'un de vos directeurs de la photographie attitrés.

Comme je vous l'ai déjà dit, c'est très pratique de travailler avec les mêmes personnes, car on connaît bien leurs forces et leurs faiblesses. C'est comme moi, en tant qu'auteur, je me connais et, quand je travaille sur un scénario, j'évite d'écrire des scènes que j'aurais du mal à tourner. L'autre intérêt de travailler avec les mêmes collaborateurs, c'est que je sais qu'ils auront la patience de me supporter ! Je suis quelqu'un de difficile dans le travail, car je suis très impatient et il m'arrive de hurler sur le plateau. Ceux qui me connaissent bien savent que si je m'emporte, c'est à cause du travail, jamais pour torturer quelqu'un. C'est pour cela qu'ils acceptent de continuer à travailler avec moi, même si je les fais souffrir de temps en temps. Et plus particulièrement le directeur de la photographie et le responsable des décors, qui occupent des postes clés sur le plateau. Ma monteuse n'est pas moins importante, mais je ne me suis jamais disputé avec elle, car, en postproduction, on est plus au calme ; on n'a pas le stress du tournage. Sur un plateau, je suis tendu à 100 % et ce n'est pas toujours très agréable pour les autres.

Quand vous êtes en période d'écriture, vous renseignez-vous déjà sur les disponibilités des uns et des autres ?

Oui, par exemple, pendant l'écriture d'*Amour*, j'ai engagé Darius Khondji qui avait déjà éclairé *Funny Games US*. J'avais souhaité l'avoir pour *Le Temps du loup*, mais il n'était pas libre.

Vous aviez repéré la qualité de son travail dans quels films ?

Dans *Se7en*, dont j'avais particulièrement apprécié le travail de caméra et la lumière. À l'époque, c'était pour moi le seul film où les noirs étaient vraiment profonds, ce qui est très difficile à obtenir. Darius est un excellent directeur de la photo, comme Christian Berger et Jürgen Jürges, avec qui j'ai fait trois films : *Funny Games*, *Code inconnu* et *Le Temps du loup*. Le problème de Jürgen est sa lenteur, qui me coupe dans mon rythme. Mais il est tellement sympathique que je n'arrive pas à l'engueuler. Pour un gros plan qu'il a mis une demi-heure à éclairer, il va ensuite vouloir corriger des détails pour chacune des vingt prises, alors que tout était parfait depuis le début ! Je commence alors à m'énerver et il me dit calmement, en bégayant un peu : « On peut toujours améliorer ! » C'est charmant mais… un peu éprouvant ! Darius est un peu plus rapide, car il a l'habitude de travailler pour les Américains. Même si, à Hollywood, il dispose de plus de temps qu'en Europe pour installer sa lumière. Depuis, je crois, *La Pianiste* et surtout *Caché*, Christian Berger gagne beaucoup de temps d'installation grâce à un nouveau système de lumière qui a été inventé par un ingénieur du Tyrol : il consiste en de puissants rayons de lumière parallèles, qu'on peut ensuite dévier comme les rayons du soleil. Christian a su adapter ce dispositif pour le cinéma et c'est très pratique : il installe quelques gros projecteurs au-dessus ou à l'extérieur du plateau, puis il suffit de mettre de petits miroirs dans certains coins du décor pour refléter la lumière là où on en a besoin. L'éclairage d'une scène va ainsi très vite. Il y a une source lumineuse principale et on n'a plus qu'à ajouter des compléments ici ou là. Cet appareil me paraît promis à un grand avenir. Christian a lui-même fait des publicités pour le promouvoir, à l'intention des Américains. Mais ce n'est pas un grand businessman.

Il a l'exclusivité de ce procédé ?

Non, mais personne n'ose se lancer dans l'affaire, car tout le monde hésite à changer sa méthode de travail. En outre, les entreprises de matériel d'éclairage ne sont pas ravies, car cette invention rend leurs stocks inutiles.

Pour en revenir à *Benny's Video*, vous y faites plusieurs allusions à la Seconde Guerre mondiale. On pense aux camps de concentration quand Benny nettoie le sang et surtout quand son père, à la vue de son crâne rasé, fait allusion aux déportés. Pourquoi ces références ?

Quand Benny se rase la tête, c'est ambigu. On peut interpréter son geste de différentes façons. C'est une sorte de… *Buße* en allemand, d'acte de pénitence. Il se propose d'expier son crime. Mais c'est aussi un appel au secours lancé à ses parents, puisque, avec une telle allure, il ne peut que choquer son environnement familial et social. On peut aussi penser aux camps de concentration, puisque le père les mentionne. Mais s'il en parle, c'est parce qu'il ne comprend pas le geste de son fils. Ou plutôt il ne veut pas le comprendre.

Mais vous, en tant que cinéaste, vous sentiez-vous obligé de faire cette allusion à cette histoire-là ?

Obligé, je ne sais pas. Mais je ressens le besoin d'en parler, car, chez nous, comme je l'ai déjà dit, c'est un sujet qu'on a trop tendance à cacher sous le tapis. Or, c'est le devoir de l'artiste d'évoquer ces choses cachées.

Ce besoin a été éprouvé par une grande partie des jeunes cinéastes du Nouveau Cinéma allemand des années 1960-1970, Schlöndorff, Wenders, Fassbinder... Quelles relations avez-vous eues avec ces cinéastes ?

Aucune. Je n'étais pas en Allemagne à l'époque, et je connais mal leurs films. Je vous ai déjà dit que je n'aimais pas Fassbinder pour son côté mélodramatique et ses choix de casting. Il mélangeait les bons acteurs (comme Karl-Heinz Böhm et Klaus Löwitsch) et les mauvais (notamment les membres de son théâtre de Munich) et tout devenait faux, surtout dans la façon de parler. On a interprété cela comme distanciation et antiréalisme, mais en vérité, c'était dû à la mauvaise qualité de la plupart de ses comédiens. Vers la fin de sa vie, il a commencé à travailler avec de grands acteurs, tout en gardant ses copains pour les rôles moins importants et ça créait deux atmosphères sonores irréconciliables. J'ai cependant toujours admiré son énergie et sa capacité à enchaîner les films. Je dois reconnaître qu'il était extraordinaire, même si ce qu'il tournait ne correspondait pas à mes goûts. Sinon, j'ai aimé les premiers films de Wim Wenders, en particulier *Au fil du temps*, et divers titres que j'ai pu voir ; le *Kaspar Hauser* de Werner Herzog, et aussi les films de Hans-Jürgen Syberberg. Ses films étaient aux antipodes des miens, mais ils m'intéressaient toujours. À l'époque, comme beaucoup d'autres, j'aimais spécialement les cinémas italien et français.

Le cinéaste avec lequel on vous comparait beaucoup à l'époque de *Benny's Video*, c'était Atom Egoyan.

Oui, à cause de l'utilisation de la vidéo.

Aviez-vous vu *Family Viewing* ?

Oui. C'était amusant parce que j'ai rencontré Egoyan au festival de Toronto, où je présentais *Le Septième Continent*. J'étais dans la rue et un jeune homme est venu me demander : « Seriez-vous monsieur Haneke ? Je m'appelle Atom Egoyan. Je ne sais pas si vous me connaissez. J'ai trouvé votre film génial. Ce que vous faites, c'est ce à quoi j'aspire sans vraiment y arriver ! » J'étais très flatté et je lui ai demandé s'il avait aussi un film au festival. C'était *Family Viewing*, que je suis allé voir et qui m'a beaucoup plu. Je l'ai rencontré à nouveau à Paris, puis au festival de Cannes. C'est un homme très sympathique. Mais je n'ai malheureusement pas pu voir tous ses films.

Au vidéo-club, Benny emprunte la cassette de *Toxic Avenger*, film d'horreur bien connu des amateurs. Pourquoi celui-là ?

Moi, je ne connaissais pas ce film. J'ai demandé à Michael Katz de me donner des extraits de films d'horreur qui ne coûtent pas cher. Il m'a montré une vingtaine de titres et j'ai choisi celui-là, sans le regarder en entier. J'ai juste pris un passage spectaculaire.

Quand Benny se rend au cinéma, vous ne nous montrez pas le film qu'il va voir, mais quand il sort, on peut voir l'affiche de *Lolita 90*, un film de Catherine Breillat qui, en France, s'intitule *36 Fillette*.

On a gardé les affiches qui figuraient dans ce cinéma au moment du tournage. Rien n'a été truqué. Tout au plus, j'ai choisi de mettre en valeur un titre précis parmi les différents films projetés dans ce cinéma. Plus tard, j'ai fait pareil dans *Caché*.

Justement, dans *Caché*, on voit les affiches de *La Mauvaise Éducation* et de *Deux Frères*... C'est tout le film qui est raconté avec ces deux affiches ! Là, vous avez quand même choisi ces titres délibérément ?

Oui, là, nous avons eu plus de choix. Mais vous pouvez vérifier : ce sont des films qui étaient vraiment projetés dans les salles françaises à cette époque.

Et *Annie Hall*, le film de Woody Allen que le mari va voir à la fin de *Variation*, vous lui donnez un sens particulier ?

Oui, nous sommes allés chercher exprès cette affiche, car le titre allemand du film est un clin d'œil ironique lancé à l'intention de nos personnages, surtout du mari : *Der Stadtneurotiker* ! Ce qu'on pourrait traduire par « le citadin névrosé ».

Angela Winkler

Benny et sa mère fuient la réalité du meurtre en partant en Égypte. Peut-on y voir une référence biblique ?

Sérieusement, je ne sais plus. Maintenant que vous évoquez l'idée, j'ai dû vraisemblablement y penser, mais je ne peux pas l'affirmer aujourd'hui.

Sinon pourquoi l'Égypte ?

À cause d'une scène relative à une éclipse, que j'ai coupée. Nous avions imaginé cette scène en référence au culte du soleil chez les Égyptiens. Pour eux, si le soleil venait à disparaître, cela signifiait la fin du monde.

Pourquoi avez-vous coupé cette scène ?

Le trucage que nous avions élaboré pour l'éclipse n'était pas mauvais. Mais la scène était trop lente et j'ai dû la couper pour ne pas faire retomber la tension.

Elle figure, en bonus, dans l'édition DVD du film. Mais c'est la seule scène coupée de vos films que nous connaissions.

J'ai aussi coupé plusieurs scènes dans *Code inconnu*. Plus exactement, ce sont des scènes écrites que je n'ai pas tournées, parce que le producteur Marin Karmitz ne pouvait pas les financer. Ce sont des scènes qui se passaient en Roumanie, en Afrique, et même à Paris, qui correspondaient à une vingtaine de minutes. En fin de compte, c'est peut-être mieux qu'on ne les ait pas tournées, car le film aurait été trop long. Sinon, il y a des scènes du *Temps du loup* que j'ai dû jeter, car elles étaient vraiment ratées. À cause de mes mauvais choix de casting. Dans ce film, j'ai fait plusieurs erreurs, qui d'ailleurs se voient, mais qui étaient encore plus en évidence dans ces scènes coupées. C'est dommage, car, dans son scénario, le film était beaucoup plus complexe que ce qui reste dans le montage final.

Christian Berger au viseur et Michael Haneke

Venons-en à la troisième partie de votre trilogie, *71 Fragments d'une chronologie du hasard*, sorti en 1994. Est-ce après *Benny's Video* que vous avez décidé de faire une trilogie ?

Non, c'était plutôt après *Le Septième Continent*, si je me souviens bien.

Et vous aviez déjà une idée claire de ce que ce serait le troisième volet ?

Honnêtement, je ne me souviens pas. Ce que je sais, c'est que les films s'enchaînent les uns aux autres. Après la trilogie, je me suis dit que je n'avais pas assez approfondi le thème de la violence et j'ai écrit *Funny Games*.

71 FRAGMENTS D'UNE CHRONOLOGIE DU HASARD

Vienne, le 23 décembre 1993 : un carton nous informe qu'un étudiant a abattu trois personnes dans une banque, puis a mis fin à ses jours.
12 octobre. Les nouvelles à la télévision : la guerre fait rage en Somalie… Un garçon, parti de Bucarest, immigre clandestinement en Autriche, puis erre dans les rues et le métro de la capitale. Un convoyeur de fonds se comporte durement avec sa femme. Des étudiants jouent au mikado. Un couple adopte une fillette très méfiante. Un homme âgé a du mal à communiquer avec sa fille, employée de la banque qu'il fréquente. Un jeune homme s'entraîne au ping-pong face à un automate.
26 octobre. Les actualités télévisées du jour : des bagarres en Ulster, des grèves en France, un attentat en Turquie… Le pongiste se procure une arme. Le gamin immigré mendie, vole, évite la police.
30 octobre. Le gamin s'est rendu à la police et raconte son aventure à la télévision. Les parents adoptifs ont échoué avec la petite fille revêche.
17 novembre. La guerre au Moyen-Orient, la purification ethnique dans l'ex-Yougoslavie… Le couple adopte le gamin de Bucarest.
23 décembre. Noël à la TV. Les combats continuent à Sarajevo. Michael Jackson est accusé d'avoir abusé d'un mineur… La mère adoptive conduit le gamin de Bucarest en ville pour faire des courses. Le convoyeur de fonds entre dans une banque. La mère adoptive laisse le gamin dans son véhicule pour se rendre dans ce même établissement. Le pongiste rencontre des difficultés pour payer son plein d'essence. Le père de l'employée, lui aussi, se retrouve dans la banque de sa fille. Ne pouvant se procurer de la monnaie, le pongiste se dirige vers cette même banque où, énervé, il va directement au guichet, sans respecter la file d'attente. Un client le lui reproche : ils se battent, le pongiste est renversé. De retour dans son véhicule, il se terre, puis est interpellé par un automobiliste qui lui en veut de bloquer la circulation. Le pongiste, excédé, repart en direction

de la banque, où il sort son arme et fait feu au hasard sur des clients, dont le convoyeur de fonds et la mère adoptive. Il regagne son auto tout en tirant autour de lui, puis se suicide. Le gamin de Bucarest attend, seul, dans la voiture. À la télévision, il est dit que ce triple meurtre est sans motif apparent. En Bosnie, on passe Noël sous les obus. Michael Jackson, quant à lui, se déclare innocent.

Un thème commun aux trois films est la destruction d'un groupe causée par la désagrégation de la société. Dans les deux premiers volets, vous mettez en scène une famille. Dans le troisième, vous élargissez le champ en entrelaçant les histoires de plusieurs personnages, dont un jeune homme qui, tout d'un coup, va tirer sur plusieurs autres.

Mon idée de départ était de créer une série de personnages qui, à la fin, seraient les victimes de l'un d'entre eux. En d'autres termes, chacun des personnages pouvait potentiellement devenir le tueur. Là encore, le rapport avec les médias et toutes les informations dont ils nous inondent jouait un rôle important. J'ai inclus cinq blocs d'informations télévisées, tout au long du film.

Les années 1990 ont vu fleurir le genre du film choral, qui brasse en parallèle les histoires de plusieurs personnages. On peut dire que l'initiateur du genre est Robert Altman, avec *Nashville* en 1975. Juste avant votre film, en 1993, il avait signé *Short Cuts*...

Un chef-d'œuvre !

Ces films vous ont-ils inspiré ?

Je n'avais pas vu *Nashville* à l'époque. Mais *71 Fragments* n'était pas mon premier film choral, puisque *Lemminge* en était déjà un. Je pense que c'est plus simple d'écrire un film choral qu'une histoire avec deux ou trois personnes. Car si vous avez cinq histoires, cinq destins, vous êtes contraints de ne montrer que l'essentiel et de ne garder que les meilleurs moments. Avec une histoire racontée chronologiquement, c'est plus difficile d'avoir un développement qui maintient la tension. Dans un film choral, il faut réussir à maîtriser la structure, mais c'est, en général, plus gratifiant.

Comme dans les deux premiers films de la trilogie, vous ne donnez aucune explication d'ordre psychologique ou même sociologique, qui appauvrirait le film. Mais, en même temps, tout ce que vous montrez induit les comportements. Est-ce que vous vous souciez de ne pas trop en dire ?

Bien sûr, on a toujours peur de trop montrer, d'être trop lourd. Quand je commence un film comme *71 Fragments*, je me retrouve vite avec une tonne d'idées, de remarques, et quand la structure finale est arrêtée, les deux tiers de ce matériau se retrouvent à la poubelle. C'est un lent processus. Le vrai travail dans l'élaboration d'un scénario, ce n'est pas l'écriture des scènes, qui va vite et qui est un plaisir, c'est élaborer la structure de l'ensemble. Le vrai travail, c'est de déterminer, si je quitte cette personne ici, quand je devrai revenir à elle. Et est-ce que j'ai une bonne articulation entre ces deux scènes ? Le but premier à atteindre, c'est créer une tension dès le départ et la maintenir jusqu'à la fin. Sinon vous perdez le spectateur.

Le nombre de *71 Fragments* était-il posé d'emblée ou bien a-t-il été décidé après coup, au montage ?

C'est un hasard. Si j'étais arrivé à 73, le titre aurait été *73 Fragments d'une chronologie du hasard* ! Pour moi, il n'y a aucune symbolique dans ce nombre.

La seconde partie du titre est étrange, car le hasard ne peut présenter la moindre chronologie...

Cela se veut très ironique, pour exprimer des choses qui relèvent de l'indicible. Prenons l'exemple du vieux monsieur. S'il se trouve dans la banque au même moment que le meurtrier, c'est un pur hasard. Mais c'est aussi le fruit d'une chronologie dans sa vie. S'il n'avait pas eu une fille qui travaille dans cet établissement, il serait sans doute allé dans une autre banque. C'est ainsi que le hasard fonctionne. D'une personne à l'autre, il n'a pas la même importance ni la même origine. Pour certains, c'est la volonté de Dieu, pour d'autres, c'est le destin. Tout dépend des croyances

Branko Samarovski

des uns et des autres. Pour moi, le hasard est le facteur le moins important, parce qu'il est neutre. Mais pour ceux qui y voient la volonté de Dieu ou le destin, cela devient tout de suite plus pathétique et lourd de sens. La dimension ironique était déjà contenue dans le titre du film de Bresson, *Au hasard Balthazar*, où, bien sûr, rien n'arrive par hasard et où chacun peut projeter dans l'âne ce qu'il veut ou ce qu'il croit.

Mais dans votre film, Dieu, c'est vous. Comme dans *Caché*, vous détenez toujours les réponses !

Naturellement. Mais à travers moi passe quelque chose de plus grand. Un livre, un film ou un tableau est l'œuvre de son créateur. Mais si cette œuvre est mauvaise, ce n'est pas parce que son auteur est un idiot, c'est parce qu'il a moins de talent qu'un autre pour percevoir les choses qui sont dans l'air à ce moment-là. Le talent consiste à savoir regarder et à être à l'écoute de son temps pour articuler la réalité à travers le filtre de sa sensibilité. La richesse artistique d'une œuvre dépend toujours de la sensibilité de son auteur, plus que de son intelligence.

Pour revenir aux blocs d'actualités qui scandent le récit, vous nous avez affirmé ne pas avoir triché avec les dates, mais comment les avez-vous choisis ?

J'ai sélectionné les dates en entrecroisant les fils rouges que représentent les personnages. Prenons l'exemple du petit Roumain entré clandestinement en Autriche. Je pars du principe qu'il va y rester trois mois. S'il est arrivé le 20 avril, l'action le concernant s'arrêtera donc le 20 juillet. Les extraits des actualités correspondent à cette période. Une seule fois, je n'ai pas respecté la chronologie et pris les actualités du jour d'avant ou d'après ce que j'avais prévu, parce que c'était trop spectaculaire. J'ai quand même été surpris de voir combien tout était conforme à ce que j'avais imaginé : chaque journée d'informations télévisées présentait le même mélange de banalités et d'événements plus ou moins importants, politiques ou autres.

C'est ainsi que vous permettez à la petite histoire de rencontrer la grande. Un critique français a d'ailleurs dit que l'on voyait comment l'étudiant meurtrier allait pouvoir côtoyer Michael Jackson !

Cela tombait bien, car je ne pouvais pas prévoir que j'aurais Michael Jackson ! Je voulais un sujet relatif au domaine du spectacle – comme on en trouve toujours à la fin du journal télévisé – et j'ai eu la chance qu'il fasse l'actualité à cette date-là. Je l'ai donc deux fois : au début et à la fin de cette dernière journée. La répétition était indispensable pour montrer que, à la fin de la journée, l'histoire que j'ai racontée fait désormais partie des nouvelles.

Le film reprend un certain nombre de vos thèmes préférés, comme la représentation de la société dans les médias et la difficulté de communiquer au sein du couple, mais vous y introduisez aussi le thème de l'immigration que l'on retrouvera dans *Code inconnu* et dans *Caché*.

C'est un sujet qui commençait à devenir d'actualité. Autrefois, en Autriche, personne ne se préoccupait de l'immigration. Et puis, petit à petit, les médias se sont mis à en parler de plus en plus.

Pour vous, d'un point de vue humaniste, ce mélange de races et de cultures pourra-t-il améliorer la communication entre les êtres ou bien cette dernière sera-t-elle entravée par l'image que vont lui donner les médias ?

C'est une question difficile. Si nous nous en tenons à l'Autriche, nous avons une population très mélangée depuis longtemps. Il suffit de feuilleter l'annuaire téléphonique de Vienne pour constater que plus de la moitié des noms sont d'origine tchèque ou yougoslave. Je pense que ce mélange des cultures a joué un rôle déterminant dans les arts de mon pays, comme le prouve la littérature germanophone, au sein de laquelle le nombre des écrivains autrichiens est très supérieur à celui de leurs confrères allemands. Ce mélange des cultures a donc été positif. Mais je suis aussi un peu circonspect face au militantisme religieux des vagues d'immigration contemporaines. On est là au seuil du racisme – où je ne me situe certainement pas personnellement –, mais cela m'irrite néanmoins de constater la montée du mouvement islamiste et le comportement de ceux qui en sont issus, qui viennent ici et ne font aucun effort pour s'adapter. Bien sûr, cela ne s'applique pas aux gens intelligents, qui savent ce que signifie vivre dans le respect et la tolérance envers autrui. Mais les plus pauvres, les moins éduqués n'ont souvent qu'un seul repère : leurs traditions. Se trouvant à l'étranger, ils se sentent entourés d'« ennemis » et s'accrochent à leur langue, à leur culture, et là réside la principale difficulté sur le plan de la communication. Inversement, quand on voit, comme récemment en Autriche, des policiers faire irruption dans une école – à la demande du ministre de l'Intérieur – pour prendre deux enfants et les expulser du pays, c'est intolérable. Comment trouver la bonne position vis-à-vis de tout cela ? J'avoue que je suis un peu perdu. Je suis naturellement pour la tolérance, mais comment rester tolérant devant quelque chose qui peut devenir difficile à supporter ? On se sent, là aussi, coupable. Je ne peux pas dire que dorénavant les Africains doivent rester chez eux. Mais c'est aussi trop naïf de dire : « Il faut tous les accueillir ! » Il y a là un vrai problème. Et ça va devenir le problème principal de l'Europe pour ce nouveau siècle.

Avec l'enfant roumain et le couple de parents adoptifs de *71 Fragments*, cette question de l'islamisme ne se posait pas.

Non. La question de l'immigration se posait en d'autres termes et j'y étais totalement favorable, car je défends toujours les gens qui sont persécutés pour des raisons politiques ou autres dans leur pays d'origine. Il faut leur donner l'asile, c'est évident. Le couple qui adopte paraît néanmoins ambigu : la fillette ne les satisfaisant pas, ils optent pour un autre enfant, moins difficile.

Il y a même un côté « consommation » dans leur comportement. Ils veulent le petit Roumain qu'ils ont vu à la télé...

C'est un couple frustré, qui pense qu'acquérir un enfant va leur donner une autre vie. Et cela se remarque bien dans la manière dont ils traitent la petite fille. À ce propos, l'an dernier, dans une pâtisserie de Vienne, j'ai eu la surprise d'être servi par une jeune femme qui n'était autre que la petite fille du film ! J'étais épaté, parce qu'elle s'était merveilleusement développée. Elle n'avait plus cette allure de handicapée qu'elle avait à l'époque du tournage.

Et le garçon roumain ?

Ce n'était pas un enfant pauvre. Nous avons fait un casting en Roumanie où il est venu avec sa mère, et il s'est imposé d'emblée : il était très beau et plein de talent. Mais pour lui le tournage a été terrible. Il a détesté tourner la scène où il fait la manche. Il l'a fait avec beaucoup de sérieux, mais il se sentait très mal, car c'est un garçon plein de fierté.

Gabriel Cosmin Urdes (assis, à droite)

Ce que cet enfant vole dans le film est lié à l'image : des bandes dessinées, un appareil photo. Comme si sa volonté d'intégration passait par l'image...

C'est voulu, naturellement ! Il fait des photos des gens qu'il voit, alors qu'il n'a même pas de pellicule dans l'appareil. Mais ce qui lui plaît, c'est de « shooter ». C'est sa façon de se défendre contre le regard des autres.

Il y a deux jeux dans le film. Le premier est un mikado. Pourquoi ce jeu ?

Au début, le titre du film était *Mikado*. Mais il était déjà pris, pour un film japonais, je crois. Sinon, ça n'aurait pas été un mauvais titre.

Parce que c'est la métaphore du film ?

Oui, un peu. Dans ce jeu, le hasard joue un grand rôle : comment les baguettes tombent au début. Et, après, chacune est dépendante des autres.

Le second jeu, la croix qu'il faut réussir à reconstituer, fait écho dans le film à la référence au pari de Pascal et à la prière du convoyeur. Signifie-t-il qu'il faut se battre avec la religion ?

Tout à fait. Moi je me bats avec elle depuis mon adolescence. Comme je vous l'ai dit, avant de vouloir devenir pianiste, j'ai pensé être pasteur. Heureusement, ma vocation a été courte ! Aujourd'hui, je ne suis pas croyant comme l'entend l'Église. On ne peut pas se limiter à expliquer les problèmes existentiels à partir de la religion. Mais, dans la vie, restera toujours un petit surplus, sur lequel les sciences resteront muettes. Dans le film, le problème religieux est limité au christianisme. Mais on aurait pu prendre une autre religion ; la problématique aurait été la même.

Dans vos films, trois pistes de questionnement conduisent à une absence de réponse précise : la religion, la prise de conscience par rapport à l'évolution matérialiste du monde occidental et l'art présenté comme une échappatoire...

Non, l'art pour moi n'est pas une fuite devant la réalité. C'est même le contraire : un moyen d'approcher ce surplus que je mentionnais il y a un instant. Avec l'art, on parvient à une richesse d'expression qui dépasse la vie et permet de se diriger vers l'œil du cyclone. Pris dans un cyclone, on ne voit rien, mais dès qu'on atteint son œil, tout devient calme et peut-être clair.

Mais c'est l'une des singularités de vos films : ne pas donner de réponses.

On essaie toujours de trouver des réponses ; c'est toute l'histoire de la philosophie et de l'art. L'homme essaie de résoudre ses problèmes existentiels en trouvant des réponses définitives, même s'il sait qu'il n'y en a pas. Le simple fait de continuer à en chercher donne en fait tout son sens à sa vie.

Lukas Miko

La séquence du ping-pong peut-elle renvoyer à cet éternel va-et-vient de questions-réponses ?

C'était pour moi une bonne image, car, dans cette situation, le jeune homme se bat contre une machine, c'est-à-dire qu'il joue contre lui-même et n'arrive à rien. Je savais aussi, comme pour la séquence de l'argent qui est jeté dans les toilettes dans *Le Septième Continent*, que les spectateurs allaient râler.

À la différence près que, ici, c'est la nature même du plan qui dérange, alors que dans *Le Septième Continent*, c'était la situation...

Mais aussi parce que, dans les deux cas, il s'agit de plans fixes qui véhiculent une certaine violence. Un critique a écrit que la scène la plus violente vue sur un écran pendant le festival de Cannes, cette année-là, était celle du ping-pong de *71 Fragments*. Et ça m'a plu ! Il est vrai que c'est une violence d'autant plus forte qu'on peut l'imaginer. À l'inverse de la violence des films d'action hollywoodiens, qui n'est que du cinéma. Pour donner plus d'authenticité à son jeu, l'acteur avait demandé à répéter avec la machine distributrice de balles. Pendant qu'on préparait les lumières, il a joué pendant deux heures sans pause. Si bien qu'il était vraiment fatigué quand il a tourné le plan. Et ça se voit à l'image.

Vous avez choisi un acteur qui savait jouer au ping-pong ?

Il savait jouer comme moi quand j'avais dix-huit ans : je jouais beaucoup, mais pas au point de faire de la compétition. Donc, dès qu'il a su qu'il avait le rôle, il a dû s'entraîner tous les jours pour s'améliorer.

Nous aimons beaucoup la séquence d'ouverture du film, après le premier bloc d'actualités, où nous croyons voir des étoiles, alors qu'il s'agit du fleuve. On croit regarder vers le haut, alors qu'on est ramené vers le bas ! En outre, cette caméra en plongée verticale sur le sujet à filmer est une figure dont vous aviez éprouvé l'efficacité dans vos films de télévision.

Ce sont en tout cas des plans risqués, car ils invitent à se demander qui regarde. Je recommande toujours à mes étudiants de s'en tenir à des angles plus ordinaires. Dès que vous braquez votre caméra vers le haut ou vers le bas, c'est immédiatement perçu comme un regard, sinon théâtral, du moins artificiel. Là, j'avais une bonne raison, parce que la caméra ne pouvait être utilisée que de cette façon-là, fixée sur un pont, pour accompagner le jeune homme dans son déplacement. On aurait pu, bien sûr, le filmer à sa hauteur, mais c'est le début du film, et je voulais donner une certaine ampleur à la scène. Cela crée une sorte d'artificialité qui équivaut à des guillemets. Et on retrouve cet angle à la fin, pour suivre le trajet du tueur qui passe entre les voitures, traverse la rue et regagne son véhicule où il se suicide. Les deux fois, le personnage atteint sa destination, l'idée étant d'associer ces deux déplacements par la mise en scène.

Mais, justement, ces plans nous conduisent à nous demander qui regarde.

C'est peut-être le Dieu de Racine qui prend la vie terrestre pour un spectacle !

8

Retour au cinématographe Lumière – *La Tête du Maure* est trop lourde – Les provocations de *Funny Games* – L'horreur et la farce à portée de télécommande – Beckett ou Tchekhov ? – Un plan-séquence pour échapper à l'obscène – Le bruit de la course automobile – Susanne Lothar *versus* Naomi Watts – Un remake plan par plan – Une cigarette et un chien mal dressé – Slip ou combinaison – Mes délices du mixage.

En 1995, à l'occasion du centième anniversaire de l'invention du cinématographe, vous avez participé au film collectif *Lumière et Compagnie*...

Quand on m'a offert de participer à ce projet, j'ai accepté parce que je trouvais l'idée amusante. Puis, je me suis demandé ce que je pourrais tourner en lien avec la question de l'autoréflexivité dans les médias. C'est ainsi que j'ai eu l'idée de filmer les informations télévisées diffusées le jour anniversaire du tournage du premier film, le 19 mars 1995.

On ne peut pas s'empêcher de penser à *Nachruf für einen Mörder*, où vous repreniez déjà de vrais programmes télévisés. Avez-vous effectué pour *Lumière et Compagnie* le même genre de calculs, quant à la durée de chaque extrait des actualités du 19 mars 1995 ?

Je ne me souviens plus. Je sais que nous avons commencé par effectuer un enregistrement des nouvelles, puis j'ai coupé dans les extraits pour respecter la durée imposée.

Pour ce film, il y avait en effet quatre contraintes : un plan-séquence de cinquante-deux secondes, pas d'éclairage d'appoint, pas de son synchrone, et pas plus de trois

prises. Votre film dure exactement cinquante-deux secondes. On voit le présentateur, puis successivement, un fusil, des images de guerre avec des camions de l'ONU, un cadavre transporté par deux hommes, la reine Elizabeth d'Angleterre, le sport avec du ski, du foot, du hockey, la météo... Vous avez donc effectué du montage ?

Non, j'avais fait le montage des extraits avant. Avec la caméra Lumière, j'ai filmé en un seul plan ce montage vidéo diffusé sur un téléviseur.

Dans le petit reportage qui précède votre segment, on vous voit très content de manipuler cette pellicule spéciale, de repérer les perforations et de chercher à comprendre le fonctionnement de cette caméra.

C'est vrai que ça m'intéressait beaucoup et que le plaisir d'utiliser ce matériel s'ajoutait à la liberté de tourner ce que je voulais.

Comme à tous les autres réalisateurs de ce collectif, on vous pose deux questions. À la première : « Le cinéma est-il mortel ? », vous répondez : « Bien sûr, comme tout ! »

C'était spontané ! Et en plus, c'est la vérité !

Aujourd'hui, vous diriez la même chose ?

Bien sûr. Si on voulait être méchant, on pourrait même dire qu'une bonne partie du cinéma est déjà mort !

À la seconde question : « Pourquoi filmez-vous ? », vous réagissez par une pirouette : « On ne demande pas à un mille-pattes comment il marche, sinon il trébuche ! »

C'est une réponse aussi idiote que la question. Je ne peux rien répondre d'autre à ce genre de question : « Pourquoi écrivez-vous ? – Parce que ! »

Avez-vous vu *Lumière et Compagnie* dans son intégralité ?

Il y a eu une projection à Paris, avec presque tous les réalisateurs, à laquelle j'ai assisté. Mais participer à ce film n'était pas tellement important pour moi. C'était avant tout une expérience amusante et, ne l'oublions pas, le premier film que je tournais en France.

La même année, Paulus Manker, votre interprète de *Wer war Edgar Allan ?*, a réalisé *Der Kopf des Mohren* (*La Tête du Maure*), d'après un scénario de vous. Quand l'aviez-vous écrit et pourquoi ne pas l'avoir tourné vous-même ?

Je l'ai écrit avant de réaliser *Le Septième Continent*, pour la chaîne de télévision allemande Sender Freies Berlin. Mais, pour je ne sais plus quelle raison, ils n'ont pas voulu le faire. J'ai alors essayé de le faire produire pour le cinéma. J'avais l'accord de Klaus Maria Brandauer pour le rôle principal, mais nous n'avons pas trouvé l'argent. Frustré, je me suis désintéressé de ce scénario, que Paulus a lu et trouvé très bon. Au point de me demander de le lui vendre. Je me suis dit : pourquoi pas ? Et c'est comme ça que ça s'est fait.

LA TÊTE DU MAURE

Un gaz corrosif se répand dans Vienne, suite à une panne survenue dans une usine de produits chimiques. Georg, chercheur dans cette usine, croit voir, en rentrant dans son bureau, un homme gravement brûlé, assis dans son fauteuil. Ayant repris ses esprits, il pense aux conséquences écologiques que va inévitablement entraîner ce début de catastrophe. Cette pensée se transforme en inquiétude, puis en une véritable obsession. Anna, sa femme, souffre de son comportement et le lui reproche : il la gifle, puis s'excuse. Il souhaite alors emmener sa famille dans une maison de campagne, très loin de la capitale. Anna refuse. Elle part en vacances avec les enfants. Georg commence alors à recouvrir le sol du salon d'une grande masse de terre et à transformer la pièce en une gigantesque serre, où il pourra cultiver de nombreuses denrées pour sa survie. De même, il installe un poulailler et se lance dans l'élevage de lapins. Il ne sort que rarement de son appartement et s'impose de porter un masque sur le nez, provoquant la curiosité autour de lui. Il finit par éliminer toute possibilité de communication avec ses proches. Aux informations télévisées, il apprend que la population a commencé à fuir. Sa femme, de retour de vacances, constate la démence de son mari. Leur fils se blesse le pied en marchant sur un clou. Anna, de rage, frappe Georg. Ce dernier retient sa famille de force. La nuit, il tue son épouse avec une boule de verre, puis poignarde ses enfants, mais le son qui émane du massacre est celui des poules effrayées. Il pose le couteau de cuisine dans la main de sa femme qui gît au sol. Il se dirige ensuite vers la salle de bains et se voit, couvert de sang, dans la glace. Il reprend le couteau de la main d'Anna et se taillade le visage, quand, soudain, sa femme surgit, accompagnée d'ambulanciers et de policiers. Les enfants regardent leur père que l'on emmène, maîtrisé, sur un brancard.

Pour ce film, Paulus Manker a fait appel à un certain nombre de vos collaborateurs : la société de production Wega-Film, la monteuse Marie Homolková, Angela Winkler, Leni Tanzer, la petite fille du *Septième Continent* et, comme chef opérateur, Walter Kindler, qui avait éclairé *Lemminge*, *Variation* et *Fraulein*.

Paulus, qui n'avait alors réalisé qu'un seul film – *Schmutz*, en 1985, avec déjà Kindler à la lumière – a voulu profiter de cette équipe qu'il connaissait. Mais, à mon avis, ça ne l'a pas aidé. Ça l'a conforté dans sa tentative de faire un film à la Haneke, alors que *Schmutz* était plus personnel et bien meilleur. J'en avais écrit les dialogues et je l'avais aidé dans la structure du récit, mais l'histoire était totalement de lui. Comme c'était son idée, il devait être plus à l'aise que lorsqu'il a réalisé *La Tête du Maure*. Pour ce film, je ne sais pas ce qui s'est passé : Paulus était-il intimidé, ne s'est-il pas senti libre de s'approprier mon scénario ? Il a en tout cas tourné des kilomètres de pellicule, refaisant après coup de nombreuses scènes, en abandonnant d'autres au montage. Je ne suis jamais allé sur le plateau, je ne voulais surtout pas me mêler du tournage. Mais je sais que cela a été pénible pour tout le monde.

Votre idée était de laisser Paulus Manker totalement libre...

Totalement. En lui vendant le scénario, je lui ai dit qu'il pouvait en faire ce qu'il voulait. Mais Paulus a trop respecté un texte que j'aurais sans doute modifié si j'avais tourné le film. Dans *Schmutz*, il avait fait preuve d'un vrai talent pour composer des images impressionnantes. Moi, c'est le contraire. Je cherche plutôt la sobriété. Et, à l'arrivée, *La Tête du Maure* est un mauvais mélange de nos deux approches. Le pire, c'est l'interprétation que je trouve mauvaise, alors que Paulus est un excellent directeur d'acteurs. Il connaissait bien Angela Winkler pour avoir travaillé avec elle au théâtre. Gert Voss, qui incarne le scientifique, est un de nos plus grands acteurs de théâtre. Mais tous deux surjouent comme s'ils étaient sur scène. C'est dommage !

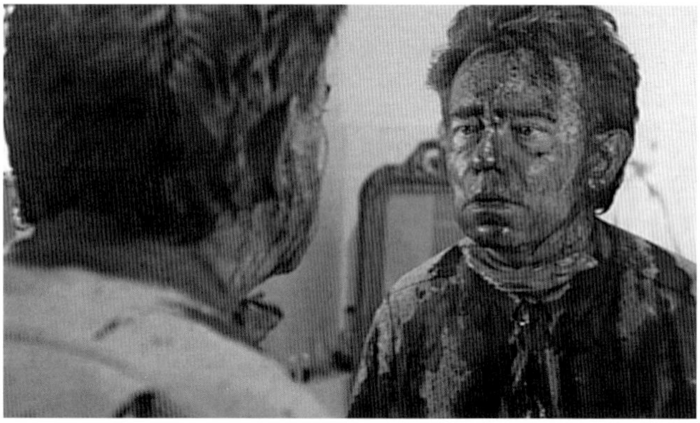

Gert Voss

Le scénario évoque une catastrophe chimique, sur laquelle nous n'apprenons presque rien et dont vous reprendrez l'idée dans *Le Temps du loup*. Parmi vos centres d'intérêt de l'époque, l'écologie avait-elle une place importante ?

C'est ce qui préoccupe le personnage principal, Georg, le scientifique, et qui lui cause une peur névrotique. Mais c'est comme dans *Les Communiants* de Bergman, dans lequel Max von Sydow se suicide, car il est obsédé par l'idée que les Chinois vont envahir le monde. C'est avant tout un prétexte à son obsession. Il se trouve qu'elle se focalise ici sur une question d'ordre écologique, mais ça traduit chez le personnage un malaise bien plus profond. À l'origine, tout ce qu'il affirme est vrai. Mais sa réaction est exagérée, comme ce soudain besoin d'acheter une maison à la campagne pour y protéger sa famille, de se couper de son travail et de tout le reste. J'avais lu une histoire assez proche, dans laquelle un père avait enfermé sa famille, qui devait demander par écrit des autorisations de sortie. C'est ce fait divers qui m'a donné l'idée du scénario.

La scène de violence nocturne, avec les éclairs de lumière, les poules qui s'affolent et Georg qui saccage tout dans l'appartement est très impressionnante...

Oui, mais à force de vouloir impressionner, Paulus en a fait trop. Il veut toujours faire du grand spectacle. Mais il a oublié que, pour cela, il avait besoin d'une grande histoire. Pas d'une petite histoire comme la mienne. C'est l'éternelle nécessité de faire coller la forme et le fond.

À ce titre, il y a, au début, un plan très spectaculaire assez malheureux. Celui de l'homme au visage calciné, que Georg découvre en entrant dans son bureau. On comprend qu'il s'agit d'un fantasme et ça laisse deviner tout ce qui va suivre. Notamment la fin (le massacre n'était qu'une hallucination), qui est en totale contradiction avec votre souci de ne jamais rassurer le spectateur.

Il ne faut pas oublier que j'ai écrit ce scénario pour la télévision et que, pour ce média, je devais procéder ainsi. C'est peut-être aussi la raison pour laquelle je n'ai pas éprouvé plus tard l'envie de reprendre mon scénario pour l'améliorer.

Pourquoi avez-vous intitulé ce film *La Tête du Maure* ?

En Autriche, il y a une tête de Maure assez connue, même si sa représentation ne correspond pas à celle peinte sur le mur dans le film : c'est le logo de l'entreprise Meinl, qui vendait du café avant de devenir une grande chaîne de produits alimentaires, puis de disparaître complètement. Et puis, chez nous, quand on parle de *Mohrenkopf*, et non pas de *Der Kopf des Mohren*, on pense aussitôt à une fameuse pâtisserie ! Donc l'image de la tête de Maure fait partie de la culture populaire autrichienne. Dans le film, celle que l'on voit est une image publicitaire qui disparaît lentement, à mesure que se construit la maison devant. Cela renvoie à l'image du Maure comme celui qui vit à l'écart de la société, le marginal.

Et pourquoi finir sur la citation de Gotthold Ephraim Lessing : « *Glauben Sie mir : wer über gewisse Dinge den Verstand nicht verliert, der hat keinen zu verlieren* », en français : « Croyez-moi : celui qui ne perd pas la raison à propos de certaines choses, c'est qu'il n'en a pas à perdre » ?

C'est une phrase qui n'a rien perdu de sa valeur. Elle rappelle que, dans une situation terrible, on peut perdre la raison. Georg, qui est doté d'une plus grande sensibilité que les autres, ne peut donc que devenir fou. En même temps, il a peut-être plus raison que les autres !

Votre collaboration avec Paulus Manker s'est arrêtée là ?

Non, non, nous sommes restés amis. Je lui ai d'ailleurs donné le petit rôle du tueur fou dans *Code inconnu*. Après, nous nous sommes fâchés à l'époque de *La Pianiste*, comme nous en reparlerons plus tard. Enfin moi, je n'étais pas fâché. C'est lui qui a tendance à faire des procès à tout le monde et qui perd beaucoup d'argent à cause de ça ! Mais, depuis, nous nous sommes réconciliés et nous nous envoyons régulièrement des mails.

FUNNY GAMES

Anna, Georg, leur fils Schorschi et leur chien Rolfi arrivent dans leur maison de campagne, près d'un lac. Peu après, Anna reçoit la visite d'un jeune homme, Peter, qui, invité de leurs voisins, lui demande des œufs pour dépanner ces derniers. Peter, maladroit, lâche les œufs, et en redemande aussitôt quatre autres, à la grande surprise d'Anna. Peu après, il fait tomber le portable de la jeune femme dans l'évier. Son ami Paul, lui aussi entièrement vêtu et ganté de blanc, survient et, très suave, soutient la requête de Peter devant Anna, agacée. Georg intervient alors et essaie de calmer le jeu, mais la discussion s'envenime et il est violemment frappé au genou par Paul, au moyen d'un club de golf. Les deux garçons séquestrent ensuite la famille, après avoir tué le chien. À plusieurs reprises, Paul prend le spectateur à témoin des tortures physiques et mentales qu'ils infligent à la famille, comme, par exemple, forcer Anna à se dévêtir devant ses bourreaux et son mari impuissant. Peu après, Schorschi parvient à s'évader, mais il est vite repris par Paul. Alors que celui-ci se rend dans la cuisine pour se préparer un sandwich, Peter abat l'enfant d'un coup de fusil. Les deux garçons, après avoir ligoté le couple, quittent les lieux. Anna parvient petit à petit à se libérer de ses liens, défait ceux de son mari, qui a beaucoup de mal à se mouvoir, souffrant atrocement de sa blessure à la jambe. Elle part en quête de secours, lui confiant la tâche de faire fonctionner de nouveau leur portable, afin d'appeler la police. Une voiture, dans la nuit, s'arrête : Anna découvre qu'elle transporte ses deux tortionnaires. Les sévices reprennent dans la villa. Anna doit réciter une prière, à l'endroit puis à l'envers, pour gagner le droit de choisir qui, d'elle ou de son mari, sera tué en premier et avec quelle arme. Tout d'un coup, la chance lui sourit : elle réussit à s'emparer du fusil que tient Peter et l'abat. Mais Paul se saisit de l'arme, puis de la télécommande du magnétoscope et remonte le film jusqu'au moment où Anna essaie de prendre l'arme, cette fois, en vain. Georg sera abattu et Anna, ligotée, jetée encore vivante dans le lac.

Paul se présente chez une voisine, amie du couple, entrevue plus tôt. Il lui demande des œufs pour le compte d'Anna qui vient de recevoir des invités à l'improviste.

Venons-en maintenant à *Funny Games* et à sa version américaine que vous avez tournée dix ans plus tard. Comment percevez-vous aujourd'hui ce film, qui vous a valu une étiquette de cinéaste associé à la violence ?

Je suis toujours fier de ce film. Il a fonctionné comme je le souhaitais dans la provocation, en rendant un certain nombre de gens fous furieux ! Mais en fait, ces spectateurs auraient dû être furieux contre eux-mêmes. J'ai toujours pensé que ceux qui avaient vu ce film en entier le méritaient, car personne ne les obligeait à rester dans la salle. Mon but était de montrer aux spectateurs ce qu'est vraiment la violence et comment ils peuvent devenir les complices des tortionnaires, tout en rappelant à plusieurs reprises que ce qu'ils voient n'est qu'un film. Ceux qui ont crié au scandale après avoir regardé tout le film me font bien rire. Après une première gifle, ils ont assisté à des actes de plus en plus violents sans broncher, alors que, à tout moment, ils auraient pu se lever et partir. Mais ils sont restés, collés à leur fauteuil, parce que le cinéma a un tel pouvoir de manipulation que, malgré toutes ces choses désagréables que je leur ai fait endurer, ils ont voulu connaître la fin. En cela, je rejoins Hitchcock quand il affirmait à propos de *Psychose* : « Je sais à quel moment et de quelle manière les gens vont réagir ! » *Funny Games* montre bien – sous la forme d'une dénonciation – comment nous pouvons être les victimes d'une manipulation. C'était mon but et je pense l'avoir atteint. Le problème c'est que, depuis, il y a eu des films bien pires que le mien qui visaient un public jeune.

À quels titres pensez-vous ?

Par exemple, la série des *Saw*...

Pour nous, les *Saw* n'entrent pas dans la même catégorie. Pas plus que les films de tueurs fous hollywoodiens des années 1980-1990, les *Vendredi 13*, *Freddy* et autres *Halloween*, qui magnifiaient la figure du criminel s'acharnant sur des victimes anonymes et idiotes. C'est un genre de film où rien n'est réel et où le plaisir naît de la surenchère dans le grand-guignol. Mais, dès que la projection s'arrête, on va boire un café et on passe à autre chose.

C'est exactement ce que je voulais éviter et dénoncer avec *Funny Games*.

Et pour cela, même si vous nous rendez complices des tueurs, vous nous placez du côté des victimes, qui sont de vrais personnages, avec qui on souffre. Le public des films de violence que vous visiez l'a bien senti et n'a pas eu envie de ressentir toutes les horreurs infligées aux personnages.

C'est effectivement un problème. Le public que je voulais toucher avec *Funny Games* n'est pas vraiment venu. C'est pour cette raison que j'ai fait un remake américain à Hollywood avec des vedettes, mais le même phénomène s'est reproduit. Cela m'a un peu frustré, parce que j'estime que le moins évolué des consommateurs de films aurait pu comprendre ma démarche. Mais évidemment, tant qu'il n'y a pas cette volonté d'essayer de comprendre, ça ne peut pas fonctionner.

Susanne Lothar, Stefan Clapczynski et Ulrich Mühe

Il n'en demeure pas moins que *Funny Games* a laissé une trace profonde chez les spectateurs qui l'ont vu et qu'aucun autre film sur ce thème n'est parvenu à l'égaler depuis. Pour nous, *Funny Games* a joué le même rôle que *Salò* en son temps.

Pour moi, c'est un compliment, car, comme je vous l'ai dit, *Salò* est le film qui m'a le plus marqué dans ma vie. J'avais été tellement choqué que j'ai vraiment eu beaucoup de mal à m'en remettre. Mais c'est aussi un film qui m'a ouvert les yeux.

Une grande différence avec *Salò* tient à votre refus de représenter graphiquement la violence. Ce qui fait la force de votre film, c'est que nous avons peur d'être confrontés à la représentation directe des atrocités commises par les deux tortionnaires, mais finalement on ne voit rien. Même si on croit avoir vu !

J'ai d'ailleurs lu des critiques qui avaient découvert des choses qui ne sont pas dans le film. De même, j'ai lu en Autriche un article sur *Benny's Video* qui décrivait précisément le meurtre de la jeune fille, alors qu'il est commis hors-champ !

Revenons à la genèse du film. Quand en avez-vous eu l'idée ?

Ce n'est pas une idée qui m'est venue d'un seul coup. Sa gestation a été très longue. En 1970, quand j'étais à Baden-Baden et travaillais comme *Dramaturg* à la télévision, j'ai écrit une première histoire dans l'espoir de réaliser moi-même un film. De cette histoire, j'ai tiré un scénario dont je vous ai déjà parlé, *Wochenende*. C'était inspiré d'une scène de *Tirez sur le pianiste* de François Truffaut, où le personnage est amené à tuer quelqu'un qui le menace et doit fuir. Dans mon histoire, il se réfugie dans une maison de campagne, près d'un lac, en brisant une fenêtre ou en passant par le garage, je ne sais plus. Et le lendemain matin, la famille, propriétaire des lieux, arrive pour le week-end. Le fuyard les braque avec son pistolet et la tension ne cesse de monter, jusqu'au moment où la femme parvient à manipuler suffisamment le jeune homme pour l'amener à tuer son mari dont elle voulait se débarrasser. Elle ne sera donc pas inquiétée pour ce crime, alors que le fuyard est, lui, arrêté et envoyé en prison. Comme je vous l'ai raconté, malgré l'obtention d'une subvention, je n'ai pas réussi à financer ce projet. Mais cette idée de départ continuait à me hanter et, plus tard, en 1986 je crois, j'ai été amené à la reprendre à l'occasion d'une coproduction télévisée entre l'Allemagne et la Géorgie. Je devais tourner à Tbilissi, où je suis arrivé le premier jour d'une révolution. C'est comme ça que je me suis retrouvé enfermé dans ma chambre d'hôtel. Et la nuit, réveillé par les coups de feu que j'entendais dans les rues voisines, j'ai transformé mon histoire d'origine en celle de *Funny Games*. Y manquait toutefois le traitement autoréflexif avec l'effet de distanciation, qui a fait que je n'ai pas tourné mon histoire sur le moment. Réaliser un simple thriller ne m'intéressait pas. C'est beaucoup plus tard, quand j'ai pensé à cette possibilité narrative de l'autoréflexivité, que j'ai essayé de monter la production du film. On peut donc dire que la gestation de *Funny Games* a pris une quinzaine d'années.

Cette approche autoréflexive du sujet a-t-elle un rapport avec l'effet qu'avait eu sur vous, dans votre jeunesse, la fameuse scène du clin d'œil d'Albert Finney à la caméra dans *Tom Jones*, que vous avez souvent citée comme l'un de vos grands chocs cinématographiques ?

Non, je n'y ai pas pensé en écrivant *Funny Games*. Mais c'est vrai que la première fois où j'ai été confronté à ce moyen de mettre en question une forme d'expression artistique, c'était à l'époque où j'ai découvert le film de Tony Richardson.

Nous, spectateurs, y avons pensé quand nous avons vu Arno Frisch se retourner vers nous et nous faire un clin d'œil.

Quand j'ai eu l'idée de traiter mon histoire de manière autoréflexive, je me suis demandé de quels moyens je disposais pour y parvenir. Le premier auquel j'ai pensé, c'était de faire parler l'acteur directement à la caméra et l'autre, c'était de rembobiner le film à un moment donné. J'avoue que j'étais très content quand j'ai eu cette dernière idée !

Faire rembobiner le film lui-même – et non pas une simple vidéo comme dans *Benny's Video* ou *Caché* – par l'un des personnages était, sauf erreur, une idée inédite…

… rendue possible grâce à l'arrivée des magnétoscopes. Auparavant, cela aurait été inconcevable.

Et cette trouvaille, outre l'effet de distanciation qu'elle procure, permet aussi une autre dénonciation : celle de tous ceux qui, avides de scènes de violence, peuvent, chez eux, en toute tranquillité, revoir à satiété ces scènes-là d'une manière quasi maladive. Une idée déjà esquissée dans *Benny's Video*...

Effectivement, *Funny Games* était aussi pour moi l'occasion de prolonger sur un autre registre le propos de *Benny's Video*. Un peu comme chez les Grecs, où chaque grande tragédie avait son pendant sous forme de farce. En un sens, on pourrait dire que *Funny Games* est la farce de *Benny's Video* !

Sauf que c'est impossible de le voir comme une farce ! Malgré les effets de distanciation, on souffre avec les personnages...

Parce que les situations et le jeu des acteurs sont tellement réalistes que l'on peut y croire. J'avais dit aux deux interprètes des tortionnaires de jouer dans un registre comique et à ceux qui incarnaient leurs victimes d'être dans le tragique. Ce qui rend leurs relations insupportables. En jouant la comédie, les deux jeunes tueurs font preuve d'une absence totale de pitié envers leurs otages. De leur part, il faut alors s'attendre à tout.

Est-il vrai que, à l'origine, vous aviez proposé le rôle d'Anna, la mère, à Isabelle Huppert ?

C'est vrai. Et elle l'a refusé. C'était à une époque où nous ne nous connaissions pas encore...

Aviez-vous écrit le rôle en pensant à elle ?

Non, c'est seulement après avoir fini de l'écrire que j'ai pensé à Isabelle. Mais j'ai été très content de l'interprétation de Susanne Lothar. Je venais de travailler avec elle et son mari, Ulrich Mühe, pour *Le Château*, et j'ai eu envie de continuer avec eux.

Pourquoi avoir dénommé les deux tortionnaires Pierre et Paul ?

D'une part, ce sont les Pères de l'Église ; de l'autre, c'est pour le côté ludique de l'allitération. Mais ils s'appellent aussi Tom et Jerry ou Beavis et Butthead...

Naomi Watts et Tim Roth dans *Funny Games US*

Pourquoi soudain Paul surnomme-t-il Peter « Tom » ?

J'adore cette scène, c'est tellement fou ! Paul appelle son acolyte de trois noms différents, pour se moquer de son sérieux et de son côté presque coincé. C'est déroutant pour les victimes, mais aussi pour les spectateurs. Moi, ça m'a beaucoup amusé !

Frank Giering et Arno Frisch

Ce n'est donc en aucune façon une manière symbolique de s'adresser aux éventuels spectateurs américains ?

Non, mais dès le début, j'ai pensé aux spectateurs américains. Le vestibule de cette maison de campagne, avec son escalier, en est la preuve : il a été construit en studio dans un style américain. Aucun vestibule de ce type n'existe en Autriche. Mais je n'ai pas réussi à attirer le public américain. J'ai pensé que c'était à cause de la langue, les films étrangers en version originale sous-titrée en anglais n'étant projetés que dans quelques salles art et essai aux États-Unis. Mais il en a été de même avec la version américaine. Au sujet de cette dernière, j'ai eu l'impression d'avoir été victime d'un complot des critiques américains qui, à quelques exceptions près, se sont déchaînés contre le film, alors que, en général, ils aiment ce que je fais. Ils ont trouvé le film ridicule : « On sait déjà tout ça, c'est naïf de nous montrer ce que nous sommes… » Ils ne voulaient pas accepter cette critique de leur cinéma et, au lieu de parler du contenu du film, ils se sont bornés à dire que c'était un *shot-for-shot remake*, un remake plan par plan, me reprochant d'avoir fait deux fois le même film. Quand on lit qu'un film est mauvais et qu'en plus on l'a déjà vu, ça ne donne pas vraiment envie d'aller le voir ! Mais seuls les critiques avaient vu le film autrichien, pas le public.

Au-delà de cette expérience, comment qualifieriez-vous votre rapport à la critique ?

Il est aujourd'hui très détendu. Je ne lis plus que les articles publiés dans les grands journaux et quelques revues que j'estime. C'est toujours important par rapport aux entrées, mais les enjeux sont moindres qu'à mes débuts. Quand vous êtes jeune cinéaste et que vous faites des films « difficiles », vous êtes très vulnérable. Je n'ai pas à me plaindre ; j'ai été très soutenu par la critique, à partir de *Benny's Video*, mais surtout à l'étranger. En Autriche, j'ai fait sensation avec *Le Septième Continent*, grâce à sa sélection à la Quinzaine cannoise, puis avec *Funny Games*, parce que cela faisait très longtemps qu'un film autrichien n'avait pas été en compétition officielle dans un festival majeur. Mais il aura fallu attendre que j'aie du succès à l'étranger pour que la critique autrichienne me soutienne à son tour. C'est lié, je crois, au sentiment d'infériorité autrichien. Notamment en matière de cinéma, où nous n'avons pas de tradition importante. S'ils voulaient paraître sérieux, nos critiques ne pouvaient pas trouver réussi un film autrichien. De manière générale, je trouve la critique trop soumise à l'esprit de chapelle. Ses jugements vont varier selon que vous appartenez ou non à tel ou tel groupe. Et puis, trop souvent, les critiques ne parlent pas vraiment du film qu'ils ont vu. Ils ont une vague idée de comment l'histoire ou le thème auraient dû être traités et ils reprochent à la pomme de ne pas être une poire. Bien sûr, la critique peut être aussi très pertinente, mais comme, dès leur sortie, je connais les qualités et les défauts de mes films, les retrouver dans une critique ne m'aide pas. Au contraire, quand j'ai fait une erreur, j'espère qu'elle passera inaperçue. C'est dommage pour moi si un critique la repère et en parle. Même s'il est alors pleinement dans son rôle. La seule critique qui m'agace est celle qui se veut personnelle et attaque l'homme plutôt que le film.

Avant de comparer les deux versions de *Funny Games*, nous voudrions revenir à la version autrichienne. La question de l'autoréflexivité culmine dans l'avant-dernière séquence du film. Après que les deux tortionnaires ont jeté Susanne Lothar à l'eau, Paul fait remarquer à Peter : « La fiction est pourtant réelle. Tu la vois bien dans le film, non ! » La remarque met en évidence le fait que, au cinéma, qu'on filme le réel ou une fiction, on est de toute façon face à une représentation.

C'est exactement cela.

En outre, dans cette séquence, le dialogue fait des deux garçons, surtout celui incarné par Arno Frisch, des surhommes nietzschéens. Était-ce pour vous une condamnation de la société moderne qui a complètement perdu le contrôle humaniste de toute réalité ?

C'est ce que l'on dit tout le temps aujourd'hui. Mais, heureusement, il existe encore des gens dotés d'une certaine sensibilité humaniste, qui s'engagent pour essayer d'améliorer les choses. À cause de la médiatisation des relations humaines, qui veut que tout le monde connaisse tout le monde, on a l'impression que tout est pire qu'auparavant. Mais moi, je ne le pense pas. Bien sûr, la situation politique, les grands conglomérats et la mondialisation, c'est catastrophique. Mais si catastrophe il doit y avoir, ce ne sera pas avant cent ans. Historiquement, l'humanité a toujours fonctionné avec un pied dans l'abîme. Simplement, à chaque période, cela s'est manifesté différemment. Honnêtement, à moins d'être un grand prince, je n'aurais pas aimé vivre il y a cent ou deux cents ans. Et encore. Même grand prince, je préfère avoir mal aux dents aujourd'hui qu'il y a deux siècles ! Il ne faudrait pas oublier qu'on a une vie globalement plus agréable que nos ancêtres ! Tous mes films sont conçus en réaction contre le cinéma de consommation courante, qui ment en prétendant que tout va toujours très bien. Je dois donc aller très loin dans la direction inverse, pour tenter de contrebalancer. Mais pas une seconde je ne pense que tous les gens sont comme ces deux garçons de *Funny Games*.

Paul et Peter, si nous les comparons à Benny, apparaissent comme des personnages extrêmes...

Ces deux garçons ne sont pas de vrais personnages. Ce sont des incarnations jubilatoires du mal, des abstractions. *Funny Games* n'est pas un film réaliste. Il peut paraître réaliste dans le jeu des acteurs et les situations, mais, si l'on y regarde de plus près, j'y confronte l'archétype de la famille bourgeoise à deux personnages de pure fiction. Il y avait déjà un peu de cela avec la famille du *Septième Continent*, qui n'était qu'un modèle, un prétexte à démontrer quelque chose. Ce n'est qu'à partir du moment où j'ai commencé à travailler en France que mes films sont devenus de plus en plus réalistes.

Peut-on voir dans *Funny Games* une conclusion à toute cette première période, celle de la trilogie ?

Oui, en partie. Mes premiers films fonctionnaient à partir de modèles et d'archétypes. Je n'ai repris le procédé qu'avec *Caché*, mais avec des personnages beaucoup plus réalistes, même s'ils ne sont guère complexes. D'emblée, ils sont clairement définis dans leurs attitudes et ils ne dévieront pas de leur trajectoire prédéterminée. Dans *Caché*, tout est sobre, comme chez Beckett. Non que je me compare à lui, mais je parle de Beckett par opposition à la complexité existentielle des personnages de Tchekhov. En vieillissant, je me sens de plus en plus proche du monde de Tchekhov. Mais il est toujours facile de trouver après coup des justifications à votre travail, alors que, sur le moment, beaucoup de choses sont le fruit du hasard. Il est vrai que, selon les périodes de ma vie, des choses m'intéressent plus que d'autres et cela m'amène à travailler différemment. Mais je ne peux pas en être totalement conscient sur le moment.

Avant d'écrire le scénario de *Funny Games*, connaissiez-vous ce fait divers qui a défrayé le Chicago des années 1920 : le meurtre d'un adolescent, Bobby Franks, par deux fils de famille qui entretenaient une relation homosexuelle sadomasochiste, Nathan Leopold et Richard Loeb ? Hitchcock s'en est inspiré pour *Rope* (*La Corde*) en 1948, et Richard Fleischer dans *Compulsion* (*Le Génie du mal*) en 1958.

Non, je ne connaissais ni le fait divers ni ces deux films. Pour écrire mon scénario, je ne me suis pas inspiré d'une histoire vraie. Mais c'était quelque chose qui était dans l'air à ce moment-là. Je me souviens notamment d'un article paru dans le *Spiegel*, sur un fait divers en Espagne : deux jeunes gens avaient attiré un SDF dans un endroit retiré pour mieux le torturer. Ils lui avaient arraché la langue avec leurs mains protégées par des gants médicaux. Ils ont été découverts, parce que cela leur avait tellement plu qu'ils voulaient recommencer et avaient proposé à un copain de se joindre à eux. Or, ce copain en a parlé à un prêtre, qui a appelé la police. Ils ont pu être arrêtés grâce à une boîte de ces gants médicaux, que la police a trouvée chez l'un des deux. Le garçon, quelqu'un de très intelligent, a écrit, en prison, un essai pour expliquer qu'il avait le droit d'agir ainsi, en citant Nietzsche et d'autres ! C'était hallucinant !

Susanne Lothar et Stefan Clapczynski

Si nous étions convaincus que vous connaissiez *La Corde*, c'est parce que Hitchcock l'a entièrement tourné en plans-séquences. Or, le plan-séquence est l'une de vos spécialités et nous aimerions revenir à celui de *Funny Games* qui a tant choqué lors de la présentation du film à Cannes. Ce plan de plus de dix minutes dans le

salon où se retrouvent les deux parents ligotés, à côté de leur enfant assassiné, au pied du téléviseur dont l'écran est éclaboussé de sang. Vous souvenez-vous, lors de l'écriture du scénario, comment vous avez conçu cette scène ?

J'ai d'abord décrit la situation, puis je me suis demandé comment la filmer. On ne peut pas montrer un enfant dont la tête a été fracassée. Ce n'est pas possible, car ça devient soit ridicule, soit dégueulasse. De même, les sentiments qu'éprouvent alors les parents ne peuvent être joués. La seule façon de procéder était donc d'éloigner le plus possible la caméra, afin de ne pas montrer les visages. Ce que l'on voit se limite à la tentative de la femme de trouver un couteau pour se libérer, elle, puis son mari, avant d'essayer de fuir. C'est la seule action qui pouvait être visualisée dans une telle situation. C'est d'ailleurs une scène dans laquelle on entend plus qu'on ne voit. Si elle avait été tournée d'une manière traditionnelle, elle aurait perdu toute sa tension. Le plan-séquence me paraissait donc en parfaite adéquation avec la situation. Sinon, je procède toujours de la même façon : chaque fois que je dois montrer quelque chose d'horrible, je le filme de loin. La souffrance montrée de près est, à mes yeux, obscène.

Pensez-vous qu'il y a d'autres choses qui ne se filment pas ?

Toutes les grandes douleurs et la mort. Je trouve insupportables les photos qui montrent les victimes d'un massacre en gros plans, surtout dans les documentaires. Je ne veux pas voir cela. C'est une question de goût.

De goût ou d'éthique ?

En allemand, *Geschmack* veut dire que si quelqu'un a du goût, c'est qu'il a aussi une éthique. Le goût n'est pas une affaire d'esthétique uniquement, cela implique du respect. En l'occurrence du respect pour la douleur d'autrui.

Une chose surprend dans cette scène, c'est la course de voitures que retransmet la télévision...

J'ai longtemps réfléchi à quoi mettre sur cet écran. Un programme avec du dialogue aurait détruit la tension de la scène. Quelque chose d'idyllique aurait conféré à l'ensemble une dimension ironique. La course de voitures avait l'avantage d'offrir un son infernal, tout en restant anonyme et réaliste. Nous avons choisi une vraie retransmission avec le commentaire correspondant. Je n'ai pas eu d'autre idée et je trouve que ça fonctionne bien.

Avez-vous pensé à la dimension obsessionnelle de la compétition automobile, qui consiste à tourner en rond sur un circuit ?

Oui, je pense que cela apporte un plus à la scène. Mais c'était avant tout le bruit de la course qui m'intéressait.

Ne peut-on faire le lien entre ce bruit infernal et le passage brutal de la musique d'opéra à celle de John Zorn dans la séquence d'ouverture ?

Effectivement, ces deux sources sonores sont violentes. John Zorn, c'est une proposition de mon monteur. Auparavant, j'avais une musique expérimentale, certes agressive, mais insuffisamment. En plus, John Zorn, ce n'est pas du pur heavy metal, mais plutôt une sorte de réflexion sur ce genre de musique. À l'image de *Funny Games* qui offre une forme de réflexion sur le thriller.

Comment avez-vous dirigé Susanne Lothar dans ce fameux plan-séquence ? Lui avez-vous donné des durées à respecter pour certaines positions ou ses déplacements ?

Je me souviens bien de la manière dont nous avons procédé. Susanne et Ulrich étaient dans leur loge et je suis venu les voir pour leur expliquer ce qu'ils devaient ressentir à chaque moment important de la scène et quels mouvements cela impliquait. Après, nous sommes montés sur le plateau, où je leur ai montré dans le détail tous les déplacements, avant de reprendre, étape par étape, l'évolution émotionnelle de leurs personnages. Je les ai alors laissés se préparer dans leurs loges, en leur recommandant de prendre tout leur temps. Tous les membres de l'équipe étaient en position et les ont attendus silencieusement. Ils se sont mis en place, puis ils ont joué le tout parfaitement. À l'exception d'une petite chose qui me dérangeait et qui m'a contraint de leur demander une nouvelle prise. Ils ont accepté, mais je les ai interrompus au bout d'une minute, car tout sonnait faux. Je leur ai alors demandé une troisième prise qui, elle, a été absolument parfaite. En plus, ils ont terminé la scène pile à la fin de la bobine. Rien n'a été chronométré. Quand j'ai écrit la scène, je savais juste que ça correspondrait en gros à la totalité d'un chargeur de pellicule. Je serais tenté de vous dire qu'ils n'auraient pas pu faire une quatrième prise, tellement c'était épuisant. Mais il y a le contre-exemple de la scène de la prière, pour laquelle nous avons tourné vingt-huit prises, parce que Susanne n'y arrivait pas. À ce moment-là, il ne faut surtout pas lâcher, mais, au contraire, recommencer jusqu'à ce que cela fonctionne. Cela a été dur pour tout le monde, même si toute la tension reposait sur Susanne. La fatigue a joué en sa faveur. Avant, je sentais dans le son émis par les sanglots qu'elle n'était pas juste, la tension manquait. Je dis souvent à mes étudiants que ce dont ils ont le plus besoin, c'est avoir une bonne oreille. On entend beaucoup plus vite qu'on ne voit. Dans un plan large, on ne voit rien pendant la prise. Ce n'est qu'au moyen du son qu'on se rend compte si c'est juste ou pas.

Il y a une scène stupéfiante où, la bouche bâillonnée, Susanne Lothar a le visage complètement déformé à force de pleurs et d'angoisse. Comment a-t-elle réussi à atteindre ce niveau de paroxysme émotionnel ?

Elle s'est présentée sur le plateau dans cet état. Elle avait pleuré pendant une demi-heure dans sa loge pour avoir des yeux comme ça. Elle était aussi maquillée, bien sûr, mais elle avait tenu à pleurer avant, pendant un certain temps. Elle doit être un peu masochiste, parce qu'elle aime tourner ce genre de scène. Elle aime jouer les situations extrêmes, c'est sa force. En revanche, elle n'est pas toujours à l'aise dans les échanges de dialogues. Elle excelle donc dans la seconde moitié de *Funny Games*, alors que, dans la première partie, elle est moins bonne que Naomi Watts dans *Funny Games US*, qui, elle, a plus de charme et une légèreté extraordinaire. Inversement, Naomi est moins bonne que Susanne dans la seconde moitié de la version américaine. Mais je considère l'ensemble de leurs prestations sur ces deux films remarquable.

Nous aimerions évoquer un effet de mise en scène qui ne nous convainc pas au début du film : les effets de changement de point tantôt sur Susanne Lothar, tantôt sur Ulrich Mühe, quand, assis dans leur voiture, ils s'interrogent sur le comportement de leurs voisins.

Je n'aime pas trop cela, moi non plus. Mais ça m'a paru inévitable. Si on avait davantage découpé la scène, on l'aurait cassée. Je voulais la tourner de la manière la plus simple possible. C'est la fin d'un long trajet, ils sont fatigués et je me suis tenu à une seule position de caméra : celle qui nous permet de les montrer ensemble à une certaine distance, parce qu'il n'y a pas de raison de se rapprocher d'eux. C'est pourquoi j'ai changé la netteté de l'un à l'autre, tout en restant sous le même angle. Je n'aime pas ça et, si j'y ai recours de temps à autre, c'est que je ne trouve pas de meilleure solution.

Mais quand vous avez refait la scène dans le remake, ces effets de point ont disparu. Était-ce alors une manière de corriger votre mise en scène ?

Non, c'est la même mise en scène. Mais c'est moins choquant dans le remake parce que l'assistant-opérateur a fait les changements de point avec plus de délicatesse que son homologue en Autriche.

Revenons un instant au son. Après la mort de Karl Schlifelner, l'ingénieur du son avec qui vous aviez collaboré pour la trilogie, vous avez fait appel pour *Funny Games* à Walter Amann, qui a accompli lui aussi un travail exemplaire dans le souci du détail. Par exemple, le petit bruit de la fermeture automatique du portail métallique, dans la propriété, au début.

Ce sont des trucs de mixage, ma spécialité ! J'adore ajouter ce genre de petits détails. Nous avons reçu le prix du meilleur son pour *Le Ruban blanc* en Allemagne. Et ça m'a fait très plaisir car, sur un film plutôt calme sur le plan sonore, nous avions énormément soigné les détails. C'est l'accumulation des petits bruits qui ancre un film dans la réalité. C'est difficile, mais c'est pour moi un grand plaisir que je partage avec mes excellents mixeur et ingénieur du son français, Jean-Pierre Laforce et Guillaume Sciama.

Vous nous avez expliqué pourquoi vous aviez réalisé une version américaine de *Funny Games*, mais vous ne nous avez pas dit qui était à l'origine du projet.

C'est le producteur anglais Chris Coen, qui avait une petite société de production américaine. Il est venu me voir à Cannes en 2005 pour me proposer le projet. J'ai dit oui, parce que, sur la liste des interprètes qu'il souhaitait, il avait fait figurer en tête Naomi Watts. Comme j'ai toujours pensé qu'elle serait l'interprète rêvée pour ce remake, je me suis dit qu'avec ce producteur, nous avions au moins là une vision commune du projet.

Comment avez-vous constitué votre équipe américaine ?

Cela a été un grand problème. Le seul point positif a été d'avoir à l'image Darius Khondji et son équipe, qui étaient formidables. Mais ils coûtaient deux ou trois fois plus que l'équipe initialement prévue par la production. Si bien que, pour les autres postes, m'ont été imposés des gens très *cheap*, alors que j'en avais proposé d'autres. Notamment pour les costumes et les décors.

Des personnes dont vous aviez remarqué la qualité du travail dans des films ?

C'est cela. La production ne les a pas engagées, prétextant que ces techniciens n'étaient pas libres. Mais je les soupçonne de n'avoir même pas essayé de les contacter, car ils savaient qu'ils étaient trop coûteux. Avec l'équipe Khondji, le film a explosé son budget. Après deux ou trois semaines de tournage, les représentants de la compagnie d'assurances sont intervenus et ils ont renvoyé le directeur de production avec son équipe. Ils l'ont remplacé par un type qui n'était là que pour surveiller le planning et me signaler que je prenais du retard. Je lui répondais que je faisais de mon mieux et que ça n'irait pas plus vite s'il continuait à m'énerver ! Et je le chassais du plateau. De toute façon, il ne faisait rien d'autre que promener son air sinistre, en nous donnant l'impression que c'était son propre argent qu'on dépensait. Tout était compliqué, car nous n'avions plus de directeur de production. Ma seule chance, c'était que, dans mon contrat, était stipulé que je devais tourner un *shot-for-shot remake* (un remake plan par plan). Donc il leur était impossible de me demander de supprimer des scènes pour gagner du temps. J'avais exigé cela dans le contrat, parce que je savais qu'en Amérique, ils font n'importe quoi. Un idiot peut couper et monter le film comme bon lui semble, et même faire tourner une autre fin. Là, ils étaient coincés et devaient me laisser tout filmer. Mais, à la fin, c'était l'horreur. Le dernier jour, nous avons tourné la séquence où le petit garçon, la nuit, cherche à s'enfuir. Et, alors que le jeune acteur avait de la fièvre, nous avons tourné de 9 heures du matin à 3 heures le lendemain matin, parce qu'il fallait à tout prix finir le film ce jour-là. La compagnie d'assurances refusait de rajouter la moindre journée. Tout cela n'était pas très agréable. Je peux même dire que ça a été ma pire expérience de tournage.

Dans ces conditions, comment a-t-il été possible d'imposer Darius Khondji, qui coûtait si cher ?

Parce que j'avais mentionné son nom dès le début et parce que c'est quelqu'un de connu et respecté dans la profession, en Amérique. J'avais déjà voulu faire avec lui *Le Temps du loup*, mais il n'était pas libre à ce moment-là.

En dehors de Naomi Watts, comment avez-vous choisi le reste de la distribution ?

Grâce à un casting classique. Tim Roth n'était pas mon premier choix. J'aurais préféré Philip Seymour Hoffman. Mais il n'a pas voulu, parce que, à ce moment de sa carrière, après *Capote*, ça n'aurait pas été bien pour lui d'interpréter ce rôle. J'ai compris ses raisons, car c'est le rôle le plus ingrat du film. Dans la mentalité américaine, ce personnage est un lâche, qui ne défend pas sa famille.

Il y aurait peut-être eu un problème avec Michael Pitt, à cause d'une certaine ressemblance avec Philip Seymour Hoffman.

Mais cela aurait été amusant aussi.

Cela aurait créé un certain trouble...

Un trouble de plus ! En tout cas, le rôle a été donné à Tim Roth, qui est un bon comédien, mais avec qui je ne me suis pas très bien entendu. En général, j'ai un bon contact avec les acteurs, mais, avec lui, ça a été très difficile, car il ne voulait pas qu'on lui explique les choses. Il ne voulait en faire qu'à sa tête. Il y a donc eu des tensions sur le plateau. D'autant que, de son côté, Michael Pitt a de gros problèmes avec tout ce qui relève de l'autorité. Il s'énervait facilement, me provoquait et je l'ai supporté, car je savais qu'il se comportait ainsi pour se donner de l'importance, mais surtout pour améliorer son jeu. Nous sommes aujourd'hui de bons amis et je l'apprécie beaucoup. Je trouve formidable son interprétation dans le film, ainsi que celle de Brady Corbet qui incarne son complice. Naomi a également rencontré des difficultés sur le plateau. Elle était mal à l'aise avec mon côté méticuleux. Elle a même pleuré une fois, au début, dans la scène de la cuisine que nous avons tournée une bonne dizaine de fois. Elle n'arrivait plus à mémoriser tous les petits gestes que je lui indiquais comme couper ceci, puis ouvrir le frigo, prendre le téléphone... Je lui ai dit de se calmer, que nous avions le temps. Elle pensait que c'était à cause du remake que je l'obligeais à faire tout cela. Mais nous sommes allés dîner ensemble et je lui ai montré le scénario original. Elle a vu que c'était déjà comme ça dans le premier film, où tous les gestes étaient déterminés à l'avance. Et il lui a bien fallu s'adapter à cette contrainte. En général – mais il y a, bien sûr, de belles exceptions – les réalisateurs américains ne s'occupent pas beaucoup des acteurs. Ils leur indiquent les déplacements, puis passent à la répétition et ils restent yeux rivés sur le combo, d'où ils émergent pour signaler dans le mégaphone quelques corrections à faire dans la prise suivante. Moi, je suis en permanence là et je répète aux comédiens ce que j'attends d'eux, jusqu'à ce que je l'obtienne. Ils n'étaient pas habitués à cette manière de faire et cela les a beaucoup énervés de me voir poser un verre avec précision ici et non pas là !

Devant ce manque de liberté, ils avaient tendance à se révolter ?

Exactement. Naomi a dit à un moment qu'elle n'était pas une marionnette ! C'est pourquoi je lui ai montré le storyboard du premier film, afin qu'elle comprenne bien que c'était ma manière de faire, remake ou pas. D'ordinaire, quand un acteur rencontre des difficultés, on essaie de trouver une solution, afin d'éviter qu'il ne se bloque, mais comme c'était un remake, on ne pouvait pas changer les choses de manière trop radicale. Je voulais garder au maximum les angles et les cadrages de l'original. Il m'a cependant fallu faire des concessions sur le positionnement de Michael Pitt dans certains cadres.

Aviez-vous montré la version autrichienne à toute l'équipe ?

Non, mais tout le monde l'avait déjà regardée pour avoir une idée. J'ai néanmoins demandé aux acteurs et techniciens de ne pas revoir l'original pendant le tournage, de peur que ça les bloque ou les influence. Je leur ai dit qu'ils n'avaient qu'à se laisser diriger par moi.

Mais vous, sur le plateau, vous aviez à votre disposition l'original ?

Bien sûr. J'avais même mes dessins et des photos de tous les plans du premier film. Cela me permettait de vérifier avec Darius, dès qu'une scène était un peu compliquée. En outre, j'avais composé un storyboard à partir des photogrammes de la version autrichienne.

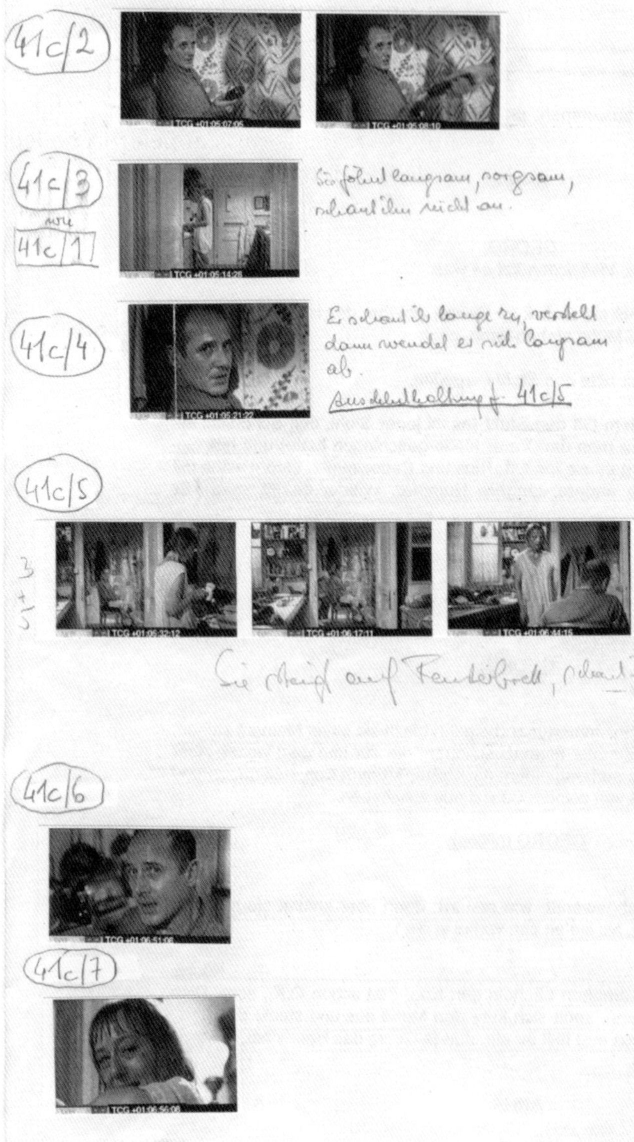

89.

He hands it over, she walks back to the hair dryer. Switches it on and starts to dry the phone, avoiding George's look, determined not to lose control. George, who's watching her, knows this, he lowers his gaze. The NOISE OF THE HAIR DRIER. Ann finishes, turns it off. Tries the phone. Again, there's a SIGNAL, but no connection. Ann looks at George in despair and anger, finally she gives up and takes the phone from her ear.

GEORGE
Forget it, come on... maybe it just won't work. Go! We're losing too much time. Go, now!

Ann looks at George ambiguously - she still isn't quite sure if she can leave him alone. George points with his head towards the blow drier.

GEORGE (CONT'D)
Pull me over there with the chair. It'll be easier than walking.

Ann hesitates for a moment, then pulls George on the chair into the kitchen, right next to the socket. Again, George has to hold his breath in order not to moan out loud.

GEORGE (CONT'D)
Thanks! Now go!

She gazes at him for a moment, nods.

ANN
Ok.

She walks to the window, starts to climb out...

GEORGE
Ann!

She stops, turns, looks at him. A small PAUSE, before George talks, choking.

GEORGE
Please forgive me!

Ann's eyes well up. She tries to control herself, a smile, she shakes her head ("please, don't do this!"). Anna breathes hard in order to hold in the tears.

ANN
I...

Découpage d'une séquence, avec photogrammes de la première version, figurant sur la page de gauche du scénario de *Funny Games US*...

Le scénario original avait déjà été traduit en anglais. L'américain comportait-il des modifications ?

Très peu. Pour la séquence d'ouverture, j'ai eu une discussion avec Tim Roth qui me disait qu'en Amérique les gens écouteraient d'autres morceaux que les airs d'opéra de la première version. Je lui ai répondu que ce genre de personnes, des bobos, on en trouve partout et que donc ça ne changeait rien pour la musique. En revanche, il a fallu procéder à un changement dans la scène où il est question d'appeler la police. Dans la version allemande, les personnages se demandent quel est le numéro, ce qui est impossible en Amérique où tout le monde connaît le « *nine eleven* ». J'ai donc adapté mon dialogue.

89

Aber er hält es ihr schon hin, sie geht damit zurück zum Föhn, den sie eingeschaltet auf die Arbeitsplatte gelegt hat und beginnt, das Handy im heißen Luftstrom zu trocknen. Dabei meidet sie Georgs Blick, um ihre Fassung behalten zu können. Georg, der sie anschaut, spürt das, senkt den Blick. Das FÖHNGERÄUSCH. Schließlich schaltet Anna den Föhn aus und probiert erneut die Funktion des Handys. Wieder gibt es ein SIGNAL von sich, aber eine Verbindung scheint nicht zustandezukommen, denn Anna schaut Georg mit einem verzweifelt wütenden Blick an, während sie das Gerät vom Ohr nimmt.

GEORG:

Laß es, komm...vielleicht geht es überhaupt nicht mehr. Geh Du! Wir verlieren viel zu viel Zeit. Laß mich das machen. Geh jetzt!

Anna, die sich wegen des Handys wütend halb weggewandt hat, schaut Georg fragend an - sie ist noch immer nicht sicher, ob sie ihn allein lassen kann. Georg deutet mit dem Kopf auf den Föhn:

Zieh mich bitte mit dem Sessel dorthin. Das ist, glaub ich, leichter als gehen.

Anna zögert noch einen Moment, dann geht sie zu Georg und zieht ihn mit dem Sessel in die Küche herein, neben den Stromanschluß des Föhns. Wieder muß Georg während dieser Aktion die Luft anhalten, um nicht vor Schmerzen aufzuschrein.

Danke. Und jetzt lauf.

Sie schaut ihn einen Moment lang an, dann nickt sie.

ANNA:

O.K.

Sie geht zum Fenster, setzt an, rauszusteigen, da sagt

GEORG:

Anna!

Sie hält inne, dreht sich zu ihm, schaut ihn an. Eine kurze PAUSE bevor Georg mit erstickter Stimme sagt:

Bitte verzeih mir!

Anna schießen die Tränen in die Augen. Sie will die Fassung bewahren, versucht ein Lächeln und schüttelt den Kopf ("Tu das nicht, bitte!"), zieht tief den Atem ein, um die Tränen zurückzudrängen:

ANNA:

Es...

... et, sur la page de droite, le découpage original.

Les deux tortionnaires emploient le vocabulaire à la mode, comme l'adjectif « *awesome* » qui, à l'origine, voulait dire « épouvantable », mais dont le sens est aujourd'hui inversé.

Nous avons travaillé avec plusieurs traducteurs. Tout d'abord un traducteur classique, puis un spécialiste du doublage et enfin un réalisateur écrivain – dont j'ai oublié le nom – avec qui j'ai revu les expressions idiomatiques.

Malgré votre manque de maîtrise de l'anglais, vous vouliez avoir le plus grand contrôle possible sur la traduction du dialogue original ?

C'est justement à cause de cette absence de maîtrise de la langue que je voulais plusieurs avis. Pour être sûr du résultat final.

Une rumeur a circulé, affirmant que vous aviez demandé à ce que la maison de l'original soit transférée aux États-Unis.

C'est faux. Mais comme la maison autrichienne avait été construite à l'américaine, je n'ai eu qu'à en reprendre les plans pour qu'elle soit reproduite à l'identique. En fait, les meubles sont différents, ainsi que les rideaux, ce sont les volumes qui ont été reproduits pour me permettre de conserver ma mise en scène. Le choix des extérieurs a été plus difficile. Normalement, on repère ses extérieurs, puis on construit son découpage en fonction des lieux que l'on a retenus. Mais là, c'était le contraire. Il fallait trouver des lieux qui correspondent au découpage. On y est parvenu, mais il a fallu parfois adapter le décor au découpage. Comme le pont qui conduit au lac qu'on a dû construire et qui a coûté une fortune. Pour la scène où Naomi cherche son chien, on a pu garder le même mouvement de caméra de droite à gauche, mais le lieu était inversé par rapport à l'original.

Parmi les quelques rares différences qui existent entre les deux versions, il y a la couleur de la bâche qui recouvre le bateau familial, bleue dans la version autrichienne, blanche dans l'américaine. Cela ne présente pas un sens particulier pour vous ?

Non, c'est l'accessoiriste qui n'a pas respecté mes instructions. De manière générale, j'ai beaucoup souffert de ce manque de professionnalisme qui a parfois coûté très cher. Comme pour ce plan du début, qui montre la voiture qui passe, vue du lac. En Autriche, on avait mis la caméra sur une petite embarcation et on a fait deux prises. En Amérique, une équipe gigantesque s'est déplacée, mais nous avons dû nous y reprendre à trois fois, car ils n'arrivaient pas à faire marcher l'embarcation à la même vitesse que la voiture. Chaque matin, quand j'arrivais sur le lieu de tournage, il y avait une armada de voitures qui m'empêchait d'accéder au plateau. Chaque responsable de poste a son chauffeur privé ! On peut, bien sûr, travailler de cette manière, mais à condition d'avoir trois fois plus d'argent et de temps.

Une autre différence entre les deux versions, c'est la race des chiens : un berger allemand pour la version autrichienne, un golden retriever pour l'américaine.

Pour la version autrichienne, le berger allemand s'imposait. C'est la race que choisissent les familles qui veulent un chien de garde. Mais en Amérique, les gens prennent plutôt un golden retriever, car c'est une race très amicale, le chien familial par excellence. Le nôtre était très joli, très doux, mais on ne m'avait pas prévenu que cette race n'était pas agressive. Comme en plus, il était mal dressé, il ne pouvait pas du tout faire ce que j'attendais de lui.

La découverte de son cadavre change d'une version à l'autre. En Autriche, le chien mort tombe du siège du conducteur ; en Amérique, du coffre arrière.

Je trouve que c'est mieux dans la version américaine. Et pourtant ils étaient arrivés avec un chien mort, qui était aussi raide qu'un bloc de béton ! J'ai demandé à ce qu'on prenne la peau et qu'on la remplisse de riz. La chute a été alors d'un grand réalisme. Beaucoup de gens m'ont demandé ce que j'avais bien pu faire au chien.

La mère n'est pas dans la même tenue lorsqu'elle est ligotée et qu'elle essaie de se libérer. Dans la version autrichienne, Susanne Lothar porte une combinaison, alors que, dans la version US, Naomi Watts est en slip et soutien-gorge.

L'explication est simple. La robe que portait Susanne Lothar n'était pas très adaptée. C'était une jolie robe pour être portée en ville, mais pas à la campagne. L'avantage, c'est qu'elle permettait d'avoir en dessous une combinaison. Pour Naomi, je voulais

Ulrich Mühe et Susanne Lothar

une robe d'été très simple, comme peut en porter une jeune femme. Mais on ne porte pas de combinaison avec ce genre de robe. Je lui ai alors laissé le choix : soit on lui créait une robe qui permettrait le port d'une combinaison, mais qui ne serait pas très juste, soit… Elle a tout de suite dit que cela ne la gênait pas de jouer la scène en sous-vêtements. Elle voulait surtout se sentir à l'aise dans la robe et, aussi après, dans la scène difficile. Mais ce n'était pas du tout pour mettre en valeur son corps sexy. On lui a d'ailleurs donné des sous-vêtements strictement fonctionnels, sans coquetterie aucune, car sinon ce serait devenu obscène. Je la voulais très petite fille dans cette scène.

Tim Roth et Naomi Watts

Dans les dialogues allemands, Arno Frisch se demande si la mère a des bourrelets, tandis que, en anglais, Michael Pitt se demande si elle a les seins qui tombent.

On a changé pour des questions de rime. À ce moment-là, les tortionnaires improvisent des vers et je voulais garder cette ligne mélodique. De la même manière, on a dû trouver en anglais l'équivalent de la rime qu'il y avait en allemand dans la formule : « *Das Kind ist blind, die Mamma zieht sich aus geschwind* », ce qui veut dire : « L'enfant est aveugle et la maman se déshabille vite. » Chaque fois on a changé en anglais pour garder la rime. Ailleurs, ce sont des jeux de mots qu'il a été très difficile de traduire. Quant à la prière qu'est forcée de dire Anna, elle varie d'une version à l'autre, car nous avons pris chaque fois d'authentiques prières qu'on fait réciter aux enfants.

Le plan-séquence que nous avons évoqué est plus court d'une minute dans *Funny Games US* et le timing des deux actrices n'est pas du tout le même. Susanne Lothar reste prostrée longtemps, alors que Naomi Watts fait très vite quelque chose, essaie de se lever. Ensuite, c'est incroyable, elles éteignent la télé exactement au même moment ! Mais à la fin, il y a quand même une minute d'écart. Dans la version autrichienne tout est plus long...

C'est une autre preuve que, dans sa seconde moitié, la version autrichienne est meilleure que la version américaine. Je n'ai pas discuté de cette différence de jeu avec Naomi, mais il est vrai que j'ai fait une préparation moins minutieuse de ce plan avec les interprètes de la version US. Le couple Watts-Roth se sentait tellement coincé dans ce remake que je leur ai laissé plus de liberté. Notamment sur les détails de leur comportement dans la durée de ce long plan. Et le problème, c'est que, dans ce plan, à l'inverse du couple Lothar-Mühe, ils ne jouent pas ensemble. Cela se voit et s'entend. Ulrich Mühe est beaucoup plus touchant et plus vrai que Tim Roth. Dans d'autres scènes, Roth est très bon, mais pas dans celle-ci.

Michael Pitt et Naomi Watts

Combien avez-vous fait de prises de ce plan-séquence pour la version américaine ?

Je ne sais plus, mais pas beaucoup. Il y a juste eu quelques prises de plus que dans la version autrichienne, car je voyais bien que je n'allais pas obtenir le même résultat et que je voulais plus de vérité.

On peut voir, sur l'écran de télévision, un extrait de *L'Impossible Monsieur Bébé* (*Bringing up Baby*), de Howard Hawks, avec Cary Grant et Katharine Hepburn. Pourquoi ce film ?

Je l'ai choisi dans une liste de films pour lesquels on n'avait pas à payer de droits. Une autre raison tenait au bon rythme du dialogue, dans cet extrait. Et aussi que ce court moment de comédie était bienvenu dans un film aussi dur.

Nous ne connaissons pas d'autres films refaits plan par plan, et, qui plus est, par leur propre réalisateur.

Moi non plus. Il y a bien eu le remake de *Psychose* par Gus Van Sant, mais il s'agissait d'un travail d'étude sur le film de Hitchcock. C'est autre chose.

En outre, Gus Van Sant n'a pas repris systématiquement le découpage de l'original, il a ajouté des plans et visualisé le mental de Norman Bates...

Pour moi, la question du remake était double : pourquoi je le fais ? Vous connaissez la réponse. Ensuite : comment je le fais ? Ai-je des choses à ajouter ? Non, tout a été dit dans le premier. Il me restait à trouver le public que je n'avais pas atteint avec la version autrichienne. Donc, j'ai gardé la même manière de faire. Et puis, c'était intéressant de procéder ainsi, car il était très difficile de refaire exactement le même film dans des conditions très différentes. C'était pour moi comme un exploit sportif. J'ai réussi à surmonter tous les obstacles ! Cela m'a procuré une grande satisfaction, car lors du tournage, pour chaque plan je redoutais que ce soit moins bien que dans la première version. Et à cause du principe du remake, je savais que je ne pourrais pas couper ce qui serait raté.

Vous vous retrouvez aujourd'hui avec deux films pratiquement identiques. Quel est votre sentiment face à ces films jumeaux ?

J'éprouve la satisfaction de ne m'être pas trop trompé en refaisant le film. Par exemple, j'ai amélioré mon travail avec certains interprètes. Arno Frisch est extraordinaire, mais Michael Pitt est encore mieux. Arno ne joue pas. Il est naturel et dit son texte avec ce côté arrogant qui est le sien dans la vie et qui colle bien avec le personnage. Michael, au contraire, interprète son rôle, en grand professionnel hollywoodien, avec beaucoup de nuances dans les détails. Ce qui convenait parfaitement au projet d'américaniser le propos, afin de toucher le public le plus large possible. Brady Corbet est très bien aussi, mais Frank Giering était mieux, car il paraît moins dangereux, plus comique et en fin de compte plus effrayant. Pour conclure, je dirais que ce fut une expérience douloureuse, parce que j'avais sous-estimé les difficultés, mais comme je suis parvenu à mes fins, je suis tout de même très satisfait du résultat.

Ron Howard a l'intention de faire un remake de *Caché*. Quel est votre sentiment à ce sujet ?

Il a déjà renoncé ! Mais je n'avais rien contre. Les Américains peuvent faire des remakes de mes films comme bon leur semble, pourvu qu'ils me paient bien ! En plus, ça m'intéresserait de comparer leur travail au mien.

Mais si les Américains vous demandaient de réaliser vous-même le remake de *Caché*, vous refuseriez ?

Bien sûr. Ils me l'ont d'ailleurs proposé, alors que je réalisais *Funny Games US*. Il y avait déjà un budget et des acteurs pressentis. Mais cela ne m'intéressait pas. Il serait absurde que je signe un deuxième remake de l'un de mes films.

9

Code inconnu pour communications difficiles – Bourdieu, les Noirs, les Roumains et Juliette Binoche – Au royaume de Marin Karmitz – Mes meilleures critiques – Les secrets des sourds-muets – Un film choral en plans-séquences – Souvenirs de mon père – La longue gestation de *La Pianiste* – Isabelle Huppert sait tout faire – Filmer l'obscénité – Les larmes d'Annie Girardot – Une doublure pour Benoît Magimel – Schubert et Schober – Le doublage, c'est la destruction du film.

Avant d'aborder la genèse de *Code inconnu*, en 2000, pourriez-vous nous parler de son sous-titre rarement mentionné : « *Récit incomplet de divers voyages* » ?

Il est en relation directe avec le contenu du film.

Certes, mais ce sous-titre fait irrésistiblement penser au titre de votre précédent film choral, qui jouait aussi sur l'idée d'un récit incomplet : *71 Fragments d'une chronologie du hasard*...

Si vous voulez, on pourrait dire que *Code inconnu* est un remake en France de *71 Fragments*. Il entrelace plusieurs histoires typiques de la vie quotidienne française du moment. C'est d'ailleurs le seul film à ce jour pour lequel j'ai été amené à faire des recherches, parce que je ne savais rien des communautés africaines et roumaines qui avaient immigré en France. Le mari de Matilde Incerti, mon attachée de presse française, qui est lui-même roumain, m'a permis de rencontrer certains de ses compatriotes à Paris. Et comme il est professeur d'université, il m'a mis en contact avec des étudiants africains. J'ai ainsi pu observer le comportement de ces communautés pendant trois mois, avant d'écrire la moindre ligne. Ma plus grande fierté sur ce

différentes. J'ai alors loué un petit appartement à Paris où je suis resté trois mois pour mes recherches, avant de rentrer à Vienne pour écrire le scénario. J'ai présenté le scénario à Karmitz, qui a d'emblée donné son accord. Puis je l'ai donné à Juliette qui, après l'avoir lu, a dit : « J'aimerais beaucoup être votre monteuse dans ce film ! » Je lui ai demandé si c'était une blague, car il n'y avait justement rien à monter, tout étant prévu en plans-séquences ! Elle a beaucoup hésité, parce que sans doute – mais je n'en suis pas sûr – elle était un peu déçue de n'avoir qu'un rôle parmi d'autres. Mais elle a finalement accepté et tout s'est très bien passé. Travailler avec elle, c'est formidable.

Quand vous avez informé Karmitz que vous aviez l'accord de Juliette Binoche et qu'elle apparaissait dans un ensemble d'histoires mélangées, vous lui avez parlé de la thématique du film ?

Je ne me souviens plus de ce que je lui ai dit. Mais j'avais déjà en tête l'idée de l'immigration avec les Roumains, parce que j'avais déjà abordé le sujet dans *71 Fragments*. Et, comme cela se passait en France, je savais qu'il me faudrait aussi parler des Noirs, mais je ne savais pas encore comment. C'est pourquoi j'ai entrepris toutes ces recherches, que j'ai financées moi-même.

Aviez-vous décidé, dès l'écriture, que ce film serait tourné uniquement en plans-séquences ?

Oui, parce que je n'avais pas pu le faire pour *71 Fragments d'une chronologie du hasard*, et que c'était là un moyen de relever un nouveau défi. Comme, plus tard, l'obligation de respecter le découpage du *Funny Games* autrichien pour son remake américain.

Vous imposer de telles contraintes n'est-il pas un moyen de vous surpasser sur le plan esthétique ?

Je ne sais pas. Pour *Code inconnu*, il y avait le souci d'être rigoureux par rapport à l'idée de fragmentation, que chaque fragment soit un tout et corresponde donc à un plan-séquence. Pour autant, je ne voudrais pas ériger en principe le recours au plan-séquence. Dans *Le Ruban blanc*, par exemple, il y a beaucoup de plans-séquences, mais la majorité des scènes ont gagné à être découpées en champs-contrechamps. Je ne pense pas que je retournerai un film entièrement en plans-séquences.

Avant de détailler le plus fort de vos plans-séquences dans *Code inconnu*, pourriez-vous commenter la scène d'ouverture, où des enfants sourds et muets doivent trouver ce que mime une fillette ?

J'ai donné à la fillette le mot qu'elle devait mimer, mais pas aux autres. Et je ne vous le révélerai pas non plus !

Donc les réactions diverses des enfants n'étaient pas écrites dans le scénario ?

Si, parce que sinon cela aurait pris trop de temps. Les réponses avancées étaient toutes préétablies. Si la fillette mimait le mieux possible le mot donné, elle ne pouvait alors que provoquer ces propositions.

Parmi toutes ces réponses, il y en a beaucoup qui renvoient à votre univers : « seul », « cachette », « gangster », « mauvaise conscience », « tristesse », « enfermé »... N'était-ce pas, comme dans une ouverture d'opéra, une sorte d'annonce des thèmes qui vont être traités dans le film ?

Oui, de manière plus simple, je dirais que cette séquence équivaut à une phrase qui se finirait par un double point, la suite du film ayant pour but de développer ce qui vient d'être énoncé. Avec, à la fin, le retour sur le groupe des enfants et le garçon qui veut expliquer une très belle chose que, cette fois, le spectateur doit déchiffrer seul, car il n'y a pas de plan sur les réactions du groupe.

Un finale plutôt optimiste, pour une fois !

Oui, c'est mon film le moins triste !

Grâce aux enfants sourds et muets ! Dans ce film, ce sont les seuls à savoir communiquer et à atténuer, à la fin, le sentiment de malaise qu'entraînait déjà la seule lecture du titre : *Code inconnu*, à savoir l'exclusion par la méconnaissance.

J'ai retenu ce titre à cause de cette pratique française, qui n'existait pas alors en Autriche. Aujourd'hui, nos portes d'immeubles commencent à être équipées de digicodes, mais à l'époque, nous ne connaissions que la sonnette. Or, pendant mes recherches pour le scénario à Paris, chaque personne que je devais rencontrer me donnait un code d'accès. Cela m'a beaucoup frappé et j'ai pensé que c'était une bonne métaphore pour signifier le manque de communication contemporain.

Vous concluez, comme souvent, en bouclant la boucle. Ici, la dernière séquence renvoie directement à la première.

Toutes les structures musicales fonctionnent à partir de ce principe. Et quand j'écris mes scénarios, j'utilise de nombreux procédés musicaux : ellipses, répétitions, contrepoints... Surtout quand j'écris un film choral, dont la structure est forcément plus complexe. D'un côté, c'est plus facile, puisque l'on peut ne faire figurer dans chaque séquence que les points essentiels. Mais, de l'autre, c'est plus difficile, parce qu'il faut veiller à ce que le spectateur garde bien le fil de chaque histoire. Sachant qu'une séquence trop longue fait tomber la tension et que, lorsque l'on reprend une histoire là où on l'a laissée, il faut trouver une situation inattendue pour relancer l'intérêt.

Comment avez-vous tourné le deuxième plan-séquence, sur le trottoir, avec Juliette Binoche et le petit frère de son compagnon, qui crée un attroupement après avoir humilié une mendiante ? La richesse de sa composition en fait le plan le plus impressionnant du film...

Il a requis beaucoup de travail. Il nous a d'abord fallu trouver une rue qui se prête à pareille mise en scène. Et longtemps, nos recherches sont restées vaines. Quand finalement, on a opté pour un lieu, il a fallu l'adapter afin de pouvoir y tourner ce qui figurait dans le scénario. L'endroit où le jeune homme joue de son instrument est un passage qui conduisait à une cour vide. Il a fallu y construire l'arrière d'un supermarché, lieu très recherché par les mendiants, parce qu'il y a beaucoup de passage. La boulangerie n'existait pas non plus. À la place, il y avait un magasin de tapis, qu'on a donc dû transformer. Concernant les mouvements, tout était précisément chronométré. On avait, par exemple, une partie du dialogue qui durait cinq secondes et qui devait être dite pendant que le personnage faisait sept pas à tel endroit précis. Et, dans le même temps, il fallait coordonner avec autant de précision la trajectoire de la caméra. Nous avons donc répété avec la caméra et les acteurs pendant une journée. Puis, une deuxième journée avec la caméra, les acteurs et en plus les figurants. Avant de tourner lors de la troisième journée. Nous avons fait, je crois, vingt-huit prises et c'est la dernière qui a été retenue au montage. Dans toutes les autres, il y avait soit un acteur qui ne savait plus son texte, soit l'un des deux cents figurants qui regardait vers la caméra, une bêtise en entraînant une autre ! C'était comme un sac de puces qu'on ne pouvait pas maîtriser. Mais quand tout a fini par fonctionner, cela a été une immense satisfaction.

Ona Lu Yenke, Luminita Gheorghiu et Alexandre Hamidi

Vous seriez-vous lancé dans une telle entreprise sans l'aide du combo ?

Non, parce qu'il est impossible de tout voir soi-même dans un tel plan, et même si je me tiens près de la caméra et surveille le cadre, je ne peux pas regarder quarante personnes en même temps. Je dois me focaliser sur l'essentiel. Grâce à l'écran vidéo, je peux tout observer attentivement : remarquer ce figurant qui, pour la troisième fois, regarde dans l'axe de la caméra, ou constater que Juliette a oublié son texte, parce qu'elle est épuisée...

N'aurait-il pas été plus économique de tourner cette séquence en studio ?

Non, c'était inimaginable en studio. Il aurait fallu construire toute la portion de rue, les magasins, le passage qui conduit au supermarché, mais aussi simuler la présence de la circulation et le reflet des bâtiments de l'autre côté de la rue sur les vitrines... Pour que cela fasse vrai à l'écran, cela aurait été Hollywood. En studio, cette unique séquence aurait englouti le budget du film entier ! Modifier les magasins, dédommager leurs propriétaires, mettre en place les rails du travelling, tout cela revenait moins cher, même si, bien sûr, cela a été le plan le plus coûteux. Un autre plan-séquence a nécessité encore plus de prises, celui dans le café. Il est moins spectaculaire, mais son timing était tout aussi complexe avec la discussion autour de la table, le départ de Juliette, puis le couple d'amoureux à la table d'à côté et le retour de Juliette. À chaque prise il y avait une faute. Nous l'avons tourné plus de trente fois...

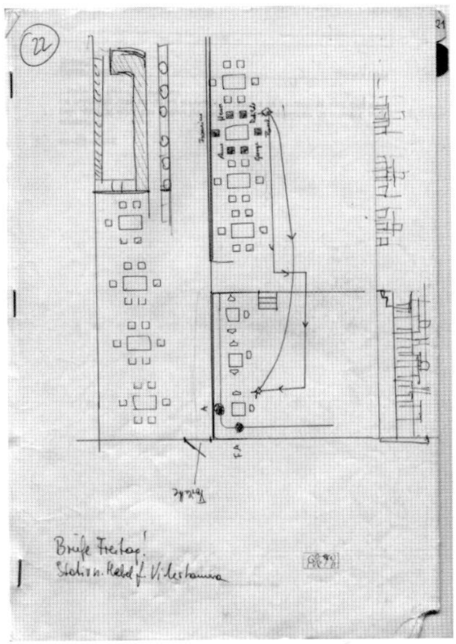

Storyboard : le plan-séquence du café

Ce qui est fort, dans ce plan, c'est que la caméra quitte la table où Juliette est assise avec ses amis pour aller cadrer les amoureux, et que, tout d'un coup, on la voit revenir des toilettes derrière eux, sans l'avoir vue y aller. Ce n'est qu'en revoyant le film qu'on comprend pourquoi on n'a pas repéré le premier passage de Juliette. À cet instant précis, vous faites diversion au premier plan avec la querelle du couple d'amoureux.

C'est bien ça ! J'ai imaginé ce stratagème pour créer un effet de surprise. Tout cela a été précisément chorégraphié lors de la préparation. Il fallait savoir qui fait quoi et à quel moment. Juliette devait attendre mon signal pour se lever et partir. Puis, le moment venu, je faisais signe à un assistant pour qu'il la renvoie à sa table.

Certains ont affirmé qu'on vous aperçoit dans cette séquence. Mais nous ne vous avons pas repéré...

Voilà une grande nouvelle : j'apparais enfin dans l'un de mes films ! À vrai dire, ce n'est peut-être pas faux, mais, jusqu'ici, je ne me suis pas vu dans le cadre. Dans le même ordre d'idées, je peux vous raconter une histoire moins rigolote. À la fin du *Funny Games* autrichien, les deux tortionnaires devaient jeter à l'eau Susanne Lothar. Nous ne voulions faire qu'une seule prise, parce que Susanne appréhendait d'être plongée dans le lac, ligotée. En outre, l'eau était très froide. Le tout était donc de ne pas voir son corps remonter trop vite à la surface. Pour nous aider, j'avais imaginé que, sitôt Susanne jetée à l'eau, le bateau fasse une courbe pour changer de cap. À défaut de combo, j'avais une petite caméra vidéo pour vérifier le cadre. J'ai vu qu'elle ne revenait pas ; c'était super, elle était morte. On n'a donc pas eu besoin d'une seconde prise. Sur la table de montage, j'ai coupé le plan à la bonne longueur, sans problème. Mais dans l'auditorium où nous devions travailler le son, j'ai vu le film pour la première fois sur un grand écran. Et là, catastrophe : Susanne est apparue ! Aujourd'hui, on l'aurait éliminée très facilement grâce au numérique, mais à l'époque, c'était impossible ! Il a fallu faire traiter ce plan en Allemagne pour effacer la tête de Susanne image par image et cela a coûté une fortune. Alors que nous avions tout prévu, c'est la preuve qu'une erreur est vite arrivée. Même avec un combo, on aurait pu se tromper. Sur un petit écran, on ne peut pas voir les détails et on s'expose à de mauvaises surprises.

Maurice Bénichou, Walid Afkir et Juliette Binoche

Une autre séquence nous a marqués : celle du métro tournée en un seul plan fixe.

C'est une séquence qui m'inquiétait beaucoup, car le plan fixe était une contrainte supplémentaire. En plus, la RATP ne nous autorisait à tourner que de 2 heures à 5 heures du matin. La perspective de tourner ce plan en seulement trois heures me rendait nerveux. Bien sûr, j'avais auparavant longuement répété la scène avec les deux garçons, car elle était difficile, surtout pour celui qui doit rire de manière provocante aux blagues de l'autre. C'est toujours plus facile de pleurer que de rire de manière répétée. Un professionnel sait pleurer en faisant semblant autant de fois qu'on le lui demande. Les rires, ça s'entend immédiatement si c'est faux. On a donc fait un gigantesque casting de non-professionnels pour en dénicher un qui arrive à rire correctement.

Vous avez fait combien de prises ?

Peu, car nous n'avons pas eu le temps d'en faire beaucoup. Juliette et Maurice Bénichou ont été à chaque fois d'une grande justesse. C'est le travail avec les figurants qui était délicat. Il leur fallait réagir au comportement des deux garçons et, avec les figurants, on peut s'attendre à tout.

Ce plan-séquence fixe nous rappelle celui du père de la banquière dans *71 Fragments*, qui était également remarquable.

Otto Grünmandl dans *71 Fragments*

Un plan que nous avons dû tourner de nombreuses fois, car l'acteur était un vieux monsieur – un artiste de music-hall décédé aujourd'hui – qui oubliait son texte. Et quand il avait un trou au bout de sept minutes de tournage, c'était dur de devoir recommencer. À part ce petit problème de mémoire, il était très bon : mémoriser un texte aussi long et le rejouer chaque fois avec autant d'intensité, en veillant à ne pas se bloquer sur les passages où il avait précédemment buté, c'est vraiment difficile.

Outre les avantages que nous avons déjà évoqués, le plan-séquence semble vous permettre de mieux atteindre la vérité d'un être. On pense à l'ordre que donne en

off le réalisateur du film dans le film à l'actrice jouée par Juliette Binoche, lors du casting : « Montrez-moi votre vrai visage ! »

Oui, bien sûr, il y a de cela. Par ailleurs, cette scène est très ambiguë, car on ne sait pas si c'est du théâtre ou s'il est vrai que le personnage de Juliette va être gazé. On a bien compris qu'elle était venue passer un casting, mais on se demande quand même si elle n'est pas tombée dans un piège. Créer de telles hésitations me procure beaucoup de plaisir. C'est seulement au café que Juliette explique que le film dans lequel elle joue relate l'histoire d'un agent immobilier qui attire des gens dans sa villa pour les y enfermer et les regarder mourir. En fait, je voulais moi-même réaliser un film à partir de cette intrigue. Mais un jour que j'en parlais, quelqu'un m'a dit qu'il existait déjà un roman anglo-saxon qui racontait une histoire voisine : *The Collector* de John Fowles...

Juliette Binoche

... adapté à l'écran sous le même titre (en français, *L'Obsédé*) par William Wyler avec Terence Stamp.

C'est cela ! J'ai alors abandonné mon projet de film que j'ai intégré à *Code inconnu*. Mais, depuis, la réalité a rejoint la fiction en Autriche, avec l'histoire de Natascha Kampusch, cette fillette enlevée et séquestrée pendant huit ans, avant qu'elle ne réussisse à s'échapper.

Du point de vue de la structure, *Code inconnu* se démarque du film choral traditionnel puisque, après avoir entrelacé tous ces destins, vous ne les réunissez pas à la fin.

C'était un vrai problème : comment les rassembler à la fin ? J'en ai finalement réuni trois, Juliette, la Roumaine et le photographe de guerre. En général, il y a une situation ou un événement qui rassemble tous les personnages ou du moins leur permet de réagir en parallèle. C'est un tremblement de terre dans *Short Cuts* ou la pluie de grenouilles de *Magnolia*. Dans ce film, il y a aussi une chanson diffusée à la télévision qui est reprise par tous les personnages. C'est très festif, mais pas vraiment possible dans un film réaliste.

Dans *Code inconnu*, l'événement qui crée le rassemblement partiel, c'est le concert de tambours des enfants sourds et muets, les seuls qui établissent une véritable communication dans le film.

Oui, et en même temps, c'est angoissant, car il y a une certaine agressivité dans l'emploi du tambour. C'est aussi une forme de protestation. Même si, pour les enfants, c'est surtout joyeux.

Dans un film où vous montrez sans cesse un certain retour de la barbarie, cette séquence des tambours semble marquer un bref élan d'euphorie...

Ce n'est pas de l'euphorie. Disons que j'essaie de regarder le monde avec le plus d'acuité possible, sans laisser entamer mon optimisme.

Jusque dans son titre, *Code inconnu* évoque la difficulté de communiquer. On fonctionne tous avec des codes auxquels les autres n'ont pas accès...

C'est le mythe de Babel, qui conduit à la séparation des êtres. On ne communique jamais vraiment, parce que d'une personne à l'autre, les gestes et les mots n'ont pas la même valeur. On peut avoir l'illusion de communiquer lorsqu'on tombe amoureux et qu'on pense que l'autre éprouve les mêmes sentiments que nous. Mais, au bout d'un certain temps, on revient à la réalité. Il n'y a guère qu'à travers le sexe et la musique qu'on puisse être en phase avec l'autre. Certes, dans ces domaines aussi, on peut tricher, mais l'intensité de la relation dépasse tout ce qu'on peut échanger dans la communication verbale, où chaque mot est source de malentendus.

Cette difficulté à communiquer se ressent très fortement dans les scènes opposant Georges, le photographe, à son père, le fermier.

Les paysans en général ne parlent pas beaucoup.

Mais là on retrouve l'un de vos thèmes préférés : l'absence de communication avec le père…

Oui, c'est un thème qui revient sur différents modes dans plusieurs de mes films. Comme je vous l'ai dit, cela ne correspond à aucune expérience personnelle. D'ailleurs, quand il a vu *Lemminge*, mon père m'a demandé : « Mais pourquoi cette image terrible du père dans ton film ? » Et, comme à vous, je n'ai pu que lui répondre : « Je ne sais pas ! »

Il était acteur et metteur en scène, mais vous n'avez pas eu beaucoup de rapports avec lui ?

Je n'ai véritablement fait sa connaissance que lorsque je l'ai dirigé moi-même au théâtre et c'était très amusant. Il avait beaucoup d'allure, toujours très soigné dans sa tenue. Une fois, à la télévision, il a incarné Thomas Mann, mais la sophistication de son jeu lui a surtout permis d'exceller dans la comédie classique. Il était très drôle, par exemple, dans *Le Verre d'eau* d'Eugène Scribe. Dans la vie privée, tout en étant très têtu – comme moi ! –, il avait beaucoup de charme, et plus d'humour que je n'en ai. Il adorait faire des blagues.

Friedrich « Fritz » Haneke

Comment se prénommait-il ?

Fritz, qui est mon deuxième prénom. Fritz est le diminutif de Friedrich, qui était déjà le prénom de mes grand-père et arrière-grand-père paternels. Mon père a d'ailleurs insisté pour que mon fils David ait pour troisième prénom Friedrich.

Vous souvenez-vous de la pièce dans laquelle vous l'avez dirigé ?

Oui, c'était *Martin Luther und Thomas Münzer oder die Einführung der Buchhaltung*[8], une pièce un peu oubliée de Dieter Forte, qui durait huit heures, mais que j'ai ramenée à quatre heures et demie. Mon père y tenait le rôle de Fugger, le premier grand commerçant de l'histoire des pays germanophones. Sans être réellement comique, c'est une pièce amusante.

8. *Martin Luther et Thomas Münzer ou les débuts de la comptabilité.*

Vous n'avez jamais dirigé votre père dans aucun de vos films ?

Non, quand j'ai commencé à travailler pour le cinéma, il était déjà mort. Et je n'ai eu aucun rôle pour lui dans mes films de télévision.

Quand vous l'avez engagé au théâtre, c'était pour mieux le connaître ?

Non, c'était parce que, à Baden-Baden, lors de mes débuts au théâtre, on manquait de bons acteurs et j'avais pensé qu'il pourrait relever le niveau. Je l'avais rencontré plusieurs fois auparavant, mais seulement le temps d'un week-end ou sur des durées très limitées. C'est en travaillant ensemble qu'on s'est vraiment découverts. Je me souviens que, comme la pièce était très longue, je ne cessais de couper dedans et, un jour, mon père m'a dit : « Si tu coupes encore une ligne, je pars ! » Et il a ajouté : « Maintenant, mon fils se venge de l'autorité que je n'ai jamais eue sur lui ! » C'était typique de son humour teinté d'ironie.

Quand vous dites que vous avez grandi sans père, c'est que vous ne l'aviez jamais vu quand vous étiez enfant ?

Je ne l'ai vu qu'une fois, quand j'avais quatre ou cinq ans. C'était tout juste après la guerre, vers 1946-1947. L'Autriche et l'Allemagne étaient alors partagées en zones par les divers occupants, Anglais, Français, Russes... Nous étions à Salzbourg et mon père était en Allemagne, où il avait refait sa vie... Il y avait un no man's land entre les deux et je me trouvais avec ma mère et ma grand-mère du côté occupé par les Anglais et les Américains. Je n'avais pas le droit d'aller rejoindre mon père en Allemagne et lui ne pouvait pas venir en Autriche, mais nous étions autorisés à nous rencontrer entre les deux postes frontaliers. Je le revois encore s'avançant vers moi. Ma mère m'accompagnait. On s'est dit « Bonjour ! » ; nous nous sentions un peu idiots.

C'était une rencontre organisée ?

Oui, mais je ne sais pas par qui, car c'était un moment plutôt théâtral. Par la suite, j'ai revu mon père à l'âge de douze ans, alors que ma mère jouait au Burgtheater. Elle s'était rendue au festival de Bregenz, où elle avait un rôle dans *Hamlet*. Mon père, lui, se trouvait sur les bords du lac de Constance, pour une autre raison, et nous avons passé deux jours ensemble. À vrai dire, j'avais plus l'impression d'être en compagnie d'un oncle que d'un père. Ce n'est qu'après, quand je vivais à Baden-Baden, et que lui habitait à Mayence, à une heure et demie en voiture, que nous nous sommes vus régulièrement. C'est alors que je l'ai engagé. C'était très amusant !

Et la preuve que la biographie n'explique pas les œuvres !

Oui, les seules choses dans mes films qui renvoient à des expériences personnelles sont mon rejet et ma peur de la violence, sous ses diverses formes, ainsi qu'une grande méfiance vis-à-vis de tout ce qui touche à la communication.

À vous écouter, on devine que *Code inconnu* est, de tous vos films, celui que vous préférez...

Oui, on peut le dire. Et je connais beaucoup de gens qui pensent la même chose. Ils affirment que c'est mon film le plus riche, le plus équilibré. Mais je trouve que *Caché* n'est pas mal non plus !

***Code inconnu* présente une dimension humaine très forte. On y trouve une réflexion sur l'évolution de la société occidentale, qui tend, par la force des choses, à la pluriethnicité, sans toujours accepter l'échange interculturel...**

C'est votre vision du film. On pourrait en trouver d'autres. Comme toujours, mon souci, quand je faisais ce film, était de permettre un maximum d'interprétations, d'inviter le spectateur à apporter ses propres réflexions à partir de ce que je montre. Il faut être particulièrement vigilant sur la fin, qu'elle ne se ferme pas sur le point de vue du réalisateur, mais incite au contraire le spectateur à l'investir avec ses propres convictions. C'est, à mon avis, la seule manière de rester en contact avec lui.

D'où la pertinence du sous-titre : « *Récit incomplet* (car vous devez vous limiter dans l'exposé) *de divers voyages* », ces derniers permettant au spectateur de vous suivre à sa guise...

C'est bien ce que je vous disais : le contenu du film se trouve dans le sous-titre !

Comment avez-vous été amené à réaliser *La Pianiste*, en 2001 ? Est-il vrai que, à l'origine, le film devait être réalisé par Paulus Manker ? Car nous avons lu aussi que c'était un projet auquel vous pensiez depuis quinze ans...

Vos deux informations sont justes. Quand j'ai lu le roman, peu après sa publication, j'ai tout de suite pensé que cela pourrait donner un bon film. Et que ce serait peut-être même le sujet idéal pour mes débuts au cinéma. J'en ai donc demandé les droits à Elfriede Jelinek, qui m'a appris qu'elle avait déjà écrit sa propre adaptation, avec la féministe Valie Export, spécialiste des installations vidéo dans les musées et réalisatrice de plusieurs films expérimentaux. Comme ce projet n'avait pu aboutir faute de financement, Jelinek avait décidé de renoncer au cinéma et refusait de vendre les droits de *La Pianiste*. Or, il se trouve que Paulus Manker avait joué dans l'adaptation plutôt réussie du précédent roman de Jelinek, *Die Ausgesperrten* (*Les Exclus*), et que, à cette occasion, il avait un peu sympathisé avec elle. Du coup, quand il lui a demandé les droits de *La Pianiste*, elle les lui a accordés. C'est alors que Paulus, qui ne m'avait rien dit de sa démarche, m'a proposé d'en écrire pour lui le scénario. Je lui ai demandé s'il n'était pas un peu fou de me faire une telle requête, alors qu'il savait que j'avais, de mon côté, essayé d'obtenir les droits du roman. En fait, j'avais d'autres projets et n'étais plus intéressé par cette adaptation. J'ai donc ajouté que, s'il me payait bien, alors pourquoi pas ! C'est ce qu'il a fait et j'ai écrit son scénario. Il voulait faire le film avec Kathleen Turner, qui était, selon moi, un mauvais choix, à cause de son âge trop avancé pour le rôle. Il s'est rendu aux États-Unis pour la rencontrer et elle a décliné son offre. Il s'est alors tourné vers Helen Mirren, qui était une bonne idée, parce que, même si elle était un peu âgée pour camper Erika, elle pouvait bien refléter les ambiguïtés du personnage. Mais elle a refusé elle aussi, estimant qu'après *Le Cuisinier, le voleur, sa femme et son amant* de Peter Greenaway, elle en avait assez de la perversité ! Dès le début, j'avais conseillé à Paulus de faire appel à Isabelle Huppert, qui était l'actrice idéale pour le rôle. Mais il ne voulait pas en entendre parler, car, ne comprenant pas le français, il ne pouvait pas envisager de tourner un film dans cette langue. Il a continué à chercher, mais, en presque dix ans, il n'a pas réussi à trouver son actrice. Veit Heiduschka, qui devait produire le film, connaissait bien Jelinek pour avoir fait ses études avec elle. Il lui a finalement demandé si elle accepterait que ce soit moi qui fasse le film. Et, comme elle était frustrée que le projet de Paulus n'avance pas, elle a dit oui. Heiduschka m'a alors proposé de réaliser le film. Je lui ai répondu que je devais d'abord en parler à Paulus, pour qui j'avais écrit l'adaptation, et que, si c'était moi qui tournais le film, j'en écrirais une autre version. J'ai donc rencontré Paulus qui m'a dit qu'il voulait d'abord en parler avec Jelinek, avant de devenir injoignable pendant plusieurs mois. Dans les messages que je lui laissais, je l'assurais que ce n'était pas un problème s'il ne voulait pas que je fasse le film. Mais qu'il me le dise clairement. Entre-temps, le projet s'était développé et Heiduschka me pressait de lui dire si j'allais faire le film ou pas. J'ai accepté à deux conditions : que Jelinek confirme son accord et qu'Isabelle Huppert interprète le rôle-titre.

Thomas Weinhappel, Susanne Haneke, Michael Haneke et Elfriede Jelinek

Elfriede Jelinek avait-elle lu votre version du scénario ?

Je ne sais plus, mais je crois que la notoriété que j'avais acquise entre-temps avec mes films de cinéma l'a incitée à donner son accord. Elle ne s'est pas du tout mêlée du scénario. Pas plus que de la version que j'avais écrite pour Paulus. D'emblée, elle a assuré que nous pouvions utiliser son texte à notre guise.

A-t-elle été satisfaite du film ?

Satisfaite, je ne sais pas. Son roman est autobiographique : elle a vraiment eu une relation assez perverse avec sa mère, qui est morte pendant le tournage du film. C'est dire si elle redoutait de le voir. Pour se donner du courage, elle est venue à la projection avec un ami. En sortant, elle nous a dit que c'était un bon film. Et, par la suite, elle a toujours tenu des propos positifs sur le film. Mais c'est une femme si polie qu'on ne peut jamais savoir ce qu'elle pense vraiment. Comme il s'agissait d'un film pour le cinéma, j'ai pris pas mal de libertés avec le roman. J'en ai changé la structure, réduisant considérablement la partie consacrée à la relation mère-fille, qui occupait plus de la moitié du texte. J'ai notamment supprimé tous les flash-back sur la jeunesse de l'héroïne. À la place, j'ai donné une mère, qui n'existait pas dans le roman, à Anna, l'élève dont Erika est jalouse. Et je me suis servi de cet autre duo mère-fille pour évoquer l'enfance d'Erika, de manière plus indirecte.

LA PIANISTE

Vienne, de nos jours. Erika Kohut, professeur de musique au conservatoire, vit avec sa mère, personne très envahissante, dirigiste à l'extrême, traumatisée par la mort de son mari devenu fou, obsédée par l'espoir non concrétisé d'une très grande réussite professionnelle pour sa fille. Erika est une enseignante exigeante, parfois cruelle avec ses élèves. Frustrée sur le plan privé, elle s'adonne au voyeurisme sexuel et se mutile régulièrement les parties génitales. À l'issue d'un concert privé où il la rencontre, le jeune Walter Klemmer fait une fixation sur elle. Il se met en tête d'être admis dans sa classe, puis de la séduire. Elle le traite durement, mais doit reconnaître tant son talent d'interprète que l'attrait physique qu'elle éprouve pour lui. Des jeux pervers les rapprochent. Erika devient possessive et, voyant Walter manifester de la sympathie pour Anna, son élève sensible et fragile, blesse la jeune fille en glissant des morceaux de verre dans la poche de son manteau. Walter se rend compte de la portée du geste et provoque son professeur d'une manière plus directement sexuelle. Mais Erika ne peut tolérer et multiplier leurs rencontres qu'en établissant une série de règles sadomasochistes. Walter comprend, peu après, à la vue de la mère d'Erika, la complexité dévastatrice de la jeune femme et lui impose une étreinte sexuelle particulièrement violente, qui met fin à leurs relations.
Lors d'un concert où Erika doit remplacer Anna, convalescente, la « pianiste » voit arriver Walter en compagnie féminine. Il la salue. Elle s'isole, saisit le couteau qu'elle avait glissé dans son sac, et se porte un coup à la poitrine. Puis elle sort, maîtrisant sa douleur.

Revenons à la production du film. Au départ, les droits du roman étaient acquis par Wega-Film. C'est quand vous avez obtenu l'accord d'Isabelle Huppert que MK2 est entré dans la danse ?

Dès que nous avons su qu'Isabelle était partante, nous ne pouvions plus nous limiter à une production autrichienne. Avec les salaires d'Isabelle et des autres interprètes français, le budget dépassait les possibilités de Wega-Film et il nous fallait impérativement trouver un partenaire français. Je suis donc allé voir Marin Karmitz, qui avait déjà produit *Code inconnu*. Il ne s'était pas trop bien comporté pendant ce tournage, car il avait voulu se mêler de tout. Mais c'est quelqu'un que je respecte. Il connaît très bien le cinéma, a produit beaucoup de très bons films et sait très bien gérer ses intérêts. Comme j'ai dit une fois : « C'est un roi dans son royaume et moi aussi dans le mien ! Mais deux rois dans un même royaume, ça ne peut pas marcher ! » En outre, il a une main de fer sur tout ce qui relève de l'argent, ce qui peut être frustrant pour ses collaborateurs sur le plan artistique. Comme il ne s'est pas non plus très bien comporté vis-à-vis de Wega-Film, j'ai cessé de travailler avec lui après *La Pianiste*. Aujourd'hui, je suis très content de ma collaboration avec Margaret Menegoz des Films du Losange. C'est une femme formidable, qui me laisse faire ce que je veux, tout en sachant très bien gérer ses finances. Avec elle, c'est simple : je lui dis ce que je souhaite faire et elle m'indique où sont ses limites. On en discute et on trouve une solution ou pas. Jusqu'ici, nous avons toujours trouvé une solution ; ni elle ni moi n'avons été frustrés.

Est-ce que vous avez un rapport similaire avec Veit Heiduschka ?

Non, avec lui c'est autre chose et on ne peut pas comparer. Les producteurs autrichiens ne sont pas de vrais producteurs. Ils n'ont pas de capital, ils ne savent pas vendre un film, ils dépendent de la Fédération du film en Autriche, dont ils reçoivent des subventions desquelles ils prélèvent leurs salaires. Si je n'avais pas trouvé moi-même des distributeurs à l'étranger, je serais toujours en train de travailler à Vienne, totalement inconnu. Heiduschka a eu le mérite de me rester fidèle et de garder Michael Katz, ce directeur de production avec qui je m'entends si bien. Il me laisse travailler en toute liberté. Jamais Karmitz ne m'aurait permis de changer d'acteur, au début du tournage de *Benny's Video*.

Le roman crée des effets de distanciation en alternant le JE et le ELLE pour parler de la protagoniste. Vous êtes-vous soucié de traduire en termes cinématographiques ce procédé littéraire ?

Si j'avais écrit la première adaptation pour moi, peut-être que je m'en serais soucié. Mais, dans ma seconde version, j'ai opté pour un style factuel très différent de mes autres films. C'est un peu comme si, pour le scénario et la mise en scène, j'étais revenu au style de mes téléfilms. Ce qui explique sans doute pourquoi *La Pianiste* a été, à sa sortie, mon plus grand succès en salles. C'était mon film le plus accessible dans la forme.

Il nous a semblé que vous transposiez ces effets de distanciation dans le jeu d'Isabelle Huppert. Par exemple, dans la scène de l'audition de Walter, le très long plan sur elle permet de lire sur son visage, dans ses yeux surtout, qu'elle ne maîtrise plus la situation et l'attirance physique qu'elle éprouve.

Je suis très content si vous l'avez ressenti de cette façon. Mais je ne me souviens pas de l'avoir décidé consciemment.

Isabelle Huppert

Parmi les changements les plus significatifs opérés par rapport au roman, il y a le rôle de Walter que vous avez développé…

Dans le roman, Walter n'est qu'un imbécile. Or, si vous avez un imbécile dans un drame au cinéma, le film sera raté, parce que les spectateurs ne pourront pas s'intéresser au personnage. Dans un roman, ça peut passer, grâce au travail sur la langue. Tout au long de son roman, Jelinek se dénonce, crache sa haine d'elle-même et l'étend à tous les autres personnages. Au cinéma, où prévaut une pseudo-objectivité de la caméra, qui projette un même regard sur tous, il est impossible d'avoir un personnage important qui soit nul. Pour créer de la tension au sein du couple Erika-Walter, il fallait absolument que je donne au garçon des traits attirants. Sinon on n'aurait pas compris pourquoi elle était obsédée par lui.

Est-ce pour des raisons de budget que vous avez changé le sport pratiqué par Walter : le canoë-kayak dans le roman, le hockey sur glace dans le film ?

Non, ce n'était pas pour des raisons financières, mais parce que la patinoire était juste à côté du conservatoire. C'est en voyant ce bâtiment très connu que j'ai eu l'idée de lui faire pratiquer ce sport, qui m'économisait la longue filature à travers les rues de la ville, détaillée dans le roman. En plus, ce changement m'offrait la belle métaphore d'Erika assimilée à une princesse de glace ! Mais si je me souviens bien, cette idée venait de Paulus Manker.

Pourquoi avoir changé la scène du peep-show ? Dans le roman, Erika assiste au spectacle live d'une jeune femme qui s'exhibe, alors que dans votre adaptation, elle s'isole dans une cabine de projection vidéo.

Je pourrais vous répondre que la projection des images est plus en rapport avec mon moyen d'expression. Mais la vraie raison, c'est que j'ai visité un peep-show pendant les repérages. Et j'ai trouvé ça tellement nul, tellement pas pornographique que, visuellement, ce n'était pas exploitable.

Ça vous permet aussi d'être plus brutal dans la représentation, en montrant des pénétrations plutôt que de simples caresses, comme dans le roman. Même si on n'a pas reconnu les films, on imagine que vous n'avez pas tourné vous-même ces images pornographiques...

Non, en effet ! Comme d'habitude, on m'a fourni une liste de films disponibles, parmi lesquels j'ai fait mon choix.

Vous avez aussi modifié la séquence du Prater. Dans le roman, Erika y observe les ébats d'une femme d'un certain âge avec un Turc. Dans le film, c'est un couple plus jeune et plus banal, dans un drive-in.

J'ai changé de lieu pour une raison simple : le Prater, la nuit, est trop sombre pour y filmer une scène réaliste. Il me fallait un endroit mieux éclairé, où elle pourrait épier les ébats d'un couple. Le cinéma en plein air remplissait ces conditions, tout en renvoyant à la cabine du sex-shop. Rester avec le même média me semblait plus fort. Par ailleurs, je trouvais la scène avec le Turc trop caricaturale.

La Pianiste **est un film où vous deviez vous-même filmer des scènes de sexe. Quelles limites vous êtes-vous fixées ?**

Je voulais retrouver l'obscénité du livre, sans être jamais pornographique. Alors, c'est une question de goût : il faut savoir ce qu'on peut faire et ce que l'on ne peut pas faire. Selon moi, on peut tout faire, à condition que la dignité de l'acteur ne soit pas remise en cause. Par exemple, lors du tournage du plan où Benoît baisse son pantalon pour se jeter sur Isabelle, il y a eu une prise où son derrière s'est retrouvé en plein cadre : je l'ai aussitôt arrêtée.

Vous aviez parlé de ces scènes de sexe avec vos comédiens avant le tournage ?

Oui. Je leur avais promis que je les protégerais le plus possible. Et j'ai tenu parole.

Par exemple, vous vous étiez interdit de montrer leurs sexes ?

Oui, mais ça va au-delà. Dans la scène des toilettes où Walter commence à se masturber, elle lui interdit de continuer à toucher son sexe en érection mais exige qu'il la laisse le regarder. Dans le roman, elle l'observe en train de débander et c'est ce que je voulais tourner ! Mais quand j'ai annoncé à Benoît que nous allions filmer ce qui était écrit dans le scénario, il m'a répété que non, ça il ne voulait pas le faire. J'ai donc décidé d'engager une doublure, que Benoît a tenu à choisir. Mon directeur de production a ainsi fait un casting de pénis en érection, avec des acteurs du porno parmi lesquels Benoît a fait son choix. Le problème était que le gars engagé, un homosexuel, n'arrivait plus à bander une fois sur le plateau. Je lui ai recommandé de prendre son temps pour se préparer. Mais au bout de deux ou trois heures, il n'arrivait toujours à rien ! Il nous a demandé s'il pouvait revenir avec son ami parce que, alors, il était sûr que ça marcherait. Ils sont venus avec... une pompe. C'était incroyable ! Mais ça ne fonctionnait toujours pas. Nous nous sommes beaucoup amusés, mais ils nous ont dit que si ça ne marchait pas, c'était parce que mon cameraman et moi, nous les intimidions. Nous sommes donc sortis et nous les avons laissés faire ce qu'ils voulaient, après avoir montré au copain du hardeur où il devait appuyer pour faire tourner la caméra. Mais nous avons dû attendre encore longtemps avant qu'ils ne ressortent, mission accomplie. Ce soir-là, j'avais un dîner chez moi et je suis arrivé deux heures après mes invités. Quand je leur ai raconté la raison de mon retard, vous imaginez la rigolade. Au moins, nous disposions d'un plan potable que j'ai monté. C'est alors que j'ai découvert qu'il y avait un problème de lumière. Parce qu'il devait en avoir besoin, un idiot de l'équipe image, sans qu'on s'en aperçoive, avait pris deux lampes et les avait ensuite remplacées par deux autres, qui renvoyaient une couleur différente. Du coup, notre plan n'était plus raccord avec l'éclairage de la scène. Je l'ai quand même laissé, car j'avais eu trop de mal à l'obtenir. Lors des premières projections, il a entraîné des réactions hostiles, comme celle de la femme de Karmitz. Mais je n'ai pas cédé, assurant que le plan resterait. Jusqu'à ce qu'on effectue l'étalonnage et que je comprenne que ce plan ne pourrait jamais fonctionner, car son éclairage était faux. Je l'ai donc coupé. J'ai beaucoup regretté, parce que, dans mon scénario, j'avais prévu d'aller jusqu'à montrer le pénis qui débandait !

Benoît Magimel et Isabelle Huppert

Avec les corrections numériques d'aujourd'hui, vous n'envisagez pas de le réintégrer ?

Non, c'est fini. Quand on voit le film tel qu'il est, ce plan ne manque pas.

C'est d'ailleurs toujours délicat d'employer des acteurs de porno dans des films « traditionnels »...

Mais dans *La Vie de Jésus* de Bruno Dumont, ce genre de plan a un impact très fort.

Sauf qu'il y a un gros problème de couleur capillaire : l'actrice de Dumont est blonde, alors que sa doublure porno, dont on voit le sexe, est rousse !

Dans le même registre, j'ai une anecdote amusante sur *Le Ruban blanc*. Dans la scène où le corps de la femme morte est étendu, on peut voir son sexe. Or l'actrice qui tenait le rôle de cette dame vivante refusait catégoriquement de montrer son corps. Nous avons alors demandé aux figurantes roumaines si, pour un supplément de salaire, l'une d'entre elles accepterait de jouer la morte. Une femme a accepté, à condition que son mari ne puisse pas la reconnaître quand il verrait le film. C'est ainsi que, à sa demande, on lui a coloré les poils pubiens !

Pour revenir à la crudité des scènes sexuelles, vous montrez une scène d'automutilation très forte dans la baignoire. Mais le roman en prévoyait d'autres, comme celle où Erika s'enfonce des épingles dans la poitrine...

Nous avons tourné cette scène, mais, ajoutée à celle de la baignoire, elle ne fonctionnait pas. Il ne fallait qu'une scène d'automutilation, sinon cela devenait répétitif. Dans le roman, il y en a plusieurs, mais ce qui est possible en littérature ne l'est pas toujours à l'écran.

Avant d'accepter le projet, Isabelle Huppert a-t-elle fait des remarques sur ces scènes crues, voire gênantes ?

Elle avait trouvé trop dur *Funny Games*. En lui proposant *La Pianiste*, je lui ai demandé de ne pas lire le roman. Dans un entretien récent, elle a déclaré avoir suivi cette recommandation, mais aussi que, avant d'accepter le film, elle n'avait pas lu non plus mon scénario. Elle l'aurait découvert dans l'avion qui la conduisait à Vienne et aurait été choquée. Mais c'est peut-être une blague !

Comment expliquez-vous votre désir de travailler avec elle ?

Parce que c'est la meilleure actrice que je connaisse – et pas seulement en France – pour ce genre de rôle.

Dans quels films l'aviez-vous vue et particulièrement aimée auparavant ?

Elle ne m'a pas vraiment bouleversé dans ses premiers films. Dans *La Dentellière*, par exemple, elle était bien, mais pas extraordinaire. Avec l'âge, elle est devenue de plus en plus belle et a atteint un niveau de jeu que peu d'interprètes peuvent atteindre. Sauf peut-être Helen Mirren ou Meryl Streep.

Et le choix de Benoît Magimel ?

Il relève du pur hasard. Comme je vous l'ai dit, je l'ai rencontré à l'époque de *Code inconnu*, lors d'un dîner chez Juliette Binoche dont il était le compagnon. J'ai alors appris qu'il était acteur. Comme il était beau garçon, j'ai pensé à lui pour le rôle de Walter. Je lui ai fait passer un essai et j'ai tout de suite su qu'il allait jouer le rôle.

Annie Girardot était-elle votre premier choix pour la mère d'Erika ?

Non, j'avais d'abord pensé à Jeanne Moreau. Nous nous sommes rencontrés. Elle était absolument charmante, elle a dit qu'elle était intéressée et voulait faire le film. J'ai alors commencé à évoquer ses costumes et sa coiffure pour le film, mais elle a répondu que ça ne pressait pas. Quand, plus tard, j'ai voulu lui en parler, elle est devenue très vite désagréable, exigeant son propre coiffeur et assurant qu'elle ne portait qu'une seule couleur et que certains vêtements. Avec Annette Beaufays, la responsable des costumes, nous avons tenu compte de tous ses désirs pour lui apporter plusieurs vêtements, qu'elle a essayés de plus ou moins bonne grâce. Quand nous sommes sortis de chez elle, Annette, qui n'est pourtant pas spécialement sensible, s'est mise à pleurer, à cause de l'attitude méprisante de Jeanne Moreau à son égard. Nous sommes allés prendre un café et, dix minutes après, Marin Karmitz appelait pour nous dire que Jeanne Moreau lui avait téléphoné au sujet des costumes, qu'elle les refusait et que je devais lui reparler. J'ai aussitôt pris la décision de ne plus continuer avec elle. Elle aurait voulu se mêler de tout et je n'accepte pas cela. Je ne l'ai donc pas rappelée et nous avons réfléchi à qui pourrait tenir ce rôle. J'ai alors pensé à Annie Girardot, qui avait déjà la réputation de ne plus pouvoir mémoriser son texte. J'ai décidé, malgré tout, de faire des essais avec elle. Cela n'a pas été facile. Mais comme je la trouvais géniale comme actrice, j'ai pensé que ça irait. Le tournage a été très éprouvant pour elle. Elle avait un coach, qui lui faisait répéter son texte en permanence, pour l'aider à le mémoriser. Et malgré cela, elle n'y parvenait pas toujours. C'était le début de son Alzheimer. Elle a néanmoins réussi à tenir le rôle et je l'ai reprise pour le rôle de la mère de Daniel Auteuil dans *Caché*. C'était plus facile parce qu'il n'y avait qu'une scène filmée en champ-contrechamp et donc des tirades moins longues. Surtout, on avait contourné son problème de mémoire, en l'équipant d'une oreillette invisible à l'image. Dans une pièce voisine, une assistante lui soufflait le texte qu'Annie a joué à la perfection.

Annie Girardot et Isabelle Huppert

Une rumeur a circulé, laissant entendre qu'il y avait, dans *La Pianiste*, de nombreuses scènes coupées, montrant Huppert et Girardot dans des situations jugées trop violentes.

Non, pas du tout. Cette rumeur est peut-être née d'un entretien accordé par Annie où elle a dit qu'Isabelle avait une main de fer. C'est vrai qu'elle lui avait donné une vraie gifle pour les besoins d'une scène et que ça n'a pas dû être très agréable, comme Annie l'explique dans son autobiographie. Ce qui est un peu étrange avec elle, c'est que, juste après le tournage, elle a beaucoup répété : « Merci mille fois à Michael de m'avoir donné cette occasion de jouer à nouveau ! » et puis, après la remise des prix à Cannes, où Karmitz n'avait invité qu'Isabelle et Benoît, Annie nous en a voulu à tous et s'est mise à parler de nous d'une manière moins élogieuse. Tout cela était, bien sûr, causé par sa maladie. C'était très triste sur le plateau de *Caché* de l'entendre demander à Daniel Auteuil, après une demi-journée de tournage avec lui, quel rôle il tenait dans le film. Très triste, mais aussi très émouvant de voir son talent extraordinaire s'exprimer totalement, alors que la maladie l'empêchait de comprendre ce qui se passait sur le plateau. Nous étions tous très abattus de voir la souffrance qu'elle endurait. Je me souviens que, à la fin de sa scène, quand Daniel quitte la chambre, Annie devait le suivre des yeux. Mais elle n'y arrivait pas. Nous avons fait un grand nombre de prises pour essayer

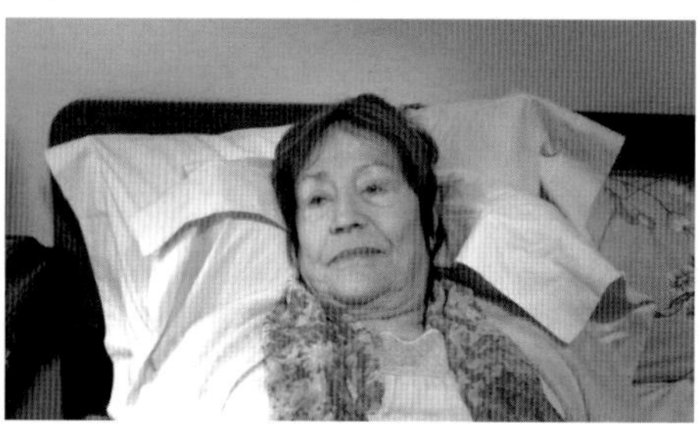

Annie Girardot

d'obtenir ce regard, en vain. Consciente de son échec, Annie a alors commencé à pleurer, tout en s'efforçant de retenir ses larmes. J'ai gardé cela au montage, car c'est très touchant par rapport à son rôle : on pense que la mère pleure à cause de la solitude dans laquelle elle va être replongée après le départ de son fils, alors que c'étaient les larmes d'Annie Girardot qui se sentait trahie et humiliée par son cerveau défaillant. Son décès, survenu pendant le tournage d'*Amour*, m'a beaucoup attristé.

Un grand moment d'interprétation, dans *La Pianiste*, c'est quand, à la fin, Isabelle Huppert se donne un coup de couteau dans la poitrine. Elle fait une petite grimace de douleur, discrète mais très efficace. Comment l'avez-vous dirigée ?

Cette grimace est précisément décrite dans le roman. Je me souviens du texte : « *Sie bleckt die Zähne wie ein geiferndes Pferd* » (« Elle montre les dents comme un cheval qui écume »), que j'ai repris dans le scénario. Mon grand plaisir, en rédigeant mon adaptation, a été de l'écrire dans le style de Jelinek, même si ce n'était pas nécessaire. J'avais donc reproduit dans le scénario la description de la grimace par Jelinek et Isabelle se demandait comment la jouer. Elle n'était pas très à l'aise avec cette description ; elle avait peur d'être ridicule. Je la poussais à oser quelque chose, en lui rappelant que c'était de toute façon ridicule, la situation incitant le personnage à faire un geste proche de la folie. Et c'est effectivement très fort, ce qu'elle a fait.

Avez-vous fait plusieurs prises ?

Oui, et je ne sais plus laquelle nous avons retenue. Sur le plan matériel, il y avait le problème de l'effet spécial. Nous avions glissé une plaque de fer sous son chemisier, afin qu'elle ne se blesse pas. Le sang qui apparaît petit à petit a été ajouté en numérique. Mais il fallait aussi que son geste soit juste d'un point de vue anatomique. Le mouvement du bras devait être léger, mais suffisamment appuyé pour donner l'impression que la lame pénètre la chair.

Et pour la scène d'automutilation dans la baignoire, comment avez-vous procédé ?

On a inventé tout un système. Notre accessoiriste, qui se tenait hors-champ, devait actionner une pompe qui envoyait le faux sang dans un petit tuyau fixé au niveau de l'entrejambe d'Isabelle. Dans le plan en légère contre-plongée où, assise sur la baignoire, un miroir à la main, elle commence à se mutiler, son peignoir était disposé de manière à dissimuler cette installation et sa nudité.

Quand vous montrez du sang dans vos films, on croit toujours que c'est du vrai, rouge foncé, épais, gluant... Quel produit utilisez-vous ?

Pour *La Pianiste*, nous avons multiplié les essais. Ceux avec du vrai sang animal n'étaient pas concluants. Nous avons donc pris du faux sang, mais je ne sais plus lequel. Je ne le voulais pas trop liquide, pas trop rouge, plutôt sombre, et on a pas mal tâtonné avant d'obtenir l'effet recherché.

Pour la musique, avez-vous été fidèle aux choix d'Elfriede Jelinek ?

J'ai respecté ses choix : Schönberg, pour la séquence de l'audition, et les deux pièces de Bach lors du concert. Mais j'ai aussi ajouté des morceaux, comme le Rachmaninov. Les lieder du *Winterreise* (*Voyage d'hiver*) étaient dans le roman, dont l'un des textes les plus fameux *Der Wegweiser (Le Poteau indicateur)* : « *Was vermeid' ich denn die Wege,/ Wo die ander'n Wand'rer geh'n ?/Habe ja doch nichts begangen, Daß ich Menschen sollte scheu'n* », ce qui veut dire : « Pourquoi éviter les chemins/qu'empruntent les autres promeneurs ?/Je n'ai pourtant rien commis/qui me fasse craindre les hommes. » Ce texte fondamental est aussi cité par Thomas Mann dans *Le Docteur Faustus*, quand le narrateur raconte que son ami le compositeur l'a évoqué un jour et qu'il en a eu les larmes aux yeux, car il renvoie au cœur de son problème : se sentir coupable, alors qu'il ne l'est pas, étant plus lucide que le commun des mortels. Jelinek, si je me souviens bien, reprend ce texte dans le roman comme une citation en soi, hors contexte musical. Dans plusieurs passages, elle joue ainsi sur les mots en citant des textes de Schubert, sans en donner les références. Il y a aussi tous les morceaux dont Jelinek n'indique pas l'origine : des lieder ou l'andantino que répète Walter. À un autre moment, Erika ordonne : « Laissez le Schubert... », sans autre précision. C'est donc moi qui ai choisi presque tous ces morceaux.

Nous avons apprécié votre utilisation du célèbre andante du *Trio* de Schubert, n° 2, opus 100. Il commence classiquement comme un morceau joué par Erika et ses amis musiciens, mais se poursuit sur les plans d'Erika dans la rue, l'accompagne dans le centre commercial et dans le peep-show, pour ne s'effacer qu'aux premières images pornographiques.

Vous me faites plaisir ! Il y a plusieurs moments où j'ai fait chevaucher la musique de cette manière, afin qu'elle nous guide dans les scènes suivantes. Ici, la musique de Schubert qui, en soi, est déjà menaçante, le devient encore plus en relation avec ce que l'on voit. De même, à la fin de cette scène dans le peep-show, on commence à entendre la deuxième strophe d'un lied de Schubert dont on avait déjà entendu le début et qui dit : « *Ich bin zu Ende mit allen Träumen,/Was will ich unter den Schläfern säumen ?* » (« Je suis au bout de tous mes rêves,/Pourquoi rester parmi les dormeurs ? ») On pourrait citer des tas d'autres exemples.

Ce rapport musique-image était-il un moyen de retrouver les brusques passages au monde mental qui, dans le roman, mettent en relief le déséquilibre d'Erika ?

Oui, c'est ce je recherchais. Car je pense qu'on peut être cultivé et pervers. La culture ne nous protège pas des abîmes de la vie.

Pour en revenir au *Trio* de Schubert, avez-vous tenu compte des autres films dans lesquels il avait déjà été utilisé ?

Je savais que Kubrick l'avait utilisé dans *Barry Lyndon*, mais je m'en fichais. L'*Octet* de Mendelssohn qu'on entend lors de la répétition dans la salle de concert, était aussi dans *Les Amants* de Louis Malle. Et, dans *La Rébellion*, j'ai utilisé le *Quintette en* ut *majeur*, qui a été souvent repris au cinéma, parce qu'il est très émouvant. Peu m'importe ! Dans *La Pianiste*, j'ai assez de musique jamais entendue dans des films pour me permettre d'avoir aussi le *Trio* de Schubert ! De toute façon, quand on aborde Schubert, on peut difficilement éviter certains passages obligés.

Un aspect remarquable des interprétations d'Isabelle Huppert et de Benoît Magimel tient au fait qu'ils jouent eux-mêmes les divers morceaux au piano. Avant d'être engagés, avaient-ils des connaissances en la matière ?

Isabelle jouait un petit peu, des choses très simples. Elle avait dû apprendre le solfège quand elle était enfant, mais on voyait bien que ses mains n'étaient pas préparées à interpréter les morceaux qui l'attendaient. Elle avait peu à faire, mais cela nécessitait beaucoup de répétitions. Non seulement elle devait jouer à la perfection les morceaux choisis, mais selon un tempo que nous avions précédemment chronométré.

Pour Benoît, le travail au piano était encore plus difficile, en particulier le Schönberg qui est, sur le plan rythmique, extrêmement compliqué. Quand je l'ai engagé, il m'a avoué qu'il ignorait tout du piano. Il a alors pris des cours, en France, avec un professeur, mais quand il est venu la première fois pour me montrer ce qu'il avait appris, je me suis dit qu'on n'y arriverait jamais ; il était nul ! Néanmoins, il s'est accroché. Il a répété tous les jours, pendant des heures, et quand on a filmé la scène de l'audition, il a joué sur un piano dont le son n'était pas coupé, en parfaite synchronie avec l'enregistrement diffusé en play-back ! Nous avions filmé la séquence à la fin du tournage, pour lui laisser le plus de temps possible pour être prêt. Mais tout le monde était admiratif, son professeur de piano en particulier.

Combien de temps Magimel s'est-il entraîné avant d'avoir à jouer ces scènes ?

Quelques mois. Quand il est arrivé au début du tournage, il n'était pas au point, car le professeur avec qui il avait commencé à apprendre en France n'était pas terrible. Heureusement, nous avons à Vienne un professeur de piano excellent, qui a fait progresser Benoît de manière spectaculaire.

Benoît Magimel

Lors de la discussion de Walter et Erika sur Schumann et le crépuscule de l'esprit, on a bien noté votre petite touche personnelle avec l'ajout de la citation d'Adorno. Surtout, on a apprécié l'audace de la mise en scène. Au lieu du champ-contrechamp traditionnel, vous ne filmez qu'Erika...

Du strict point de vue dramaturgique, il ne fallait pas découper. Même quand Walter parle, c'est d'elle qu'il est question ; toute cette discussion autour de la perte de soi-même et de la chute de Schumann renvoie à son histoire à elle. Donc il fallait absolument rester sur elle. Mais j'ai bien conscience qu'avec une actrice moins bonne qu'Isabelle, ce dispositif n'aurait pas été possible ou, du moins, il aurait perdu de sa puissance.

Anna Sigalevitch, Susanne Lothar et Isabelle Huppert

Schober, le nom de famille que vous avez inventé pour la mère d'Anna, la jeune élève...

... c'est un nom très connu, car Schober était un ami de Schubert. Mais dans le film, c'est, bien sûr, une *private joke* !

Avez-vous donné ce rôle de madame Schober à Susanne Lothar par amitié ?

Non, pas par amitié. Susanne était, selon moi, la meilleure actrice pour jouer ce rôle. Je ne fais jamais rien par amitié dans la vie professionnelle, seulement dans la vie privée.

Comment avez-vous abordé le problème de la langue entre les comédiens qui parlaient français et ceux qui s'exprimaient en allemand ?

C'était compliqué. D'un côté, l'action du film se passe entièrement à Vienne et j'avais besoin de recréer ce climat viennois. De l'autre, je ne pouvais pas demander à Isabelle Huppert de jouer dans les deux langues, parce que cela aurait coupé l'émotion. J'ai donc choisi de faire une distribution française pour les trois personnages principaux et une autre, autrichienne ou allemande, pour tous les autres personnages, qui parlent beaucoup entre eux, mais très peu avec le trio francophone. À l'exception des deux scènes entre Isabelle et Susanne, qui discutent de la jeune Anna, dans la rue et dans une salle de cours. Là, chacune a joué dans sa langue et nous avons été obligés d'en doubler une des deux, dans les deux versions, la française et l'allemande.

Cette barrière de la langue n'a-t-elle pas posé problème pour leur jeu ?

Si. Surtout pour la scène dans la salle de cours, qui est assez longue et intense. Mais l'une comme l'autre connaissaient le sens des répliques prononcées dans la langue qui leur était étrangère, et tout s'est bien passé, parce qu'elles s'appréciaient mutuellement. Isabelle avait adoré ce que Susanne avait fait dans *Lulu*, mise en scène par Zadek, et Susanne a toujours admiré Isabelle. Ce n'était donc pas un combat entre deux vedettes, plutôt un moment de complicité.

Quelle est pour vous la meilleure version sonore du film ?

La française, parce que la grande majorité du texte est en français. Mais, de tous mes films doublés en allemand, c'est de loin le meilleur. J'ai trouvé deux actrices et un acteur vraiment bien, et nous avons pris trois fois plus de temps que prévu pour le doublage. Pour mes autres films français doublés en allemand – même ceux dont j'ai assuré le doublage moi-même –, le résultat est très décevant. On n'arrive jamais avec les comédiens de doublage à atteindre un bon niveau de jeu. Sans parler de l'acteur que j'ai eu pour le rôle principal de *Caché*, qui était carrément mauvais. Comme j'en avais déjà changé une fois, j'ai dû faire avec. Mais, à partir du *Ruban blanc*, j'ai décidé de ne plus diriger le doublage moi-même. Pour le *Funny Games* autrichien, je m'étais occupé de la version française avec Hervé Icovic, un ami, réalisateur de doublage. C'est moi qui avais pratiquement dirigé les acteurs, mais je n'en étais pas content. Je pense d'ailleurs que le doublage, c'est la destruction systématique d'une œuvre ! On perd l'essentiel de l'atmosphère créée entre les personnages. On ne peut pas comparer le travail d'un acteur qui joue avec un partenaire devant une caméra, avec celui effectué devant un écran et un micro.

Michael Haneke : de l'importance du son (à gauche : Hervé Icovic)

En quelle langue avez-vous écrit le scénario de *La Pianiste* ?

En allemand, évidemment.

Alors, pourquoi dans l'édition allemande du scénario, y a-t-il, en illustration, des pages storyboardées, avec des dialogues en français ?

Une fois le scénario en allemand terminé, il a été traduit en français, à l'intention des acteurs francophones. Pendant le tournage j'avais les deux versions devant moi, les dialogues en français figurant sur la page gauche de mon scénario en allemand. Comme ça, si j'avais un doute, je pouvais vérifier sur les deux versions.

Votre bonne maîtrise de notre langue doit vous permettre de diriger à l'oreille vos interprètes français aussi bien que vous le faites dans votre propre langue ?

Non, moins bien. Car, en français, si j'entends immédiatement quand l'émotion est fausse, j'ai plus de mal à déceler une mauvaise prononciation ou un accent régional qui ne serait pas juste. En fait, je ne connais bien que le français parlé à Paris.

En allemand, le titre du roman (et du film) est *Die Klavierspielerin*. Or, le mot le plus courant dans votre langue pour désigner la profession de pianiste est *Pianistin*. Quelle est la différence de sens ?

Par opposition à *Pianistin*, *Klavierspielerin* est une expression qui réduit la portée du talent de la personne qui joue du piano : elle sait en jouer, mais ne sera jamais une grande concertiste. Le titre original du film, qui reprend celui du roman, annonce donc d'emblée les limites du talent d'Erika. Mais il nous a fallu accepter d'en perdre le sens exact dans les traductions française et anglaise.

Parmi les propos d'Erika, nous avons relevé une formule particulièrement dure : « Je n'ai pas de sentiments, Walter, et même si j'en ai un jour, ils ne triompheront jamais de mon intelligence ! »

C'est dur, parce que ce n'est pas crédible ! Erika dit cette phrase parce qu'elle voudrait que cela se passe comme ça. Mais le film prouve qu'elle n'y arrivera pas, sinon nous n'aurions pas cette sorte de tragédie humaine.

Nous retrouvons là un thème qui vous est cher : la disparition progressive de toute attitude sentimentale devant la dureté du monde matérialiste et cérébral...

Je ne crois pas. Je pense même que les sentiments sont plus forts aujourd'hui, comme l'illustre le film. Les pays « cultivés » ont essayé de débarrasser la vie de tout ce qu'elle pouvait avoir de chaotique. Mais c'est une illusion, car tous les problèmes demeurent. Nous sommes toujours au seuil de l'abîme, mais nous savons mieux le dissimuler qu'autrefois. Cela ne veut pas dire que nous sommes devenus plus cérébraux, bien au contraire.

Vous ouvrez votre film sur une plongée totale, une figure de style que vous aviez déjà utilisée dans *Fraulein* et *Benny's Video*, mais qui surprend ici. C'est un angle inhabituel pour filmer quelqu'un au piano...

Cette plongée est différente de celles de mes précédents films. L'idée était de faire un plan subjectif sur les mains d'Isabelle, mais de manière stylisée, car sinon le réalisme aurait voulu que l'image soit tremblée. La plongée verticale, qui permet aussi de voir les jambes de l'interprète, simule ainsi une sorte d'abstraction du regard. Mais même stylisé, il s'agit bien pour moi d'un point de vue subjectif. Un peu comme les plans sur la lettre que le prêtre ne cesse d'écrire dans *Le Journal d'un curé de campagne* de Bresson.

Vous faites apparaître le titre du film plus de sept minutes après le début du film. Pourquoi une aussi longue séquence pré-générique ?

C'est un procédé repris de certains de mes téléfilms. Pour *La Pianiste*, l'idée était de proposer une introduction qui mette en place la relation mère-fille, avant que le drame ne commence pour de bon, après le générique.

En revoyant ce pré-générique, nous avons été stupéfaits par la manière dont vous montrez la série *Alphateam* que regarde la mère à la télévision. Vous filmez l'écran plein cadre et ne vous limitez pas à un court extrait ; on voit plusieurs plans de la série, comme si on s'installait pour la regarder. C'est très troublant !

C'était pour mieux montrer le genre de vie que mène la mère d'Erika. C'est une personne qui ne sort que rarement et dont la seule occupation est la télévision. De même, dans la scène où Erika arrive avec Walter, sa mère est encore devant son poste. Elle est d'ailleurs obligée d'en baisser le son pour entendre ce que sa fille dit à ce garçon : pour une fois, elle a droit à une distraction différente !

Pourquoi avoir choisi cette série-là ?

C'est le genre de stupidités qu'on voit tout le temps à la télé, des séries où le drame et le comique sont mélangés. Comme d'habitude, on m'a proposé une dizaine d'émissions, et j'ai choisi celle-là parce que je l'ai trouvée marrante.

Vous reprendrez le procédé dans *Caché* et dans *Le Ruban blanc*, mais dans *La Pianiste*, vous affectionnez les plans frontaux dans lesquels l'acteur est cadré face à la caméra...

C'est pour amplifier la tension émotionnelle de la scène. Si vous tournez un échange entre deux personnages à l'aide de deux caméras, vous devez vous décaler légèrement par rapport à l'axe dans un champ-contrechamp. Avec des acteurs non professionnels, ce type de cadrages frontaux n'est pas possible, parce qu'ils ont tendance à regarder dans l'objectif. J'avais essayé de faire cela avec la petite fille du *Septième Continent*, juste avant que sa mère ne la gifle, mais cela n'avait pas marché, car la jeune actrice, n'ayant rien à regarder, nous renvoyait un regard vide. Avec les acteurs professionnels, je fais mettre sur le rebord de la caméra un petit point qu'ils doivent fixer. Sans que ce soit un regard caméra, ils ont ainsi un regard dirigé presque dans les yeux du spectateur. Dans *Le Ruban blanc* où j'avais beaucoup d'enfants, j'ai évité ce dispositif. J'ai néanmoins essayé de m'approcher d'eux le plus près possible, ce qui est pénible pour les acteurs qui se retrouvent collés à la caméra, mais qui crée au montage un véritable contact avec le partenaire.

Le film a aussi fait l'objet d'un très beau travail sur les éclairages.

Il est dû au talent de Christian Berger, mon chef opérateur ! Sur mes plateaux, je vérifie presque toujours le cadre avant la prise et je corrige au besoin. Parfois, je déplace juste la caméra d'un centimètre… Cela pourrait être frustrant pour mes collaborateurs, mais ils connaissent mes habitudes ! En revanche, je me mêle rarement de l'éclairage, sauf si je remarque un problème. Avec l'expérience, j'ai acquis une bonne perception de la lumière. Par exemple, je remarque, en intérieur, si la différence entre la lumière naturelle qui passe par la fenêtre et celle qui provient du lustre est trop forte et va créer une sensation de fausseté à l'écran. Dans une pièce comme celle où nous discutons en ce moment, il est très difficile de donner l'impression que l'éclairage est vrai. Ce sont des problèmes que les chefs opérateurs, à cause de leurs multiples responsabilités, ne repèrent pas toujours. Et, dans ce cas, j'interviens. La plupart du temps, j'ai raison. Mais je ne me mêle pas des réglages techniques, car je ne saurais pas faire. Je sais exactement où il faut placer la caméra et je pourrais m'en occuper seul, mais la lumière est une véritable science pour laquelle je suis content de pouvoir m'appuyer sur de brillants collaborateurs.

Mais vous savez à l'avance ce que vous voulez comme lumière. Comment abordez-vous la question avec votre chef opérateur ?

Quand je dessine mon plan pour les décors, je dispose déjà les lampes à des endroits précis, parce que je sais où j'ai besoin de lumière. Ainsi, je sais qu'à un moment donné, tel personnage va s'asseoir là, et qu'il me faut donc, à cet endroit, une source d'éclairage que je fais figurer sur le plan du décor. Car ce n'est pas une fois que nous aurons tourné en plan général dans la pièce qu'on pourra rajouter un abat-jour près du canapé pour le plan rapproché. Sinon, dans un décor qui est censé être éclairé par la lumière du jour, j'indique, bien sûr, à mon chef opérateur si je souhaite que la lumière corresponde à un jour ensoleillé ou à un temps gris. Après, c'est à lui de jouer pour obtenir l'effet demandé.

Dans *La Pianiste*, vous avez tourné dans un grand nombre de lieux réels…

Seuls l'appartement d'Erika, la cabine du peep-show et les toilettes où Erika et Walter ont leur première scène torride ont été reconstitués en studio. Ce n'était pas possible de faire autrement, les vrais lieux étaient trop exigus.

À deux reprises, vous consacrez des plans très longs à des décors vides. Le premier se situe dans la scène où Erika est dans les toilettes. Vous ne nous montrez que le carrelage blanc, longuement, avant que Walter n'arrive…

Mais le vide est rempli par le son, avec tous les bruits que l'on entend !

Et vous recommencez à la fin : après le coup de couteau que se donne Erika dans la poitrine, vous filmez l'extérieur du conservatoire, sans personnage, avec, pour seule action, les voitures et le son de Vienne, la nuit...

Oui, c'est la fin du film et il faut l'annoncer par cet allongement de la durée du plan. Concernant la scène des toilettes, Erika s'y rend pour faire pipi et il était normal que cela prenne un certain temps. Toutes ces durées réalistes sont prévues lors de l'écriture du scénario.

Vous avez mis en scène un plan-séquence d'une très grande complexité : la caméra part de la patinoire où Walter finit sa partie de hockey, le suit quand il quitte le terrain, passe devant Erika qui l'attend et accompagne le couple dans la remise où se joue l'essentiel de la scène...

Ce plan a été le plus difficile à réaliser de tout le film, en particulier pour Isabelle, qui devait discrètement absorber quelque chose pour ensuite vomir.

Vous avez fait de nombreuses prises ?

Oui. Nous avons répété pendant longtemps. Benoît, qui, en plus du piano, a dû s'entraîner au hockey, ne devait pas glisser en sortant de la patinoire. Nous avons commencé à tourner ce plan si difficile pour les comédiens et nous avons raté sept ou huit prises avant d'en obtenir enfin une de bonne. C'est alors que mon assistante m'a annoncé qu'elle avait vu la maquilleuse apparaître dans le champ, au moment où Benoît se débarrasse de son équipement de hockey pour rejoindre Isabelle. Il y avait trois personnes qui aidaient Benoît, afin qu'il puisse rejoindre sa partenaire le plus vite possible. Et l'une de ces personnes était Thi Loan Nguyen, ma maquilleuse préférée, une Thaïlandaise qui travaille très bien, mais qui, en bougeant, s'est trouvée dans le champ sans le savoir. J'ai explosé ! Isabelle a hurlé ! Nous avons dû recommencer, sans jamais retrouver la qualité de la prise fichue. La journée y est passée et mon chef opérateur, voyant la lumière du jour décliner, nous a prévenus que nous pouvions encore en faire une dernière, avant de devoir arrêter. Je me suis énervé, voyant qu'on allait perdre cette journée de travail. Et cette ultime prise fut la bonne ! Mais la journée avait été rude pour tout le monde. En plus, Benoît était de mauvaise humeur, car il se sentait ridicule dans sa tenue de hockey !

Dans *La Pianiste*, l'évolution progressive des costumes et de la coiffure d'Isabelle Huppert est remarquable. On passe de la vieille fille rigide à une personne qui essaie de s'ouvrir, même si ses choix de vêtements ne sont pas toujours heureux...

Cette évolution du look d'Erika doit beaucoup à Isabelle. J'étais très attentif à cette question. Et c'est d'un commun accord entre la responsable des costumes, Isabelle et moi que tous les choix vestimentaires ont été opérés. De même pour la coiffure. Et il convient de saluer aussi le travail de la maquilleuse. Mais si tout fonctionne si bien, c'est grâce à Isabelle. Elle a très remarquablement incarné ce processus de dégradation de son personnage. Isabelle sait exactement ce qu'elle fait. Et elle sait tout faire.

Êtes-vous de ces metteurs en scène qui pensent qu'ils ont leurs personnages dès l'instant où ils ont trouvé leurs costumes ?

Non, parce que, ayant écrit le personnage, je le connais bien avant. Ce qui ne m'empêche pas d'être très exigeant avec les créatrices de costumes, et d'être rarement satisfait de leurs propositions. La seule fois où j'ai vraiment été content, c'était avec Moidele Bickel, pour *Le Ruban blanc*. Quand je commençais à critiquer quelque chose, elle s'était déjà aperçue que ce n'était pas l'idéal. C'est une femme d'une grande culture, avec qui je me suis très bien entendu. Mais auparavant, j'ai toujours été déçu. C'est pourquoi je n'ai pas eu jusqu'ici de collaboratrice attitrée à ce poste. D'ailleurs, quand je regarde les films des autres, je suis souvent déçu par les costumes. Le costume véhicule la psychologie du personnage. Or les responsables des costumes ont surtout le souci que les vêtements aillent bien aux acteurs et pas davantage. Mais pour *Amour*, j'ai eu la chance de rencontrer Catherine Leterrier qui me donne aussi envie de continuer à travailler avec elle.

10

Le Temps du loup, après le 11 septembre – La clairvoyance de Margaret Menegoz – Nos vies sans eau ni électricité – Truffaut et Tarkovski dans le brouillard – Mes erreurs de casting – La maladie du pitch – *Caché* révèle mensonges et culpabilité – Le nez cassé de Daniel Auteuil – Piéger le spectateur – Ma femme est mon Hitchcock – Pierre et Pierrot – Lumière blanche pour film noir – Je me méfie des références.

Isabelle Huppert

Comme *La Pianiste*, *Le Temps du loup* est un projet ancien. Vous l'avez réalisé en 2003, mais écrit dix ans plus tôt. Vous souvenez-vous quel était votre point de départ ?

Dans les années 1990, le sujet était dans l'air du temps. On parlait beaucoup de catastrophes dans les films. Mais mon projet devait être trop coûteux pour intéresser un producteur. Je l'ai donc rangé dans mes tiroirs et je suis passé à autre chose. Après *La Pianiste*, j'aurais dû réaliser *Caché*, que je venais d'écrire et qu'Alain Sarde avait accepté de produire. Nous avions commencé à travailler dessus, quand, à Cannes, en 2001, Christine Gozlan est venue me dire qu'ils n'avaient pas trouvé l'argent et qu'ils abandonnaient. J'étais fou furieux et j'ai alors proposé *Caché* à Margaret Menegoz, qui s'est déclarée intéressée. Mais entre-temps, il y a eu les attentats du 11 septembre et j'ai pensé que c'était le moment ou jamais de réaliser *Le Temps du loup*. Ce que j'ai expliqué à Margaret, qui n'était pas convaincue que ce film serait aussi rentable que *Caché*. Ce en quoi elle avait parfaitement raison. Elle a néanmoins accepté de le produire, ne pouvant pas deviner que, en plus, ce ne serait pas mon meilleur film. Pour être complet sur la genèse du *Temps du loup*, il faut vous dire qu'à la même époque, j'avais un autre projet qui n'a pas abouti : une série futuriste en dix épisodes pour la télévision, *Kelwin's Book*. En tant que genre, la science-fiction m'a toujours intéressé et c'est vraiment dommage que cette série n'ait jamais vu le jour. J'en ai relu le scénario récemment et il n'est pas mauvais.

Vous n'avez jamais fait de série TV...

Aujourd'hui, ça me paraît difficile. Parce que, ici, en Autriche, les séries TV sont vraiment mauvaises. En Amérique, au contraire, les séries, notamment celles de HBO, sont souvent meilleures que les films.

Et dans la science-fiction, qu'est-ce qui vous intéresse ?

La possibilité d'évoquer nos problèmes, à travers des situations extrêmes. C'est ce que j'ai fait avec *Le Temps du loup*, où j'essaie de montrer la situation dans laquelle nous nous trouvons aujourd'hui. Nous sommes au bord de l'abîme, abîme dont nous ignorons souvent l'existence.

LE TEMPS DU LOUP

Au lendemain d'une catastrophe, chacun survit comme il peut. Anne, son mari et leurs deux enfants, Eva et Ben, se rendent à leur maison de campagne. Celle-ci se révèle occupée par une famille qui refuse de partager les lieux. L'intrus, tout d'abord menaçant, finit par s'emporter et abat le mari d'Anne. La jeune femme fuit avec ses enfants, ne rencontrant aucune aide de ses voisins. Elle obtient cependant un peu de nourriture de la part d'une personne compatissante. Elle et ses enfants se réfugient, la nuit, dans des granges ou des cabanons. Un soir, Ben disparaît. Sa mère et sa sœur allument un feu pour lui permettre de se repérer. Ben réapparaît au petit matin, accompagné d'un adolescent solitaire et revêche, qui s'humanisera peu à peu au contact d'Eva. Ils parviennent à une gare, habitée par un grand nombre de survivants, de toutes origines. L'accueil est peu chaleureux. La lutte pour la survie entraîne des comportements agressifs et sournois, plus ou moins développés chez les uns et les autres. Un minimum d'organisation et de règlement a été mis en place, mais n'est guère respecté. Le troc est pratiqué et contrôlé par un dénommé Koslowski, que certains perçoivent comme un élu de Dieu. L'arrivée d'un vendeur d'eau, qui n'a pas de quoi approvisionner tout le groupe, ajoute au désordre. Eva, perturbée, occulte la mort de son père et lui écrit une lettre où elle lui décrit la situation. Peu de temps après, le groupe s'installe près d'une voie ferrée, afin de bloquer le passage du prochain train, porteur de tous leurs espoirs. Anne reconnaît l'assassin de son mari, le dénonce, mais ne peut rien prouver et doit renoncer à ses accusations. Les événements se précipitent. Une jeune fille, à l'insu de tous, se suicide. Ben, troublé par l'évocation d'un sacrifice humain, relaté par un étrange avaleur de lames de rasoir, veut, à son tour, s'immoler dans un grand feu qu'il prépare sur la voie ferrée. Un homme généreux l'en dissuade, l'empêchant de se transformer en victime expiatoire et lui affirme que tout va s'arranger sous peu. Vu de la fenêtre d'un train, le paysage défile.

Avec le meurtre du propriétaire d'une maison de campagne par un autre père de famille qui avait squatté les lieux, vous ouvrez le film sur un acte de barbarie…

Historiquement, cette barbarie s'instaure toujours dans les périodes de crise.

D'où l'intérêt que représente pour vous ce genre de situation.

Cette ouverture me permet de montrer comment nous retrouvons la dimension animale qui sommeille en nous, quand nous devons nous défendre pour survivre. Dès que nos repères habituels ont disparu, nous n'avons pas besoin de grand-chose pour basculer. C'est ce que raconte, dans le film d'animation *Valse avec Bachir*, le jeune homme qui, parti à la guerre à dix-sept ans, s'est rapidement rendu compte que, s'il ne tirait pas le premier, il serait abattu. C'est ce qui explique le comportement du squatter au début de mon film. Et c'est ainsi qu'on arrive… au temps du loup ! Le titre est une citation de l'*Edda*, cet ensemble de poèmes épiques sur la mythologie scandinave réunis dans un manuscrit islandais, le *Codex Regius*, où l'on peut lire la prophétie d'une voyante qui décrit le temps qui précède la fin du monde, le « *Ragnarök* » : « Temps du vent, temps du loup, personne ne veut plus ménager personne… »

Ce qui est audacieux dans ce scénario, c'est qu'il ne présente qu'un seul thème…

Comment survivre d'une manière qui demeure humaine. Le film présente toutefois plusieurs situations différentes, comme l'histoire d'amour entre les deux jeunes qui a peu de chances d'aboutir, mais qui reste ouverte. Ou encore l'attitude du fils d'Isabelle

Huppert, qui fait preuve d'une grande humanité, mais de manière un peu perverse, en envisageant de se sacrifier à la fin comme seule solution possible.

Le sacrifice de l'innocent pour mettre fin à la violence. Cela renvoie à la thèse soutenue par René Girard dans son ouvrage *La Violence et le Sacré*...

Oui, j'y ai pensé.

Mais vous avez conçu une autre fin...

... qui n'était pas prévue dans le scénario. Initialement, j'avais imaginé montrer toute cette communauté de deux cents personnes se mettre en route. J'ai tourné cette fin, mais elle ne convenait pas et je ne savais pas quoi faire d'autre. J'en ai parlé avec un ami, Alexander Horwath, le critique et directeur de la cinémathèque de Vienne, dont je vous ai déjà parlé. D'après lui, le film avait besoin d'un mouvement. Je me suis alors souvenu d'*Amerika-Rapports de classe*, le film de Jean-Marie Straub et Danièle Huillet, d'après Kafka : à la fin, ils sont dans le train et ils roulent. J'ai pensé que tous mes personnages auraient pu prendre un train, mais qu'on ne les verrait pas. On ne saurait même pas où on est, on ne verrait qu'un paysage qui défile, vide de toute trace humaine. Ce serait l'illustration parfaite de ce que l'homme a dit au petit garçon pour le convaincre de ne pas s'immoler par le feu. Je ne suis pas très satisfait du film dans son ensemble, car il y a plusieurs choses qui ne fonctionnent pas. Mais cette fin est très belle !

Le dernier plan du *Temps du loup*

Pour revenir au geste de l'enfant, quelle utilité aurait pu avoir son sacrifice ? Peut-on s'aventurer sur la piste du religieux ?

Je ne peux rien dire, car c'est vraiment une question d'interprétation. Je pense que chaque spectateur va voir ce geste d'une manière différente, en fonction de sa conception de la vie et du surnaturel. Mais on peut très bien trouver idiote et inutile cette tentation du sacrifice. C'est pour ça que j'ai décidé d'ajouter le paysage qui défile à travers les fenêtres du train. L'optimisme final réside dans ces plans-là. Cela ne pouvait être ressenti dans le plan initialement prévu des gens quittant la gare, car il suggérait que tout allait continuer. La fenêtre ouvre sur quelque chose, qui n'est peut-être pas métaphysique, mais toujours moins banal que la marche d'un groupe de personnes vers une direction indéterminée. L'optimisme de la fin s'affiche aussi dans le comportement du personnage interprété par Thierry Van Werveke, un fasciste hostile aux étrangers, qui s'énerve contre tout, et qui pourtant va s'efforcer de consoler le petit garçon. En cela, ma fable est plus proche de la vraie vie que des films *mainstream* où les personnages, en général, sont taillés d'un seul bloc.

Quand vous écrivez vos scénarios, vous pensez à cette marge ouverte d'interprétations possibles ?

Toujours ! C'est le but que je recherche : laisser une place au spectateur, afin qu'il puisse s'approprier le film à sa façon, avec sa culture et sa manière de penser.

Comment recevez-vous les réactions des spectateurs appartenant à des cultures différentes de la nôtre ?

Je trouve leurs réactions intéressantes. Mais elles sont limitées ; car, il faut être lucide, mes films ne touchent guère que les spectateurs des pays « riches ». Les gens du tiers-monde souffrent d'autres problèmes que ceux que je montre. Je pense, par ailleurs, qu'il faut connaître le contexte culturel auquel appartient une œuvre pour la comprendre à sa juste valeur.

Quand vous envisagez une fin ouverte, comme celle du *Temps du loup*, est-ce que vous en listez toutes les interprétations possibles ?

Non, je vois les diverses possibilités d'interprétation se multiplier au fur et à mesure de l'écriture du scénario, sans chercher à les identifier ou à les recenser. C'est plus organique. Avec *Caché*, par exemple, je sais qu'il y a plusieurs pistes de réflexion. On peut se risquer à interpréter la rencontre entre le fils de Daniel Auteuil et celui de Maurice Bénichou, à la fin sur les marches de l'école. Mais si l'on reste réaliste, il n'y a qu'une seule solution. Ce n'est toutefois pas de mon devoir d'aider le spectateur qui n'aurait pas trouvé cette réponse. Pour cette fin de *Caché*, j'ai écrit un dialogue que j'ai donné aux deux garçons, en leur interdisant d'en parler à qui que ce soit. Puis j'ai jeté le papier à la poubelle.

Et vous en avez oublié le contenu ?

Non, je m'en souviens, mais je ne veux rien révéler ! De même, dans *Le Ruban blanc*, il n'est pas dit qu'une seule personne a commis tous ces méfaits. Il y a plusieurs coupables possibles. Mais, pour moi, ces fins ouvertes représentent l'aspect le moins important des films. Vouloir en donner une interprétation limite la portée du film : on le réduit à une dimension psychologique, alors qu'il y a plein d'autres angles d'approche. Le principe du *Ruban blanc* n'est pas de savoir qui a commis toutes ces mauvaises actions.

Vous êtes très critique à l'égard du *Temps du loup*. Sur quoi fondez-vous vos reproches ?

Comme je vous l'ai dit, j'ai commis des erreurs de casting pour certains rôles et, à cause de cela, plusieurs scènes n'ont pas fonctionné comme elles auraient dû. Je peux vous en citer une, car elle ne met pas en cause un acteur professionnel. C'est celle avec l'individu qui avale des lames de rasoir. Son interprète est un homme que j'avais remarqué sur la Croisette, à Cannes, où il faisait ce numéro. Il est extraordinaire, mais il n'arrivait pas à jouer son rôle. On a réduit son texte et malgré cela, la scène n'existe pas. Or cette scène était très importante, parce que c'est en l'entendant parler de ceux qui s'immolent par le feu que le jeune garçon a l'idée d'en faire autant. Mais comme la scène est ratée, le spectateur ne fait pas le lien entre les deux.

Il y avait d'autres scènes tout aussi ratées que j'ai dû couper. Des scènes axées autour d'un personnage interprété par un acteur qui jouait faux. D'autres encore avec un comédien qui ne savait pas son texte. Mais c'est ma faute. Un mauvais casting, c'est toujours la faute du metteur en scène, pas de l'acteur. En tout cas, j'ai beaucoup coupé et cela a diminué la complexité du scénario. Il y a aussi des scènes ratées pour d'autres raisons, comme celle du viol de la jeune fille qui se suicide après. Alors que ça devrait être traumatisant, on ne perçoit pas vraiment ce qui se passe, parce que la lumière n'est pas bonne. Le film a vraiment trop de défauts pour fonctionner tel que je l'espérais. Et comme, en plus, il est long et pénible à regarder, à cause de son esthétique de l'obscurité... Pour moi c'était très frustrant. Quand j'ai commencé le montage, je me suis dit qu'on courait à la catastrophe.

C'est au montage que vous avez commencé à vous rendre compte de cela ?

Non, dès le tournage, j'ai vu que certains acteurs ne fonctionnaient pas. Mais il était trop tard pour les remplacer.

Comment se fait-il qu'il y ait autant d'acteurs connus dans *Le Temps du loup* ?

Je ne les ai pas choisis en fonction de leur notoriété, mais parce que je pensais qu'ils étaient les meilleurs pour interpréter ces rôles. Même si tous ne sont pas mes premiers choix et que j'avais fait appel à certains autres comédiens qui n'étaient pas libres. À quelques exceptions près, mes acteurs ne sont toutefois pas de grandes vedettes. Ils ne sont guère connus qu'en France. Même Patrice Chéreau ne saurait être cité comme un acteur célèbre. Il est surtout connu comme un grand metteur en scène. Je voulais un vrai intellectuel pour son rôle et je trouve qu'il l'a très bien interprété, le marquant de sa forte personnalité.

Patrice Chéreau et Olivier Gourmet

Maurice Bénichou, Isabelle Huppert, Lucas Biscombe et Anaïs Demoustier

Pourquoi n'avoir pas retenu plus d'acteurs autrichiens, alors que le film est une coproduction franco-autrichienne ?

Je ne voulais pas avoir, comme dans *La Pianiste*, de longues scènes avec des comédiens qui parlent deux langues différentes. C'est trop compliqué. J'ai donc décidé que tous les grands rôles seraient tenus par des francophones, tandis que je réservais aux germanophones les petits rôles et la figuration.

***Le Temps du loup* est votre premier film en Scope…**

Et le seul à ce jour. On aurait pu tourner *Le Ruban blanc* en Scope, mais le format le plus juste aurait été celui des origines, le 1.33. Comme ce n'était pas possible, je m'en suis tenu au format standard, le 1.85. Généralement, mes films se passent dans des appartements, des lieux clos. Seul *Le Temps du loup* se déroule principalement en extérieur, dans de vastes paysages, dans le brouillard. Ce qui requérait un écran plus large.

Ces plans tournés dans le brouillard font l'objet d'un très beau travail photographique. On a pu évoquer à leur sujet *Le Désert rouge* d'Antonioni…

Antonioni a eu la chance de tourner dans la plaine du Pô, où il y a du vrai brouillard. Alors que nous, nous avons été forcés de le créer nous-mêmes. Nous l'avons produit avec des machines et on en a ajouté en numérique, parce que, pour des plans aussi larges, il n'y avait jamais assez de brouillard dans le cadre. Cela me rappelle Tarkovski dans le making of de *Nostalghia*. Il est assis sur sa chaise, et on vient le chercher pour tourner. Il se lève, regarde la vaste étendue devant lui et déclare : « J'avais dit "brouillard" ! » avant de retourner sur sa chaise ! J'ai aussi pensé à *Jules et Jim* de François Truffaut, qui avait tellement marqué Burt Lancaster que sa boîte de production avait appelé celle de Truffaut pour savoir comment ils avaient obtenu un si beau brouillard. Et la réponse a été : « On a attendu ! »

Truffaut, justement, avait une théorie relative aux films sur l'Occupation. Pour qu'on y croie, affirmait-il, on ne pouvait pas montrer de ciel bleu. Avez-vous eu le même genre de réflexion pour votre histoire postapocalyptique ?

C'est ce que j'ai fait avec *Le Septième Continent*, où l'on ne voit jamais le ciel, à l'exception des photos de ciels nuageux accrochées aux murs de l'appartement. En revanche, au début du *Temps du loup*, quand Isabelle Huppert et ses deux enfants abandonnent leur maison de campagne après le meurtre du père, c'est en plein soleil, comme dans certains films de Bergman. En dépit de scènes dramatiques fortes, il montrait souvent des lieux très ensoleillés. Ce dont il s'était d'ailleurs expliqué : dans son enfance, ses pires cauchemars se déroulaient en plein soleil.

Où avez-vous tourné les extérieurs ?

En Autriche, au Burgenland, à la frontière hongroise et, pour le dernier plan, dans le Waldviertel. On a dû tourner dans des endroits très éloignés les uns des autres. L'Autriche est un petit pays très peuplé. Et, hormis dans les hautes montagnes, il est vraiment difficile de trouver des paysages vierges de toute population. Le paysage vu du train, à la fin, est un champ de manœuvres militaires. Ce qui explique qu'on n'y trouve aucune maison.

Dans votre film, les scènes de nuit sont aussi très impressionnantes : dans une obscurité quasi totale, elles ne laissent apercevoir que l'essentiel.

Cela a représenté beaucoup de travail. Au tournage, tout d'abord, où je devais sans cesse me battre avec le chef opérateur, qui avait toujours peur qu'on n'en voit pas assez. Puis, comme il en avait quand même montré trop, à l'étalonnage, où j'ai demandé plus d'obscurité. Je voulais un film très sombre, comme dans la réalité, quand on n'a plus d'électricité.

Comme dans *La Tête du Maure*, où il était aussi question d'une catastrophe, le monde politique n'intervient pas directement dans *Le Temps du loup*.

Parce que si l'on décide de faire intervenir le monde politique, cela devient très simple de trouver les coupables. Le film devient alors polémique, et moi, je ne veux surtout pas faire de films politiques qui renverraient à une actualité contemporaine. *Benny's Video* parle, si l'on veut, du nazisme, mais de manière détournée. Les films politiques à message ne m'intéressent pas. Sauf s'ils sont le fruit d'un moment particulier de l'histoire de leur pays. Par exemple, *Z* de Costa-Gavras, est un film qui m'a beaucoup plu, parce que c'était honnête et courageux de faire à chaud ce film contre la Grèce des colonels. En plus, le film est très bien fait, très efficace. Mais, s'il peut être nécessaire de tourner un film politique au cœur d'une situation révolutionnaire, ça ne s'impose pas en Autriche, où rien ne bouge. Je trouve même que c'est un peu facile de dénoncer les fautes évidentes commises par la gent politique, quand la réalité est évidemment plus complexe.

On ne voit d'ailleurs dans le film, au sein de votre communauté, aucun représentant du monde politique.

En effet, il y a seulement ce que le personnage de Bénichou raconte avoir entendu à la radio, comme les évacuations de certains lieux. Mais c'est ainsi que les choses se passent en pareille situation. Il n'y a pas de contact direct avec la politique. On est seulement confronté aux ordres que relaient les médias, sans possibilité de les discuter. On est alors victime des événements et la politique ne sert plus à rien. Le seul personnage un peu politique dans *Le Temps du loup* est celui qu'interprète Olivier Gourmet. Il s'est autoproclamé chef et il organise la survie du groupe en en profitant pour faire son business !

Une des qualités de votre film, c'est que l'action n'y est pratiquement jamais verbalisée. Tout passe par le comportement des personnages.

Sauf dans *La Pianiste*, qui est une adaptation, il n'y a, dans mes films, que des comportements, pas de psychologie explicative comme vous pouvez en trouver dans les journaux. C'est ce que je vous racontais sur l'article qui m'a inspiré *Le Septième Continent*. Le journaliste y trouvait plein d'explications pour justifier le geste du père : il était très endetté, il consultait un psychologue, car il ne parvenait pas à satisfaire sa femme sexuellement... Mais des millions de personnes rencontrent ce type de problèmes, sans pour autant tuer leur famille ! Il est impossible d'envisager toute la complexité d'un comportement dans le cadre d'un article ou même d'un livre ou d'un

Michael Haneke dirigeant Anaïs Demoustier

film. Et si l'on essaie malgré tout, c'est pour rassurer le public et lui faire croire que tout va bien. Mais malheureusement, ce n'est pas le cas.

Cette manière de véhiculer le sens à travers le comportement des personnages n'exige-t-elle pas, chez le spectateur, un grand sens de l'observation ?

Non, parce que le spectateur n'a pas à observer, mais simplement à regarder les fragments de réalité que je lui montre. C'est comme dans la vie, on ne connaît jamais toute la réalité, seulement de petits morceaux. Notre perception du monde est toujours fragmentée. Par exemple, dans *Caché* – nous allons en parler bientôt – nous avons affaire au mensonge. Or, dans la vie quotidienne, on ne sait jamais si quelqu'un vous ment. Si on était capable de déceler les mensonges, ce ne serait plus la peine de mentir. Comme ce n'est pas le cas, tout le monde ment et on doit accepter que le mensonge existe. Si quelqu'un affirme une chose et un autre le contraire, on ne peut pas toujours savoir où est la vérité.

Avez-vous conçu ce film pour faire ressentir au spectateur des choses dont on rend compte au journal télévisé ?

Non, ça, c'est une explication a posteriori. Quand j'écris un film, je ne me dis pas que je vais raconter ceci ou cela. J'ai une idée et je la développe. Comme ici, le fait que soudain il n'y a plus ni eau ni électricité. Deux choses simples, mais qui changeraient complètement nos vies si elles venaient à disparaître. Ce postulat m'a intéressé, j'y ai réfléchi et j'ai inventé ce qui en découlait. Mais pas dans le but d'expliquer quelque chose. Ce n'est que lorsqu'il est achevé que je peux dire de quoi traite mon film. Mais je trouve cela réducteur et cela me déplaît. Comme cette maladie du pitch qui s'est propagée partout. On vous demande de raconter votre projet en vous limitant à deux phrases ! Mais c'est n'importe quoi ! On ne peut pas réduire à quelques lignes un film de deux heures ou un roman de trois cents pages ! À quoi ça sert ? À avoir un petit article dans tous les journaux, dans l'espoir d'attiser la curiosité du public ? Moi, j'ai toujours refusé de jouer ce jeu-là. J'ai même toujours refusé d'écrire une note d'intention de deux pages pour résumer un scénario. Plusieurs de mes projets n'ont pas abouti à cause de ce refus, mais tant pis. Il n'y a que pour *Le Ruban blanc* que j'ai accepté ce principe. Mais j'ai demandé à Jean-Claude Carrière d'écrire ces deux pages, car moi, je n'y arrivais pas.

À la sortie du *Temps du loup*, plusieurs critiques ont cité *Andreï Roublev* comme source d'inspiration.

Je n'y ai jamais pensé. J'aime beaucoup les films de Tarkovski, mais c'est un tel auteur qu'il est impossible d'approcher son univers sans tomber dans l'imitation ! C'est peut-être dommage, mais son génie a bloqué un certain style de poésie cinématographique, auquel on ne peut plus s'essayer sans être écrasé par la comparaison. Comme je vous l'ai dit, quand on me demande la liste de mes dix films préférés, aujourd'hui je cite en premier *Le Miroir*. Pour moi, c'est un chef-d'œuvre unique, que personne n'a jamais surpassé dans toute l'histoire du cinéma. Pas même Tarkovski dans ses autres films. Ce film est un miracle ! On en a donné une foule d'interprétations, mais aucune ne l'explique totalement, ce qui est l'essence même de toutes les grandes œuvres d'art, n'est-ce pas ?

Un autre film qu'on ne peut pas maîtriser, parce que tout est caché dedans, c'est... *Caché* !

Excellente transition !

Pouvez-vous nous parler de la genèse de *Caché* ? Nous avons lu qu'il serait né d'un documentaire que vous auriez vu sur Arte.

Non, non, j'étais déjà en train de construire le scénario quand j'ai vu ce documentaire sur le drame du 17 octobre 1961, qui m'a procuré l'événement politique dont j'avais besoin. Je voulais raconter l'histoire d'un garçon qui en avait dénoncé un autre, par jalousie, avant d'être confronté à ce passé et de se sentir désormais plus coupable qu'autrefois. À l'époque des faits, le protagoniste n'était qu'un enfant, égoïste comme on l'est toujours à cet âge. Mais en tant qu'adulte, il aurait eu l'occasion de réagir différemment.

En d'autres termes, vous auriez pu voir, ce jour-là, un documentaire sur un sujet similaire situé dans un autre pays, et donner à ce thème de la culpabilité collective occultée une autre identité nationale ?

C'est ce que se sont efforcés de faire les Américains quand ils envisageaient de produire un remake du film. Ils auraient pu prendre un enfant noir dont les parents ont été tués par des fanatiques. Dans le passé de n'importe quel pays, on trouve des événements de ce genre, inavouables.

CACHÉ

Paris. Georges Laurent, animateur vedette d'une émission littéraire à la télévision, reçoit une cassette vidéo. On y voit la rue et l'entrée du domicile où il vit avec sa femme, Anne, et leur fils, Pierrot. Un dessin au motif sanglant accompagne cet envoi. D'autres cassettes suivent. La police n'est d'aucune aide. L'une des cassettes montre la ferme familiale où Georges a passé son enfance. L'animateur questionne sa mère sur un individu qu'il a vu en rêve : Majid, fils d'ouvriers agricoles algériens, autrefois employés par ses parents. Son hypothèse se confirme : une nouvelle cassette lui parvient, montrant, filmé d'une voiture, l'itinéraire qui conduit à l'appartement de Majid à Romainville. Georges s'y rend, mais Majid affirme que ce n'est pas lui qui envoie les enregistrements. Georges cache cette entrevue à son épouse, mais une cassette est réceptionnée par cette dernière : Anne y voit l'entrevue filmée. Georges, pour se justifier, relate à sa femme l'histoire de Majid qui a perdu ses parents dans la manifestation pro-FLN du 17 octobre 1961, et que monsieur et madame Laurent ont alors décidé d'élever comme leur enfant. Au grand désarroi de Georges, jaloux.

Un soir, Pierrot ne rentre pas. Georges appelle la police et fait arrêter Majid et son fils. Le lendemain matin, Pierrot réapparaît : il a passé la nuit chez un camarade. C'est alors que Majid demande à Georges de venir le voir. Très calme, l'Algérien lui confirme son innocence et soudain se tranche la gorge. La police confirme le suicide. Le fils de Majid poursuit Georges à son travail et s'efforce, en vain, de le convaincre qu'il n'est pas l'auteur des cassettes. Rentré chez lui, Georges prend un cachet pour dormir. Il revoit, en pensée, le départ forcé de Majid enfant, emmené loin de la propriété familiale. Un départ en fait causé par Georges, alors âgé de six ans, qui avait accusé Majid d'avoir tué un coq, dans le simple but de l'effrayer.
À la sortie de l'école, Pierrot est abordé par le fils de Majid. Les deux jeunes garçons se parlent un certain temps, puis le fils de Majid s'en va. Pierrot rejoint ses camarades.

Quand vous avez commencé à travailler sur *Caché*, vous pensiez déjà le réaliser en France ?

Oui, d'emblée, j'avais prévu de le tourner en France, sous la forme d'une coproduction entre plusieurs pays. Je voulais profiter de la qualité de jeu des acteurs français et de leur renommée internationale. Le film a d'ailleurs été un grand succès en Angleterre, où Daniel Auteuil et Juliette Binoche sont très appréciés. En dépassant le million de spectateurs, *Caché* a battu tous les autres films art et essai distribués en Grande-Bretagne depuis longtemps. En revanche, *Le Ruban blanc*, avec ses interprètes inconnus outre-Manche, n'y a pas obtenu le même succès.

Daniel Auteuil et Juliette Binoche

Pensiez-vous déjà à Daniel Auteuil quand vous avez écrit le film ?

Oui, j'ai écrit le rôle de Georges pour lui. Je trouve que Daniel est le meilleur acteur français de sa génération. Un peu comme Jean-Louis Trintignant, il semble toujours cacher un secret. Il y a quelque chose dans sa personnalité, dans son visage surtout, qui garde une part de mystère. Un jour, Daniel m'a dit qu'il devait entièrement sa carrière à l'accident qui lui a cassé le nez ! C'est amusant, modeste et très vrai, car ses traits irréguliers semblent dissimuler quelque chose. Mais ce n'est pas une règle. On pourrait citer des tas d'acteurs au nez cassé, qui sont mauvais. Daniel a quelque chose d'unique dans son comportement. Même s'il peut faire le clown de temps à autre, il est assez timide et réservé. Je l'aime beaucoup. En outre, il peut tout jouer. Il a d'ailleurs débuté comme acteur comique.

Nous sommes très sensibles à votre fidélité à un acteur comme Maurice Bénichou, que vous aviez déjà employé dans *Code inconnu* et *Le Temps du loup*, avant de lui offrir un rôle plus développé dans *Caché*. On pourrait citer aussi Nathalie Richard et Daniel Duval. Et d'autres, quasi inconnus à l'époque de *Code inconnu* : Aïssa Maïga, Florence Loiret-Caille...

Je fais la même chose dans mes films germanophones. J'agis avec les acteurs comme avec l'équipe technique. Si nous travaillons bien ensemble une première fois, il n'y a aucune raison pour ne pas continuer, car cela nous permet de démarrer le film suivant au niveau supérieur. On se connaît déjà bien et l'on travaille plus vite et mieux. Prendre quelqu'un que l'on ne connaît pas, c'est courir un risque : même si on partage ses goûts et si on communique bien, le travail en équipe peut ne pas fonctionner. C'est pour cela que, désormais, pour un rôle un tant soit peu important, je n'engage un comédien qu'à la condition qu'il accepte de faire des essais. S'il refuse, je ne le prends pas. Cela m'est arrivé une fois avec un célèbre acteur allemand de la scène et du petit écran, qui aurait dû jouer le père de la jeune fille qui veut épouser l'instituteur dans *Le Ruban blanc*. Quand il a refusé de faire des essais, je lui ai expliqué que je ne doutais pas de son talent, mais que je voulais voir si nous pouvions fonctionner ensemble. Car si ça ne marchait pas entre nous, il pourrait se révéler mauvais dans le rôle. Ce qui est vrai. Je ne suis jamais à l'abri de me tromper, comme ce fut le cas avec certains interprètes du *Temps du loup* et avec l'acteur principal initialement engagé pour *Benny's Video*.

Même avec un acteur comme Daniel Auteuil, vous avez fait des essais ?

Avec Daniel, non. Ni avec Jean-Louis Trintignant pour *Amour*, avec qui j'aurais été très étonné de ne pas m'entendre. Je n'ai jamais eu le moindre problème avec les grands acteurs. Avec Isabelle Huppert, qui a la réputation d'être difficile, je n'ai eu qu'une seule dispute. C'était sur *Le Temps du loup*, au sujet du dialogue dans la scène de son arrivée à la gare. Alors qu'elle devait se présenter avec ses enfants aux gens qui sont là, en déclinant son identité, elle m'a soudain lancé que, dans cette situation, elle ne dirait jamais ça. Je lui ai répondu que ce n'était pas elle qui parlait, mais son personnage. Elle s'est énervée : « Tu ne me laisses aucune liberté ! » Elle a été fâchée pendant cinq minutes, puis elle a joué la scène et tout a été très vite oublié. Quand un acteur est bon, le diriger est toujours facile.

Ce doit être le cas de Susie, votre épouse, qui fait des apparitions dans la plupart de vos films !

C'est mon Hitchcock ! Il n'y a que dans *Code inconnu*, *Le Temps du loup* et *Le Ruban blanc* que je n'ai pas réussi à la caser.

On la voit dès *Le Septième Continent*...

De dos, dans un *Delikatessen*, derrière l'héroïne qui achète les plats qu'elle partagera avec sa fille et son mari, avant leur suicide collectif. Puis à six reprises jusqu'à *Amour* où elle figure parmi les personnes venues féliciter Alexandre Tharaud après son concert.

Dans *Benny's Video*, Susie est assise à la terrasse d'un restaurant égyptien, dans les deux *Funny Games*, elle est passagère du bateau des voisins et, dans *La Pianiste*, on la remarque parmi les spectateurs du concert privé. Dans *Caché,* elle est à l'arrière-plan, dans une pâtisserie, derrière Juliette Binoche et Daniel Duval...

... au côté de Marika Green, l'épouse de Christian Berger, qui fut l'actrice principale du *Pickpocket* de Bresson. Dans la séquence coupée de l'éclipse de *Benny's Video*, Susie avait une phrase à dire, du genre : « Il ne fait pas assez noir ! » J'ai dû refaire quinze fois la prise, parce qu'elle n'était vraiment pas bien ! Elle en rit aujourd'hui, mais, sur le moment, elle était désespérée ! Même chose pour *La Pianiste* où, devant tout le monde, je lui criais de ne pas regarder comme elle le faisait. Elle le raconte souvent et aussi que, durant la pause, sa voisine lui avait dit que ce devait être dur d'être mariée avec un cinéaste !

Naomi Watts, Susanne Haneke et Robert Lupone (au centre)

Et vous, vous n'avez jamais voulu apparaître dans vos films ?

Je l'ai fait une fois, dans ce film que, fort heureusement, vous n'avez pas vu... *Sperrmüll* ! Il y a une scène où le vieux monsieur descend de chez lui pour monter dans un taxi qu'il avait commandé par téléphone. Mais à cet instant déboule un jeune qui monte dans le taxi sous son nez. Le figurant qui devait jouer le jeune homme s'est révélé nullissime. Je l'ai viré et, considérant que nous avions perdu assez de temps, j'ai décidé de le remplacer. C'est le seul de tous mes films où je figure. Comme il est complètement raté, j'ai décidé – par superstition – de ne plus jamais apparaître dans mes films !

Et dans les films des autres ?

J'ai joué un petit rôle dans *Charms Zwischenfälle* de Michael Kreihsl, en 1996. Charms était un surréaliste russe très intéressant. Dans une scène, un monsieur, interprété par le réalisateur, se présente devant moi avec une plaque de beurre dans la bouche et, moi, j'ouvre le réfrigérateur pour qu'il y dépose son beurre. On voit alors qu'il y a déjà à l'intérieur une vingtaine de plaques identiques avec des marques de dents. Après, l'homme me demande de l'argent et je le mets dehors. J'ai pris beaucoup de plaisir à jouer cette scène. Mais j'ai terrorisé toute l'équipe. Le réalisateur m'avait demandé de m'installer sur un lit sans matelas, les pieds nus. Or, il n'y avait pas de lumière sur mes jambes et on ne voyait pas que j'avais les pieds nus. J'ai donc demandé qu'on les éclaire. Le chef opérateur m'a détesté.

Pourquoi vous a-t-on demandé de jouer ce rôle ?

Le réalisateur était un ami.

Et depuis, vous n'avez pas joué dans d'autres films ?

Non, mais je serais prêt à jouer un moine, car je trouve leurs capuches très chic. Ou alors un psychiatre. Ce sont les deux seuls rôles que je pourrais tenir.

En attendant, revenons à *Caché*. Vous y montrez une fois encore l'écart entre la réalité et la perception qu'on en a. Mais, en optant pour le numérique, vous brouillez encore plus les pistes : dès la séquence d'ouverture, vous nous piégez en filmant plein cadre ce qui se révélera être une cassette vidéo visionnée par le protagoniste.

Dès l'ouverture, je voulais que le spectateur se rende compte à quel point il peut être victime des images.

L'idée de tourner tout le film en numérique haute définition vous est-elle venue dès l'écriture du scénario ?

Oui, car *Caché* est le contraire de *Benny's Video*, dans lequel il y a une différence de nature entre l'image cinéma et celle de la vidéo. Là, je voulais que le spectateur tombe plusieurs fois dans les pièges que je lui tendais et, pour ce faire, il fallait avoir la même texture d'image pour les plans racontant l'histoire et pour ceux des enregistrements vidéo.

Avant d'écrire, vous étiez-vous renseigné sur les progrès accomplis dans le domaine des caméras numériques ?

Oui, j'en avais parlé avec mon chef opérateur, Christian Berger.

Était-ce le premier film en numérique tourné par Christian Berger ?

Oui, et pour nous tous, cela a été l'horreur. À l'époque, les caméras numériques n'étaient pas aussi performantes que celles d'aujourd'hui. Nous devions regarder sur un tout petit écran ce que nous tournions. Surtout, nous avons eu tous les problèmes imaginables. Par exemple, le ventilateur dans la caméra faisait un bruit épouvantable. On a donc dû recouvrir l'appareil avec une couverture. Mais elle devenait trop chaude et il fallait régulièrement s'arrêter de tourner pour qu'elle refroidisse. Autre exemple, pour la scène de la première visite d'Auteuil chez Bénichou – que l'on voit deux fois : une fois pour la narration au présent et une autre fois sur la cassette vidéo, sous un angle un peu décalé – nous avons utilisé trois caméras. Je regardais donc trois écrans et j'avais remarqué que le troisième était flou. On m'a assuré que c'était dû au câble utilisé et que ce n'était flou que sur l'écran. Je ne l'ai pas cru et j'ai eu raison : c'était flou. Alors qu'ils étaient des spécialistes du numérique, aucun des nombreux techniciens présents ne parvenait à maîtriser le matériel. C'était encore à l'état expérimental.

Ce choix de la vidéo vous a permis de renouveler votre inspiration formelle, pour mieux traiter de sujets qui vous sont familiers. Vous montrez que même un intellectuel, comme le personnage de Daniel Auteuil, peut se comporter de manière primitive quand il comprend qu'il risque de perdre son emploi.

Il est effectivement prêt à se battre pour ça, car son emploi, c'est toute sa vie. Mais le problème est antérieur, quand son comportement le fait tomber dans le piège. Il est tellement sûr que c'est le personnage de Bénichou qui a envoyé les cassettes qu'il va directement le menacer au lieu de s'excuser, de lui avouer qu'il a oublié tout ce qu'il avait fait à l'époque et que, maintenant, il serait prêt à l'aider. S'il avait agi ainsi, le problème aurait été en grande partie résolu.

Au contraire, quand il propose de l'aider en lui offrant de l'argent, c'est pour mieux l'humilier.

Auteuil ne peut pas supporter qu'on l'accuse, parce qu'il occulte sa culpabilité. Il ne peut même pas la reconnaître devant sa femme, puisqu'il lui ment au sujet de sa visite chez Bénichou.

***Caché* est donc un film sur le mensonge comme source de survie humaine.**

Comme très souvent dans la vie. Chacun garde secrètement en lui les actes peu avouables de son passé et s'efforce de les oublier le plus vite possible.

Votre protagoniste agit d'ailleurs de même dans sa vie professionnelle : lors du montage de son émission littéraire, il demande qu'on coupe certains passages...

Là, on peut dire que c'est une pratique professionnelle.

Mais ce n'est pas un hasard si vous filmez cela...

Bien sûr !

Comme la présence sur le plateau de cette émission de Mazarine Pingeot, la fille illégitime et « cachée » de François Mitterrand. Vous étiez au courant de cette situation quand vous écriviez votre scénario ou bien en avez-vous été informé ?

Non, c'est Margaret Menegoz qui m'a proposé Mazarine Pingeot, en m'expliquant qui elle était. J'ai tout de suite décidé de l'intégrer.

Des critiques ont rapproché le protagoniste au Dorian Gray d'Oscar Wilde : l'image aimable de l'homme public cache le portrait d'un être horrible...

Il ne faut pas exagérer, ses crimes ne sont pas des crimes. Enfant, il ne s'est pas rendu compte des conséquences de son acte. Et quand, adulte, il est à nouveau confronté à celui-ci, il se sent coincé et réagit de manière certes désagréable, mais très humaine. Ne pouvant accepter sa propre culpabilité, il accuse autrui : c'est un comportement très compréhensible. Puis, sa culpabilité ressurgit quand Bénichou se suicide. Dès lors, Bénichou devient une vraie victime et Auteuil est pris dans un piège quasi tragique. Mais il ne pouvait pas le prévoir ; en général, les gens qu'on a blessés dans la vie ne se suicident pas. C'est comme pour celui qui a l'habitude de conduire trop vite. Le jour où il renverse un enfant et le tue, sa vie en est pour toujours affectée. Mais l'accident découle d'un comportement habituel qui, jusque-là, n'avait pas causé de drame. C'est toute la complexité de la vie. Mais ce n'est pas parce qu'on se comporte mal qu'on est inhumain.

En cela, *Caché* nous paraît très lucide quant à l'impossibilité d'échapper à ce côté inéluctable de la culpabilité humaine. Ce que sous-tend magistralement son dernier plan, dont nous avons déjà parlé. Un plan difficile à lire, puisqu'il présente,

en plan large, au milieu de la foule grouillante d'une sortie d'école, la rencontre des fils de Bénichou et d'Auteuil. Certains spectateurs n'ont même pas repéré ces personnages dans le cadre...

A fortiori sur le petit écran d'un téléviseur, car le plan est très large et les personnages petits ! Même au cinéma, une partie des spectateurs ne les a pas vus. Tant pis. Je n'imaginais pas une autre façon de cadrer ce plan.

Sans doute à cause de la présence, au bas de l'image, du toit d'une des voitures garées dans la rue perpendiculaire à celle de l'école. Un cadrage, pas très soigné, qui correspond plus à celui d'une caméra de surveillance qu'à l'un de vos plans...

Mais le doute sur la nature des images fonctionne dans les deux sens : si ce qu'on a pris pour la réalité a pu se révéler être un enregistrement vidéo, l'inverse est également possible.

Le dernier plan de *Caché*

Ce cadrage très particulier pourrait néanmoins laisser entendre qu'il a été tourné par l'auteur des cassettes ou bien qu'il symbolise un regard atemporel et universel sur l'humanité ?

Ça, c'est une interprétation et je ne veux pas la commenter !

Avez-vous, à ce jour, rencontré quelqu'un qui ait livré la bonne interprétation de cette fin ?

Non, parce qu'il n'y a pas une seule bonne interprétation. C'est évident. Cette fin a été pensée de manière à provoquer des interprétations différentes, donc il ne peut pas y en avoir une seule. On peut y voir ce qu'on veut. C'est comme dans la réalité.

On analyse des choses parce qu'on pense qu'elles vont donner ceci ou cela, mais, en fait, on ne sait jamais.

Mais, vous-même, avez-vous une interprétation ?

Non, mais moi je sais, puisque j'ai écrit ce texte pour les deux jeunes à la sortie de l'école.

Il nous semble que vous ne révélerez jamais le contenu de ce texte...

Non, parce que ce serait contre-productif. Et, de toute façon, ce n'est pas la question principale dont traite le film. Ce n'est qu'un moyen d'attirer l'attention du spectateur. Mais les gens aujourd'hui sont tellement influencés par les films américains, la télévision, qu'ils ne le comprennent pas. Une preuve m'en a été donnée : Susie a reçu un très grand nombre d'appels de ses amies qui lui ont dit tout le bien qu'elles pensaient du film, avant de lui avouer qu'elles n'avaient pas compris la fin.

Pour en revenir au film dans le film, l'enregistrement vidéo de la première visite d'Auteuil à Bénichou est moins agréable à regarder que celui de la prise parfaitement frontale...

Et pour cause, les lignes de la composition ne sont plus parfaitement parallèles. La troisième caméra était fixée sur Auteuil seul, pour les contrechamps sur lui. C'était un dispositif difficile à mettre en place, car les deux acteurs bougent et chaque caméra devait être placée de manière à ne pas apparaître dans le champ des deux autres. Bien sûr, tout cela a été tourné en studio, le décor et le savant désordre qui y règne ayant été conçus de manière à dissimuler l'emplacement des caméras.

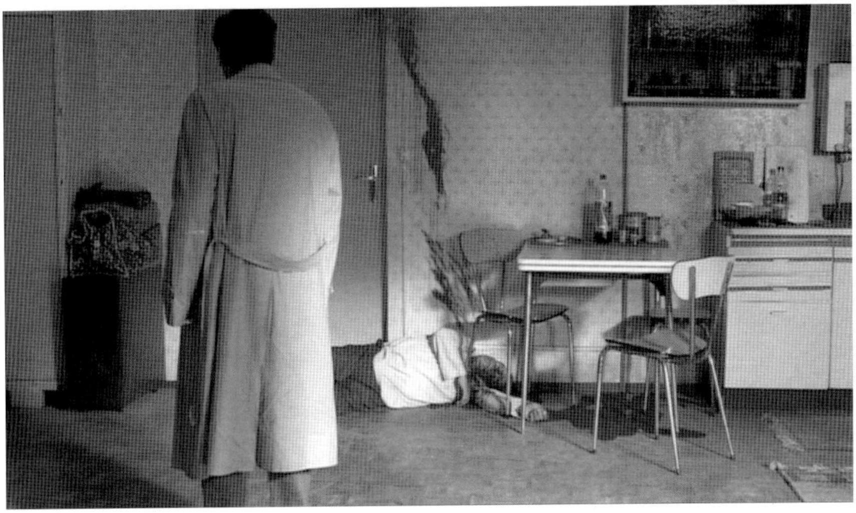

Daniel Auteuil et Maurice Bénichou

Le domicile d'Auteuil a-t-il été, lui aussi, reconstitué en studio ?

Oui, ce qui nous a permis de construire le décor en fonction de nos besoins. Même si nous nous sommes inspirés du véritable intérieur de la maison filmée pour les extérieurs. J'ai d'ailleurs trouvé cette maison par hasard, en passant devant, alors que nous allions en visiter une autre. Elle m'a tout de suite attiré par sa situation dans la rue, tellement différente des autres bâtiments qui l'entourent. Par rapport à mon scénario, filmer cette maison revenait à montrer la partie pour le tout, puisqu'elle représente un endroit où l'on se sent bien protégé. Sa blancheur lui donnait ce côté luxueux années 1930, style Arts déco. En outre, cette maison bien réelle disposait d'un atelier d'artiste très pratique pour diffuser une lumière neutre et égale sur l'ensemble du décor. Dès que j'ai vu la maison de l'extérieur, j'ai compris le parti que je pourrais en tirer pour les éclairages.

Le paradoxe est que cette lumière neutre et diffuse crée un climat d'inquiétude dès le départ...

Une lumière typique de film noir aurait été trop appuyée. Il faut travailler contre les attentes du public. Et « cacher » ce qu'on veut montrer pour être efficace.

Quelle importance accordez-vous au sport ? On remarque que cette activité est plutôt récurrente dans vos films : le ping-pong dans *71 Fragments*, le golf et la voile dans *Funny Games*, le hockey sur glace dans *La Pianiste*, la natation dans *Caché*, l'équitation dans *Le Ruban blanc*.

Le sport, c'est toujours l'expression d'une pression, de la nécessité d'être actif dans le monde. Moi, je ne suis pas un grand fan de cette idée que l'on se fait du sport. Je suis un skieur enthousiaste, mais uniquement pour me faire plaisir, pas pour gagner des compétitions. Elfriede Jelinek a écrit un texte sur le sport, *Ein Sportstück*. Elle aussi a un rapport difficile avec le sport et, comme moi, elle montre qu'on n'arrive à rien dans ce domaine si l'on n'accepte pas cette forte pression exercée sur vous : une belle métaphore sur la manière de vivre dans la société capitaliste. Dans *La Pianiste*, elle a fait de Walter un sportif pour accentuer son côté primitif.

Dans votre cinéma, l'unique séquence où le sport occasionne un véritable accomplissement est la compétition de natation remportée par Pierrot, l'enfant de Binoche et Auteuil dans *Caché*...

Elle procure aussi un bon moment à ses parents, qui en oublient leurs problèmes. Mais, dans la séquence de l'entraînement, on voit bien que l'enfant n'échappe pas à la pression que j'évoquais.

Pierrot soulève une autre question sans réponse en soupçonnant sa mère d'avoir une liaison avec Pierre (Daniel Duval)...

À ce sujet, j'avais demandé à Juliette de jouer avec Daniel Duval (Pierre) comme s'il était réellement son amant, et de jouer avec Lester Makedonsky (qui incarne son fils Pierrot) comme si Duval ne l'était pas. Ainsi, nous ne pouvons pas connaître la vérité.

Mais il y a Pierre et Pierrot ?

Oui ! Ce n'est peut-être pas un hasard...

Parmi les motifs que vous reprenez de film en film, il y a l'emploi des mots « Je t'aime ». Alors que traditionnellement cette expression est accompagnée de violons, chez vous, elle n'entraîne pas de grandes émotions...

Si, mais dans mes films, ces mots ne sont exprimés que dans des situations difficiles, en réaction à celles-ci. Ils sont alors censés aider, consoler ou calmer et ils ne se limitent pas à leur dimension sentimentale. Par ailleurs, comme mes films traitent de comportements personnels, ce n'est pas un hasard si on y entend « Je t'aime », de temps à autre. Moi, je pense que l'expression que j'utilise le plus dans mes films est « *Entschuldige !* » (« Excuse-moi ! »). Je suis sûr qu'on ne la retrouve aussi souvent chez aucun autre réalisateur. Idem pour l'autre expression que j'affectionne « *Ich weiß nicht* » (« Je ne sais pas »).

Dans *Caché*, vous utilisez le langage cinématographique pour essayer de représenter ce qui se passe dans la tête du protagoniste. Ainsi Georges (Daniel Auteuil), quand il reçoit le dessin de la bouche ensanglantée, revoit, dans un plan-flash, Majid enfant.

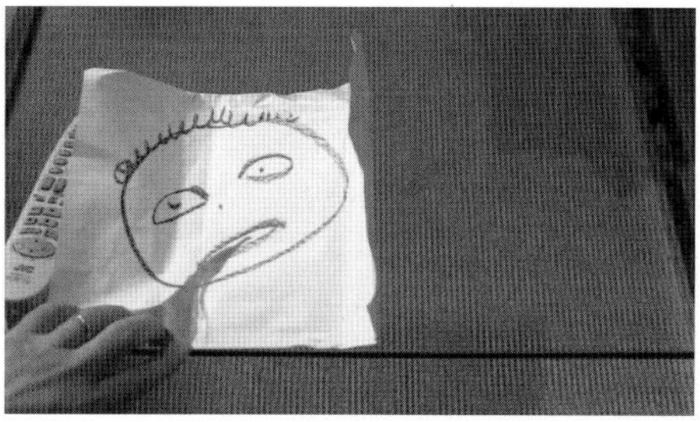

Oui, je voulais montrer comment la mémoire fonctionne par association d'images. Tout souvenir est déclenché par une sensation, en l'occurrence la vue d'un dessin. Mais l'image qui surgit dans le souvenir d'Auteuil est coupée de son contexte. Ce n'est que dans la suite du film que le contexte va se reconstruire peu à peu et qu'Auteuil, comme le spectateur, va finir par comprendre.

Concrètement, qui a confectionné ces dessins qui sont envoyés anonymement à Daniel Auteuil ?

C'est moi qui les ai conçus. J'ai fait des esquisses pour chacun d'entre eux et quelqu'un de la décoration les a finalisés. Chaque fois dans un style enfantin.

Plus tard, vous nous montrez le rêve avec les deux enfants et le coq fait par Daniel Auteuil. Vous nous avez dit que vous n'aimiez pas les rêves au cinéma qui, généralement, manquent de crédibilité. Mais le montage d'images mentales vous intéresse.

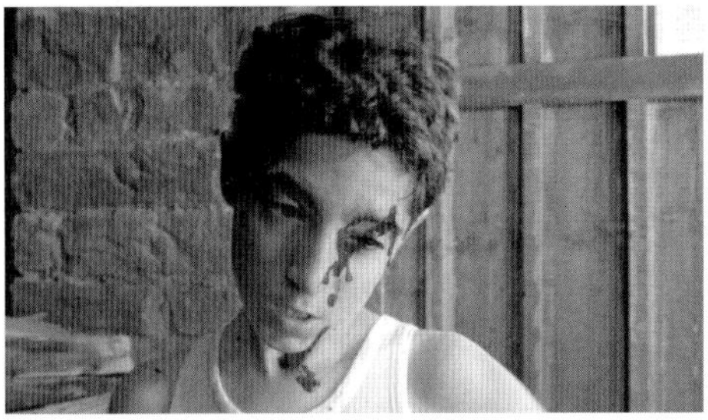

Malik Nait Djoudi

C'est un moyen de raconter l'histoire d'une manière efficace. C'est aussi un moyen de créer une tension. Le spectateur se demande ce qu'il voit. Cela lui rappelle quelque chose qu'il a vu plus tôt et ça fait fonctionner son cerveau. Mais cela reste un procédé très classique. L'originalité naît ici du fait que la séquence débute comme un flash-back. C'est le souvenir d'un événement qui est arrivé : Majid enfant a bien tranché la tête du coq. Mais, peu à peu, le montage et les cadrages transforment ce flash-back réaliste en cauchemar.

C'est le seul rêve du film. En aviez-vous prévu d'autres ?

Oui, plus tard dans l'histoire, j'avais prévu une autre scène onirique, inspirée d'un rêve que j'ai moi-même fait, il y a longtemps. À cette époque je m'étais séparé d'une femme et je me trouvais en vacances, en Grèce, avec ma nouvelle amie. J'avais très mauvaise conscience par rapport à cette séparation et, en rêve, j'ai vu mon ex-amie revenir à la nage, dans une flaque sur le béton. Terrifié, je me précipitais alors sur elle pour lui enfoncer la tête avec mon pied. Mais je ne faisais que comprimer sa tête qui se recomposait aussitôt en saignant. Ce qui ne faisait qu'attiser ma culpabilité. Je voulais adapter ce cauchemar à la relation d'Auteuil avec Bénichou. On a tourné tous les éléments, mais j'ai dû y renoncer à cause de difficultés techniques.

Quand vous avez commencé l'écriture du scénario, connaissiez-vous *Lost Highway* de David Lynch ? Il y est aussi question d'un couple harcelé par des envois anonymes de cassettes vidéo montrant l'extérieur de leur maison…

Oui, j'avais vu le film, mais je n'y ai pas pensé une seconde en écrivant *Caché*. Cela dit, il est tout à fait possible que, dans mon subconscient, l'influence ait fonctionné. Peu importe. Si cela a pu m'aider à développer mon histoire, tant mieux !

De manière générale, nous avons l'impression que vous vous méfiez des références. Lorsque vous écrivez une scène, si celle-ci, tout d'un coup, vous rappelle un film, vous imposez-vous de repartir dans une autre direction ?

Oui. Je me méfie de la référence, qui est très souvent synonyme de vol.

Mais vous placez en évidence, dans la bibliothèque de Daniel Auteuil, le coffret DVD des films de Maurice Pialat, aisément identifiable avec le visage du cinéaste sur la tranche. Est-ce en hommage ?

Pour cette scène, j'ai utilisé ma collection personnelle de DVD. C'est normal que, par rapport à son milieu culturel, le personnage ait ce coffret chez lui. Mais c'était aussi un hommage à celui qui est, selon moi, le plus intéressant des réalisateurs français, après Bresson.

Et Alain Resnais ?

J'aime surtout ses films du début, *Hiroshima mon amour*, *L'Année dernière à Marienbad*, *Muriel ou le temps d'un retour*, qui m'ont profondément marqué. J'ai aussi beaucoup aimé *On connaît la chanson*. Mais les films de Resnais sont plus intellectuels, alors que chez Pialat, on est dans le vrai. Il me touche énormément. Il est hors du cinéma français, qui me paraît toujours un peu artificiel. Pialat – même si nous ne pouvons pas vraiment les comparer –, c'est un peu comme Cassavetes : il y a, dans leurs films, une réalité de vie et de jeu qui est extraordinaire. Des acteurs, qui font n'importe quoi dans d'autres films, sont sublimes chez lui : par exemple, l'agent de casting Dominique Besnehard dans *À nos amours*. Chez aucun autre réalisateur français, je n'ai trouvé l'équivalent de son génie.

Vous savez que sa méthode de travail était à l'opposé de la vôtre : pas de storyboard…

Oui, c'est pourquoi je dis à mes étudiants que je peux leur montrer comment je travaille, mais ça ne veut pas dire qu'il faut procéder ainsi. On peut obtenir de très

bons résultats en filmant de manière complètement différente. Tout dépend de ce qu'on veut obtenir. Ce qui est sûr, c'est qu'on ne peut pas improviser des cadrages très soignés.

Les cadrages de *Caché* sont particulièrement soignés. Êtes-vous d'accord pour dire que le plan-séquence, dans ce film, renforce l'idée d'enfermement, que les personnages ne peuvent pas s'évader du cadre ?

Oui.

C'est flagrant dans le plan où Auteuil rentrant le soir, chez lui, où il y a déjà sa femme et leurs amis, va s'enfermer dans la cuisine pour éclater en sanglots...

C'était une séquence très difficile à jouer pour Daniel, qui a été compliquée par un gros problème de caméra. Alors que nous devions passer avec la Dolly du salon à la cuisine, il y avait sur le seuil de celle-ci une petite dénivellation qui faisait sauter la caméra. Dans un bonus du DVD, vous pouvez voir tout ça et comment je me mets à engueuler l'équipe caméra ! J'étais en colère, car toute l'équipe avait eu connaissance du storyboard très en amont, et c'est au moment de le tourner que l'on m'a dit que ce plan-séquence n'était pas réalisable ! À mes yeux, personne n'était excusable dans cette histoire. S'ils avaient correctement préparé ce que j'avais imaginé sur le papier, tout aurait dû fonctionner. Cela leur a pris beaucoup de temps pour trouver la solution : faire un mouvement très rapide quand Auteuil rentre dans la cuisine et ferme la porte. Or, l'ensemble du plan était techniquement très compliqué, car il y avait beaucoup de dialogues, des déplacements de tous les personnages et les pleurs de Daniel dans la cuisine ! Nous avons fait treize ou quatorze prises. C'était fatigant pour tout le monde

Juliette Binoche

et encore plus difficile pour Daniel, contraint de tout refaire sans cesse, à cause d'un mauvais mouvement de caméra !

En établissant un parallèle entre le mensonge individuel et celui collectif de tout un pays, *Caché* porte, une nouvelle fois, la signature d'un humaniste.

Je n'ai rien contre cette affirmation ! Ce n'est pas comme l'étiquette de moraliste que certains veulent me coller et qui m'ennuie. Même si, au fond, je m'en fiche, car cela ne m'empêche pas de continuer à tourner les films qui m'intéressent. On ne peut pas plaire à tout le monde !

Que vous plaisiez ou non, vous êtes l'un des rares cinéastes d'aujourd'hui à porter un regard vraiment personnel sur le monde contemporain.

Il ne faut pas oublier Bruno Dumont. Et aussi que le contexte de production a changé ces quarante dernières années. Même s'il y avait aujourd'hui plus de cinéastes qui souhaitaient s'exprimer sur l'évolution de nos sociétés, ils seraient freinés par la difficulté à trouver un financement. Si je n'étais pas déjà connu, je suis sûr que je ne pourrais pas trouver l'argent pour réaliser les films qui me tiennent à cœur. Alors que, à mes débuts, c'était encore possible.

11

Don Giovanni à la Défense – Le soutien de Gérard Mortier – Diriger les chanteurs d'opéra – Le décor en trompette de Christoph Kanter – Des masques de Mickey et un viol sur la scène – Le retour du Commandeur dans un fauteuil de bureau – Pourquoi je n'ai jamais tourné de publicités – Le plaisir d'enseigner la mise en scène – Nous manquons de bons scénaristes.

C'est en 2006, à Paris, à l'occasion du deux cent cinquantième anniversaire de la naissance de Mozart, que vous avez monté votre premier opéra, *Don Giovanni*, à l'Opéra Garnier, puis à la Bastille. Qui est à l'origine de ce projet ?

Gérard Mortier, qui dirigeait, à l'époque, l'Opéra de Paris. Il m'avait déjà invité à monter un opéra, *Katja Kabanova*, quand il était responsable du festival de Salzbourg. J'avais été flatté par sa proposition, mais, ne parlant pas un mot de tchèque, j'avais préféré refuser. Je peux monter un opéra italien, car, entre les quelques mots d'italien que je connais et une bonne traduction allemande, je sais que je pourrai toujours me débrouiller. Mais monter un opéra tchèque sans en connaître un mot me semblait impossible. Enfin, le contact avec Mortier avait été établi, et, une fois installé à Paris, il m'a redemandé si j'avais envie de diriger un opéra. J'étais intéressé par *Cosi fan tutte*. Mais Patrice Chéreau venait de le mettre en scène à Aix-en-Provence et le spectacle allait être repris à Paris. À la place, Mortier m'a proposé *Don Giovanni*. Je me suis d'abord rappelé ce que l'on dit toujours, à savoir que c'est un opéra que l'on ne peut que rater, tellement il est complexe. Mais après réflexion et relecture du livret, j'ai pensé que j'avais trouvé une bonne approche. Et je me suis lancé.

Quand avez-vous eu l'idée d'en faire une transposition moderne ?

D'emblée, je savais que je n'en ferais pas une mise en scène classique, comme on en a vu des centaines. Déjà, quand je mettais en scène au théâtre, je tenais compte des trois époques auxquelles est rattaché tout spectacle : celle qui correspond à l'action de la pièce, celle dans laquelle l'auteur a vécu et la nôtre. Pour *Don Giovanni*, je me suis intéressé à l'importance de la hiérarchie sociale, qui est à la base des relations entre les personnages. Je me suis demandé quel en serait l'équivalent aujourd'hui. Et j'ai pensé au pouvoir de l'argent, encore plus prédominant de nos jours. Cela m'a conduit à faire de Don Giovanni un manager, après avoir vérifié que cette transposition était applicable à l'ensemble des personnages. L'autre difficulté tenait aux décors. Dans une mise en scène traditionnelle de *Don Giovanni*, il y en a beaucoup de différents. Dans notre cas, il fallait imaginer un seul décor, qui permette d'y jouer l'ensemble des scènes.

Don Giovanni en costume-cravate (Peter Mattei)

Pourquoi avoir tenu à tout réunir dans un unique décor ?

Parce que j'aime beaucoup la forme classique, qui s'appuie sur l'unité de lieu. Même si cette unité n'est pas toujours facile à préserver. Je me souviens que le grand metteur en scène de théâtre Rudolf Noelte optait, la plupart du temps, pour un décor unique et cela fonctionnait très bien. Pour revenir au décor unique de ma mise en scène, j'ai su que ce serait envisageable quand j'ai eu l'idée d'une entreprise. En même temps, j'avais un peu peur, parce que c'était ma première mise en scène d'opéra et que c'était pour Garnier, où chaque spectacle mobilise l'attention d'un vaste public de connaisseurs.

Ce n'était pas la première version modernisée de cet opéra...

Bien sûr, il y en avait eu beaucoup d'autres. J'ai visionné leurs captations pour être sûr de proposer autre chose.

Parmi celles que vous avez pu voir, y en avait-il qui, comme la vôtre, abordaient l'opéra de Mozart du point de vue socio-économique ?

Il y en avait une, qui m'a moyennement plu, celle de Peter Sellars. Il a monté successivement les trois opéras de Mozart, avec des livrets de Da Ponte : un *Mariage de Figaro* génial, un très bon *Cosi fan tutte* et un *Don Giovanni* moins réussi, à cause du dernier acte. Il avait engagé de très beaux jumeaux noirs pour interpréter Don Giovanni et Leporello – une idée extraordinaire, mais impossible à reprendre – et il les avait mis en scène dans le contexte du Bronx avec des dealers. Avec tous les changements de costumes et les déguisements, c'était fantastique, jusqu'au dernier acte qui, à mon avis, ne fonctionnait pas. La plupart des *Don Giovanni* que j'ai vus étaient cohérents du point de vue musical, mais beaucoup moins convaincants dans la mise en scène.

Comment dirige-t-on un opéra à Garnier ? Vous aviez toute liberté pour déployer vos idées de mise en scène ?

Avant de signer le contrat, j'avais exposé ma vision à Gérard Mortier, qui l'avait approuvée. Et par la suite, il m'a toujours soutenu et aidé. Par exemple, je tenais à avoir un droit de regard sur la distribution, qui était déjà bouclée quand je suis arrivé. J'ai ainsi passé en revue l'ensemble des acteurs, qui me semblaient tous parfaits, à l'exception de deux que je ne connaissais pas : les interprètes du rôle de Masetto et Zerlina. Or, ils se sont révélés catastrophiques aux premières répétitions. Non pas sur le plan vocal, mais en tant qu'acteurs. J'ai prévenu Mortier, qui a insisté pour que je les garde. J'ai répété avec eux beaucoup plus qu'avec les autres, mais au bout d'une dizaine de jours, ça n'allait toujours pas et j'ai obtenu de Mortier de les remplacer. Ce n'était pas si facile. Le chanteur était un Américain qu'on a dû renvoyer chez lui, après lui avoir versé l'intégralité de son cachet. J'ai alors fait engager sa doublure, David Bižić, qui s'est montré excellent. Pour Zerlina, on a eu de la chance. Mortier connaissait une jeune Polonaise, Aleksandra Zamojska, qui avait déjà chanté à Salzbourg et qui était libre. Elle est arrivée dix jours avant la première et a été parfaite. Ce qui tient du miracle, car dix jours, c'était trop court pour moi, qui suis exigeant dans la direction des chanteurs. Comme ils ne sont pas de véritables acteurs, je leur montre chaque geste qu'ils doivent faire. Ils ont, bien sûr, leurs propres idées, mais, en général, ils sont très contents qu'on leur montre très précisément ce que l'on veut. Je n'avais pas de storyboard, mais j'ai dessiné un plan où figuraient leurs déplacements par rapport à la musique. J'essaie de tout prévoir. Et, avec les interprètes de talent, ça finit toujours par marcher.

Combien de temps avez-vous consacré aux répétitions ?

Six semaines. D'où il faut retrancher les dix derniers jours, où tout doit déjà fonctionner plus ou moins parfaitement et où il faut caser d'autres répétitions, comme celles avec l'orchestre. Du coup, pour ma prochaine mise en scène, *Cosi fan tutte* à Madrid, Gérard Mortier m'a accordé les huit semaines de répétition que je demandais. Ce qui est tout à fait inhabituel, car cela coûte très cher. Les interprètes sont normalement engagés pour deux ou trois semaines, qui correspondent à une dizaine de représentations. Durant les semaines qui précèdent, ils sont censés être libres. Avec ma manière de procéder, ils travaillent longtemps avant le début des représentations et il faut donc les rémunérer.

Pour vos films, vous n'avez jamais procédé de cette façon ?

Je ne fais pas de répétitions pour un film. Le cinéma, c'est le contraire du théâtre. Au théâtre, on doit répéter, parce que, une fois le spectacle prêt, il doit fonctionner tout seul, soir après soir, sans la présence du metteur en scène. Au cinéma, on travaille sur une suite de moments, qui sont ensuite enregistrés une fois pour toutes. Moi, je ne fais pas de répétitions avant le début du tournage. D'autres cinéastes en font et obtiennent d'excellents résultats. Il n'y a pas de règle. Ce que je vais dire n'est donc valable que pour moi. Mais, quand on répète trop, on devient trop sûr de soi-même et on perd la tension nécessaire. Au théâtre, la tension réapparaît quand on se retrouve face au public. Mais ce n'est évidemment pas le cas au cinéma. Je ne répète donc qu'avec les non-professionnels et les enfants, pour leur assurer une certaine sécurité quand ils se retrouveront face à l'agitation du plateau. Avec les acteurs professionnels, je préfère utiliser leur spontanéité, leurs premiers jets. D'ailleurs, avec eux, je retiens presque toujours soit la première prise, soit la vingt ou vingt-cinquième, quand ils reviennent à ce qu'ils avaient fait lors de la première prise. L'autre problème des répétitions, c'est qu'elles fatiguent les comédiens. Mais on sait que Bergman – qui reprenait ses interprètes de théâtre dans ses films – répétait pendant des semaines sur la scène, avant de boucler les prises de vues en trois semaines. Et cela donnait des films formidables.

Avez-vous participé aussi à la direction musicale de l'opéra ?

Il a fallu que je discute au préalable avec le chef d'orchestre, car j'avais prévu beaucoup de moments de pause dans ma mise en scène. Le plus évident est celui qui précède la grande aria dite « du champagne » où Don Giovanni rudoie Leporello : il ouvre alors la fenêtre et on entend le bruit de la rue. On se demande s'il veut sauter – ce qui ne figure pas dans le livret. C'est un récitatif et, avec un récitatif, on a quand même plus de liberté. À condition, bien sûr, d'avoir l'accord du chef d'orchestre, avec qui ces pauses doivent être mises au point. Autrefois, on jouait et chantait tout cela sans interruption.

Vous n'avez pas choisi le chef d'orchestre, Sylvain Cambreling ?

Non, il a été choisi par l'Opéra de Paris. J'ai lu avec lui l'ensemble de la partition pour lui indiquer ce que je voulais faire, surtout les passages où je m'écartais de la tradition. Bien sûr, je demandais son avis à chaque fois. Une modification qu'il a eu du mal à accepter a été ma décision de réduire le chœur des paysans à un quartet. L'autre exemple, c'est lors de la fête. Il y a normalement là trois petits orchestres qui jouent et se disputent musicalement. Pour moi, ce n'était pas possible d'avoir plusieurs orchestres dans mon décor. J'ai donc opté pour trois enregistrements, que l'on entendrait au moyen d'une radio et qui devraient soit s'enchaîner avec la musique de l'orchestre de l'Opéra, soit se superposer à celle-ci. Au début, Sylvain n'était pas d'accord avec cette idée, mais il l'a finalement admise, car il n'y avait pas vraiment d'autres solutions. Pour la reprise du spectacle en 2012, le nouveau chef Philippe Jordan voulait supprimer toutes les pauses. Je lui ai dit que si l'on reprenait ma mise en scène de 2006, il fallait tout conserver. Il a alors voulu trouver un compromis et j'ai refusé. Ils peuvent bien faire une nouvelle mise en scène, mais s'ils veulent garder la mienne, ils doivent l'accepter intégralement.

Maquette du décor unique réalisée sur ordinateur par Christoph Kanter

Votre mise en scène présente plusieurs audaces. La première est ce décor unique, signé de votre décorateur attitré au cinéma, Christoph Kanter, et qui est d'une très grande beauté. Vous lui avez demandé tout de suite d'être le responsable du décor ?

Oui, et il fera aussi les décors de mon *Cosi fan tutte* de Madrid en 2013.

Gérard Mortier était-il d'accord ?

Oui, je lui ai expliqué qu'à l'opéra, je me retrouvais dans la position d'un étranger et que, pour me sentir à l'aise, il me fallait m'entourer de collaborateurs auxquels j'étais habitué. J'ai ainsi obtenu d'engager Christoph, ainsi qu'Annette Beaufays, la costumière de *La Pianiste*, qui est par ailleurs la chef costumière de tous les grands théâtres de Vienne et qui voyage beaucoup à travers le monde. Cela me rassurait. Comme nous avions opté pour le milieu de l'entreprise, nous avons décidé d'avoir un décor représentatif du style architectural du quartier de la Défense à Paris. Le seul problème que nous avons rencontré, c'est avec le responsable de la construction des décors, un Italien, au demeurant très sympathique, qui était sur le point de quitter l'Opéra de Paris pour continuer sa carrière dans son pays. Il a tenu à faire construire notre décor là-bas, car il le disait trop grand pour l'atelier de Garnier. Plus tard, on a découvert que c'était une combine organisée avec son oncle. Quand Christoph Kanter s'est rendu en Italie pour voir notre décor, il s'est rendu compte qu'il avait été modifié. Il est alors intervenu, mais quand les pièces ont été livrées à Garnier, la plupart ne s'assemblaient pas entre elles. Ce qui a occasionné une grande gêne lors des répétitions, car les menuisiers travaillaient en même temps que nous sur la scène. En outre, cela a porté un coût supplémentaire à la production. Et la seule fois où j'ai pu disposer de la lumière pour l'ensemble du spectacle, ce fut pour la première. Le responsable des éclairages, qui avait collaboré avec Patrice Chéreau et bien d'autres, n'en pouvait tellement plus que, à un moment, il est carrément parti ! Rien ne fonctionnait, il ne pouvait pas travailler comme il l'entendait. Ce problème de décor a été le plus dur rencontré dans ce spectacle ; il nous a retardés et stressés. J'avais peur de ne pas pouvoir terminer le travail dans les temps.

Une autre audace de ce spectacle, c'est le recours à l'obscurité que vous affectionnez à l'écran, comme le prouvent *Le Temps du loup* et *Le Ruban blanc*.

Mortier m'a demandé plusieurs fois si je ne pouvais pas éclairer un peu plus et j'ai été forcé de refuser. Le décor se prêtait à ce type d'éclairage. Comme toujours, il y avait des places, dans le théâtre, à partir desquelles on ne voyait pas bien la scène, mais j'ai quand même été attentif au confort visuel des spectateurs. En outre, le décor était construit en forme de trompette, ce qui permettait de mieux renvoyer les voix dans une salle où l'acoustique n'est pas particulièrement bonne.

Certains ont pensé que votre mise en scène était plus appropriée à Bastille – où le spectacle a été repris l'année suivante – qu'à Garnier. Êtes-vous d'accord ?

Non, je trouve que le contraste entre le décor et l'espace qu'offre Garnier était plus réussi qu'à Bastille, où notre décor s'intégrait plus facilement.

Le décor visualisé en plongée par Christoph Kanter

Parmi les autres audaces, il y a aussi le remplacement des masques vénitiens par ceux de Mickey ! Comment vous est venue cette idée ?

J'étais à la recherche de masques qui pourraient convenir pour une équipe de nettoyage à la Défense. Quelque chose qui les amuserait pour faire la fête et qui serait facilement accessible dans les magasins. Mickey représente l'amusement par excellence. Mais, de la multiplication de ces masques, émane une dimension inquiétante.

Ces masques ludiques, mais aussi américains, portés par des « techniciens de surface », comme on les appelle aujourd'hui, ont conduit certains à qualifier de marxiste votre interprétation de l'opéra de Mozart.

Je trouve que le monde de Don Giovanni colle bien avec cet univers ultracapitaliste. Et Mickey, en tant qu'emblème de l'Amérique, y renvoie aussi. Un responsable juridique de l'Opéra a dit que l'emploi de ces masques représentait un risque vis-à-vis de la maison Disney. Mortier a donc demandé l'autorisation à Disney, qui a refusé. Mais je me suis entêté et Mortier m'a soutenu en disant qu'on verrait bien comment les gens de Disney réagiraient. S'ils nous attaquaient, c'est qu'ils n'avaient aucun sens de l'humour !

Votre plus grande audace tient sans doute à l'importance que vous donnez à la sexualité. Il y a carrément un viol sur la scène...

...mais c'est dans l'opéra !

Certes, mais vous montrez la jeune fille entièrement nue, de face, et vous insistez sur la violence. C'est rarement mis en scène de la sorte...

Je pense qu'aujourd'hui, dans certains cercles de pouvoir, les hommes développent une sexualité rapide et brutale. Le personnage de Don Giovanni, projeté dans le monde de la finance, ne pouvait qu'agir ainsi. Quant à la nudité, on ne voit la jeune fille nue qu'une seconde. Don Giovanni lui arrache son vêtement et ses collègues la recouvrent tout de suite avec ce qu'ils trouvent.

Mais pareille scène est d'ordinaire taboue à l'opéra ?

Je ne sais pas. Cela doit exister sûrement ailleurs. Récemment, au festival Wiener Festwochen, on a pu voir un spectacle de musique classique où tout le monde était nu, le pianiste, etc. Au théâtre, ça ne choque plus personne.

Dans la danse contemporaine aussi. Mais à Garnier ?

Il n'y a eu aucun problème à ce sujet avec Mortier. Personne ne s'y est opposé. Mon seul problème a été de trouver une interprète qui accepte d'apparaître nue, même brièvement. Tous les rôles non chantés ont fait l'objet d'un casting spécifique. C'est d'ailleurs mon agent de casting pour le cinéma, Kris de Bellair, qui s'en est occupée. Elle a travaillé pendant des semaines pour distribuer les rôles de figurants. Les gens de l'Opéra n'étaient pas contents, car ils ont leurs propres agents de casting – pas très coopératifs d'ailleurs – alors que la mienne s'est rendue dans les banlieues pour trouver des figurants maghrébins, africains, des personnes qui souvent n'étaient jamais allées à l'opéra et qui ont joué le jeu avec grand plaisir.

Une autre audace sexuelle que l'on remarque, c'est ce baiser sur les lèvres entre Don Giovanni et Leporello ! On ne le trouve pas dans le livret.

Non. C'est dans le passage que l'on appelle, en allemand, « l'aria de champagne ». Pourquoi cette appellation ? Il n'y a pas la moindre mention de champagne dans le livret, mais, un jour, quelqu'un a décidé que Don Giovanni aurait un verre de champagne à la main. C'est un moment où Don Giovanni est fou de désespoir. Je devais donc, à ce moment-là, lui faire faire quelque chose d'excessif. Il pense à se suicider, puis surmonte cette pulsion et devient agressif envers les autres. Et, de même qu'il avait tué le Commandeur d'un coup de couteau, il se jette sur Leporello en l'embrassant sur la bouche. C'est un geste d'humiliation, après qu'il s'est montré faible et désespéré vis-à-vis de son employé.

Ce personnage violent et sensuel est paradoxalement ancré dans un décor dont la dominante chromatique est le bleu et le gris...

Voire plutôt le noir ! C'est à l'image de ces lieux très froids en apparence. Il y a un effet de contraste voulu, bien sûr. Cela est aussi flagrant dans la scène où Don Giovanni prend le manteau de Donna Elvira en chantant, s'en enveloppe, puis s'allonge sur le sol. Pour moi, c'est le meilleur moment de ma mise en scène. Il est très bien joué et bénéficie aussi de la décision du chef d'orchestre d'avoir engagé, en extra, un joueur de mandoline qui a interprété le morceau magnifiquement. C'est d'autant plus touchant que cela contraste avec ce décor glacial.

Cette position allongée pour chanter étonne aussi.

C'est difficile de chanter dans cette position, car elle empêche de reprendre naturellement son souffle. L'interprète de Don Ottavio, Shawn Mathey, qui devait chanter une partie d'une de ses arias dans cette position, a préféré chanter debout, car il avait peur de faire de fausses notes. Peter Mattei (Don Giovanni) et Christine Schäfer (Donna Anna) maîtrisaient tellement leur technique de chant qu'ils pouvaient s'adapter à tout.

Dans le dernier acte, vous avez innové pour le retour du Commandeur...

Quand je me demandais si je pouvais ou non monter cet opéra, je savais que je me déciderais en fonction de ma capacité à trouver une bonne idée pour montrer ce retour du Commandeur. Le ridicule guette dans cette scène. Et il faut éviter l'imagerie du fantôme si l'on veut rester crédible. C'est la raison pour laquelle la mise en scène de Peter Sellars ne fonctionnait pas ; il a donné une dimension religieuse à cette apparition. Or, si l'on plante le décor dans un milieu où Dieu n'existe plus, on ne peut pas le faire réapparaître à la fin ! C'est pourquoi j'ai choisi de représenter le Commandeur mort, dans son fauteuil de bureau. Sa voix provient d'une bande magnétique et sa main est agitée par sa fille. Finalement, c'est Donna Elvira, l'autre femme déçue, qui porte le coup fatal à Don Giovanni, avant que les employés ne le jettent, encore vivant, par la fenêtre. Je trouvais que cela fonctionnait pas mal de la sorte. De même, dans la scène où le Commandeur invite Leporello à le rejoindre, on n'avait pas à s'embarrasser d'une statue qui parle. Il suffisait d'ouvrir le bureau du chef.

Elvira (Arpiné Rahdjian) et Leporello (Luca Pisaroni)

C'est l'autre moment fort du finale, cette révolte des minorités, représentées tant par les Maghrébins, les Africains que... par les femmes.

On est alors au-delà du réalisme, car il y a dans cette scène beaucoup plus de participants qu'il n'y en avait pour la fête. C'est l'image de toute une classe sociale qui prend sa revanche.

On pense à *Code inconnu*, où vous aviez déjà abordé le problème de l'immigration et celui de l'insertion sociale.

Comme vous savez, c'est le cas à Paris : il n'y a pratiquement que des Arabes et des Noirs qui assurent l'entretien dans ces grands ensembles de bureaux. J'ai voulu calquer ma mise en scène sur la réalité sociale d'aujourd'hui.

Dans votre mise en scène, comme dans de nombreuses autres, y compris celle de Joseph Losey pour le cinéma, il y a le même moment, dans le deuxième acte, qui est coupé. Pourquoi ?

Cette scène, qui montre comment Zerlina capture Leporello par la ruse, est souvent coupée, parce qu'elle ne fonctionne pas très bien. Au début, je voulais la garder, mais la chanteuse qui a finalement interprété Zerlina est arrivée si tard dans les répétitions que je n'avais plus assez de temps pour m'en occuper.

En 2013, vous allez monter *Cosi fan tutte* à Madrid. Pensez-vous en faire une mise en scène également modernisée ?

Je pense que oui. Mais j'ignore encore comment je vais l'ancrer dans le contemporain. Quand j'avais proposé à Mortier de monter cet opéra à Garnier, ce n'était pas parce que j'avais une idée géniale d'adaptation, mais parce que j'adorais tellement cette musique que je voulais vivre avec elle pendant un certain temps. Ce n'était pas le cas avec *Don Giovanni*, que je connaissais moins bien. Mais, à force d'écouter cet opéra tous les jours, j'ai découvert des tas de choses que je n'avais jamais remarquées avant. Des trois opéras écrits par Lorenzo Da Ponte pour Mozart, *Les Noces de Figaro* demeurent mon préféré, mais je n'ose pas le monter, car je ne vois pas comment envisager d'un point de vue contemporain la question du droit de cuissage. Peter Sellars y est parvenu en mettant en scène un grand ambassadeur américain qui vit avec ses employées dans un luxueux penthouse sur Central Park. C'était très drôle. Mais je ne vais pas refaire la même chose. Le seul des trois opéras écrits par Da Ponte qui ne pose pas de problème pour être transposé aujourd'hui, c'est *Cosi fan tutte*. C'est atemporel comme une pièce de Marivaux.

Aimez-vous *La Flûte enchantée* ?

J'aime tout Mozart, mais je serais incapable de monter cet opéra. Il faut faire preuve de grande fantaisie, trouver des images originales. Je n'ai pas cela en moi.

Y a-t-il d'autres opéras qui vous tenteraient ?

Depuis mon *Don Giovanni*, on m'a proposé une dizaine de titres de différents auteurs. J'ai toujours dit non. Je ne veux pas être catalogué comme metteur en scène d'opéras. La plupart des metteurs en scène d'opéra ont étudié la musique, connaissent les partitions. Il y a énormément de travail de préparation, mesure par mesure. Cela prend beaucoup de temps, et ce n'est pas si bien payé que ça. Mieux vaut que je fasse un film ! Je n'ai plus vingt-cinq ans et, pour les dernières années qui me restent, je veux me limiter aux choses que je sais faire.

Mais, pour quelqu'un qui avait eu pour vocation première de devenir concertiste ou compositeur, c'est une belle manière d'exprimer sa passion…

Certes. Mais il n'y a pas beaucoup d'opéras qui m'intéressent assez pour les monter. Je pourrais m'imaginer mettre en scène *Fidelio*, le seul opéra de Beethoven, mais c'est, là encore, très difficile de trouver une situation crédible. Je n'en ai jamais vu une seule bonne mise en scène. On m'a aussi proposé du Wagner. Mais sa musique ne me nourrit pas assez pour que je vive avec elle pendant des mois.

Vous avez dû tirer un grand plaisir de ce travail sur *Don Giovanni*, car, alors que vous refusez dorénavant de monter des pièces de théâtre, vous avez accepté de monter un second opéra !

C'est autant pour Mozart que pour Mortier, qui avait fait appel à moi et qui m'a toujours soutenu. Je me dois d'être fidèle à ceux qui me sont fidèles.

Cette expérience de *Don Giovanni* a-t-elle eu une incidence sur la mise en scène de vos films suivants ?

Non, ce sont deux choses complètement différentes. C'est comme pour le théâtre auquel je me suis consacré pendant une vingtaine d'années. Au théâtre, toutefois, j'ai appris à travailler avec les acteurs. Sur la scène, les acteurs ont plus de liberté. S'ils ne veulent pas faire ce que je leur demande, ils ne le font pas. Il faut littéralement les séduire pour les amener à faire ce que vous attendez d'eux. Alors qu'au cinéma, le réalisateur est le grand chef, parce que tout le monde sait qu'on n'a pas de temps à consacrer aux discussions. Les acteurs de cinéma sont, par conséquent, beaucoup plus conciliants. C'est pourquoi je dis toujours à mes étudiants de faire du théâtre. Montez une petite pièce n'importe où et lancez-vous avec les acteurs, même si vous risquez d'être hués ! Là, vous apprendrez quelque chose sur les acteurs. Le cinéma est une mauvaise école pour cela. Les étudiants ont tendance à accuser l'acteur quand ça ne marche pas. Je leur dis alors que ce n'est pas le comédien qui est mauvais, mais eux, dans leur manière de diriger l'interprète. Soit vous n'avez pas choisi le bon acteur pour le rôle, soit vous n'êtes pas parvenu à le diriger pour qu'il vous donne ce que vous attendiez de lui.

La direction de chanteurs d'opéra n'implique-t-elle pas plus d'attention, voire de tension, que celle des acteurs de cinéma ?

Non. C'est, de toute façon, toujours dur, si vous voulez obtenir une certaine qualité. C'est peut-être plus dur pour moi, parce que c'est plus inhabituel. Quand je suis passé au cinéma, j'avais déjà l'habitude de la télévision. L'opéra était quelque chose d'entièrement nouveau pour moi. C'est pourquoi j'étais très nerveux quand j'ai commencé. Je ne savais pas comment m'exprimer en face d'un chanteur. Jusqu'où pouvais-je aller sans me l'aliéner ? Je me suis vite rendu compte qu'ils sont très ouverts d'esprit, très curieux, qu'ils aiment qu'on les guide. C'est beaucoup plus facile avec eux qu'avec les acteurs de théâtre. Au cinéma, comme c'est moi l'auteur du scénario, ils ne peuvent pas trop me critiquer ! En tout cas, quand on trouve bons les acteurs de mes films, c'est surtout grâce à mon expérience théâtrale. Pour revenir à votre question, il me semble qu'il y a beaucoup plus de points communs entre l'opéra et le cinéma, qu'entre le théâtre et le cinéma. Moi, comme je vous l'ai déjà dit, je suis quelqu'un qui planifie beaucoup : je sais exactement, pour chaque plan d'un film, ce que je veux obtenir sur l'écran. De la sorte, les techniciens savent précisément ce qu'ils doivent faire. À l'opéra, c'est un peu la même chose, car nous devons suivre la musique, qui ne peut pas être changée. C'est le fil conducteur que l'on doit respecter.

Et la réalisation de spots publicitaires, vous n'avez jamais voulu essayer ?

Jamais. J'ai eu plusieurs propositions, mais je les ai toutes refusées. Je pourrais dire par morale professionnelle. Mais c'est plutôt que je ne suis pas capable de travailler sur quelque chose qui ne m'intéresse pas. Souvenez-vous de ma tentative malheureuse de monter un vaudeville de Labiche au théâtre. Dans la publicité, même pour une cause qui m'intéresse, comme la défense des droits de l'homme, ça resterait le contraire de ce que je fais au cinéma, qui consiste à entretenir le soupçon plutôt qu'à marteler des vérités. En plus, je ne me sens pas à l'aise avec le court métrage. Je le vois avec mes étudiants. Je trouve plus difficile de faire un bon court qu'un bon long métrage.

Vous faites souvent référence, dans nos entretiens, à vos étudiants. Depuis combien de temps enseignez-vous le cinéma et à quel endroit ?

J'ai commencé cet enseignement en 2002, à la Filmakademie de Vienne, qui fait partie de la faculté des beaux-arts et de musique. J'assure cet enseignement par plaisir. En outre, cela me donne l'occasion de garder le contact avec des jeunes et de rester au courant de ce qui les intéresse.

En quoi consiste votre enseignement ?

J'enseigne la mise en scène et l'écriture du scénario, sous la forme de séminaires et d'un travail plus personnel avec chaque étudiant. Concrètement, j'anime deux séminaires. L'un est consacré à l'analyse de films et l'autre traite du travail avec l'acteur, du découpage et du storyboard. Par ailleurs, j'accompagne chaque étudiant

Michael Haneke pendant un cours à la Filmakademie de Vienne

dans l'élaboration des courts métrages qu'il doit réaliser tout au long de son cursus, de l'écriture du scénario jusqu'à la fin du montage. Pendant leur dernière année, les étudiants doivent concevoir un long métrage ou au moins un film de quarante minutes, qui leur servira ensuite de carte de visite. Plusieurs ont ainsi déjà pu se faire produire un premier long métrage.

Combien d'étudiants suivent vos cours ?

Le nombre n'est pas limité, mais, en général, il y en a une vingtaine par promotion. Pour l'enseignement de la mise en scène, ils sont moins nombreux. Nous en avons généralement deux ou trois, sauf en 2011 où, au vu du cru exceptionnel, nous en avons retenu six. Un seul Autrichien parmi eux, les autres venant de Serbie, de Pologne, d'Ukraine et des États-Unis. La Filmakademie est ouverte aux étudiants de tous pays, mais la pratique de la langue allemande est exigée.

Par quoi commencez-vous votre enseignement dans la section « réalisation » ?

Cela dépend. J'essaie de donner des réponses qui correspondent aux attentes des étudiants. Je leur demande donc d'emblée : « Que voulez-vous apprendre dans ce cours ? Quelles sont vos faiblesses ? » Et la réponse est souvent la même : les acteurs. Il est vrai que les films d'étudiants sont en général techniquement bien faits, mais très faibles sur le plan de la direction des comédiens. On organise donc des séances de répétitions. On les fait jouer entre eux. On fait aussi venir des élèves du Reinhardt Seminar, l'école d'art dramatique, et même des acteurs professionnels. C'est comme cela que l'un de mes étudiants a pu faire un film avec Ulrich Mühe et Susanne Lothar. On les laisse mettre en scène. On regarde, on corrige. Je dis toujours que la direction d'acteurs ne s'apprend qu'en la pratiquant. J'attire leur attention sur la nécessité d'avoir une bonne oreille. Mais c'est quelque chose qui ne s'acquiert qu'avec le temps.

Y a-t-il une part réservée à une approche plus théorique dans vos cours ?

Non. C'est un enseignement pratique. Même en analyse de films, je leur fais rédiger des critiques très détaillées des films que je leur montre. Puis nous en discutons. Enfin, depuis quelques années, j'ai confié cette partie de l'enseignement à mon assistant, car le niveau des étudiants de première année est tellement bas que ça m'énervait trop. Les premiers films montrés sont, comme je vous l'ai déjà dit, *Le Miroir* de Tarkovski, puis *Au hasard Balthazar* de Bresson et *Une femme sous influence* de Cassavetes. Suivent trois films de propagande : *Le Triomphe de la volonté* de Riefenstahl, *Air Force One* de Petersen, *Z* de Costa-Gavras et un film d'Eisenstein. On projette un film tous les quinze jours, soit une vingtaine environ par an. Ce qui permet de leur montrer pas mal de bonnes choses que, en général, ils ne connaissent pas et qui les déroutent, à l'exception d'un ou deux étudiants qui ont déjà tout vu, mais qui ne seront pas forcément les plus talentueux pour la réalisation.

Parvenez-vous à détecter le manque de talent de certains de vos élèves ?

On remarque tout de suite des étudiants qui sont très talentueux, mais cela ne veut pas dire qu'ils feront carrière. S'ils sont trop repliés sur eux-mêmes, ils ne seront pas capables de s'adapter aux autres. Quand on est réalisateur, il faut savoir s'adapter, non pas pour se soumettre à ce que les autres attendent de vous, mais pour bien savoir ce que l'on peut faire ou pas. Pour en revenir à votre question, je suis très impatient et j'ai parfois tendance à penser que certains étudiants n'y arriveront jamais. Ce qui est faux. Il faut juste leur laisser du temps. On en a vu qui se sont révélés après des années. Tout d'un coup, ils ont eu le déclic et tout s'est mis en place. En plus d'être impatient, je suis aussi très franc. Si quelque chose ne me plaît pas, je le dis aussitôt. De la sorte, mes étudiants savent que je ne mens jamais. Pour cette raison, certains ont peur de moi et d'autres m'aiment beaucoup. Je reste de toute façon toujours moi-même avec eux.

Vous enseignez combien d'heures par semaine ?

Mes cours sont bloqués sur les deux premiers jours de la semaine, de 10 heures à 18 heures. Quand je fais un film, je me débrouille pour le tourner l'été, donc pendant les vacances. Mais cela n'a pas été possible pour *Le Ruban blanc* et pour *Amour*, où j'ai dû prendre des congés sans solde.

Les études durent combien de temps ?

Trois ou cinq ans. Au bout de cinq ans, ils obtiennent le titre de « *Magister* ». Mais cinq ans, à mon avis, c'est trop long. Nous avons des étudiants qui sont encore là au bout de dix ans, parce qu'ils se sont absentés pour assurer un emploi, avant de revenir poursuivre leurs études. La plupart de nos étudiants s'inscrivent pour une durée d'études de cinq ans. Mais je leur explique, lors de notre première rencontre, que, s'ils n'ont pas d'expérience personnelle, ils ne retiendront rien de ce qu'ils entendent ici. Je leur recommande de travailler le plus possible sur le plan pratique. Y compris en dehors de la Filmakademie, quitte à se retrouver à s'occuper du café sur un plateau. De toute façon, ils apprendront beaucoup plus au contact des professionnels qu'auprès de leurs professeurs. Certes, je leur fais part de mon expérience personnelle, mais il faut aussi qu'ils apprennent par eux-mêmes.

À l'issue de cet enseignement, la Filmakademie assure-t-elle un emploi pour ses étudiants ?

Non, mais on s'arrange. Par exemple, j'ai deux de mes étudiants qui sont en train de faire leur premier long métrage chez Wega-Film. Bien sûr, je ne peux forcer quiconque à engager l'un de mes étudiants. Je ne peux que le présenter, dire qu'il a un scénario que je trouve intéressant et demander au producteur de le lire. C'est à lui de décider après s'il veut le produire.

Le grand problème aujourd'hui – et pas seulement en Autriche – ce n'est pas le manque de réalisateurs, mais celui de bons auteurs. La plupart des metteurs en scène connaissent bien leur métier, mais les films sont nuls, car les scénarios sont trop faibles. Je ne manque jamais de le rappeler à mes étudiants en réalisation : « Plus tard, vous dépendrez entièrement des auteurs ! » Je trouve que les réalisateurs sont nettement surestimés. Avec un mauvais scénario, un metteur en scène ne peut rien faire. Quand on parle d'« un film de... », on devrait se référer à l'auteur du scénario.

12

Les origines du *Ruban blanc* – Les photographies d'August Sander – Reconstitution ou recréation – Les couleurs du noir et blanc – Éloge de l'image numérique – Émotions *versus* interprétations – Je ne veux pas éduquer les spectateurs – Travailler avec des enfants – Des mensonges au service de la vérité – Ingmar Bergman et *Le Village des damnés* – Leçon de mixage – La Palme d'or et les coulisses du festival de Cannes.

À quand remonte le projet du *Ruban blanc* ?

Je dirais une bonne quinzaine d'années. Avant de commencer à écrire, j'avais signé un contrat pour un téléfilm de deux heures, avec la chaîne autrichienne ORF. Son *Dramaturg*, conscient de l'ampleur du projet, m'avait assuré qu'on pourrait rallonger la durée. Mais quand j'ai présenté mon scénario, qui était devenu celui d'une mini-série en trois parties, le *Dramaturg* avait pris sa retraite et son remplaçant a voulu s'en tenir aux deux heures prévues par le contrat. J'ai refusé et le projet a été mis de côté. Alors que j'étais en train de tourner *La Pianiste*, des responsables de l'ORF m'ont appelé pour me dire qu'ils étaient en compagnie de représentants du WDR et qu'ils voulaient me proposer quelque chose. Pensant qu'ils souhaitaient relancer mon projet, je suis allé les voir lors de ma pause déjeuner. Pour découvrir qu'ils voulaient que je tourne un téléfilm en trois parties... sur Metternich ! Ils tenaient à ce sujet, parce qu'ils y avaient déjà investi beaucoup d'argent. Mais moi, ça ne m'intéressait pas. Plusieurs années ont encore passé, avant qu'une nouvelle directrice de la chaîne autrichienne ne m'appelle. Cette fois, c'était bien pour me proposer de réaliser ma trilogie, mais en seulement deux parties ! J'ai essayé de lui faire comprendre que, soit on traitait le sujet en trois parties comme prévu, soit on parvenait à le réduire à un seul bloc, mais qu'on ne pouvait pas en faire deux parties. Elle ne l'a jamais compris et le projet a de nouveau été abandonné.

Jusqu'au jour où j'en ai parlé à Margaret Menegoz, qui a trouvé le scénario formidable, et a aussitôt désiré le produire. À condition que j'en coupe une heure. Je lui ai promis d'essayer et j'ai réussi à couper vingt-cinq minutes. Il me semblait impossible d'en enlever plus sans toucher à la structure. Mais ça ne suffisait pas à Margaret qui, pour vendre le film, ne voulait pas dépasser les deux heures et demie, la durée limite pour garantir un nombre maximal de séances quotidiennes dans les cinémas. Je ne sais plus si c'est elle ou moi qui a pensé à Jean-Claude Carrière. Il a tout de suite accepté de m'aider à couper. Il a pris un mois, puis il est venu à Vienne me faire ses suggestions. En deux après-midi, nous nous sommes mis d'accord. Comme on ne pouvait pas tailler dans la trame, il a eu l'idée géniale d'éliminer toutes les scènes montrant les enfants en train de jouer ensemble. Je les trouvais plutôt réussies et très documentées sur les jeux de l'époque. Mais par rapport au secret que je voulais cultiver, c'était une bonne chose de retirer ces passages, qui permettaient de trop bien saisir les relations des enfants entre eux.

LE RUBAN BLANC

Un vieil instituteur se souvient. Entre 1913 et 1914, dans un village de l'Allemagne du Nord, une série d'incidents se sont succédé, tous restés, par la suite, sans explication.
Tout commence avec la chute de cheval du médecin, provoquée par un fil invisible tendu entre deux arbres, alors qu'il regagnait sa demeure. Peu après, une paysanne se tue en tombant de son grenier, dont une planche était pourrie. D'autres faits, de moindre importance, contribuent au développement d'une certaine inquiétude dans le village. Comme cette punition infligée par le pasteur à deux de ses cinq enfants, Martin et Klara, pour être rentrés trop tard, et dans le cas de Martin, pour sa récente tendance à se masturber. L'un comme l'autre doivent dorénavant porter un ruban blanc, symbole de leur futur retour à la pureté. Lors de la fête de la moisson, Max, le fils aîné du paysan, métayer du baron, saccage le champ de choux de son employeur, qu'il juge responsable de la mort de sa mère. Un peu plus tard, Sigmund, l'enfant de l'aristocrate, est retrouvé dans la forêt, ligoté et battu. Eva, employée comme nurse dans le château du baron et qui a maintenant la garde des jumeaux nouvellement nés, est aussitôt renvoyée. Elle se réfugie auprès de l'instituteur, qui lui a récemment témoigné de l'affection et qui voit là l'occasion de se rapprocher d'elle. Il demande sa main à son père, qui impose aux amoureux d'attendre douze mois avant de se marier. C'est alors que les incidents se précipitent. Le médecin, guéri, revient au village et reprend sa liaison avec la sage-femme qui s'était occupée de sa progéniture. Mais il ne tarde pas à la congédier, après l'avoir humiliée. Il se livre peu après à des attouchements sur Anna, sa fille adolescente. D'autre part, la femme du régisseur a accouché d'un bébé, qui tombe aussitôt malade. Ce à quoi s'ajoutent l'incendie d'une grange et le suicide par pendaison du paysan dans sa ferme.

Le baron apprend par sa femme qu'elle a un amant en Italie et qu'elle veut le rejoindre. Karli, le fils mentalement handicapé de la sage-femme, est retrouvé attaché à un arbre, les yeux pratiquement crevés. Troublé et désireux de comprendre, l'instituteur prend sur lui de mener une enquête et en conclut que les enfants du village sont les auteurs de ces actes. Il fait part de sa théorie au pasteur, qui, outré, le chasse. La sage-femme quitte les lieux pour aller informer la police de ce que lui a révélé son fils. Des rumeurs circulent...

À l'heure où, le 28 juin 1914, l'Autriche déclare la guerre à la Serbie, à la suite de l'assassinat de l'archiduc François-Ferdinand à Sarajevo, l'Allemagne faisant de même avec la Russie et la France, tous les villageois se retrouvent réunis dans l'église. Le silence se fait progressivement.

La première version du scénario soutenait-elle déjà la théorie selon laquelle une idée, même bonne, érigée en système, devient une idéologie et qu'elle peut être dangereuse ?

Oui, je dirais que c'était la raison d'être de ce scénario, même si je ne l'ai compris qu'après en avoir commencé l'écriture. Je ne travaille pas comme ces auteurs qui choisissent des sujets dans l'air du temps, la crise économique, par exemple, et imaginent ensuite une histoire pour l'illustrer. Moi, je dois d'abord être frappé ou touché par une chose, qui va servir de moteur à ma réflexion. Pour *Le Ruban blanc*, j'ai pensé à un chœur, composé de personnages blonds, en Allemagne du Nord, dans un décor en noir et blanc. Des enfants qui chantent des chorals de Bach et qui punissent ceux qui, dans leurs vies, trahissent les idées qu'ils prêchent. C'était mon idée de départ, sans doute nourrie par une réflexion politique. Le but n'était cependant pas de faire un film politique, mais de raconter une histoire.

Comment vous est venue l'idée du film ?

Aucune idée. C'est la question la plus difficile que l'on puisse me poser, car je ne peux jamais y répondre ! Je dirais que ça m'est tombé du ciel. C'est comme un compositeur qui crée une mélodie. D'où cela lui vient-il ? Impossible de savoir ! Parfois c'est une image qui me vient à l'esprit comme pour *Le Ruban blanc*. Mais c'est plutôt rare. Le plus souvent, j'ai l'idée d'une histoire à développer.

***Le Ruban blanc* n'est pas votre premier film historique, mais vous y traitez d'une période et d'une culture que vous n'aviez encore jamais abordées. Comment avez-vous mené vos recherches ?**

Avant de penser à l'Allemagne du Nord, je me suis intéressé au problème de l'éducation. J'ai lu beaucoup de livres sur ce sujet et aussi sur la vie paysanne. Ces lectures m'ont passionné et surtout ont enrichi mon propos. Dans un film historique, il y a des tas de choses que vous ne pouvez pas inventer, comme, ici, l'idée du fils du paysan qui fauche le champ de choux pour venger la mort de sa mère. C'est aussi dans un livre que j'ai trouvé le dicton que je prête au régisseur : « Le blé est moissonné, nous voulons être payés, gare au grippe-sou, on lui coupera le chou ! »

Est-ce dans vos lectures que vous avez découvert l'idée du ruban blanc, qui symbolise le retour à la pureté après une faute commise et punie ?

Oui, je l'ai trouvée chez un auteur du XIXe qui donnait des conseils sur l'éducation des enfants. Mais je ne sais plus dans quel ouvrage. J'en ai tellement lu !

Leonard Proxauf

Ce ne serait pas dans un texte d'Alice Miller ?

Non, je ne pense pas. Je connais bien cette psychanalyste, dont je dois avoir tout lu. Elle ne donne jamais d'exemples précis que l'on peut mettre en pratique. Les livres qui m'ont été le plus utiles sont ceux qui détaillaient des cas réels. J'ai été frappé par le nombre de fois où, en matière d'éducation, beaucoup de bonne volonté aboutit à un drame.

Pour trouver le style visuel du *Ruban blanc*, vous avez dû aussi consulter les photos de l'époque...

Je connaissais déjà très bien les photos d'August Sander, qui représentaient pour moi une sorte d'idéal à atteindre. Elles ont une brillance et une netteté extraordinaires, qu'on n'avait pas au cinéma avant l'arrivée du numérique. En postproduction, on est donc repassé sur tous les visages, y compris dans les plans larges, pour les rendre plus nets. C'est un travail très minutieux. Par exemple, dans la scène, au début, où dans l'escalier, Anna, la fille du médecin, essaie de consoler son frère Rudolf après l'accident de cheval de leur père, il y avait une larme sur le visage de la fille que l'on ne voyait pas assez bien et qu'on a retravaillée à l'ordinateur.

Le choix du noir et blanc tient-il au fait que les photos du début du siècle étaient en noir et blanc ?

Il y avait effectivement le fait qu'on ne connaît cette époque qu'à travers les clichés en noir et blanc, et que notre reconstitution y gagnait d'emblée en crédibilité. Mais il y avait une deuxième raison : la distanciation. Le noir et blanc crée une distance qui interdit toute approche naturaliste. Or, échapper au naturalisme est une obligation dans un projet comme le nôtre, où il est strictement impossible de reproduire l'époque telle qu'elle était. Le noir et blanc rappelle à chaque instant qu'on n'est pas dans une fausse réalité, mais dans une recréation.

Mais vous n'avez pas tourné *Le Ruban blanc* directement en noir et blanc.

Effectivement. Avec les sources de lumière que nous voulions utiliser (des bougies, des lampes à pétrole, des torches), aucune des pellicules noir et blanc que nous avons testées ne nous a donné satisfaction. Par exemple, quand on filmait une bougie, on ne voyait que la flamme et tout le reste était noir. Cela tient au fait que l'industrie du cinéma n'utilise plus guère de pellicule noir et blanc et que les entreprises comme Kodak ont cessé de chercher à en améliorer la sensibilité. Alors que, tous les six mois, sort une nouvelle pellicule couleur. Nous avons d'ailleurs multiplié les tests pour choisir celle qui nous convenait.

Avez-vous également testé le numérique ?

Non, avec Christian Berger, nous gardions un trop mauvais souvenir du tournage de *Caché* et nous ne voulions en aucun cas revivre ce cauchemar.

Comment passe-t-on d'un tournage en couleurs à des copies en salles en noir et blanc ?

Ce que nous tournions sur pellicule couleur était d'abord transféré en numérique, puis basculé en noir et blanc. C'est ce numérique noir et blanc que nous avons utilisé pour le montage. Pendant le tournage, je disposais d'un camion avec deux écrans de contrôle. L'un était en couleurs pour vérifier certains détails et, sur l'image de l'autre, on avait enlevé la couleur, pour avoir déjà une idée de ce que l'on obtiendrait en noir et blanc. C'était très différent.

J'en avais fait l'expérience, avant le tournage, avec Christian Berger, en nous projetant, sans les couleurs, plusieurs films dont l'action se situe à la même époque que

Le Ruban blanc, parmi lesquels *Impitoyable*, de Clint Eastwood. Le résultat était aussi catastrophique que je l'avais imaginé. Chaque fois qu'avait été rajoutée une source de lumière cachée, pour renforcer le halo d'une lampe, ça se voyait, alors qu'avec les couleurs, on ne remarquait pas le subterfuge. La couleur dévie le regard. Le noir et blanc met en relief tout ce qui est faux. Nous avons dû en tenir compte.

Sur le plan économique, le choix du noir et blanc n'a-t-il pas posé problème ?

Si, bien sûr. Tous les producteurs étaient contre. Surtout les gens de télévision. C'est Margaret Menegoz, la première, qui a convaincu la télévision française de diffuser le film en noir et blanc. Les Allemands, eux, ont beaucoup hésité, car ils avaient exigé par contrat de le passer en couleurs. Je savais que si le film recevait un bon accueil au festival de Cannes, la télévision allemande ne pourrait pas s'obstiner à vouloir le montrer en couleurs, car elle se ridiculiserait. Cela dit, si la télévision n'avait pas cédé, je n'aurais pas travaillé sur la version couleur. Ils auraient dû se débrouiller avec mon chef opérateur. Le plus beau c'est que le film a battu des records d'audience à la télévision allemande, en octobre 2011, où il a été vu, en noir et blanc, par quatre millions et demi de téléspectateurs. De même, à la télévision autrichienne, où il a réuni huit cent mille téléspectateurs, à la surprise générale.

La version numérique projetée à Cannes offrait une image stupéfiante dans son piqué. Mais, pour sa sortie en salles, il a bien fallu faire des copies 35 mm, puisque, en 2009, la plupart des cinémas n'étaient pas encore équipés pour la projection numérique. Comment avez-vous procédé pour le transfert en pellicule analogique ?

On a beaucoup travaillé les contrastes, les valeurs du noir et celles du blanc, afin de se rapprocher au maximum de ce que l'on avait obtenu en numérique. Mais la profondeur de champ est moins bien rendue sur la pellicule analogique et on perd beaucoup de la plasticité de l'image qui, en numérique, donne presque l'impression de la 3D.

Vous êtes-vous aussi inspiré des photos de Sander pour les costumes et les visages ?

Pas seulement de celles de Sander. Sur toutes les photos de l'époque, les visages sont très différents de ceux d'aujourd'hui. Dans la mesure du possible, j'ai privilégié des acteurs et des figurants qui avaient des traits pouvant correspondre à ces visages d'antan. Mais il n'y en avait pas tant que ça parmi les comédiens en activité et il a fallu jouer sur la coiffure et les accessoires. Par exemple, sur les photos des années 1913-1914, vous ne verrez jamais une fille qui a les cheveux sur le visage. Toutes tiraient leur chevelure vers l'arrière, avec ou sans l'aide d'une barrette ; en outre, elles s'habillaient de manière identique, et tout cela crée une similarité entre elles qui est extraordinaire. Dans le film, la sage-femme et la fille du médecin ont l'air de se ressembler, alors que, si vous les regardez bien, elles n'ont pas les mêmes traits.

Christian Friedel, Leonie Benesch

Aviez-vous déjà des acteurs en tête, une fois le scénario achevé ?

À ce stade, les seuls rôles distribués étaient celui de la sage-femme à Susanne Lothar et celui du pasteur à Ulrich Mühe. J'aime bien écrire pour des acteurs que j'estime, mais cela peut vous confronter à des problèmes imprévus. C'est ce qui est arrivé avec le décès d'Ulrich, victime d'une forme très agressive de cancer. Pour le remplacer, j'ai envisagé tous les grands acteurs du théâtre et du cinéma allemand, mais aucun ne correspondait. Soit ils paraissaient trop névrosés, soit il leur manquait cette autorité naturelle qui fait que, lorsqu'ils entrent dans une pièce, tout le monde se calme. Jusqu'au jour où j'ai rencontré Burghart Klaussner. Il a tout de suite collé à l'image que je me faisais du personnage. Même s'il a créé un pasteur très différent de celui qu'aurait interprété Ulrich Mühe, qui était plus doux, plus jeune et plus nerveux. J'ai en tout cas été très content de mon choix.

Pour le rôle du baron vous avez choisi Ulrich Tukur, acteur et musicien très admiré en Allemagne.

C'est un rôle qui était difficile à distribuer, car il me fallait trouver quelqu'un comme Josef Bierbichler, mais en plus noble. Un homme très viril, qui se sente plus à l'aise parmi ses chevaux qu'avec sa femme. Pareil acteur n'existe pas chez nous. Le plus convaincant m'a paru être Ulrich Tukur, même s'il était un peu trop jeune pour le rôle.

Burghart Klaussner, Ursina Lardi, Fion Mutert et Ulrich Tukur

Et les enfants, comment les avez-vous trouvés ?

C'était ma plus grande peur. Je craignais de me retrouver le premier jour de tournage sans les sept enfants dont j'avais besoin pour les rôles principaux. Un acteur adulte peut toujours être remplacé par un autre d'un niveau plus ou moins équivalent. Ce n'est pas le cas pour un enfant. Les enfants capables de tenir un rôle dans un film, il faut les chercher et ça prend beaucoup de temps. On s'est donc donné six mois. Mon agent de casting, Markus Schleinzer – qui a travaillé sur plusieurs de mes films et qui, depuis, a réalisé son premier long métrage, *Michael* –, a filmé, avec son équipe d'assistants et d'étudiants, quelque sept mille enfants, j'en ai retenu une trentaine, avec lesquels j'ai travaillé directement. Nous avons aussi fait appel à des directeurs de casting qui travaillaient pour la télévision. C'est par leur intermédiaire que nous avons rencontré Leonard Proxauf, qui joue Martin, le fils du pasteur. Il avait déjà tenu un rôle principal, en 2006, dans *Nimmermeer*, du jeune réalisateur Toke Constantin Hebbeln. Il est très beau, avec un visage fantastique qu'on a d'ailleurs retenu pour l'affiche du film. Mais surtout il a été incroyablement touchant aux essais, dans la scène où il est accusé de se masturber. La même agence nous a aussi présenté les enfants qui jouent les deux fils du régisseur. Tous les autres ont été repérés par nos soins. Pour les petits rôles, nous avons mélangé des enfants qui avaient déjà une certaine expérience des tournages avec d'autres, choisis sur place par mes collaborateurs.

Et pour les figurants adultes ?

C'était le travail de la seconde assistante de Schleinzer, une Roumaine qui s'était déjà acquittée de cette tâche pour *Le Temps du loup*. À l'époque, elle avait été chercher dans son pays ceux qui ont joué la famille roumaine. Or, tous ces gens avaient été si contents de leur participation à notre film qu'ils en avaient parlé autour d'eux. Si bien que, quand elle est revenue avec sa caméra vidéo pour *Le Ruban blanc*, toutes les portes lui ont été ouvertes. Il faut dire que les petits cachets que nous versons aux figurants représentent de grosses sommes par rapport aux salaires roumains. Deux bus entiers de figurants ont ainsi été remplis. Ils avaient tous l'air de vrais paysans, le visage buriné par le soleil, contrairement aux agriculteurs allemands qui, eux, ressemblent à des citadins, parce qu'ils travaillent la terre sur des tracteurs modernes, dotés de cabines climatisées.

Avez-vous quand même recruté des figurants en Allemagne ?

Oui, sur les deux cents personnes dont nous avions besoin pour la grande fête, une bonne moitié a été trouvée sur place. Mes assistants sillonnaient la région et, dès qu'ils remarquaient quelqu'un avec un visage d'autrefois, ils lui proposaient de passer un essai. J'avais un mur couvert de photos et ainsi nous avons pu constituer des groupes.

Célébration de la fête d'action de grâces pour la récolte de l'été 1913

Comment avez-vous conçu les dialogues ?

Les écrire dans le dialecte local de l'époque était impensable. Cela nous aurait contraints à sous-titrer le film pour le public allemand et cela aurait été trop difficile à jouer pour mes acteurs, qui venaient de tous les coins de l'Allemagne et qui devaient déjà renoncer à leurs accents régionaux. Seul Josef Bierbichler a gardé son accent bavarois pour interpréter le régisseur. Ce qui était crédible, car les régisseurs, à cette époque, allaient parfois très loin de chez eux pour louer leurs services. En revanche, j'ai doublé Branko Samarovski, mon interprète de *La Rébellion*, qui avait un accent autrichien trop prononcé.

Nous avons lu quelque part que vous vous seriez inspiré, pour les dialogues, du style littéraire de Theodor Fontane, l'auteur prussien d'*Effi Briest* ?

Moins pour les dialogues que pour le commentaire off du narrateur, qui relève d'une langue plus soutenue.

L'idée d'avoir un narrateur vous est-elle venue d'emblée ?

Oui. Pour la même raison que l'emploi du noir et blanc. Cela créait une distance par rapport aux événements relatés.

Cela vous permettait aussi de souligner que les faits narrés par l'instituteur ne sont pas, comme il le dit lui-même, « véridiques dans leurs moindres détails ». Ce qui renvoie à une idée maîtresse de votre cinéma, à savoir la relativité de toute vérité affirmée.

Tout à fait. Je m'arrange toujours pour nourrir la méfiance du spectateur ! Et, dans ce film en particulier, il était primordial de prendre du recul sur l'éventuelle culpabilité des enfants, qui, adultes, ne deviendraient pas tous des tortionnaires de Juifs dans les camps. D'ailleurs, les personnages sont très différents et loin d'être tous négatifs.

Où avez-vous tourné ?

En Allemagne du Nord, où le protestantisme est très présent. J'aurais pu situer cette histoire en Autriche, dans le Burgenland, où l'on trouve des communes qui sont de cette confession, mais cela aurait été moins représentatif. Et puis l'Allemagne du Nord s'imposait aussi parce que, d'emblée, j'avais imaginé comme cadre un pays plat où l'on voit très loin.

Qui a fait les repérages, vous ou votre équipe ?

C'est Christoph Kanter, mon chef décorateur, qui s'en est occupé. Il a parcouru dans les soixante mille kilomètres, seul, dans sa voiture, pendant des semaines, s'arrêtant à chaque village pour prendre des milliers de clichés. C'est un homme très organisé, qui enregistrait, dans son ordinateur, les cartes et les photos de tous les endroits visités, listant les routes déjà empruntées. Il est ainsi apparu impossible de tourner dans l'ouest du pays, car tout y avait été rénové. Au début, on avait pensé aller en Pologne, voire en ex-Tchécoslovaquie, mais c'était trop compliqué. On a ensuite cherché dans l'ex-Allemagne de l'Est. Mais, sous le régime communiste, tout avait été transformé en dépit du bon sens. Nous avons quand même trouvé le village de Netzow, dans la région de la Prignitz, à deux cents kilomètres au nord-ouest de Berlin, qui présentait une rue large et où, en son milieu, se dressait l'église qui domine tout le village. Comme partout en ex-RDA, ce village avait des rues goudronnées, avec beaucoup de trous, mais, par chance, l'État venait de promettre de les refaire l'année suivante. C'est pour cela qu'on nous a laissés les creuser, en retirer l'asphalte et les recouvrir de sable pour les remettre dans l'état où elles étaient au début du XXe siècle. Nous avons aussi retiré les poteaux électriques, les antennes de télévision et camouflé plus d'un tiers du village avec nos décors qui étaient plaqués sur le devant des maisons.

Le village de Netzow

En quels matériaux étaient-ils construits ?

Les façades placées devant les maisons existantes étaient en bois peint. Mais la maison du médecin, avec son jardin, a été entièrement construite en pierres, pour être réellement habitée. Juste à côté, là où vit la sage-femme, c'était une vieille demeure délabrée en cours de rénovation qu'il a fallu réaménager. Mais c'est le château qui nous a posé le plus de problèmes ! Nous disposions d'une abondante documentation qui recensait l'ensemble des châteaux en Allemagne. Mais tous avaient été soit rénovés de fond en comble pour être transformés en hôtels, soit totalement laissés à l'abandon. Celui que nous avons choisi était situé près de la mer Baltique, à deux cents kilomètres de Netzow, notre village. Une distance qui nous a sacrément compliqué la tâche. L'intérieur était en très mauvais état, mais les extérieurs étaient plus ou moins satisfaisants. Même si le jardin attenant était une catastrophe et qu'il a fallu composer avec les toits en tôle ondulée des bâtiments qui le jouxtaient. Comme il aurait été trop cher de les refaire, nous avons eu recours au numérique pour effacer ces toitures, image par image, dans les plans où les mouvements à la Steadicam les laissaient apparaître derrière nos décors. À l'intérieur du château, tout était à refaire, y compris l'escalier. Nous avons juste gardé les boiseries du grand salon.

Cela n'aurait-il pas été plus facile de refaire cet intérieur en studio ?

Non, car le grand espace créé par la configuration de cet intérieur convenait très bien. En revanche, nous avons construit en studio, à Leipzig, l'intérieur de la maison du pasteur. Pour les extérieurs, outre la maison du médecin, nous avons construit celle du régisseur, avec son grand escalier, à partir d'une simple grange que Kanter a transformée. C'est fou le travail qu'il a effectué pour ce film. Il a d'ailleurs rassemblé dans un livre toutes les photos des décors, avant, pendant et après l'intervention de son équipe, afin de montrer aux producteurs où leur argent a été investi ! Même les légumes que vous voyez dans les champs ont été plantés par nos soins, des mois à l'avance, afin qu'ils soient sortis de terre pour le tournage.

Susie, votre épouse, est mentionnée au générique, parmi les techniciens qui ont contribué aux décors...

Elle a décoré les deux pièces du château, celle dans laquelle la baronne joue du piano et celle où elle a sa grande dispute avec son mari. C'était un travail très délicat, car les deux pièces étaient vides. Susie s'est également occupée de détails relatifs à la manière dont on servait les repas à l'époque.

Comment avez-vous donné l'impression du passage des saisons ?

Nous avons tourné en été, sauf les quelques plans du village avec l'église sous la neige, qui ont été filmés en hiver. Mais, cette année-là, il n'a pas neigé et nous avons quand même dû avoir recours aux machines pour faire de la neige artificielle. Une nuit, il est bien tombé quelques flocons. Mais la neige n'a tenu qu'une demi-journée, et encore. Il a donc fallu y ajouter de la fausse neige, car elle avait commencé à fondre quand nous l'avons filmée. Tous les autres plans avec de la neige ont été réalisés à l'aide d'effets numériques. À cause des arbres, nous avons également tourné en hiver la scène où le jeune paysan découvre son père pendu.

Combien de temps a duré le tournage ?

Trois mois. Mais les décorateurs avaient déjà commencé deux mois plus tôt et ils ont continué à travailler pendant que nous tournions les scènes dans le village. Nous avions un planning très serré.

Vous avez tenu à ce que le sous-titre du film, « *Eine deutsche Kindergeschichte* », ne soit pas traduit pour les pays non germanophones...

En effet. J'avais peur que sa traduction (« Une histoire allemande d'enfants », et non « Une histoire d'enfants allemands ») ne laisse entendre aux spectateurs étrangers que le film porte sur un problème spécifiquement allemand. Ce qui n'est pas le cas. Il est évident que ce sous-titre renvoie les Allemands à leur propre histoire. Mais je tenais à ce que ceux qui ne connaissent pas notre langue puissent penser que cette fable aurait tout aussi bien pu se dérouler dans leur pays. Par ailleurs, j'ai tenu à ce que ce sous-titre soit rédigé dans le style *Sütterlinschrift*, que ma grand-mère pratiquait, et qui était la norme, en Allemagne comme en Autriche, jusqu'au début des années

1930. Ce type d'écriture est aujourd'hui totalement abandonné. Je peux encore le lire, mais pas l'écrire.

Pourquoi avoir situé l'action en 1913-1914 ?

En tant que germanophone, j'avais envie de traiter de l'enfance de la génération qui a porté au pouvoir les nazis, vingt ans plus tard. Mais, en même temps, je tenais à élargir le propos. Je voulais montrer qu'ériger un idéal en absolu et faire d'une idée une idéologie est toujours dangereux. Naturellement, ce qui se passe aujourd'hui avec les islamistes est différent dans les détails. Mais le nœud du problème est toujours le même.

La cause du comportement vengeur de certains de ces enfants semble être l'éducation protestante rigide qu'ils reçoivent...

Il faut savoir que cette forme d'éducation très dure n'était pas limitée au protestantisme. Par exemple, au Moyen Âge – une période qui m'a toujours intéressé –, les principes d'éducation étaient horribles. Et, de manière générale, partout dans le monde, avant le XIXe siècle, l'éducation des enfants était très dure. Les bébés étaient littéralement empaquetés, afin qu'ils ne bougent pas, et les enfants, dès qu'ils avaient suffisamment grandi, étaient condamnés à travailler. *Le Ruban blanc* traite du problème de l'éducation, mais au-delà du protestantisme. Quand je raconte une histoire, j'essaie de rester le plus ouvert possible et de toucher mon public sur un plan émotionnel. Tant mieux si je provoque en plus une réflexion. Mais je ne cherche pas à éduquer les spectateurs.

Le film renvoie à tous nos doutes en matière d'éducation. Si, autrefois, l'éducation était trop rigide, depuis les années 1970, le laxisme en matière d'éducation a entraîné un relâchement des valeurs essentielles...

S'il existait une bonne recette, tout le monde l'aurait adoptée ! L'éducation est l'un des grands problèmes de l'humanité. Comment transformer en être social un individu naturellement doté d'un grand potentiel égoïste ? Cela a toujours posé problème. C'est facile de dire que, dans *Le Ruban blanc*, le rigorisme du pasteur est inhumain. Mais les parents de ma génération qui, après 1968, ont rejeté tous les principes d'autorité en matière d'éducation, n'ont pas fait le bonheur de leurs enfants. Au contraire, à l'âge adulte, ces derniers se sont très souvent retrouvés perdus, incapables de s'intégrer dans la société.

Ce qui frappe, ce sont les contradictions des personnages. Le médecin est très bien dans l'exercice de sa profession, mais dans sa vie privée...

... il est ignoble ! C'est une question de point de vue. Pour ses patients, l'essentiel est qu'il soit bon médecin. Mais il ne vaut mieux pas être à la place de sa femme ou de sa fille. En fait, nous ignorons toujours la vraie nature des gens. Sauf peut-être celle des artistes, qui transparaît dans leur œuvre. Même si, chez chaque artiste, comme chez chacun d'entre nous, il y a la face publique, la face privée et un troisième visage qui nous échappe, celui du subconscient.

Vos personnages sont tous complexes. Si l'on prend la sage-femme, interprétée par Susanne Lothar, elle n'est pas seulement la victime de son amant cynique. Elle fait preuve d'une lucidité étonnante quand elle lui dit : « Tu dois être très malheureux, pour être capable d'une telle méchanceté ! »

Rainer Bock

Elle explique tout le personnage du médecin. Quant au pasteur, contrairement à ce que j'ai parfois entendu dire, ce n'est pas une mauvaise personne. Il faut le croire quand il affirme que frapper les enfants ne lui procure aucun plaisir. S'il le fait, c'est parce qu'il est convaincu que c'est nécessaire. D'où son énervement quand l'instituteur accuse les enfants des crimes. Il ne peut pas le laisser parler, car cela anéantirait tout ce qu'il a construit, dans sa famille et dans sa communauté. Mais lui-même le sait déjà, depuis qu'il a trouvé son oiseau crucifié, sur son bureau. On ne verra jamais le pasteur accuser sa fille, mais on comprend qu'il sait que ce doit être elle. Il ne peut rien dire, il doit sauver les apparences, mais c'est un homme brisé.

Susanne Lothar

La scène de la communion aussi fonctionne sur le non-dit...

Elle traduit son combat intérieur. Il se demande si c'est possible de lui pardonner. Car s'il lui donne la communion, cela signifie qu'il l'absout.

Comment avez-vous conçu la scène où Rudolf, le fils du médecin, apprend, de sa grande sœur Anna, l'existence de la mort ?

C'est la question que posent tôt ou tard tous les enfants. Autrefois, lorsque trois générations vivaient sous le même toit, la réponse à cette question existentielle venait souvent par hasard, avec la mort d'un grand-parent. Moi, je ne me souviens plus dans quelles circonstances je l'ai découvert, mais c'est pour tout le monde un grand choc que d'apprendre que l'on est mortel. Cela arrive toujours vers quatre ou cinq ans, car il faut une certaine capacité intellectuelle pour comprendre que quelque chose qui était là, n'est plus là.

La scène devient très touchante au moment où l'enfant découvre qu'on lui a menti, en lui faisant croire que sa mère était partie pour un long voyage. Comment avez-vous dirigé le petit Miljan Chatelain, qui est désarmant ?

Cela n'a pas été si difficile pour lui, car il avait déjà beaucoup répété la scène avec la jeune fille, jouée par Roxane Duran, sous la direction de Markus Schleinzer. Surtout, c'était un enfant talentueux. Je m'en étais aperçu lorsque je faisais les dernières répétitions pour le casting final des enfants. Avec un enfant sans talent, on peut tout expliquer et essayer, cela ne marchera jamais. Lui a instinctivement compris ce que l'on attendait de lui.

Avez-vous utilisé plusieurs caméras pour tourner cette scène ?

Non, une seule. Nous avons commencé avec lui. Il a joué toute la scène en continuité. Puis nous avons filmé la jeune fille. Nous avons, bien sûr, fait plusieurs prises, suivies de pauses, car, au bout de vingt minutes dans cette cuisine, avec la caméra sous le nez, il voulait bouger. Nous nous arrêtions donc pour lui laisser le temps d'aller se promener dans le jardin, puis nous reprenions. Avec de jeunes enfants sur le plateau, il faut faire preuve de patience, car ils ne peuvent pas se concentrer longtemps. Le fait de devoir répéter un dialogue les ennuie et même les perturbe, car ça va à l'encontre de leur fonctionnement. Mais tout s'est bien passé, aussi grâce à Schleinzer qui était constamment à ses côtés pour le rassurer.

Vous saviez que Schleinzer aurait ce talent ?

Je savais qu'il avait du talent, mais peut-être pas à ce point. Il s'était déjà occupé, pour moi, de castings d'interprètes non professionnels et cela avait toujours bien fonctionné. Il a une très bonne façon de communiquer avec les gens.

Sans parler de cette nécessité de faire des pauses, dirigez-vous les enfants de la même manière que les acteurs adultes ?

Avec les enfants, le plus simple est de leur montrer directement ce qu'ils ont à faire. Et, s'il faut recommencer, le leur expliquer avec des mots simples, comme, par exemple, être plus triste. Je dis toujours que, lorsqu'il faut incarner un lion à l'écran, l'acteur professionnel joue le lion, tandis que l'enfant est le lion. D'où la nécessité de faire suffisamment de recherches pour trouver les enfants qui correspondent parfaitement aux rôles. À force de travailler avec des enfants, je me suis rendu compte qu'ils étaient plus difficiles à diriger en dessous de huit ans. Sans doute parce que cet âge correspond à un cap.

Sur le registre des enfants et de la mort, il y a cette scène étrange avec Martin, le fils du pasteur, qui marche en équilibre sur le parapet d'un pont, avant d'expliquer à l'instituteur qui s'est précipité : « J'ai donné à Dieu l'occasion de me tuer. Il ne l'a pas fait. C'est donc qu'il est content de moi ! »

Jamais je n'aurais pu imaginer pareille situation. Je l'ai trouvée dans un des livres sur l'éducation que j'ai consultés. J'ai, bien sûr, un peu remanié les faits, mais il s'agissait déjà d'un enfant qui voulait vérifier auprès de Dieu s'il était mauvais, comme l'avait prétendu son père en le punissant.

Cet appel au jugement de Dieu renvoie au texte écrit et déposé sur le corps mutilé de Karli, le fils de la sage-femme : « Car moi, le Seigneur, ton Dieu, je suis un dieu jaloux punissant la faute des pères sur les fils, sur la troisième et la quatrième génération »...

Là, j'ai totalement inventé. Je suis parti de cette citation bien connue de la Bible pour expliquer pourquoi cet enfant handicapé avait été torturé. C'est un acte de punition pratiqué sur un enfant, mais adressé aux adultes.

Vous aviez, dans un premier temps, intitulé votre film *La Main droite de Dieu*...

Ce n'était pas le premier titre envisagé. C'était l'un de ceux auxquels j'avais songé, quand je redoutais que *Le Ruban blanc* n'évoque un film sur un tailleur ! Mais j'y ai renoncé quand on m'a dit : « Ah oui, *La Main droite de Dieu*, c'est à cause du pasteur ! » En plus, c'était un peu pathétique et lourd, comme titre.

Pour en revenir aux méfaits, vous en étiez-vous fixé un nombre déterminé, au moment d'écrire ?

Non. Ce n'est pas *Se7en* ! Mais pour faire monter la tension, j'avais besoin d'incidents ou d'accidents les plus variés possible. Surtout, il me fallait surprendre à chaque fois, afin que les spectateurs s'imposent de chercher les coupables. Qui en veut au médecin au point de le faire tomber de cheval ? On sait dans le village qu'il maltraite sa fille, qui a pu en parler avec ses copains... Mais on n'a pas de certitudes. Il me fallait imaginer des situations qui ne puissent entraîner que des suppositions. Il pouvait d'ailleurs aussi y avoir des incidents qui soient le fruit du hasard. C'est en les mélangeant que je pouvais espérer me rapprocher de la réalité, où tout n'est pas toujours expliqué.

C'est ainsi que, parfois, vous désignez clairement un coupable, comme Klara, la fille du pasteur, qui tue l'oiseau en cage de son père, alors que, à d'autres moments, vous vous contentez d'alimenter nos soupçons en montrant, avec insistance, les

enfants regroupés entre eux. Dans la scène où l'instituteur les surprend en train d'essayer de voir à l'intérieur de la maison de la sage-femme, vous nous troublez d'autant plus que le dos de l'instituteur et le portail fermé à moitié dissimulent une partie du groupe. Cette façon de nous priver de la vue entière d'une action correspond bien à votre manière de construire vos récits en nous en livrant les éléments par bribes, elles-mêmes tronquées...

C'est mon principe de cacher les choses, afin de nourrir la curiosité du spectateur. Et je procède de la même manière avec le son. Je fais entendre des sons provenant de choses que l'on ne voit pas. Cela oblige le spectateur à faire un effort d'imagination. Ce sont des choses auxquelles je pense dès l'écriture du scénario.

Certains spectateurs ont pourtant prétendu que, pour eux, il n'y avait aucun doute, les enfants étaient coupables de tout...

C'est leur interprétation. Mais il y a des faits dans le film qu'on ne saurait expliquer avec autant de certitude. La chute de la paysanne pourrait être fortuite. Tout comme l'incendie de la grange. Comme ce pourrait être une vengeance des enfants du régisseur, qu'on voit regarder les flammes derrière leur fenêtre. À l'inverse, les trois enfants du pasteur semblent surpris par ce feu... Il y a là une présentation contradictoire des faits, qui entraîne diverses hypothèses d'interprétation. Au cinéma, on a trop tendance à vouloir tout expliquer. Moi, ça m'ennuie.

En tout cas, chaque fois que l'on voit les enfants en groupe, le spectateur ressent une certaine inquiétude...

C'était le but recherché. À chaque nouveau méfait, on retrouve les enfants sur place, toujours en groupe. Ce qui inquiète, c'est leur air très sérieux. Ils ne rient jamais et affichent une étrange maturité.

Roxane Duran (de dos), Leonard Proxauf, Maria-Victoria Dragus...

Le plus représentatif de cette inquiétante maturité est Leonard Proxauf, qui joue Martin, le fils aîné du pasteur. Son visage, à la fois beau et dur, exprime une sorte de colère réprimée.

Il a un visage incroyable. Même dans la vie, ce n'est pas un garçon facile : il a détesté tourner la scène où il a ses membres ligotés dans le lit. Après chaque prise, il exigeait qu'on le détache. Et toute la journée, il a affiché ce regard dur, ne souriant jamais. Je le trouve extraordinaire dans le film.

Qui a décidé de retenir son visage pour l'affiche ?

C'est moi, parce qu'il est très expressif. Avec la larme qui coule sur sa joue, il incarne à lui seul les sentiments que ressentent tous les enfants dans cette situation : alarmés, inquiets, mais aussi accusateurs. Il a un côté enfant battu, qui interdit qu'on le touche à nouveau.

De nombreux cinéphiles ont fait le rapprochement avec *Le Village des damnés* (*The Village of the Damned*), le film de Wolf Rilla, de 1960, dans lequel des enfants s'unissent pour commettre des actes répréhensibles…

Je ne connaissais pas *Le Village des damnés* quand j'ai tourné *Le Ruban blanc*. Mais, on m'en a tellement parlé à la sortie de mon film que j'ai fini par le voir. Et je l'ai trouvé pas mal. Le scénario est solide, la tension maintenue de bout en bout et la photographie en noir et blanc superbe. D'une qualité très supérieure à ce qu'on avait obtenu, avant d'affiner la netteté de nos prises de vues en postproduction.

Avec le dernier plan de votre film, vous semblez avoir voulu replacer votre histoire dans l'Histoire, en réunissant tous les personnages dans l'église, à la veille de la Première Guerre mondiale. La chorale chante l'hymne protestant composé par Luther, *Ein' feste Burg ist unser Gott*…

Oui, mais dans n'importe quelle communauté religieuse de l'Allemagne du Nord, à cette époque, tout le monde se serait retrouvé pour chanter ce cantique. C'est un acte militant de leur part, comme l'attestent les paroles :

> *« Ein' feste Burg ist unser Gott,*
> *Ein' gute Wehr und Waffen ;*
> *Er hilft uns frei aus aller Not,*
> *Die uns jetzt hat betroffen.*
> *Der alt' böse Feind,*
> *Mit Ernst er's jetzt meint,*
> *Groß' Macht und viel List*
> *Sein' grausam' Rüstung ist,*
> *Auf Erd' ist nicht seinsgleichen. »*

Ce qui donne en français, dans la traduction la plus proche de l'original :

« C'est un rempart que notre Dieu,
Une retraite sûre,
Notre délivrance en tout lieu,
Une invincible armure.
L'ancien ennemi
De rage a frémi ;
Perfide et jaloux,
Il s'amuse contre nous
Du glaive et de l'injure. »

Je pense que c'était idéal pour conclure le film.

Le plan final du *Ruban blanc*

Mais le fait d'avoir regroupé tous les protagonistes...

C'est volontairement théâtral. Comme le chœur à la fin d'un opéra.

On se demande si le plan n'est pas imprégné d'un sentiment de culpabilité générale, mis en valeur par le lent fondu au noir...

Cette fin renvoie au début du film, avec sa lente ouverture en fondu, qui nous entraîne dans le passé. Avec le fondu de la fin, nous revenons au présent.

Cela peut évoquer un cauchemar qui s'achève et qui nous incite à imaginer le comportement ultérieur – deux décennies plus tard – de cette génération...

Là, vous donnez une interprétation. Moi, je me limite à montrer une tranche de vie entre 1913 et 1914. Pour moi, tout s'achève avec la dernière phrase du narrateur : « Je n'ai jamais revu qui que ce soit du village. » Il ne dit rien sur ce qui est arrivé après. Et moi, non plus. C'est au spectateur d'y réfléchir.

Avec l'effet de distanciation créé par cette voix off de l'instituteur, dont le timbre de voix présuppose un certain âge, le film apparaît comme une mise en garde devant l'éventuelle réapparition d'une future nouvelle idéologie potentiellement destructrice, qui succéderait au nazisme, au stalinisme...

Effectivement. Le narrateur est quelqu'un de suffisamment âgé pour avoir connu le nazisme et, sans doute, d'autres formes d'extrémismes comme, par exemple, celle du groupe Baader-Meinhof. Comme je vous l'ai raconté, j'ai connu Ulrike Meinhof quand j'étais *Dramaturg* à la télévision, en 1970. Élevée dans un milieu très religieux, elle faisait preuve d'une grande rigueur morale, fruit de son éducation protestante. Pour avoir moi-même baigné dans cette culture protestante, je l'avais toujours associée à un certain rigorisme. Mais c'est au contact d'Ulrike Meinhof que j'ai fait le lien entre cette rigueur morale du protestantisme et le danger d'agir en fanatique pour une cause donnée. D'une certaine manière, cette rencontre est peut-être même à l'origine du scénario du *Ruban blanc*.

Dans la mise en scène de votre film, on retrouve une alternance qui vous est chère, de travellings fonctionnels, de champs-contrechamps classiques et de plans-séquences, qui contribue à donner un rythme quasi musical...

Oui, mais ce rythme se construit dès l'écriture du scénario. Quand, ensuite, je fais mon découpage plan par plan, je n'ai qu'à suivre ce que j'ai écrit. Pour moi, chaque situation décrite impose son propre découpage. Par exemple, une scène impliquant des enfants, comme celle que nous évoquions, dans laquelle Rudolf apprend la mort de sa mère, ne peut être tournée qu'en champs-contrechamps. Je n'aurais jamais obtenu une telle vérité de jeu de leur part en plan-séquence. De même, pour toutes les scènes impliquant des interprètes amateurs. Quant aux travellings, je n'en ai utilisé que pour suivre les déplacements des personnes sur la place ou le long de chemins. C'est assez simple comme façon de procéder.

Ne pensez-vous pas que votre passion pour la musique vous aide à obtenir cette musicalité du récit ?

En fait, c'est une question de rythme que l'on a en soi ou pas. C'est difficile à transmettre. Je le vois bien avec mes étudiants. Je remarque très vite ceux qui ont un sens inné pour structurer leurs scénarios. Mais, à l'inverse de la direction d'acteur qui s'apprend par la pratique, le rythme, lui, requiert un talent particulier. C'est comme le chant : on sait chanter ou pas. J'ai du mal à l'expliquer, mais, dès que j'ai écrit une scène, je sais déjà comment je vais la porter à l'écran. Parfois, il faut s'adapter en fonction des extérieurs. Mais en studio, je fais construire les décors en fonction de mon découpage. Par exemple, dans *Le Ruban blanc*, quand Martin doit aller chercher la baguette avec laquelle le pasteur va le punir, je voulais un plan-séquence qui allait petit à petit faire monter la tension. Christoph Kanter et moi avons donc construit le décor en fonction de ce mouvement d'appareil.

Y a-t-il des scènes pour lesquelles vous avez utilisé plusieurs caméras ?

Une seule. Celle avec l'instituteur et les deux enfants du pasteur, vers la fin, parce que c'est délicat d'avoir trois personnes en champ-contrechamp ; ils bougent toujours un peu différemment et cela devient impossible d'avoir des raccords dans les coupes. Le plus souvent, je n'utilise qu'une caméra, car avec deux caméras vous êtes obligé, pour ne pas en avoir une dans le cadre, de vous éloigner un peu des visages et c'est, je trouve, moins fort.

D'autant que le gros plan cadré de manière frontale, pour mieux cerner l'intériorité du personnage, est une constante de votre cinéma que vous poussez à son point de perfection dans *Le Ruban blanc*...

Bergman a systématisé cette pratique bien avant moi.

Michael Haneke et Burghart Klaussner

Bergman nous apparaît justement comme une grande référence pour *Le Ruban blanc*. En dehors de cette utilisation des gros plans, votre film nous a semblé retrouver certains cadrages de son film de 1963, *Les Communiants*. Par exemple, dans la scène où le pasteur hésite à donner la communion à sa fille, ce plan poitrine de Burghart Klaussner, de face, au centre de l'image, avec, à sa droite, une grande croix légèrement floue. *Les Communiants* comptent-ils parmi les films de Bergman qui vous ont marqué ?

Oui, il m'a beaucoup impressionné quand je l'ai découvert à sa sortie, au même titre que *La Source*, *Le Silence* et *À travers le miroir*. Mais je n'ai pas voulu y faire référence dans ce film. Cette impression d'épure que vous avez eue provient de l'emploi du noir et blanc. *Caché* est tout aussi rigoureusement cadré que *Le Ruban blanc*, mais cela se voit moins, à cause de la couleur. Et je pense que ce n'est pas un hasard si Christian Berger a été nommé aux Oscars pour la photographie de ce film en particulier. En noir et blanc, la composition de l'image devient beaucoup plus claire et, par conséquent, impressionne davantage. Les grands films de Bergman sont ceux qu'il a tournés en noir et blanc. Si on ne parle jamais de l'image de *Scènes de la vie conjugale* – que j'aime beaucoup, parce que c'est son film le moins prétentieux et surtout parce qu'il est très bien joué –, c'est parce qu'elle est en couleurs et que tout y paraît banal.

Les éclairages, dans *Le Ruban blanc*, sont impressionnants. En particulier ceux qui jouent avec l'obscurité, comme dans la séquence où Rudolf descend l'escalier et découvre son père, le médecin, pratiquant des attouchements sur sa sœur. Comment avez-vous collaboré avec Christian Berger ?

Pour tous mes films, je procède de la même façon. Au moment de la construction du décor, je décide où seront disposées les sources d'éclairage réel. Par exemple, au moment d'aménager une chambre, je choisis l'endroit où sera posée la lampe de chevet, puis les autres, et cela avant de commencer le travail avec les comédiens, car cela influera sur leur position et leurs déplacements. En fait, dès le storyboard, j'indique avec une couleur spécifique l'emplacement des lampes. Ensuite, je dois mettre au point avec mon chef opérateur et son équipe tous les détails qui me permettront d'obtenir à l'écran les sensations que je cherche à exprimer. Pour la scène que vous évoquez, il fallait que Rudolf descende l'escalier dans l'obscurité, afin que, lorsqu'il ouvre la porte du cabinet de son père, il soit violemment frappé par la lumière qui en provient, comme par la vision qui s'offre à lui. Pour la descente de l'escalier, on avait donc prévu une petite source de lumière en haut du premier étage, ainsi que dans la chambre où l'enfant se rend d'abord, afin d'éclairer un minimum ses déplacements, avant qu'il ne trouve son père et sa sœur. Dans toute scène qui fonctionne sur l'obscurité, il faut avoir un petit rayon de lumière pour produire un contraste. Si l'on se contente de baisser la lumière sur le plateau, tout devient gris, et l'effet est perdu. Mais cet effet est parfois très difficile à obtenir. Par exemple, pour la scène où l'instituteur, installé à l'harmonium, reçoit la visite d'Eva qui vient de se faire renvoyer, il a fallu trouver une solution : la lumière de sa lampe à pétrole ne suffisait pas à l'éclairer quand il se lève pour rejoindre la jeune fille. On a fait des essais pendant une demi-journée, avant de trouver la solution le lendemain : suivre le déplacement de l'instituteur avec un ballon chinois doté d'une lampe. Mais ce subterfuge créait des ombres irréalistes sur le mur, qu'il a fallu ensuite corriger avec le numérique. De même, dans la scène où la baronne joue du piano accompagnée par le flûtiste, il a fallu renforcer la lumière des deux bougies par un projecteur disposé à la verticale des acteurs. Et intervenir ensuite en postproduction, pour effacer la tache de lumière qu'il projetait sur le tapis.

Vous accordez autant d'importance au son qu'à l'image. C'est flagrant dans *Le Ruban blanc*. En particulier dans les plans d'extérieur à la campagne, où l'on peut entendre une multitude de bruits : le vent dans les feuillages, le chant des oiseaux, les piaillements de la volaille, le bourdonnement des mouches... Comment travaillez-vous le mixage ?

Nous partons toujours du son témoin enregistré lors de la prise de vues. Quand le dialogue est bon, on le garde. Mais tout le reste est refait en postproduction. Dans les scènes d'extérieur, par exemple, le vent n'est jamais bien rendu par les micros. On cherche donc des sons préexistants pour le remplacer, ou, si l'ingénieur du son dispose d'assez de temps, il va enregistrer des sons seuls, correspondant aux différentes sources sonores visibles à l'image, dont le vent. Tout est enregistré sur des pistes différentes, de manière à pouvoir jouer sur l'intensité et le volume de chaque son au mixage. Ici, on accentue le chant d'un oiseau ; là, on baisse le son de la mouche... Tout est affaire de nuances. Je me souviens d'avoir demandé qu'on entende bien qu'un des personnages ravale sa salive, sans que ce soit trop appuyé, car ce son contribuait discrètement à la manifestation de l'émotion. Il s'agit donc de trouver le niveau juste pour chaque son. Ce qui prend beaucoup de temps. Pour *Le Ruban blanc*, nous avons consacré deux mois au mixage, alors que, faute d'argent, j'avais dû boucler cette opération en huit ou dix jours pour mes premiers films. Il faut aussi un technicien qui ait une bonne oreille, ainsi que la patience et la volonté de me suivre dans cette direction. Jean-Pierre Laforce est génial, parce qu'il a cette rigueur dans le travail qui lui interdit de s'arrêter avant d'avoir atteint la perfection. Avec lui, je n'hésite pas à expérimenter et à essayer des bruitages qui n'ont pas leur équivalent dans la réalité. Par exemple, on prend le son d'un aigle en vol, et je lui suggère de le passer en double vitesse pour voir si cela convient à l'effet irritant que je recherche. Dans la scène de *71 Fragments* où le père se lève la nuit pour regarder son enfant qui est malade, j'ai pensé que, dans le silence absolu, ce serait pas mal d'avoir le bruit d'un branchage qui tape contre la fenêtre. Nous sommes donc descendus dans le jardin, pour couper une branche, afin d'essayer d'obtenir ce son. Pour moi, les bruiteurs sont de vrais artistes. Ils arrivent avec une valise remplie d'objets hétéroclites sans valeur, à partir desquels ils obtiennent des sons fabuleux. Tout cela requiert bien sûr de la préparation. Mais avec Jean-Pierre et Guillaume Sciama, mon ingénieur du son depuis *Le Temps du loup*, je travaille en pleine confiance.

Contrairement au tournage, l'improvisation peut donc avoir une place relativement importante au mixage ?

Oui et non. On ne fait qu'ajouter des choses, améliorer ce qui existe déjà. Même si cela peut aller très loin. C'est ainsi que lorsqu'une phrase de dialogue ne me plaît pas, même une syllabe dans un mot, on cherche son équivalent dans une autre prise. On peut carrément changer le sens d'une réplique en retenant une prise où un mot-clé est prononcé différemment.

Faites-vous un storyboard pour les sons ?

Non. Mais, après avoir effectué le montage des images, je repère avec la monteuse, l'ingénieur du son et les mixeurs, les endroits où l'on pourra améliorer la bande sonore. Guillaume et Jean-Pierre disposent alors de quelques semaines pour rassembler tous les sons dont nous allons avoir besoin. Ils me font des propositions sur des pistes enregistrées. Nous tranchons en faisant des essais. Bien sûr, on ne peut pas toujours tout prévoir, mais pour chaque scène je sais en général quel type d'atmosphère je veux. Il faut aussi penser aux versions doublées, où le bruitage devra être repris avec une autre piste de dialogues. Et donc doser, sur une piste à part, le bruit du verre que l'on pose sur la table au moment de telle réplique. On peut aussi procéder à l'inverse et éliminer des sons. Ce fut le cas, par exemple, de la scène de cauchemar dans *Amour*. Quand Trintignant ouvre la porte et sort dans le couloir, j'ai supprimé presque tous les sons. Comme c'est inhabituel, ça perturbe le spectateur et l'oblige à se concentrer. Tout cela représente beaucoup de travail, mais j'adore ! C'est un moment beaucoup plus joyeux que le tournage, qui, lui, est stressant.

Disposez-vous d'une banque sonore personnelle que vous utilisez d'un film à l'autre ?

Non, mais il a pu m'arriver de reprendre un son exceptionnel. Par exemple, j'ai réutilisé plusieurs fois le ronflement qu'émet la mère dans le *Septième Continent*, après qu'elle a absorbé les pilules pour son suicide. C'est le vrai ronflement d'une personne mourante que Karl Schlifelner avait discrètement enregistré dans un hôpital. Et un son comme celui-là, on ne peut pas le reproduire.

Le mixage vous permet aussi de monter des sons, comme on monte des images, pour jouer sur la dissonance. Par exemple, dans la scène où l'instituteur joue de l'harmonium pour réconforter Eva, vous faites succéder…

… le grognement d'un cochon dans la porcherie du paysan ! Cela m'amusait. Mais je trouvais aussi que ça raccordait bien dans le rythme et que ça évitait de rendre trop sentimentale cette fin de scène avec le couple. C'était aussi une bonne manière d'introduire le refus du paysan de pardonner à son fils la destruction du champ de choux du baron.

La belle voix éraillée du narrateur, interprété en allemand par Ernst Jacobi, nous semble participer à la musicalité du film. Quelles indications lui avez-vous données ?

C'est sa voix naturelle. J'ai fait appel à lui, premièrement parce qu'il n'y a pas tellement de vieux acteurs qui exercent encore leur métier dans les pays germanophones. Deuxièmement, parce que sa voix était crédible, par rapport à celle inhabituellement haut perchée de Christian Friedel, l'acteur qui joue l'instituteur jeune. C'est un metteur en scène d'émissions radiophoniques, avec qui j'en parlais, qui m'a conseillé de prendre Jacobi. Au début, je ne voulais pas l'appeler, car il avait été très vexé, au moment de *Funny Games*, que je lui propose le rôle du voisin qui vient aider Mühe à mettre le bateau à l'eau. Il m'avait envoyé une lettre furieuse, me reprochant d'avoir osé lui proposer un rôle aussi nul. Donc j'avais peur d'essuyer un nouveau refus. Mais il a accepté, car il a été très touché par le scénario qui lui rappelait beaucoup de choses de sa jeunesse. Nous avons travaillé à Munich pendant trois jours. Je connaissais la durée exacte de chaque morceau du commentaire, et je le faisais lire, un chronomètre à la main. Parfois, c'était un peu trop long ou un peu trop court. Nous recommencions jusqu'à l'obtention de la durée voulue. Ce n'était pas si facile et j'ai souvent dû calmer Ernst, qui s'énervait quand il se trompait. Mais le résultat en valait la peine. Au point qu'il a réenregistré le texte pour la version américaine. Les Américains n'ont pas doublé le film, mais ils voulaient que la voix off soit en anglais, avec un accent germanique. Cela me paraissait crédible, le narrateur ayant pu émigrer aux États-Unis. Jacobi a beaucoup travaillé, car il était moins à l'aise avec l'anglais. On a engagé un coach et ça lui a pris presque une semaine. Pour rien, puisque ce doublage a été écarté.

Dans la version française, nous avons été très séduits par la voix off enregistrée par Jean-Louis Trintignant.

C'est Margaret Menegoz qui a eu l'idée de le lui proposer, parce qu'il a une très belle voix et aussi parce qu'il savait que je souhaitais travailler un jour avec lui. Mais là, il a été dirigé par Hervé Icovic, le réalisateur de la version doublée, qui avait déjà supervisé les versions françaises de mes précédents films. Pour *Le Ruban blanc*, Icovic m'a envoyé des bandes avec trois propositions de voix pour chaque rôle. C'est donc moi qui ai choisi Daniel Mesguich, Dominique Blanc, Jean-François Stévenin, Didier Flamand et les autres. J'avais très peur pour les enfants, mais j'ai eu beaucoup de chance, car ceux qui jouaient les enfants du médecin, ainsi que le petit Gustav, le plus jeune fils du pasteur, étaient bilingues et ils se sont doublés eux-mêmes.

Quand les personnages jouent de la musique, c'est Schubert, Schumann et Bach...

Comme d'habitude chez Haneke ! Sur son harmonium, l'instituteur joue une pièce pour piano de Schumann, quand il est interrompu par Eva renvoyée par la baronne. Pour lui remonter le moral, il interprète alors la *Sicilienne* de Bach. Au piano et à la flûte traversière, la baronne et le précepteur jouent un passage d'une variation sur un lied de *Die schöne Müllerin* (*La Belle Meunière*). C'était une variation que je ne connaissais pas bien, car je ne suis pas un grand fan de flûte. À vrai dire, je voulais au départ du violon. Mais Michael Kranz, l'acteur retenu pour le rôle du précepteur, ne savait pas en jouer. Et cela se serait tout de suite vu. Il ne savait pas jouer de la flûte non plus, mais c'était plus facile à imiter. Il lui a tout de même fallu plusieurs semaines de répétitions pour acquérir les bons gestes.

Sinon, comme musique, il y a aussi les danses pendant la fête du village. Ce sont toutes des danses d'époque et de la région, dont nous avons retrouvé, sur place, les partitions manuscrites. Nous nous sommes juste autorisés à les réorchestrer pour plusieurs instruments, alors qu'elles étaient écrites pour violon seul.

Nous n'avons pas encore évoqué votre récompense suprême, la Palme d'or ! Pouvez-vous nous raconter votre festival de Cannes ?

Cela a été tout le temps agréable. Bien sûr, j'étais extrêmement nerveux, comme pour chaque sélection dans cette prestigieuse compétition. Pour moi, la plus spectaculaire de toutes avait été celle de *Funny Games*. Pas tant parce que c'était ma première, que pour la bataille qui avait suivi la projection. Des spectateurs ont hurlé de fureur et d'autres ont hurlé « Bravo » ! Même si j'ai su à cet instant que je n'aurais aucun prix, j'ai adoré ça ! Au point que, en entendant tout le monde applaudir après la projection de *La Pianiste*, je me suis demandé où je m'étais trompé ! Pendant la projection du *Ruban blanc*, j'ai senti que l'accueil allait être bon. J'ai eu raison, mais je savais qu'au bout de plusieurs minutes d'applaudissements, j'allais être gêné. Dans ce genre de circonstances, je ne sais jamais quelle attitude adopter. Même si, naturellement, ça me fait très plaisir. Après la présentation officielle du film, le jeudi, j'espérais avoir un prix et je suis donc resté dans les environs, à l'hôtel du Cap Eden Roc, au Cap d'Antibes. Le dimanche, jour du palmarès, Margaret Menegoz m'a appelé pour me dire que nous avions un prix. Mais nous ignorions lequel. Pour *La Pianiste*, on m'avait demandé de faire revenir Isabelle Huppert et Benoît Magimel. C'était pour leurs prix d'interprétation, mais comme j'étais moi aussi convoqué, nous nous étions demandé si nous avions la Palme ! J'ai su, plus tard, qu'il y avait eu un grand débat parmi les membres du jury. Certains étaient très hostiles à mon film, mais ceux qui le défendaient soutenaient que, si je n'avais pas la Palme, je devais au moins avoir le Grand Prix et que mes interprètes devaient recevoir les prix d'interprétation. Quatre ans plus tard, en 2005, j'ai reçu le prix de la mise en scène pour *Caché*. Pour *Le Ruban blanc*, je me suis demandé si je n'allais pas obtenir à nouveau une de ces récompenses. Pendant la cérémonie, à chaque fois qu'un prix était attribué, la pression montait d'un cran. Je n'ai commencé à me détendre qu'une fois le Grand Prix du jury attribué à *Un prophète* de Jacques Audiard, qui était le favori de la presse française. Obtenir la Palme d'or était génial. Mais c'est déjà un vrai bonheur d'être invité à Cannes et surtout d'y recevoir un prix.

***Le Ruban blanc* a été plusieurs fois honoré, un Golden Globe, un prix européen à Berlin, coiffant toujours sur le poteau Jacques Audiard…**

Jacques Audiard est un homme très sympathique, doté d'un grand sens de l'ironie. Aux Oscars, où nous étions tous les deux nommés pour le meilleur film étranger, nous étions assis en bout de rangée, l'un derrière l'autre. Au début de la cérémonie, il m'a dit qu'il avait, une fois de plus, mis son smoking pour me fêter ! Et quand nous avons appris que l'Oscar était finalement attribué à *Dans ses yeux* de Juan José Campanella, il s'est retourné vers moi et m'a lancé : « *Loser, loser !* » J'ai trouvé ça génial et vraiment charmant.

Michael Haneke et sa Palme d'or pour *Le Ruban blanc*

Emmanuelle Riva, Michael Haneke, Jean-Louis Trintignant et la Palme d'or pour *Amour*

13

Une deuxième Palme d'or – *Amour* inspiré par la mort de ma tante – Le choix du huis clos contre le faux naturalisme – Interrompre la musique – J'ai reconstitué l'appartement de mes parents – Comment tourner un cauchemar effrayant – Mes retrouvailles avec Darius Khondji – Le mystère de Jean-Louis Trintignant et le courage d'Emmanuelle Riva – Pigeon vole – Débloquer l'inspiration.

Le hasard a voulu qu'au festival de Cannes 2012, vous vous retrouviez, avec *Amour*, en compétition face (entre autres cinéastes) à Jacques Audiard. Comment avez-vous vécu cette deuxième Palme d'or ?

C'était évidemment très agréable. Mais jusqu'au bout, je ne savais pas quel prix j'allais recevoir. Comme vous le savez, après le Grand Prix et les prix d'interprétation décernés à *La Pianiste*, le festival a changé son règlement à propos du cumul des récompenses. Et quand Margaret Menegoz m'a informé que le film était au palmarès, elle a précisé que Nanni Moretti, le président du jury, demandait que je vienne avec mes deux comédiens, Jean-Louis Trintignant et Emmanuelle Riva. Ce dont il s'est expliqué en nous remettant la Palme, puis lors de la conférence de presse du jury qui a suivi.

En recevant votre Palme, vous avez déclaré que *Amour* est « un peu l'illustration de la promesse » que vous vous êtes faites, Susie et vous, au cas où l'un de vous se trouverait un jour dans la même situation que le personnage d'Emmanuelle Riva. C'est ce qui vous a décidé à entreprendre ce film ?

Je ne pense pas. J'avais deux motivations : mon envie de travailler avec un acteur, en l'occurrence Jean-Louis Trintignant, et mon intérêt pour le sujet. J'avais été très affecté par le suicide de ma tante, qui m'a élevé. C'est devenu le point de départ de ma réflexion sur le sujet. Le thème principal du scénario n'est pas la mort ni la vieillesse, mais le problème de savoir comment gérer la souffrance d'un être cher. Un an avant sa mort, ma tante, alors âgée de quatre-vingt-douze ans, avait déjà essayé de se suicider, en avalant des somnifères. Mais j'étais arrivé à temps pour la sauver. En me voyant près d'elle, à son réveil, sur son lit d'hôpital, elle m'avait reproché : « Pourquoi tu m'as fait ça ? » En fait, avant cette première tentative, elle m'avait demandé de l'aider à se suicider, et je lui avais expliqué que je ne pouvais pas le faire. Parce que j'étais son héritier et que ce geste pourrait me conduire en prison. Mais, surtout, parce que je n'en aurais pas la force. Elle s'était donc débrouillée seule et j'étais intervenu à temps. Mais, pour sa seconde tentative, elle a attendu que je me rende à un festival, et, cette fois, elle a réussi.

Im Flur die Stehlampen

28. Bild
Bad. Vorraum. Anbau. Innen/Dämmerung

Bad. Licht im Bad erlöschend. Rest kaltes Dämmerlicht
Georg, in Pyjamahose, mit nacktem Oberkörper, putzt sich die Zähne. Es KLINGELT. Georg spuckt aus, wischt sich den Mund ab und geht in den

Vorraum
zur Tür.

GEORG: Ja? Wer ist da?

Keine Antwort. Georg ist sehr irritiert. Aus dem Off ruft

ANNA: Georg?! Was ist? Wer ist da?

Georg öffnet die Wohnungstür. Aber draußen hat sich das im Halbdunkel liegende Treppenhaus verändert, Lift und Liftkabine existieren nicht mehr, bloß das Zugseil pendelt noch im leeren Schacht. Wände und Treppen haben weder Verkleidung noch Farbe, teilweise sind die Wände aufgestemmt, alles vermittelt den Eindruck einer Baustelle. Georg ist fassungslos, versteht nicht, was passiert ist. Zögernd verläßt er die Wohnung, macht ein paar Schritte in den Raum.
Im Off, entfernter, die beunruhigte Stimme von Schärfe immer auf Georg

ANNA: Georg? Was ist denn?!

Georg wendet sich nach rechts, geht zögernden Schritts den Gang entlang, der sich nach ein paar Metern erneut nach rechts in einen weiteren langen, spärlich erleuchteten Gang öffnet. Auch das hat Georg noch nie gesehen. Es ist sehr STILL geworden. In der Tiefe des Raumes ist der Gang mit dunklem Wasser überschwemmt.
Georg macht ein paar Schritte in die Tiefe dieses Raums. LEISES GERÄUSCH SEINER SCHRITTE IM WASSER.
Georg bleibt stehen. Sieht nach unten auf seine Füße. Sie stehen bis über die Knöchel im Wasser. Darunter schimmert das schwarz-weiße Muster des Bodenbelags durch. Das Wasser ist schmutzig, von Schlieren durchzogen.
Georg schaut fassungslos von seinen Füßen in die Tiefe das Raums. STILLE.
Da schiebt sich lautlos von hinten eine Hand vor seinen Mund und hält ihn wie im Schraubstock. Panik.
Georgs GUTTURALES STÖHNEN wirft uns in die folgende Szene.

41

Le texte original d'*Amour* (séquence du cauchemar)...

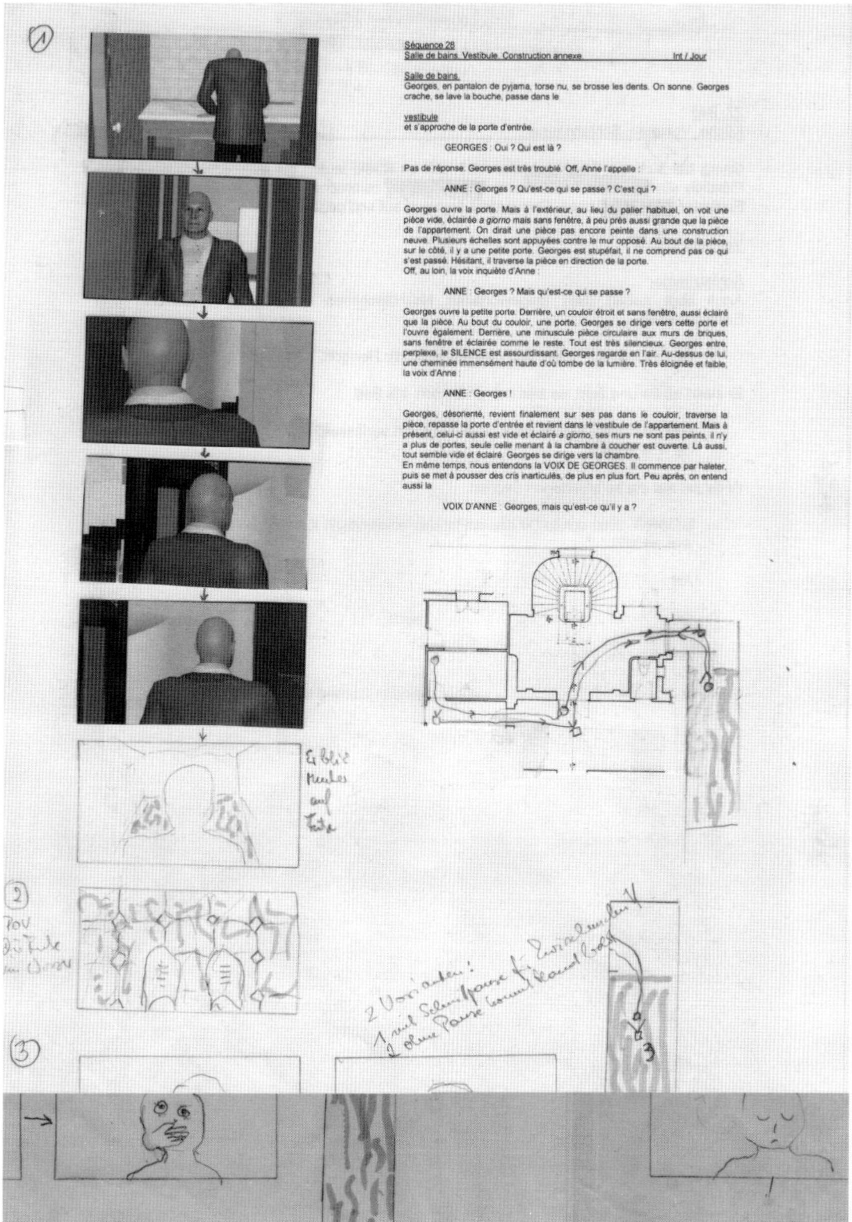

Séquence 28
Salle de bains. Vestibule. Construction annexe — Int / Jour

Salle de bains.
Georges, en pantalon de pyjama, torse nu, se brosse les dents. On sonne. Georges crache, se lave la bouche, passe dans le

vestibule
et s'approche de la porte d'entrée.

GEORGES : Oui ? Qui est là ?

Pas de réponse. Georges est très troublé. Off, Anne l'appelle :

ANNE : Georges ? Qu'est-ce qui se passe ? C'est qui ?

Georges ouvre la porte. Mais à l'extérieur, au lieu du palier habituel, on voit une pièce vide, éclairée *a giorno* mais sans fenêtre, à peu près aussi grande que la pièce de l'appartement. On dirait une pièce pas encore peinte dans une construction neuve. Plusieurs échelles sont appuyées contre le mur opposé. Au bout de la pièce, sur le côté, il y a une petite porte. Georges est stupéfait, il ne comprend pas ce qui s'est passé. Hésitant, il traverse la pièce en direction de la porte.
Off, au loin, la voix inquiète d'Anne :

ANNE : Georges ? Mais qu'est-ce qui se passe ?

Georges ouvre la petite porte. Derrière, un couloir étroit et sans fenêtre, aussi éclairé que la pièce. Au bout du couloir, une porte. Georges se dirige vers cette porte et l'ouvre également. Derrière, une minuscule pièce circulaire aux murs de briques, sans fenêtre et éclairée comme le reste. Tout est très silencieux. Georges entre, perplexe, le SILENCE est assourdissant. Georges regarde en l'air. Au-dessus de lui, une cheminée immensément haute d'où tombe de la lumière. Très éloignée et faible, la voix d'Anne :

ANNE : Georges !

Georges, désorienté, revient finalement sur ses pas dans le couloir, traverse la pièce, repasse la porte d'entrée et revient dans le vestibule de l'appartement. Mais à présent, celui-ci aussi est vide et éclairé *a giorno*, ses murs ne sont pas peints, il n'y a plus de portes, seule celle menant à la chambre à coucher est ouverte. Là aussi, tout semble vide et éclairé. Georges se dirige vers la chambre.
En même temps, nous entendons la VOIX DE GEORGES. Il commence par haleter, puis se met à pousser des cris inarticulés, de plus en plus fort. Peu après, on entend aussi la

VOIX D'ANNE : Georges, mais qu'est-ce qu'il y a ?

... et sa version traduite storyboardée à l'ordinateur

Était-elle gravement malade ?

Ma tante souffrait de rhumatismes très douloureux. Elle vivait seule dans son appartement et ne voulait surtout pas se retrouver en maison de retraite. Elle avait toute sa tête, mais, chaque matin, il lui était de plus en plus difficile de se lever. Elle craignait que son état ne s'aggrave. Elle se disait fatiguée, sans espoir d'amélioration et ne voulait plus continuer à vivre comme ça. C'est ce que vit Emmanuelle Riva dans *Amour*, et que Trintignant ne parvient pas à accepter. Ce genre de situation est difficile à vivre.

AMOUR

Une équipe de secouristes entre en force dans un appartement. Dans une chambre gît le cadavre d'une femme âgée, des fleurs posées autour de sa tête, sur l'oreiller.

Dans une salle de concert, Georges et Anne, un couple d'octogénaires, attendent le début de la représentation. Après le spectacle, ils viennent dans sa loge saluer Alexandre, le pianiste, avant de repartir en bus, émerveillés. De retour chez eux, une mauvaise surprise : la serrure de leur appartement a été forcée.

Le lendemain, lors du petit déjeuner, Anne fait un malaise. La fille du couple, Eva, qui vit à l'étranger, rend visite à ses parents. Son père lui apprend que sa mère, à la suite d'examens, a subi une opération qui a mal tourné : elle restera paralysée du côté droit. Eva est dépassée par la situation.

Georges s'occupe de sa femme au quotidien. Lors d'une visite surprise, Alexandre, le pianiste prodige, ancien élève d'Anne, est impressionné de la voir ainsi.

Anne supporte de plus en plus mal son état et essaie de se suicider.

Quelque temps plus tard, Anne est victime d'une autre attaque qui, cette fois, la cloue au lit, la rendant quasi aphasique. Eva, prévenue, ne peut que donner des conseils inutiles. Son père lui explique qu'il n'a que faire de sa sollicitude. Il continuera à s'occuper lui-même de sa femme.

L'aide d'une infirmière est devenue nécessaire. Anne n'accepte pas l'aggravation de sa dépendance. Un jour, Georges lui raconte un souvenir d'enfance, et soudain l'étouffe avec l'oreiller. Il achète plusieurs bouquets de fleurs dont il coupe les têtes. Puis il calfeutre les fenêtres. De retour dans sa chambre, il entend un bruit dans la cuisine. C'est Anne qui finit la vaisselle. Elle l'invite à sortir avec elle. Il prend son manteau et la suit.

Eva revient dans l'appartement vide de ses parents.

Pourquoi avoir choisi d'ouvrir le film sur la mort du personnage interprété par Emmanuelle Riva ?

C'est un moyen pour créer une tension, que j'avais déjà utilisé dans *71 Fragments*, en informant d'emblée les spectateurs de la série de meurtres. Je me souviens que Veit Heiduschka, le producteur de ce film, avait hurlé à l'issue de la première projection : « C'est impossible, on ne peut pas donner la fin dès le début ! » Je n'avais pourtant rien inventé, c'est un procédé très courant.

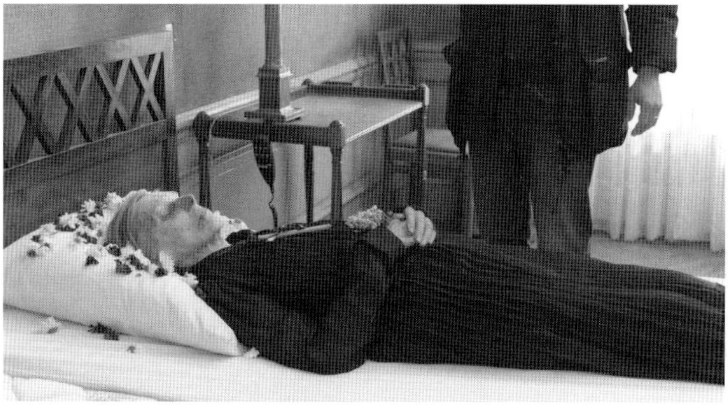

Anne, sur son lit de mort

Pour *Amour*, vous avez opté pour le huis clos. On reste tout au long du film dans l'appartement du couple...

Parce que c'est artistiquement plus intéressant. En outre, je voulais éviter cette forme de faux naturalisme qui consiste à montrer l'hôpital et les traitements. Cela relève, pour moi, du téléfilm. Ce qui m'intéressait, c'était de montrer les conflits intérieurs qui résultent de la souffrance de quelqu'un qu'on aime.

L'appartement apparaît ainsi comme une sorte de nid d'amour...

La plupart des gens âgés vivent comme cela, comme le raconte Jacques Brel, dans sa chanson déchirante, *Les Vieux*. Je dirais même qu'ils sont forcés de rester ensemble, car les autres ne les comprennent plus. Ce que je montre dans le film à travers leur fille, jouée par Isabelle Huppert, qui arrive avec ses bons conseils qui ne servent à rien. Je ne la juge pas. Elle se sent responsable de ses parents, mais elle ne sait pas quoi faire et ne peut donc penser qu'à des évidences qui n'aident en rien.

Isabelle Huppert

Alexandre, le jeune pianiste, n'est pas non plus très à l'aise face à la maladie...

Il ne s'attendait pas à retrouver son ancien professeur sur une chaise roulante et il est dépassé par la situation. Il est, ensuite, tout autant déconcerté par sa demande de jouer le morceau qu'elle lui avait appris quand il était son élève. D'autant que, à ce moment-là, sa fierté professionnelle reprend le dessus : il n'a pas interprété ce morceau depuis longtemps. Il est alors très maladroit et son attitude témoigne de la gêne qu'éprouvent aujourd'hui les plus jeunes vis-à-vis de la vieillesse. Ils ne savent pas gérer la cohabitation avec des personnes âgées, par manque d'habitude. Autrefois, les jeunes côtoyaient les vieux et connaissaient leurs problèmes. De nos jours, les vieux sont plus nombreux, mais ils vivent dans leur coin.

Dans le texte de la carte postale qu'il envoie après sa visite, Alexandre a néanmoins le courage d'écrire : « C'était un moment beau et triste. » Il s'interdit d'occulter la réalité, par opposition au personnage d'Isabelle Huppert, à qui son père doit faire comprendre qu'eux n'ont pas le temps de s'occuper de son inquiétude et de ses bons sentiments. Et votre mise en scène semble aller dans ce sens : pas de temps pour les bons sentiments !

Mais le vieux couple vit quand même de bons sentiments. C'est la tendresse de la vieillesse...

On entend même le personnage d'Emmanuelle Riva affirmer : « C'est beau la vie, si longtemps ! » Cette expression pourrait surprendre dans un film de Michael Haneke. Mais elle nous semble aller dans le sens d'une mutation de votre cinéma depuis *Le Ruban blanc*. Comme si, avec ce film plus ample, vous aviez pu commencer à

introduire sinon des moments de bonheur, du moins des moments où vos personnages profitent des bons côtés de la vie.

Dès mes débuts, je n'avais rien contre l'idée de montrer des bons moments, mais j'avais l'impression que le cinéma *mainstream* en avait abusé de manière tellement outrancière qu'il me semblait difficile d'en filmer sans tomber dans le kitsch. À vrai dire, je pense que la capacité à montrer des choses positives, en évitant le kitsch, augmente avec le pouvoir artistique dont on dispose. Ce qui expliquerait que je me permette aujourd'hui un peu plus de légèreté.

Et, par là même, de complexité...

Ce n'est pas que je ne voulais pas être complexe dans mes premiers films, mais ma trilogie autrichienne, c'était plutôt une présentation de modèles. Ce qui n'avait pas empêché un critique allemand d'écrire, dans un long texte qui m'avait beaucoup touché, que, contrairement à ce qu'on lit en général sur ces trois films, ils étaient très tendres, parce qu'ils prenaient au sérieux les souffrances de leurs protagonistes. Mais il est vrai que ces films n'étaient pas naturalistes. *Amour* ne l'est pas davantage, mais ses personnages sont plus des êtres humains que des archétypes. Ce qui me semble être une évolution de mon cinéma depuis *Code inconnu*. Dans ce film, comme dans *Caché*, il y avait déjà des moments de tendresse, non ?

Oui, mais ils nous semblent plus nombreux et plus assumés dans *Amour*.

Peut-être.

À cette réserve près que l'amour de ce couple ne laisse plus de place à un tiers, comme l'attestent les échanges avec sa fille et les visites du concierge.

Effectivement, face au concierge, le personnage de Trintignant se sent vulnérable, car toute visite dérange l'équilibre délicat qu'il s'est construit. Son appartement est une sorte de forteresse. Dès qu'un corps étranger y pénètre, il y a risque de déstabilisation.

D'où le début de la séquence du cauchemar, qui n'est pas présenté comme tel au spectateur. Trintignant croit qu'on a sonné, il va ouvrir la porte, se rend compte que l'ascenseur n'est plus là, il avance dans le couloir et tout lui paraît de plus en plus étrange. Jusqu'à ce que le couloir se remplisse d'eau et qu'une main se saisisse de sa bouche par derrière. Cette main, elle signifie l'étouffement...

Si vous voulez. Mais l'important était la manière d'amener cette séquence de cauchemar. De même que dans *Caché*, quand Majid, enfant, tranche la tête du coq, la séquence commence comme un flash-back, avant de se révéler être un cauchemar, ici on part d'une situation quotidienne banale. Le problème des cauchemars au cinéma, c'est que si on leur donne d'emblée un caractère trop symbolique, ils perdent leur puissance mentale. Chez Hitchcock, par exemple, dans *La Maison du docteur Edwardes* ou dans *Vertigo*, les séquences oniriques sont de superbes commentaires littéraires et artistiques, mais ils ne donnent pas l'impression d'être de vrais cauchemars. Il ne faut pas oublier que, pour le rêveur, son rêve est toujours la réalité. Pour rendre cette impression au cinéma, on doit donc toujours partir d'une situation normale, pour finalement déboucher sur le cauchemar. Ce qui n'est pas si facile. Pour *Amour*, j'ai longtemps réfléchi avant de trouver ce que vous avez vu. En fait, quand j'ai arrêté la forme définitive de la séquence, il a fallu modifier la structure du décor qu'on avait déjà commencé à construire. Pour permettre l'arrivée de l'eau dans le couloir, on a dû installer un bassin qui n'était pas prévu dans les plans d'origine.

À l'origine, il ne devait pas y avoir d'eau dans le cauchemar ?

Il y a eu plusieurs versions. Avant de trouver cette idée de la main qui l'étouffe, j'avais pensé au lit qui brûlait... Et encore avant, c'était carrément autre chose. Le couple sortait et, en rentrant chez lui, découvrait que l'intérieur de l'appartement avait complètement changé. Ce qui contraignait à filmer la séquence à la fin du tournage, avec un week-end intercalé pour laisser le temps à l'équipe de changer la décoration. Quand nous avons trouvé la forme actuelle du cauchemar, j'ai d'abord été très sceptique. J'avais peur que cela ne fonctionne pas, que ce soit trop compliqué à réaliser. De fait, le jour où nous avons filmé cette séquence est le seul où nous avons fait des heures supplémentaires. Mais, avec le recul, j'en suis très satisfait.

Ce cauchemar était-il, dans votre esprit, un moyen de composer une sorte de rime avec la fin du film, qui relève également du rêve ?

Oui, j'avais besoin de ce cauchemar pour amener la fin du film. Mais il y a plusieurs scènes qui fonctionnent sur ce principe et se répondent. Par exemple, celle où Trintignant écoute le CD d'Alexandre, qui montre, en contrechamp, Emmanuelle Riva en train de jouer au piano, alors qu'on vient de la voir alitée. Le spectateur s'étonne avant de comprendre, quand Trintignant arrête le disque.

Pour ce plan de fantasme, Emmanuelle Riva a-t-elle dû apprendre le piano ?

Oui, elle a dû apprendre tous les mouvements pour jouer comme une vraie musicienne. Sur le plateau, elle jouait pour de bon, mais c'est l'interprétation d'Alexandre Tharaud qu'on entend sur la bande sonore.

Que joue-t-elle ? Un morceau qui figure sur le disque d'Alexandre ?

Oui, ce disque réunit les *Impromptus* de Schubert. Dans la scène du concert, au début du film, Alexandre Tharaud joue le premier *Impromptu*. Et c'est ce même morceau que le couple écoute ensemble lorsqu'ils se passent le CD. Mais dans la scène où Trintignant rêve – ou se souvient – d'Emmanuelle Riva au piano, elle joue le troisième *Impromptu*.

Pourquoi avoir choisi Alexandre Tharaud pour incarner son ancien élève ?

Parce que, de tous les pianistes que j'ai auditionnés, il s'est révélé le meilleur acteur.

Alexandre Tharaud et Jean-Louis Trintignant

Lors de sa visite, quand Alexandre Tharaud s'installe au piano pour jouer la *Bagatelle* de Beethoven, à la demande d'Emmanuelle Riva, vous interrompez la scène avant la fin du morceau…

Comme tout au long du film.

Ce qui anticipe sur la scène à venir, où Riva demande à Trintignant d'arrêter le CD qui diffuse le premier *Impromptu* de Schubert.

Là, c'est pour une autre raison. Elle ne supporte pas d'être confrontée à ce passé qui lui rappelle trop ce dont elle est désormais privée. Et son mari le comprend parfaitement. Mais pour en revenir à votre précédente remarque, j'ai voulu que tous les morceaux soient interrompus. Dans ce film, la musique s'arrête.

D'où le fait que Trintignant s'arrête lui-même de jouer, dans la scène où il s'est installé au piano ?

Oui, mais les enjeux de cette scène sont encore différents. Dans son lit, Emmanuelle Riva entend Trintignant jouer un choral de Bach : « *Ich ruf zu dir, Herr Jesu Christ, ich bitt, erhör mein Klagen!* » (« Je t'appelle, Seigneur Jésus-Christ, je te supplie, écoute ma lamentation ! ») Quand il s'interrompt, elle lui demande pourquoi. Il ne lui répond pas, mais on voit qu'il a une petite réaction à ce qu'elle vient de dire. Peut-être a-t-il renoncé à prier.

Vous avez choisi des mélomanes, parce que vous l'êtes vous-même et connaissez bien ce milieu...

Oui, et ça me permet aussi d'utiliser de la musique en situation, comme dans *La Pianiste*.

Ce que vous aviez également fait dans *Lemminge*, avec les deux enfants musiciens. Était-ce, pour vous, hors de question de leur envisager une autre activité professionnelle ?

Pas hors de question, mais cela me semblait plus efficace, plus beau. Quand on est artiste, on a plus de liberté spirituelle que si l'on est employé de bureau, par exemple. Et quand tout s'arrête, la perte est peut-être plus grande que pour un businessman, qui a tout le temps été stressé. L'artiste connaît, certes, lui aussi la pression, mais en général d'une manière plus agréable.

Ce qui peut paraître troublant, c'est que, pour des gens qui ont passé toute leur vie dans la musique, on les voit assez peu en écouter.

Très souvent, les musiciens n'écoutent pas de musique, comme les cinéastes ne regardent pas les films des autres. Mon beau-père était musicien et il n'avait pas beaucoup de disques. Certes, il écoutait les retransmissions radiophoniques, quand il y avait un grand chef comme Karajan ou Mitropoulos. Mais c'était toujours de manière très professionnelle, la partition en main. Jamais pour le plaisir, comme cela m'arrive très souvent. C'est très rare qu'un musicien passe chez lui de la musique, en fond sonore ; la plupart ne le supportent pas. Lorsque nous avons des invités, Susie aime diffuser de la musique. Mais je lui demande de ne pas en mettre quand on reçoit des musiciens, car cela les met mal à l'aise.

De même que vous ne montrez pas directement la violence dans vos films, l'évolution de la maladie est traitée ici au moyen d'ellipses. Par exemple, l'apparition soudaine de la perfusion suggère que l'état d'Emmanuelle Riva s'est aggravé.

J'ai préféré montrer l'évolution de la maladie à partir d'aménagements dans le décor, plutôt qu'à travers le comportement des gens ou par les dialogues. Dans ce film en huis clos, je ne pouvais pas jouer sur la multiplicité des personnages et des lieux, comme dans *Le Ruban blanc*. Pendant l'écriture du scénario, il me fallait, à chaque nouvelle scène, trouver une solution différente pour, sans jamais me répéter, indiquer au spectateur que l'action se passe le même jour ou le lendemain, voire deux semaines ou un mois plus tard. J'ai joué aussi sur ce que l'on pouvait apercevoir de l'extérieur, à travers les rideaux transparents installés aux fenêtres. L'action du film se déroule pendant environ un an.

Une des qualités de votre scénario tient à l'élégance avec laquelle vous introduisez tous ces signes qui marquent l'évolution de la maladie.

La difficulté était de signifier l'évolution de la maladie à travers des situations et des accessoires, tout en restant réaliste d'un point de vue médical. Par exemple, on voit Anne, au début, dans un fauteuil roulant que son mari doit pousser. Puis on la retrouve aux commandes d'un fauteuil électrique, qu'elle va apprendre à maîtriser et qui lui offre une relative autonomie. Au cours de mes recherches, je me suis familiarisé avec tout cet équipement dont les gens âgés ont besoin pour survivre, comme cette table de nuit, plus grande que celle qu'elle fait tomber, où on peut poser ses médicaments.

Cette approche réaliste des objets est nécessaire pour rendre crédible le développement de la maladie. Mais vous réussissez chaque fois à leur conférer un intérêt dramaturgique…

C'était tout l'enjeu. Par exemple, avec l'arrivée des couches dans son quotidien, l'essentiel pour moi n'est pas de montrer l'objet, mais le visage d'Emmanuelle Riva, sur lequel on peut lire l'humiliation qu'elle ressent alors.

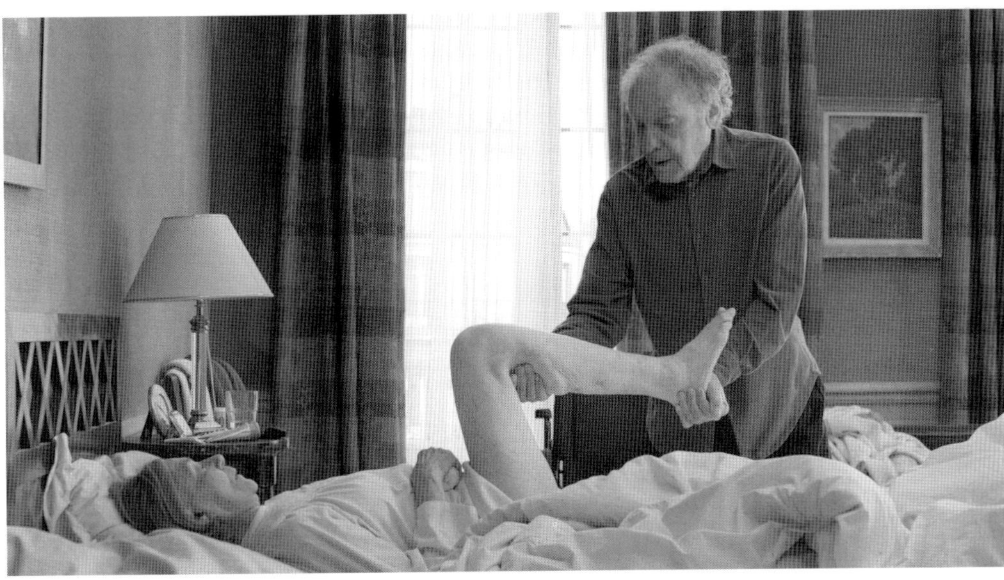

Emmanuelle Riva et Jean-Louis Trintignant

Avant de rédiger votre scénario, vous avez dû dresser une liste des différents moments du quotidien que vit une personne victime d'une attaque cérébrale ?

Oui, mais surtout trouver l'état d'esprit du personnage qui rende chaque situation intéressante. On ne pouvait pas se limiter à des faits du quotidien, que chacun connaît ou imagine : la toilette, les repas, les besoins naturels... Les problèmes physiques déclenchent toujours des réactions émotionnelles et c'est cela que j'avais envie de filmer.

Dans cette évocation de l'avancée inexorable de la maladie, vous introduisez deux séquences de montage, qui se présentent sous la forme de suites de plans fixes, sans les personnages : l'une sur l'appartement désert, l'autre sur des tableaux. Pourquoi ?

Chacune de ces deux séquences intervient à un moment où, dès l'écriture, j'ai senti que j'avais besoin de ce qu'on appelle, en musique, une fermata[9], pour donner un peu d'air au film, après une séquence dure. La série de plans sur l'appartement désert est placée juste après l'hospitalisation d'Emmanuelle Riva. Elle montre comment, d'un moment à l'autre, tout peut disparaître, avec un sentiment d'inquiétude supplémentaire, dû à la nuit. En plein jour, ces images de l'appartement vide n'auraient pas donné le même effet. La série sur les tableaux vient juste après la séquence de la gifle que donne Trintignant à Emmanuelle Riva, quand il l'oblige à boire, alors qu'elle veut mourir et qu'elle recrache le contenu du verre. C'est, pour moi, la séquence la plus violente du film, qui renvoie à sa grande question : comment gérer la souffrance de l'être aimé ? Pour exprimer cela, sans sortir du huis clos, j'ai eu l'idée de tableaux qui représentent de grands paysages vides ou avec deux personnages isolés. Je savais parfaitement quel type de toiles je voulais, mais les trouver n'a pas été une mince affaire. Mon décorateur, Jean-Vincent Puzos, m'a d'abord montré des photos de tableaux scandinaves qui me convenaient parfaitement. Mais ces tableaux appartenaient à divers musées et il était impossible de les en sortir pour les filmer. Comme nous voulions de vraies toiles et non leurs reproductions photographiques, Puzos est parti en quête de nouveaux tableaux. Il en a rapporté un grand nombre, que j'ai tous écartés, car, pour d'évidentes raisons, il avait choisi des tableaux qui ne coûtaient pas cher et cela se voyait ! Finalement, ceux qui ont été retenus – qui coûtaient un peu plus cher – ne sont pas mal. Mais j'aurais préféré les tableaux scandinaves.

Ces tableaux sont-ils bien ceux qui décorent l'appartement du couple ?

Oui, mais dans le cours du film, on les remarque peu. Si l'on regarde très attentivement le décor, on peut identifier l'un ou l'autre, à l'occasion d'un panoramique, mais je ne voulais pas qu'on leur accorde trop d'importance, avant cette séquence qui les réunit tous. Le seul tableau qu'on peut voir clairement est celui qui se trouve dans la chambre, au-dessus du lit. C'est aussi celui qui apparaît en premier dans cette séquence

9. Terme musical, d'origine italienne, désignant la suspension ou la prolongation d'une note ou d'un accord, voire d'un silence.

de montage. Pour la suite de cette séquence, j'avais initialement prévu de montrer les toiles en fonction des moments de la journée qu'elles représentent, du matin au soir. Mais j'ai trouvé cela trop symbolique et j'ai préféré éliminer de ma sélection tous les tableaux crépusculaires. J'ai finalement opté pour l'élargissement de l'espace, en montrant des paysages de plus en plus vastes.

Était-ce pour offrir un contrepoint à l'impossibilité des personnages d'échapper à leur condition ? Comme dans *Le Septième Continent*, où l'on ne voyait le ciel que sur les photos ?

Je ne veux pas donner d'interprétation. Ce qui importe, c'est que cette série de tableaux fasse suite à la séquence de la gifle. De même que le montage des plans nocturnes sur l'appartement vide commence après l'attaque cérébrale. Pour ces deux séquences, on doit sortir de la simple explication psychologique pour s'ouvrir à une approche plus existentielle.

Vous venez de citer votre décorateur pour ce film, Jean-Vincent Puzos. Pourquoi ne pas avoir repris Christoph Kanter ?

Il était retenu sur une grosse production allemande, mais, de toute façon, il nous fallait quelqu'un qui connaisse bien Paris. Jean-Vincent Puzos est espagnol, mais il a grandi à Paris et il parle parfaitement français. Il travaille beaucoup avec les Américains qui tournent en France. C'est mon chef opérateur, Darius Khondji, qui avait déjà collaboré avec lui, qui me l'a recommandé. J'ai rencontré d'autres décorateurs avant de l'engager. Mais c'est le seul qui soit venu à notre premier entretien avec un cahier dans lequel il avait rassemblé des notes et des images, en rapport avec ce qu'il avait lu dans le scénario. Il m'a paru d'emblée très professionnel. En plus, il est très sympathique, très drôle et c'est un vrai bosseur. Travailler avec moi a peut-être été un peu compliqué pour lui, qui n'avait pas l'habitude d'être face à un metteur en scène qui se mêle de tout. Je pense que cela ne lui plaisait pas toujours. De même, il ignorait que je râle tout le temps en découvrant un décor. Ceux qui me connaissent savent que ce n'est pas personnel. Il suffit de faire les transformations que je demande, comme ici repeindre les murs, que je trouvais trop foncés. Mes rapports avec Puzos n'en sont pas moins restés très amicaux. Il m'a beaucoup apporté, y compris pour la scène du cauchemar, où il m'a aidé à développer l'idée de l'eau et de la main qui étouffe Trintignant. Si je refais un film en France, j'essaierai de retravailler avec lui.

Dans *Amour*, son décor est d'un réalisme phénoménal !

Il a même fait fabriquer une vraie bibliothèque en chêne. D'habitude, au cinéma, on prend un bois bon marché et on le peint pour que, à l'écran, il ressemble à du chêne. Cette recherche de réalisme m'a surpris et comblé, moi qui ai tenu à ranger les livres de cette bibliothèque par thème et par ordre alphabétique. Bien qu'aucun plan ne permette au spectateur d'en lire les titres sur le dos, je suis convaincu que cela se sent à l'image. De même, Puzos a déniché des fenêtres d'époque à encastrer dans le décor et il a revêtu le sol d'un vrai parquet ancien. Comme j'avais spécifié que je ne voulais pas qu'on l'entende craquer, quand on roulerait dessus avec la Dolly, il a posé plusieurs couches de produits isolants.

Tout semble fonctionner réellement dans ce décor...

Même l'ascenseur marche ! Le décor a été construit à une hauteur de quatre ou cinq mètres par rapport au sol du studio. De telle sorte que l'ascenseur pouvait monter et descendre. D'ailleurs, on le voit arriver, dans la séquence d'ouverture, quand le policier entre dans l'appartement. Il fallait jouer cette carte du réalisme, afin que rien ne paraisse relever du studio. Puzos emploie un peintre qui sait patiner les meubles de manière extraordinaire. En outre, Susie, mon épouse, a beaucoup contribué au travail des ensembliers. Elle connaît très bien mes goûts et c'est elle qui a disposé les tableaux, les bibelots, tous les détails propres à la décoration.

Dans le salon, il y a de nombreuses photographies. Que représentent-elles ?

J'en ai trouvé deux sur Internet, celles de Rubinstein et Horowitz qui font des grimaces, à la manière du fameux portrait d'Einstein qui tire la langue. Il y a aussi une photo de Cortot, un autre pianiste, plusieurs autographes de compositeurs et des photos de famille. Pour ces dernières, comme pour celles qui figurent dans l'album que feuillette Emmanuelle Riva, nous nous sommes débrouillés avec les clichés personnels que nous ont apportés nos acteurs. Emmanuelle en avait beaucoup, alors que Jean-Louis avait surtout des photos de cinéma, dont certaines où il figurait aux côtés de sa femme. Nous avons donc substitué au visage de cette dernière celui d'Emmanuelle. Nous avons aussi utilisé une photo d'Isabelle Huppert à quatorze ans et quelques-unes d'Emmanuelle adolescente.

Comment avez-vous décidé de l'agencement des pièces dans l'appartement ?

Le plan général de cet appartement est en fait celui de mes parents, avec la chambrette à côté de la cuisine. J'ai opté pour cette structure avant de commencer le scénario, car il était plus facile pour moi de m'orienter dans un espace déjà familier. Dès que j'avais une nouvelle idée, je savais comment l'intégrer dans le décor. Cela m'a donné une familiarité avec les lieux, qui m'a beaucoup inspiré dès l'écriture.

Pourriez-vous nous en donner des exemples concrets ?

C'est en reproduisant les longs couloirs de l'appartement de mes parents que j'ai eu l'idée de suivre, en de longs plans, ces pénibles déplacements que doit effectuer Trintignant chaque fois qu'Emmanuelle Riva lui demande de lui apporter quelque chose. De même, l'importance accordée à la chambrette renvoie à la réalité que j'ai connue : à la mort de ma mère, mon beau-père a fermé à clé leur chambre à coucher et il a vécu dans cette petite pièce.

Votre décorateur n'a-t-il pas attiré votre attention sur d'éventuelles différences de structure ou de style entre les appartements bourgeois parisiens et votre modèle autrichien ?

Pas vraiment. La configuration des lieux est la même. Les meubles sont différents. Mais leur disposition dans les pièces est identique. En gros, notre décor correspond à un type d'appartement que vous retrouvez à Paris, dans les immeubles haussmanniens, et au centre de Vienne.

La mère de Michael Haneke

Mais ce choix de reproduire avec tant de précision l'appartement de vos parents, vous ne l'avez pas opéré seulement par commodité. Raconter cette histoire-là dans pareil décor n'est pas neutre...

Cela m'a peut-être donné plus d'émotions.

... que vous avez confortées en mettant vos propres souvenirs dans la bouche de Jean-Louis Trintignant, comme celui de la colonie de vacances...

Oui, tout à fait. Le souvenir de colonie de vacances qu'il raconte à sa femme avant de la tuer, c'est quelque chose que j'ai vécu ; comme cette histoire avec le cinéma qu'il lui rapporte dans la cuisine. Mais c'est ce que l'on fait toujours, quand on écrit. On reprend des événements qui nous sont personnellement arrivés, des choses auxquelles on a pensé un jour ou l'autre. Sinon, on risque de tomber dans les clichés. Mais moi, je n'éprouve jamais le besoin de préciser ce qui vient de ma vie privée dans mes films. L'histoire racontée dans *Amour* n'est pas celle de mes parents, même si ma mère, elle aussi, a voulu se suicider plusieurs fois.

Michael Haneke dans le décor de Jean-Vincent Puzos

Le thème du suicide revient souvent dans vos films, mais là vous l'abordez sous l'angle de l'euthanasie...

Je ne tenais pas particulièrement à traiter de ce problème, mais, bien sûr, le film met en avant le droit de toute personne de mettre fin à ses jours. Le comportement du mari est plus ambigu. Chacun en pensera ce qu'il veut. Je ne dis pas qu'il a raison ou tort. Ce n'est pas à moi de juger. Mais sa femme le dit clairement : elle veut se suicider, et elle n'y parvient pas. Ses promesses de s'occuper d'elle au quotidien, qu'elle ira mieux, ne l'aident d'aucune façon, comme toujours dans ce genre de situation. Or c'est précisément ce qui m'intéressait : comment, avec la meilleure volonté du monde, peut-on gérer un tel problème ? Sait-il déjà, quand il entre dans la chambre, qu'il va la tuer ? C'est possible, mais ce n'est pas sûr. C'est au spectateur de se poser la question et d'y répondre.

D'où la nécessité de tourner cette scène en un plan-séquence, d'un seul mouvement. Quand le mari saisit l'oreiller, c'est un véritable acte d'amour. Il a enfin accepté de lui accorder ce qu'elle demandait...

Mais là encore, vous me donnez une interprétation !

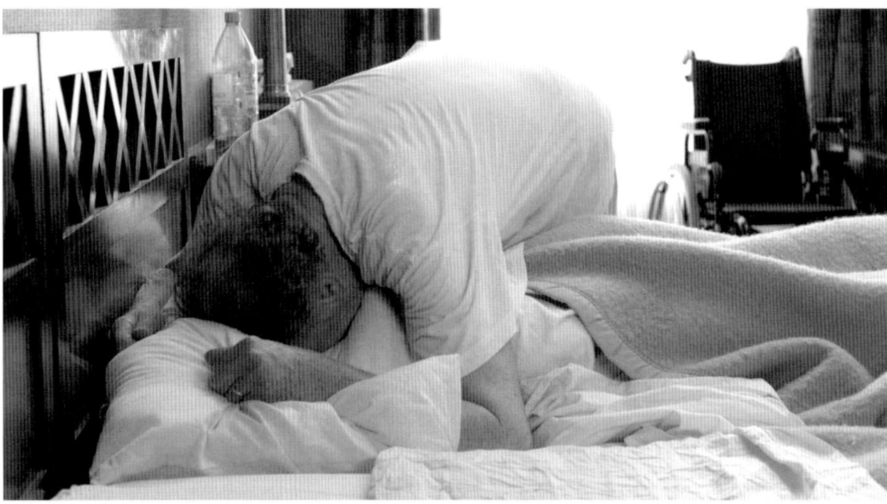

Emmanuelle Riva et Jean-Louis Trintignant

Certes, mais vous nous y invitez, en nous montrant un très beau geste d'amour. Quand Trintignant étouffe sa femme avec l'oreiller, il plonge sa propre tête dans le coussin, autant pour augmenter l'efficacité de son geste que pour offrir à sa femme un dernier câlin.

On peut le voir comme ça, mais la réalité est plus banale. Jean-Louis s'était cassé la main quelques jours avant, et nous avons dû en tenir compte. Dans les autres scènes, il suffisait de camoufler sa main enflée. Mais pour celle de l'étouffement, il fallait que l'acteur fasse preuve d'une certaine force. Nous nous sommes demandé comment rendre cette scène crédible, sans que Jean-Louis ait trop à utiliser sa main malade. Plusieurs solutions ont été envisagées. Dans un premier temps, nous avons fabriqué un coussin assez ferme, avec un trou dedans, pour qu'Emmanuelle puisse respirer. Mais il s'est révélé trop dur et, si nous l'avions utilisé, nous lui aurions fracassé le visage ! Heureusement que, cette fois encore, je tournais dans l'ordre chronologique des scènes. Nous avons eu le temps de faire des essais avec mon assistant, chacun jouant tour à tour les rôles de Jean-Louis et d'Emmanuelle. Le jour venu, nous avons fini par trouver la bonne position : il fallait que, une fois l'oreiller posé sur la tête d'Emmanuelle, Jean-Louis s'appuie sur le coude gauche, lui laissant ainsi le temps de tourner la tête sur le côté pour respirer. Après, il pouvait appuyer de tout son corps sur l'oreiller, en atténuant le poids à l'aide de sa main droite posée sur le lit. Et créer l'illusion d'appuyer encore plus fort avec la tête. C'est ainsi que l'effet obtenu est plus saisissant que s'il s'était contenté d'appuyer avec ses deux mains. Jean-Louis a été formidable. Car, en plus de la dimension très physique de la scène, il avait à prononcer avant la plus longue tirade du film. Nous avons fait trois prises de ce plan-séquence et j'ai retenu la troisième, qui était parfaite. À la fin de cette prise, nous étions tous très émus, sur le plateau.

Comment avez-vous travaillé la lumière avec Darius Khondji, votre directeur de la photographie ?

Je voulais avoir une lumière réaliste. Il a donc opté pour une installation de projecteurs que l'on pouvait régler électroniquement et rapidement. Il a, bien sûr, travaillé en étroite collaboration avec Jean-Vincent Puzos. Si on a construit le décor en le surélevant, c'était aussi par rapport au fond vert sur lequel donnaient les fenêtres, pour disposer d'une profondeur de champ couverte par les projecteurs fixés sur le haut du décor. Il y avait notamment une cour, que l'on aperçoit à travers la fenêtre de la cuisine, que nous avons construite, sur le plateau, au fond d'une fosse d'une dizaine de mètres.

Avez-vous fait des essais sur le choix de la caméra ?

Nous avons d'abord longuement discuté du support. Devions-nous tourner avec la pellicule analogique traditionnelle ou bien en numérique ? Personnellement, j'hésitais. Darius était favorable au numérique, parce qu'il pouvait disposer d'une toute nouvelle caméra, la Alexa RAW, censée offrir une résolution très supérieure à celle obtenue auparavant. Nous avons fait des essais avec cette caméra pendant toute une journée. Pour moi, ils n'étaient pas vraiment convaincants : il y avait un problème de point. Darius, lui, tenait beaucoup à cette caméra. Mais, après ce que j'avais enduré pendant la postproduction de *Caché* et du *Ruban blanc*, j'étais très réticent sur l'emploi du numérique. Je ne voulais surtout pas, avec ce film, me lancer dans des expérimentations. Il fallait que cela fonctionne bien et sans délai. Darius a tellement insisté en affirmant que tout irait très vite avec cette caméra et qu'on obtiendrait immédiatement l'image finale qu'il suffirait ensuite d'affiner par un léger étalonnage, que j'ai fini par céder. Mais Roman Polanski, lui, avait fait les mêmes essais que nous, au même moment, pour *Carnage*, et a été plus malin en renonçant à l'Alexa au profit de la pellicule. Tout au long du tournage, nous avons rencontré des problèmes gigantesques. Chaque fois que je regardais les rushes, je les trouvais nuls : pas nets, avec des couleurs jamais justes... Une catastrophe ! Nous avons néanmoins réussi à faire un premier montage tout à fait regardable, en ajoutant de la netteté sur l'ensemble du métrage. Il nous a fallu ensuite procéder à un étalonnage précis. D'ordinaire je le fais moi-même, en compagnie du chef opérateur. Mais pour ce film, nous avions eu, avec Darius, tant de disputes sur la netteté de l'image que revoir ensemble et discuter tous les plans aurait pris des semaines. Je ne trouvais jamais l'image assez nette. Dans le doute, je suis même allé consulter un ophtalmologiste pour vérifier ma vue, qui s'est révélée parfaite ! J'ai donc laissé Darius faire son étalonnage tout seul et, après, j'ai fait le mien tel que je l'entendais, ici à Vienne. J'avais déjà travaillé sans lui à l'étalonnage de *Funny Games US*, car il n'était pas disponible. Il était juste venu ensuite quelques jours pour vérifier ce que ça donnait. Ce mode de fonctionnement n'a rien d'exceptionnel. La plupart du temps, les directeurs de la photographie enchaînent les tournages et ne disposent que de quelques jours pour vérifier la qualité du travail.

Quelle importance accordez-vous à cette étape de l'étalonnage ?

Traditionnellement, l'étalonnage porte sur la couleur. Mais il a aussi un rôle très important pour les scènes d'obscurité. Par exemple, lors du tournage du *Temps du loup*, le chef opérateur avait mis trop de lumière, de peur que l'on ne voie rien. Et c'est moi qui, lors de l'étalonnage, ai tout enlevé. Aujourd'hui, avec le numérique, on peut tout faire. On peut, par exemple, faire disparaître des taches, enlever un tableau, le remplacer par un autre et, bien sûr, modifier la lumière. Auparavant, on disposait de beaucoup moins de possibilités. Cela dit, le numérique a aussi ses mauvais côtés, quand, sur le plateau, on filme en se disant qu'on corrigera ceci ou cela lors de la post-production. Car, après, on perd beaucoup de temps. Mais il faut néanmoins reconnaître que, en terme de netteté de l'image, le numérique permet des améliorations impossibles à l'époque de l'analogique. Autrefois, par exemple, si je vous avais filmés tous les deux et si, aux rushes, j'avais découvert que vous étiez légèrement flous, il m'aurait fallu dessiner un petit cercle autour de vous, afin d'augmenter le contraste et d'obtenir une meilleure netteté. Mais si vous vous étiez déplacés, j'aurais dû corriger ce léger flou image par image. Aujourd'hui, il suffirait de mettre un point sur vos visages et la machine – comme ces drones militaires programmés pour atteindre leurs cibles mouvantes – suivra ce point, rétablissant la netteté sur l'ensemble de votre déplacement. Nous avions beaucoup utilisé ce procédé pour *Le Ruban blanc*. Pour *Amour*, nous avons dû augmenter le contraste de tous les plans où les personnages étaient un peu éloignés de la caméra, pour récupérer une netteté parfaite. Ce qui a impliqué l'utilisation d'un réducteur de bruit vidéo, car, lorsqu'on augmente le contraste, cela entraîne une augmentation du bruit, surtout dans les scènes sombres. En fin de compte, je suis satisfait du résultat, mais je ne veux pas de caméra vidéo pour le futur !

Dans *Amour*, toute votre mise en scène est articulée autour de votre merveilleux duo de comédiens. Saviez-vous qu'ils avaient déjà travaillé ensemble ?

Oui, une seule fois. Dans un sketch d'un film italien que je ne connaissais pas et qu'eux-mêmes avaient un peu oublié[10]. C'est Emmanuelle Riva qui m'en a appris l'existence, un jour, au restaurant.

Jean-Louis Trintignant

Pouvez-vous nous dire pourquoi vous teniez tant à tourner avec Jean-Louis Trintignant ?

Parce que c'est un acteur que j'ai toujours adoré. Depuis toujours, il me fascine parce que, comme je le disais de Daniel Auteuil, il semble garder un secret. Outre sa beauté physique et son talent d'acteur, il a quelque chose d'indéchiffrable. Est-ce grâce à sa fameuse voix, dont tout le monde vante les mérites ? Moi, j'ai toujours été frappé par son regard. Il vous parle en vous fixant et ça peut même devenir déstabilisant. C'est certainement une des sources de cette force silencieuse qu'on retrouve sur son visage, aussi bien dans *Z*, où il fait preuve d'une grande autorité, en restant toujours calme, que dans *Et Dieu... créa la femme*, où l'on sent, derrière le jeune homme naïf, un savoir profond et inexplicable. C'est le miracle de sa personnalité et le propre d'un grand comédien que de produire des choses mystérieuses qu'un

10. Il s'agit de *La donna che viveva sola*, un des six sketches du film (resté inédit en France) de Gianni Puccini, *Io uccido, tu uccidi* (1965).

autre est incapable de manifester. En plus, son visage, qui est aujourd'hui celui d'un homme qui a vécu, est d'une grande beauté et d'une telle richesse qu'on ne se lasse pas de le regarder.

Les gros plans soulignent bien ce travail du temps sur son visage. Vers la fin du film, ils vont jusqu'à mettre en relief les poils mal rasés de sa barbe...

Oui, nous voulions souligner, à ce moment-là, qu'il est de plus en plus négligé, parce qu'il n'a plus le temps ni la force de s'entretenir. On a même ajouté un peu de poils, car sa barbe, après un week-end sans se raser, n'avait pas assez poussé !

Et comment avez-vous choisi Emmanuelle Riva ?

Pour le rôle de la mère, dans *La Pianiste* puis dans *Caché*, j'avais déjà fait beaucoup d'auditions de comédiennes françaises. J'ai dû recommencer, avec l'avantage de pouvoir éliminer d'office les actrices qui ne pouvaient pas convenir. J'avais remarqué Emmanuelle Riva, à la sortie de *Hiroshima mon amour*, l'un de mes films préférés et l'un des films cultes de la jeunesse autrichienne des années 1960. J'ai toujours pensé que cette actrice était extraordinaire, mais, après le film de Resnais, ici en Autriche, on n'avait plus rien vu avec elle. Pour *Amour*, j'ai donc cherché ailleurs, regardant de nombreux extraits de films avec d'autres actrices du même âge. Mais aucune ne me convenait vraiment. J'en revenais toujours à mon souvenir d'Emmanuelle, une très belle femme, qui l'est encore aujourd'hui. Car, contrairement à de nombreuses actrices françaises, qui, avec l'âge, se sont métamorphosées en vieilles filles un peu précieuses, Emmanuelle Riva, elle, est devenue une très belle femme. Exactement le type de personne dont j'avais besoin pour mon film. J'ai fait des essais avec plusieurs autres comédiennes qui étaient bien aussi, mais Emmanuelle a été la meilleure. Elle a su d'emblée me toucher et j'ai décidé très vite de l'engager. Je suis très content de sa prestation. Tout a très bien fonctionné avec elle pendant le tournage. En outre, jusque dans leur taille, je trouve qu'elle forme un très beau couple avec Trintignant.

Quelle scène du film lui avez-vous donnée à jouer pour l'audition ?

Celle de la cuisine, quand elle a sa première attaque. C'était, selon moi, la plus difficile à interpréter. Son personnage ne comprend pas ce qui lui arrive. Elle se défend, puis essaie de prendre son thé, et les larmes arrivent dans la foulée. Quand je fais un casting, je donne toujours la scène la plus difficile à jouer, pour être sûr que l'acteur pourra aller jusqu'au bout.

Emmanuelle Riva

Quand vous leur avez présenté le projet, Trintignant et Riva ont-ils eu quelques réticences devant ce qu'ils allaient devoir faire ?

Jean-Louis m'a carrément demandé si l'on ne pouvait pas inverser les rôles et que lui joue le malade ! Emmanuelle, lors de notre première rencontre, m'a dit combien elle trouvait le scénario formidable. Et, quand je lui ai demandé s'il y avait quelque chose dont elle avait peur, elle a, bien sûr, mentionné la scène où elle devait apparaître nue sous la douche. Je lui ai répondu que cette nudité était indispensable. Elle l'a bien compris et a dit que, pour que ce soit moins gênant, elle essaierait de vivre ce moment non pas en tant qu'Emmanuelle Riva, mais tel qu'Anne, son personnage, le ressentirait. Le jour venu, après avoir mis en place et répété cette scène de la douche, quand j'ai fait signe à l'habilleuse de lui enlever son peignoir, Emmanuelle a quand même tenté d'y échapper. « On doit vraiment le faire ? » a-t-elle demandé. Je lui ai alors rappelé notre conversation à ce sujet et elle n'a pas insisté.

De votre côté, vous avez veillé à cadrer la scène de manière pudique, en interposant le corps de l'aide-soignante, tout en laissant voir qu'Emmanuelle Riva est entièrement nue.

Pour Emmanuelle, cette scène a été vraiment difficile à tourner. Elle se plaignait d'avoir froid, alors que nous avions mis du chauffage. J'ai tourné le plus vite possible pour abréger son malaise. Mais j'ai quand même fait deux prises, assez longues pour en choisir le meilleur moment. C'est une scène que je ne pouvais pas diriger au millimètre. J'avais demandé à l'actrice qui jouait l'aide-soignante de cacher au maximum l'intimité de sa patiente, mais pas complètement pour que ça ne paraisse pas artificiel. De même, pour la scène des toilettes où l'on aperçoit la culotte baissée, il fallait trouver un angle acceptable pour que le spectateur comprenne très vite, sans tomber dans le sordide.

Tourner ces scènes a été un acte professionnel très courageux de la part d'Emmanuelle. Celui de quelqu'un qui aime son métier et qui est très conscient de ses responsabilités. Mais je pense qu'elle a quand même pris plaisir à faire ce film. D'ailleurs, elle a fait un rapprochement entre les titres du film d'Alain Resnais et du mien en disant : « C'est un joli hasard qu'entre mon premier et mon dernier film, il y ait le mot amour ! »

Justement, ce titre, *Amour*, a-t-il été difficile à trouver ?

Il a tardé à venir. Je ne pouvais décemment pas appeler le film *Les Vieux*, à cause de la chanson de Jacques Brel. J'ai donc fait une longue liste. J'ai d'abord pensé à *Ces deux* que l'on m'a corrigé en *Ces deux-là*. Mais je n'étais pas satisfait. Puis, il y a eu *Quand la musique s'arrête*, car, comme je vous l'ai dit, la musique s'arrête tout le temps dans le film. Mais c'était quand même un peu trop pathétique. Enfin, lors d'un déjeuner avec Margaret Menegoz, le mot « amour » a été prononcé et Trintignant l'a trouvé très bien comme titre, car, pour lui, ça reflétait tout le film. J'ai été immédiatement convaincu. Mais je n'aurais jamais osé prendre ce titre pour un film d'amour traditionnel. D'ailleurs il n'en existe pas. J'ai cherché sur Internet et, sous le titre *Amour*, je n'ai trouvé qu'un court métrage belge de 1922. Aucun autre depuis. À l'exception du récent *Amore*, avec Tilda Swinton. Cela posera problème lors de la distribution de mon film en Italie, car je veux que le titre français soit traduit dans toutes les langues des pays où mon film sera projeté. Mais tant pis.

Comment avez-vous travaillé avec Jean-Louis Trintignant ? Avez-vous fait beaucoup de prises ?

Pas tellement. Même si Jean-Louis, compte tenu de son âge, avait parfois quelques soucis de mémoire et de motricité. Nous avions tenu compte de l'âge de nos interprètes dans le plan de travail, en étalant le tournage sur huit semaines, de manière à prévoir des pauses régulières.

Quelles indications avez-vous données à Trintignant quand il essaie d'attraper le pigeon avec la couverture ?

On a tourné deux plans, un qui est situé dans la cuisine, puis l'autre quand il sort dans le vestibule. Nous avons utilisé deux caméras et comme le pigeon s'est dirigé plusieurs fois vers la porte, on a pu combiner au montage des prises différentes. On a dû s'y reprendre de nombreuses fois, car c'est difficile d'attraper un pigeon. On avait déposé des graines sur le sol pour orienter le mouvement de l'oiseau. Pour le plan où le pigeon devait s'envoler, j'avais donné une canne à Jean-Louis pour qu'il le frappe, mais il était trop doux pour s'en servir efficacement. Finalement, il a réussi à prendre le pigeon.

La caresse qu'il prodigue à la main de sa femme, quand il lui raconte son souvenir de colonie de vacances, rappelle son geste avec le pigeon...

C'est Jean-Louis qui a eu l'idée de cette caresse. Moi, je lui avais simplement demandé de prendre la main d'Emmanuelle. Je pense d'ailleurs que ce n'est pas une idée à laquelle il avait pensé, ça lui est venu spontanément.

Le pigeon intervient à deux reprises : une première fois, Trintignant parvient à le faire s'envoler par la fenêtre ; la seconde, il ferme toutes les issues et s'efforce de l'attraper. Peut-on penser qu'il représente le retour de la mort ?

Vous pouvez l'interpréter comme cela, mais vous pouvez aussi vous en tenir à une approche plus factuelle. La première fois, Georges réussit à faire sortir le pigeon, puis l'animal revient. Georges parvient malgré tout à le faire s'envoler. C'est très banal. La seconde fois, le pigeon est là, car tout est fermé, sauf la fenêtre du puits de lumière qui est restée ouverte, afin que l'air circule un peu. Pourquoi tout est fermé sauf la fenêtre de la chambre ? Parce que Georges ne veut pas que les voisins sentent l'odeur nauséabonde dégagée par le cadavre d'Anne.

Tout dépend donc si vous faites de ces scènes une lecture psychologique ou plus métaphorique. Comme pour la fin du film, je laisse le spectateur libre de son interprétation.

La fin nous paraît quand même limpide. Quand on fait le lien avec le début du film, il n'y a pas beaucoup d'interprétations possibles...

Ce qui est sûr, c'est qu'Anne est morte, mais on ne sait pas ce qu'il est advenu de Georges. Comme on ne le voit pas dans la séquence d'ouverture, tout est possible. Est-il parti ? Est-il dans la chambrette ? Est-il mort, quelque part dans l'appartement ou ailleurs ? A-t-il imaginé tout cela ? Est-ce qu'Anne est venue le chercher ? Vous pouvez croire ce que vous voulez.

Pour nous, ce qui est sûr, c'est que, après avoir exaucé le vœu de sa femme, Georges n'a plus qu'à la rejoindre en imagination dans la cuisine, où il la retrouve plus jeune et en bonne santé, avant de partir avec elle. C'est le début d'une nouvelle union, celle de l'amour et de la mort...

Je n'ai rien contre votre interprétation. Mais Georges n'est pas nécessairement mort. Il peut être simplement parti, car on a vu, dans la première scène, que la porte d'entrée n'était pas scotchée. J'aime que des détails très concrets du quotidien contribuent à approcher la vérité des êtres. Par exemple, j'ai tenu à ce que, au début du film, on découvre Anne et Georges au sein du public d'une salle de concert. Ils sont deux personnes au milieu d'une foule, parce que leur histoire pourrait arriver à n'importe qui.

Il y a aussi la serrure de leur appartement qu'ils découvrent fracturée à leur retour du concert. C'est a priori un événement sans importance, car ils n'ont pas été cambriolés. Néanmoins, c'est leur bonheur qui est attaqué. Le spectateur peut faire le lien avec le plan d'ouverture, lorsque les pompiers défoncent leur porte d'entrée. Et rétroactivement avec l'attaque cérébrale...

Je peux même vous dire que j'ai imaginé cette histoire de serrure pour justifier l'attaque cérébrale. Une attaque cérébrale est toujours causée par une série de petites irritations. Je me suis souvenu de ma tante, qui en avait fait une après s'être beaucoup énervée, en découvrant, à son retour de vacances, que ses toilettes ne fonctionnaient plus. En soi, une serrure endommagée n'est pas un problème grave. Mais ça peut le devenir avec l'âge. Dans le film, on voit qu'Emmanuelle Riva ne dort pas la nuit suivante ; elle est préoccupée par ce problème de porte. Et le lendemain, au petit déjeuner, elle a son attaque.

Toutes les scènes d'*Amour* s'enchaînent merveilleusement. Mais nous, qui avons suivi votre travail sur ce film, savons combien sa genèse a été compliquée. À un moment, vous vous êtes senti tellement bloqué dans l'écriture que vous avez carrément abandonné le scénario pour passer à un autre projet. Qu'est-ce qui s'est passé ?

Je me débattais avec le scénario, en ayant l'impression que je n'arrivais pas vraiment à traiter le sujet. C'est alors que j'ai lu, par hasard, un article qui signalait l'existence d'un film canadien sur le même thème : *La Dernière Fugue* réalisé par Lea Pool, en 2010. Je me suis aussitôt procuré le DVD et j'ai découvert combien son histoire était proche de la mienne : celle d'un vieux monsieur, de plus en plus malade, soigné par son épouse. Le film montre comment la maladie change leur vie quotidienne. À la fin, sa famille, qui est restée très unie, organise pour lui qui a toujours aimé la pêche, une excursion en bateau. Tout est beau et formidable autour d'eux quand, soudain, le vieux monsieur se jette à l'eau. Son fils et sa femme décident alors de ne pas bouger et de ne pas essayer de le sauver. Dans son contexte et dans sa forme, ce film était donc quand même assez différent du mien. Mais, s'ajoutant à mes difficultés d'écriture, il m'a bloqué. J'ai donc décidé de tout laisser tomber, pour passer à un autre projet. Mais dès que je me penchais sur ce nouveau scénario, c'est à l'histoire de mes vieux que je pensais. C'est ainsi qu'un jour, tout s'est débloqué et que j'ai pu boucler rapidement mon scénario.

Et maintenant, avez-vous repris ce projet de scénario qui vous a servi à vous débloquer pour *Amour* ?

Je m'y emploie.

Jürgen Jürges et Michael Haneke

Filmographie

1974

Und was kommt danach... (TV)/ *Et après ?/After Liverpool*

Scénario : Michael Haneke, d'après la pièce radiophonique de James Saunders. **Photographie** : Gerd Schäfer, Jochen Hubrich, Günter Lemnitz (vidéo, couleur). **Décor** : Jörg Höhn. **Montage** : Christa Kleinheisterkamp. **Son** : Wilhelm Dusil. **Musique** : The Rolling Stones. **Mixage** : Heidi Zehner-Knappe. **Production** : SWF. **Interprétation** : Hildegard Schmahl (elle), Dieter Kirchlechner (lui). RFA – 89 mn.

1975

Sperrmüll (TV)

Scénario : Alfred Bruggmann. **Photographie** : Henric von Barnekow, Alois Nitsche (16 mm, vidéo, 1,37 : 1, couleur). **Décor** : Peter Scharff. **Montage** : Annemarie Weigand, Frigga Pleiß. **Son** : Klaus Handstein, Manfred Meyer. Production : ZDF. **Interprétation** : Ernst Fritz Fürbringer (Johannes Gander), Tilli Breidenbach (Gerda Gander), Karlheinz Fiege (Helmut Gander), Suzanne Geyer (Eva Gander). RFA – 80 mn.

1976

Drei Wege zum See (TV)/*Trois Chemins vers le lac/Three Paths to the Lake*

Scénario : Michael Haneke, d'après la nouvelle d'Ingeborg Bachmann. **Photographie** : Igor Luther (16 mm, 1,37 : 1, couleur). **Décor** : Friedhem Boehm. **Costumes** : Barbara Langbein. **Montage** : Helga Scharf. **Son** : Wilhelm Dusil, Harald Lill. **Musique** : Arnold Schönberg, Wolfgang Amadeus Mozart, Henry Purcell. **Production** : SWF, ORF. **Interprétation** : Ursula Schult (Elisabeth Matrei), Guido Wieland (son père), Walter Schmidinger (Trotta), Bernhard Wicki (Branko), Yves Beneyton (Philippe), Udo Vioff (Manes), Axel Corti (narrateur). RFA/Autriche – 97 mn.

1979

Lemminge (TV)/*Lemmings*

Scénario : Michael Haneke. **Photographie** : Jerzy Lipman, Walter Kindler

(16 mm, 1,37 : 1, couleur). **Décor** : Peter Manhardt. **Costume** : Barbara Langbein. **Montage** : Marie Homolková. **Son** : Johannes Paiha. **Musique** : Franz Schubert, Ludwig van Beethoven, Wolfgang Amadeus Mozart, Alexander Steinbrecher, Johann Sebastian Bach. **Mixage** : Herbert Giesser. **Production** : Schönbrunn Film pour ORF & SFB. Autriche/RFA.

PREMIÈRE PARTIE :
Arkadien / Arcadie / Arcades

Interprétation : Regina Sattler (Evi Wasner), Christian Ingomar (Christian Beranek), Eva Linder (Sigrid Leuwen), Paulus Manker (Sigurd Leuwen), Christian Spatzek (Fritz Naprawnik), Hilde Berger (Anna, la servante), Walter Schmidinger (Professeur Georg Schäfer), Elisabeth Orth (Gisela Schäfer), Bernhard Wicki (M. Leuwen). 113 mn.

SECONDE PARTIE :
Verletzungen / Blessures / Injuries

Interprétation : Monica Bleibtreu (Eva Beranek), Elfriede Irrall (Sigrid Leuwen), Rüdiger Hacker (Christian Beranek), Wolfgang Hübsch (Fritz Naprawnik), Norbert Kappen (le prêtre), Guido Wieland (Gröhlinger), Vera Borek (Bettina), Wolfgang Gasser (Peter), David Haneke (fils de Christian). 107 mn.

1982

Variation oder « Daß es Utopien gibt, weiß ich selber ! » (TV) / ***Variation ou « Les utopies existent, je le sais bien ! » / Variation or « Utopias exist – yes, I know »***

Scénario : Michael Haneke. **Photographie** : Walter Kindler (16 mm, 1,37 : 1, couleur). **Décor** : Roger von Möllendorff. **Costume** : Reinhild Paul. **Montage** : Barbara Herrmann. **Son** : Klaus Vogler, Joachim Prokesch. **Musique** : Egberto Gismonti, Jan Garbarek, Charlie Haden. **Mixage** : Hans-Dieter Schwarz. **Production** : SFB. **Interprétation** : Elfriede Irrall (Anna Beranek), Hilmar Thate (Georg Leuwen), Monica Bleibtreu (Eva), Suzanne Geyer (Kitty), Eva Linder (Sigrid), Udo Samel (Peter). RFA – 98 mn.

1984

Wer war Edgar Allan ? (TV) / ***Qui était Edgar Allan ? / Who was Edgar Allan ?***

Scénario : Hans Broczyner d'après le roman de Peter Rosei. **Photographie** : Frank Brühne (16 mm, 1,37 : 1, couleur). **Décor** : Hans Hoffer. **Costume** : Annette Beaufays. **Montage** : Lotte Klimitschek. **Son** : Walter Amann. **Musique** : Ennio Morricone. **Mixage** : Herbert Giesser. **Production** : Neue Studio Film pour ORF & ZDF. **Interprétation** : Paulus Manker (l'étudiant), Rolf Hoppe (Edgar Allan), Guido Wieland (l'avocat), Otello Fava (Carlo), Renzo Martini (un employé), Walter Corradi (Kumpan), Roberto Agazzi (trafiquant). Autriche/RFA – 83 mn.

1985

Fraulein–Ein deutsches Melodram (TV) / ***Mademoiselle–Un mélodrame allemand / Fraulein***

Scénario : Bernd Schroeder et Michael Haneke. **Photographie** : Walter Kindler, Karl Hohenberger (35 mm, 1,37 : 1, noir et blanc et couleur). **Décor** : Roger von Möllendorff, Karl-Heinz Andes. **Costume** : Annette Beaufays. **Montage** : Monika

Solzbacher, Monika Schreiner. **Son** : Wolf-Dieter Spille, Peter Paschinger. **Musique** : Chris Howland, Brenda Lee, Elvis Presley. **Mixage** : Kurt Schubert. **Production** : Saarländischer Rundfunk, Telefilm Saar. **Interprétation** : Angelica Domröse (Johanna Kersch), Peter Franke (Hans Kersch), Lou Castel (André), Mareile Geisler (Brigitte Kersch), Michael Klein (« Mike Kersch »), Hans Werner Kraehkamp (Karl), Cordula Gerburg (Gisela). RFA – 108 mn.

1989

Der Siebente Kontinent / Le Septième Continent / The Seventh Continent

Scénario : Michael Haneke. **Photographie** : Toni Peschke (35 mm, 1,66 : 1, couleur). **Décor** : Rudi Czettel. **Costume** : Anna Georgiades. **Montage** : Marie Homolková. **Son** : Karl Schlifelner. **Musique** : Alban Berg. **Mixage** : Herbert Giesser. **Production** : Wega-Film (Veit Heiduschka). **Interprétation** : Birgit Doll (Anna), Dieter Berner (Georg), Leni Tanzer (Eva), Udo Samel (Alexander), Robert Dietl (Oertl), Elisabeth Rath (enseignante). **Distribution française** : Les Films du Losange. Autriche – 104 mn.

1991

Nachruf für einen Mörder (TV) / ***Nécrologie pour un meurtrier***

Scénario : Michael Haneke. **Photographie** : extraits de programmes télévisés (vidéo, couleur). **Montage** : Brigitte Pevny. **Production** : ORF. Autriche – 110 mn.

1992

Benny's Video

Scénario : Michael Haneke. **Photographie** : Christian Berger (35 mm, 1,66 : 1, couleur). **Décor** : Christoph Kanter. **Costume** : Erika Navas. **Montage** : Marie Homolková. **Son** : Karl Schlifelner. **Musique** : Johann Sebastian Bach. **Production** : Wega-Film (Veit Heiduschka), Bernard Lang AG (Bernard Lang). **Interprétation** : Arno Frisch (Benny), Angela Winkler (la mère), Ulrich Mühe (le père), Ingrid Stassner (la jeune fille). **Distribution française** : Les Films du Losange. Autriche/Suisse – 105 mn.

1993

Die Rebellion (TV) / ***La Rébellion***

Scénario : Bernd Schroeder, Michael Haneke, d'après le roman de Joseph Roth. **Photographie** : Jiri Stibr (16 mm, 1,37 : 1, noir et blanc, couleur). **Décor** : Christoph Kanter. **Costume** : Erika Navas. **Montage** : Marie Homolková. **Son** : Karl Schlifelner. **Musique** : Franz Schubert. **Mixage** : Hannes Eder. **Production** : Wega-Film (Veit Heiduschka) pour ORF. **Interprétation** : Branko Samarovski (Andreas Pum), Judith Pogány (Kathie Blumich), Thierry Van Werveke (Willi), Deborah Wisniewski (Anna Blumich), Katharina Grabher (Klara), August Schmölzer (Vinzenz Topp), Udo Samel (le narrateur). Autriche – 96 mn.

1994

71 Fragmente einer Chronologie des Zufalls / 71 Fragments d'une chronologie

du hasard / 71 Fragments of a Chronology of Chance

Scénario : Michael Haneke. **Photographie** : Christian Berger (35 mm, 1,66 : 1, couleur). **Décor** : Christoph Kanter. **Costume** : Erika Navas. **Montage** : Marie Homolková. **Son** : Marc Parisotto. **Musique** : Johann Sebastian Bach. **Mixage** : Hannes Eder. **Production** : Wega-Film (Veit Heiduschka), Camera Film (Paul Bielicki, Michael Böhme). **Interprétation** : Gabriel Cosmin Urdes (Marian Radu, le petit Roumain), Lukas Miko (Max, l'étudiant), Otto Grünmandl (Tomek, le vieil homme), Anne Bennent (Inge Brunner), Udo Samel (Paul Brunner), Branko Samarovski (Hans), Claudia Martini (Maria), Georg Friedrich (Bernie, le soldat), Alexander Pschill (Hanno). **Distribution française** : Les Films du Losange. Autriche/Allemagne – 96 mn.

1995

Lumière et Compagnie

Réalisation : Sarah Moon et quarante réalisateurs (dont Michael Haneke). **Idée originale** : Philippe Poulet. **Direction artistique** : Anne Andreu. **Photographie** : Sarah Moon, Frédéric Le Clair (35 mm, couleur et noir et blanc). **Photos des films tournés avec le cinématographe Lumière** : Philippe Poulet, Didier Ferry. **Montage** : Roger Ikhlef, Timothy Miller. **Son** : Bernard Rochut, Jean Casanova. **Musique** : Jean-Jacques Lemêtre. **Production** : Cinétévé (Fabienne Servan-Schreiber), La Sept/Arte, Igeldo Komunikazioa, Søren Stærmose AB, Canal +. **Distribution française** : Pierre Grise Distribution. France/Espagne/Suède – 88 mn.

1996

Das Schloß (TV) / *Le Château / The Castle*

Scénario : Michael Haneke, d'après le roman de Franz Kafka. **Photographie** : Jiri Stibr (35 mm, 1,85 : 1, couleur). **Décor** : Christoph Kanter. **Costume** : Lisy Christl. **Montage** : Andreas Prochaska. **Son** : Marc Parisotto. **Mixage** : Hannes Eder. **Production** : Wega-Film (Veit Heiduschka), BR, ORF, Arte. **Interprétation** : Ulrich Mühe (K.), Susanne Lothar (Frieda), Frank Giering (Arthur), Felix Eitner (Jeremias), Nikolaus Paryla (le directeur), Dörte Lyssewski (Olga), Inga Busch (Amalia), André Eisermann (Barnabas), Norbert Schwientek (Bürgel), Hans Diehl (Erlanger), Birgit Linauer (Pepi), Udo Samel (le narrateur). Autriche – 125 mn.

1997

Funny Games

Scénario : Michael Haneke. **Photographie** : Jürgen Jürges (35 mm, 1,85 : 1, couleur). **Décor** : Christoph Kanter. **Costume** : Lisy Christl. **Montage** : Andreas Prochaska. **Son** : Walter Amann. **Musique** : Georg Friedrich Haendel, Pietro Mascagni, Wolfgang Amadeus Mozart, John Zorn, Frank Jonko Band. **Mixage** : Hannes Eder. **Production** : Wega-Film (Veit Heiduschka). **Distribution française** : Les Films du Losange. **Interprétation** : Susanne Lothar (Anna), Ulrich Mühe (Georg), Arno Frisch (Paul), Frank Giering (Peter), Stefan Clapczynski (Schorschi), Doris Kunstmann (Gerda), Christoph Bantzer (Fred), Wolfgang Glück (Robert). Autriche – 103 mn.

2000

Code inconnu. Récit incomplet de divers voyages

Scénario : Michael Haneke. **Photographie** : Jürgen Jürges (numérique, 1,85 : 1, couleur). **Photos de guerre et du métro** : Luc Delahaye. **Décor** : Manuel de Chauvigny. **Costume** : Françoise Clavel. **Montage** : Andreas Prochaska. **Montage son** : Nadine Muse. **Musique** : Giba Gonçalves. **Son** : Guillaume Sciama. **Mixage** : Jean-Pierre Laforce. **Production** : MK2 Productions (Marin Karmitz), Les Films Alain Sarde, Arte France Cinéma, France 2 Cinéma, Bavaria Film, ZDF, ministère roumain de la Culture, Filmex Romania, Canal +. **Distribution française** : MK2 Diffusion. **Interprétation** : Juliette Binoche (Anne), Thierry Neuvic (Georges), Josef Bierbichler (le paysan), Alexandre Hamidi (Jean), Hélène Diarra (Aminate), Ona Lu Yenke (Amadou), Djibril Kouyate (Youssouf), Guessi Diakite-Goumdo (Salimata), Luminita Gheorghiu (Maria), Crenguta Hariton Stoica (Irina), Bob Niculescu (Dragos), Bruno Todeschini (Pierre), Paulus Manker (l'agent immobilier), Didier Flamand (le metteur en scène), Walid Afkir (le jeune Arabe), Maurice Bénichou (le vieil Arabe), Carlo Brandt (Henri), Arsinée Khanjian (Francine), Nathalie Richard (Mathilde), Andrée Tainsy (Mme Becker), Florence Loiret-Caille (l'amie d'Amidou), Feodor Atkine (le client du taxi). France/Allemagne/Roumanie – 117 mn.

2001

Die Klavierspielerin / La Pianiste / The Piano Teacher

Scénario : Michael Haneke, d'après le roman d'Elfriede Jelinek. **Photographie** : Christian Berger (35 mm, 1,85 : 1, couleur). **Décor** : Christoph Kanter. **Costume** : Annette Beaufays. **Montage** : Monika Willi. **Son** : Guillaume Sciama. **Montage son** : Nadine Muse. **Musique** : Frédéric Chopin, Joseph Haydn, Franz Schubert, Ludwig van Beethoven, Johann Sebastian Bach, Arnold Schönberg, Sergei Rachmaninov, Johannes Brahms, Francis Haines. **Mixage** : Jean-Pierre Laforce. **Production** : MK2 Productions (Marin Karmitz), Wega-Film (Veit Heiduschka), Les Films Alain Sarde, Arte France Cinéma. **Distribution française** : MK2 Diffusion. **Interprétation** : Isabelle Huppert (Erika Kohut), Benoît Magimel (Walter Klemmer), Annie Girardot (la mère d'Erika), Anna Sigalevitch (Anna Schober), Susanne Lothar (Mme Schober), Udo Samel (le docteur Blonskij), Cornelia Kongden (Mme Blonskij). France/Autriche – 130 mn.

2003

Wolfzeit / Le Temps du loup / Time of the Wolf

Scénario : Michael Haneke. **Photographie** : Jürgen Jürges (35 mm, 2,35 : 1, couleur). **Décor** : Christoph Kanter. **Costume** : Lisy Christl. **Montage** : Monika Willi. **Montage son** : Nadine Muse. **Musique** : Ludwig van Beethoven. **Son** : Guillaume Sciama. **Mixage** : Jean-Pierre Laforce. **Production** : Les Films du Losange (Margaret Menegoz), Wega-Film (Veit Heiduschka), Bavaria Film, France 3 Cinéma, Arte France Cinéma, Canal +, Eurimages. **Distribution française** : Les Films du Losange. **Interprétation** : Isabelle Huppert (Anne), Lucas Biscombe (Ben), Anaïs Demoustier (Eva), Hakim Taleb (le garçon solitaire), Maurice Bénichou (Mr. Azoulay), Patrice Chéreau (Thomas Brandt), Béatrice Dalle (Lise Brandt), Olivier Gourmet (Koslowski), Rona Hartner (Arina), Brigitte Roüan (Béa), Serge Riaboukine (le chef), Maryline Even (Mme Azoulay), Florence Loiret-Caille (Nathalie Azoulay), Branko Samarowski (le policier), Daniel Duval (Georges Laurent), Thierry Van Werveke (Jean). France/Autriche/Allemagne – 120 mn.

2005

Caché / Hidden

Scénario : Michael Haneke. **Photographie** : Christian Berger (numérique, 1,85 : 1, couleur). **Décor** : Christoph Kanter, Emmanuel de Chauvigny. **Costume** : Lisy Christl. **Montage** : Michael Hudecek. **Son** : Jean-Paul Mugel. **Mixage** : Jean-Pierre Laforce. **Son** : Nadine Muse. **Musique** : Ralph Rieckermann. **Production** : Les Films du Losange (Margaret Menegoz), Wega-Film (Veit Heiduschka), Bavaria Film (Michael Weber), BIM Distribuzione (Valerio De Paolis), Arte France Cinéma, France 3 Cinéma, Studiocanal, Canal +. **Distribution** : Les Films du Losange. **Interprétation** : Daniel Auteuil (Georges Laurent), Juliette Binoche (Anne Laurent), Maurice Bénichou (Majid), Annie Girardot (la mère de Georges), Bernard Le Coq (le rédacteur en chef de Georges), Walid Afkir (le fils de Majid), Lester Makedonsky (Pierrot Laurent), Daniel Duval (Pierre), Nathalie Richard (Mathilde), Denis Podalydès (Yvon), Aïssa Maïga (Chantal). France/Autriche/Allemagne/Italie – 117 mn.

2008

Funny Games US

Scénario : Michael Haneke. **Photographie** : Darius Khondji (35 mm, 1,85 : 1, couleur). **Décor** : Kevin Thompson, Hinju Kim. **Costume** : David Robinson. **Montage** : Monika Willi. **Montage son** : Nadine Muse. **Musique** : Georg Friedrich Haendel, Pietro Mascagni, Wolfgang Amadeus Mozart, John Zorn. **Mixage** : Jean-Pierre Laforce. **Production** : Celluloid Dreams, Halcyon Pictures, Tartan Films, X Filme International, Lucky Red, Belladonna Ltd, Kinematograph. **Distribution française** : Les Films du Losange. **Interprétation** : Naomi Watts (Ann), Tim Roth (George), Michael Pitt (Paul), Brady Corbet (Peter), Devon Gearhart (Georgie), Boyd Gaines (Fred), Siobhan Fallon Hogan (Betsy), Robert LuPone (Robert). États-Unis – 111 mn.

2009

Das weiße Band. Eine deutsche Kindergeschichte / Le Ruban blanc. Une histoire allemande d'enfants / The White Ribbon

Scénario : Michael Haneke. **Photographie** : Christian Berger (numérique, 1,85 : 1, noir et blanc). **Décor** : Christoph Kanter. **Costume** : Moidele Bickel. **Montage** : Monika Willi. **Son** : Guillaume Sciama. **Mixage** : Jean-Pierre Laforce. **Musique** : Franz Schubert, Martin Luther, Paul Gerhardt. **Production** : Les Films du Losange (Margaret Menegoz), Wega-Film (Veit Heiduschka), X Filme Creative Pool (Stefan Arndt), Lucky Red (Andrea

Occhipinti), France 3 Cinéma, ARD/Degeto, BR, ORF Film, Fernseh-Abkommen, Canal +, TPS Star, TF1 Vidéo. **Distribution française** : Les Films du Losange. **Interprétation** : Christian Friedel (l'instituteur), Ernst Jacobi (le narrateur, l'instituteur âgé), Leonie Benesch (Eva), Ulrich Tukur (le baron), Ursina Lardi (la baronne), Fion Mutert (Sigi, fils aîné du baron), Michael Kranz (le précepteur), Burghart Klaussner (le pasteur), Steffi Kühnert (Anna, sa femme), Maria-Victoria Dragus (Klara, leur fille), Leonard Proxauf (Martin, leur fils aîné), Thibault Sérié (Gustav, leur fils cadet), Levin Henning (Adolf, fils du pasteur), Johanna Busse (Margaret, fille du pasteur), Yuma Amecke (Annchen, fille du pasteur), Josef Bierbichler (le régisseur), Gabriela Maria Schmeide (sa femme), Janina Fautz (Erna, fille du régisseur), Enno Trebs (Georg, fils du régisseur), Theo Trebs (Ferdinand, fils du régisseur), Rainer Bock (le médecin), Roxane Duran (Anna, fille du médecin), Miljan Chatelain (Rudolf, fils du médecin), Susanne Lothar (la sage-femme), Eddy Grahl (Karli), Branko Samarovski (le paysan), Detlev Buck (le père d'Eva), Ann-Kathrin Gummich (la mère d'Eva). Allemagne/Autriche/France/Italie – 145 mn.

2012

Amour / Liebe / Love

Scénario : Michael Haneke. **Photographie** : Darius Khondji (numérique, 1,85 : 1, couleur). **Décor** : Jean-Vincent Puzos. **Costume** : Catherine Leterrier. **Effets spéciaux** : Olivier Blanchet, Damien Hurgon. **Montage** : Monika Willi. **Son et Mixage** : Guillaume Sciama et Jean-Pierre Laforce. **Musique** : Franz Schubert, Ludwig van Beethoven, Johann Sebastian Bach. **Montage son** : Nadine Muse. **Production** : Les Films du Losange (Margaret Menegoz), Wega-Film (Veit Heiduschka, Michael Katz), X Filme Creative Pool (Stefan Arndt), France 3, Région Île-de-France. **Distribution française** : Les Films du Losange. **Interprétation** : Jean-Louis Trintignant (Georges), Emmanuelle Riva (Anne), Isabelle Huppert (Eva), William Shimell (Geoff), Alexandre Tharaud (le soliste), Ramon Agirre (le concierge), Carole Franck (l'infirmière 1), Dinara Droukarova (l'infirmière 2), Suzanne Schmidt (la voisine), Damien Jouillerot (l'ambulancier). France/Autriche/Allemagne – 120 mn.

Michael Haneke a aussi écrit le scénario de :

La Tête du Maure / Der Kopf des Mohren, The Moor's Head, 1995

Réalisation : Paulus Manker. **Photographie** : Walter Kindler (35 mm, 1,66 : 1, couleur). **Décor** : Tommy Vögel. **Montage** : Michael Hudecek, Marie Homolková. **Son** : Walter Amann. **Musique** : Boris Blank, Johann Sebastian Bach. **Production** : Wega-Film (Veit Heiduschka). **Interprétation** : Gert Voss (Georg), Angela Winkler (Anna), Manuel Löffler (Jakob), Leni Tanzer (Christina), Oana Solomonescu (Eva), Bert Oberdorfer (Peter). Autriche – 116 mn.

Bibliographie

Ouvrages principaux

Assheuer, Thomas, *Nahaufnahme Michael Haneke, Gespräche mit Thomas Assheuer*, Alexander Verlag, Berlin, 2008.

Brunette, Peter, *Michael Haneke*, University of Illinois Press, Urbana and Chicago, 2010.

Fogliato, Fabrizio, *Il Cinema di Michael Haneke, La Visione negata*, Falsopiano, Alessandria, 2008.

Grabner, Franz ; Larcher, Gerhard ; Wessely, Christian (éd.), *Utopie und Fragment : Michael Hanekes Filmwerk*, Kulturverlag, Thaur, 1996.

Grabner, Franz ; Larcher, Gerhard ; Wessely, Christian (éd.), *Michael Haneke und seine Filme : Eine Pathologie der Konsumgesellschaft*, Schüren Verlag, Marbourg, 2008.

Grundmann, Roy (éd.), *A Companion to Michael Haneke*, Wiley-Blackwell, Hoboken, New Jersey, 2010.

Horwath, Alexander (dossier), *Der Siebente Kontinent, Michael Haneke und seine Filme*, Europaverlag, Vienne, Zurich, 1991.

Koebner, Thomas ; Liptay, Fabienne, *Michael Haneke*, Film-Konzepte 21, Munich, 2011.

Metelmann, Jörg, *Zur Kritik der Kino-Gewalt. Die Filme von Michael Haneke*, Wilhelm Fink Verlag, Munich, Berlin, 2003.

Naqvi, Fatima, *Trügerische Vertrautheit*, Synema, Vienne, 2010.

Ornella, Alexander D. ; Knauss, Stefanie, *Fascinatingly Disturbing*, Pickwick Publications, Eugene, Oregon, 2010.

Price, Brian ; Rhodes, John David (éd.), *On Michael Haneke*, Wayne State University Press, Detroit, 2010.

Speck, Oliver C., *Funny Frames, The Filmic Concepts of Michael Haneke*, Continuum, New York, Londres, 2010.

Wheatley, Catherine, *Michael Haneke's Cinema : The Ethic of the Image*, Berghahn Books, New York, Londres, 2009.

Articles de Michael Haneke

« Film als Katharsis », *in Austria (in)felix : Zum österreichischen Film der 80er Jahre*, Francesco Bono (éd.), Édition Blimp, Graz, 1992.

« Believing not Seeing », *in Sight & Sound Film Festival Supplement*, Londres, novembre, 1997.

« Schrecken und Utopie der Form », *Frankfurter Allgemeine Zeitung*, 7 janvier 1995 (traduction : « Terror and Utopia of Form : Robert Bresson's *Au hasard Balthazar* », *in A Companion to Michael Haneke*, Roy Grundmann (éd., *op. cit.*).

« *71 Fragments of a Chronology of Chance* : Notes to the Film », *in After Postmodernism : Austrian Literature and Film in Transition*, Willy Riemer (éd.), Ariadne Press, Riverside, California, 2000.

« Violence and the Media », *in A Companion to Michael Haneke*, Roy Grundmann (*op. cit.*).

Scénarios publiés

Le Septième Continent, in Der Siebente Kontinent : Michael Haneke und seine Filme, Alexander Horwath, (*op. cit.*).

La Pianiste d'après le roman d'Elfriede Jelinek, Petite Bibliothèque des Cahiers du cinéma, Paris, 1970.

Caché, L'Avant-Scène du cinéma, n° 558, Paris, janvier 2007.

Das weisse Band, Das Drehbuch zum Film, Berlin Verlag, 2010 (traduction publiée par Actes Sud, Arles, 2011).

Liebe, Carl Hanser Verlag, Berlin, Munich, 2012 (traduction publiée par Actes Sud, Arles, 2012).

Crédits photographiques

Les numéros indiquent les pages où figurent les images reproduites dans cet ouvrage.

© D. R. : 12, 15, 20, 21, 22, 25, 65, 204, 240, 267, 269, 297, 300, 301, 313 (gauche)

Captures d'écran (avec l'aimable autorisation des Films du Losange et de Wega-Film) : 48, 49, 51, 55, 57, 58, 61, 73 (bas), 79, 83, 86, 87, 100, 103, 104, 106, 117, 118, 134 (gauche et droite), 135, 138, 141, 147, 152, 159, 161, 166, 170, 198, 200, 202, 211, 213, 216 (haut et bas), 220 (haut et bas), 229, 232, 235 (gauche et droite), 237, 246, 247, 249, 250, 252, 274, 277, 278, 279, 281, 284 (droite et gauche), 287, 289

© Österreichisches Filmmuseum : 66, 72, 73 (haut), 76, 77, 90, 93, 98, 102, 114, 115, 128, 131, 145, 153, 156, 173, 174, 177, 179, 184, 185, 187, 188, 189, 199, 201, 222, 242, 251, 323

© Yves Montmayeur : 244, 285, 291, 303, 304, 307, 309, 313 (droite), 314, 317, 319

© Reinhold Göhringer : 39

© C. Tschira : 35

© Stefan Haring : 112, 123

© Österreichischer Rundfunk : 124, 126

© Sylvia v P : 208

© Christoph Kanter : 259, 261

© Éric Mahoudeau : 256, 264

© Reuters/Jean-Paul Pelissier : 298

Index des noms propres

Wyler, William, 202

Zadek, Peter, 36, 148, 221
Zamojska, Aleksandra, 257
Zorn, John, 179

Remerciements

Michel Cieutat et Philippe Rouyer tiennent à remercier :

Jean-Luc Douin, qui a donné le premier coup de pouce à cet ouvrage ;
Jean-Marc Roberts, leur éditeur, et Debora Kahn-Sriber, leur bonne fée chez Stock ;
Au Filmmuseum de Vienne : Alexander Horwath et Roland Fischer-Briand, ainsi que Paolo Caneppele et Walter Moser ;
À l'Opéra de Paris : Françoise Roussel et Gilles Pichon ;
Aux Films du Losange : Margaret Menegoz et Régine Vial ;
À Wega-Film : Veit Heiduschka ;
Marin Karmitz ;
Matilde Incerti ;
Yves Montmayeur et ses précieux *making of* ;
Brigitte Cieutat, pour sa lecture attentive ;
N. T. Binh, Valérie Carré, Nicolas Guérin, Clara-Nour Chaponot, Arnaud Delcher, Susie Haneke, Christoph Kanter, Ida Rouyer, François Thomas et Jacques Zimmer, pour leur aide inestimable ; et la revue *Positif*, à l'origine de la rencontre ;
Mais surtout ils tiennent à remercier très chaleureusement Michael Haneke, qui s'est investi sans compter pour faire exister ce livre et leur a donné accès à de nombreux documents et photos personnels.

Table

Cet ouvrage a été composé
par Nord Compo à Villeneuve-d'Ascq

Achevé d'imprimer
en août 2012
par Graficas Estella (Navarre)
pour le compte des Éditions Stock
31, rue de Fleurus, 75006 Paris

PAPIER À BASE DE FIBRES CERTIFIÉES

Stock s'engage pour l'environnement en réduisant l'empreinte carbone de ses livres. Celle de cet exemplaire est de :
1,7 kg éq. CO_2
Rendez-vous sur www.editions-stock-durable.fr

Imprimé en Espagne

Dépôt légal : octobre 2012
N° d'édition : 01
54-07-6805/3